LA GAULE DEVANT CÉSAR

MICHEL REDDÉ

LA GAULE DEVANT CÉSAR

Ce que révèle l'archéologie

Deuxième tirage

PARIS

LES BELLES LETTRES

2026

www.lesbelleslettres.com
Retrouvez les Belles Lettres sur Facebook et Twitter

95, boulevard Raspail, 75006 Paris

ISBN : 978-2-251-45789-5

Introduction

Que n'a-t-on écrit sur César, figure fabuleuse, semi-légendaire, admiré ou honni de son vivant, presque toujours glorifié depuis sa mort puisqu'il avait, dès ses funérailles, rejoint le monde des dieux immortels[1] ! Il triompha cinq fois, nous dit Suétone, dont quatre fois dans le même mois, à quelques jours d'intervalle, mais le premier et le plus brillant de ses triomphes fut celui qu'il célébra en 46 sur la Gaule, tant cette conquête, effectuée de 58 à 50 avant notre ère, est restée pour les contemporains comme pour la postérité le plus brillant, le plus célèbre, le plus durable de ses exploits, celui qui devait valoir au vainqueur une gloire éternelle (Suétone, *Iul.* 37). Comme on le sait, c'est à lui aussi que nous devons le récit de ce conflit âpre et sanglant raconté dans une langue qui a fait de l'auteur l'un des maîtres incontestés de la prose latine (fig. 1).

Pourtant, si César fait partie de mon titre, il n'est pas le sujet principal de ce livre. J'ai l'intention, en effet, de parler dans ces pages de la Gaule à l'époque de la conquête, moins pour décrire les événements militaires, bien connus, que pour confronter la narration du vainqueur à ce que l'archéologie nous révèle aujourd'hui de l'état réel du pays et des épisodes marquants du *Bellum Gallicum*. Personne n'a réellement tenté l'exercice en raison de la diversité des sources qu'il faut traiter, hormis Christian Goudineau, mais c'était à une époque antérieure à ce que les fouilles de ces trente dernières années ont pu nous apprendre, ce qui justifie qu'on mette à jour le dossier[2]. Et ce n'est pas rien, comme on va le voir, car cela modifie assez souvent notre perception du récit césarien[3].

---

1. La bibliographie qui lui a été consacrée suffirait sans doute à remplir les rayons d'une bibliothèque publique et je ne sacrifierai pas, en commençant ce livre, à la loi d'airain des universitaires qui impose de débuter par l'examen critique, aussi exhaustif que possible, de la littérature savante sur le sujet. Qu'il suffise de renvoyer, pour l'instant, le lecteur à deux ouvrages « portables » en langue anglaise, publiés récemment, l'un à Oxford (Griffin, 2009), l'autre à Cambridge (Grillo et Krebs, 2018) sous des titres presque similaires. J'y ajouterai encore ce monument éditorial qu'est le *Landmark Julius Caesar* (Raaflaub, 2017), complété par une série d'essais publiés en ligne pour accompagner le commentaire (www.landmarkcaesar.com). On trouvera bien sûr dans tous ces ouvrages une très abondante littérature érudite sur tous les sujets possibles concernant César. Pour une biographie en français, voir Canfora, 2012. Sur les guerres césariennes, voir Le Bohec, 2001b ; l'ouvrage récent de Le Bohec 2021 livre une synthèse très à jour sur les conflits de ce temps et un guide très sérieux sur les ouvrages qui leur ont été consacrés. La bibliographie nécessaire à mon propos sera mentionnée progressivement au fil du texte.
2. Goudineau, 1990 ; 1991.
3. Buchsenschutz et Ralston, 1986.

Fig. 1. – Portrait de César ; denier de L. Flaminius Chilo (43 av. J.-C.). Collection Danicourt (Péronne). Photo F. Lontcho.

Écrivant récemment un autre ouvrage sur la *Gallia Comata*, la Gaule dite « chevelue », entre la fin du IIe siècle avant notre ère et la grande révolte qui suivit la mort de Néron, en 68 ap. J.-C., plus d'un siècle après la fin des campagnes césariennes, j'avais largement mis entre parenthèses le conflit proprement dit. Curieux choix, pourrait-on dire, surtout de la part d'un universitaire qui avait dirigé les fouilles d'Alésia. Mais choix assumé car j'entendais alors montrer la continuité historique de cette période de mutation au cours de laquelle l'évolution du pays a moins dépendu d'une guerre de conquête que d'une évolution de long terme, inscrite dans les ambitions de l'impérialisme romain bien avant la naissance de César lui-même, comme l'affirmait déjà Polybe : « Tous reconnaissent comme inéluctable la nécessité d'obéir aux Romains et de se soumettre à leurs volontés », écrivait ainsi l'historien grec vers le milieu du second siècle avant notre ère (*Hist.* III, 4, 3). De ce point de vue, l'aventure de l'*imperator*, celle qui devait lui procurer la gloire et la richesse nécessaires pour conquérir le pouvoir à Rome même, son ambition suprême, n'a pas marqué une rupture nette et brutale dans l'état de la Gaule réelle, ce que montre aujourd'hui l'archéologie ; le pays ne commença d'ailleurs à être réellement organisé et administré qu'une bonne trentaine d'années après le départ de son vainqueur, une génération plus tard[4].

Mais l'histoire du conflit a naturellement son intérêt en soi et j'entends montrer ici dans quel contexte elle s'est inscrite : celui de l'espace dans lequel la guerre a eu lieu,

4. Reddé, 2022.

celui d'une tradition militaire en pleine évolution, celui des luttes politiques à Rome. J'espère qu'il en sortira une autre image que celle de l'affrontement traditionnel, toujours très convenu, entre le vainqueur, César[5], et notre héros national, le non moins glorieux Vercingétorix[6].

Cette opposition entre deux « grands hommes » qui ont fait l'histoire, comme on disait naguère, a longtemps sous-tendu un récit trop souvent orienté par l'étude de leur personnalité, de leur psychologie supposée, de leur rôle individuel dans la destinée des peuples. En France, il s'est doublé, depuis la celtomanie de l'époque romantique et le conflit franco-allemand du XIXᵉ siècle, d'une identification nationaliste avec ces Gaulois dont nous étions les descendants. Je n'ai pas l'intention, dans ces pages, de rouvrir un dossier toujours actuel auquel nous avons consacré, Siegmar von Schnurbein et moi-même, un colloque entier[7]. La lecture des communications qui furent présentées à cette occasion permet de comprendre combien les enjeux identitaires modernes ont pollué l'interprétation des textes antiques, de part et d'autre du Rhin, de manière souvent parallèle. De là des querelles infinies et stériles sur la localisation des sites archéologiques majeurs, notamment ceux de Gergovie et d'Alésia, lourds d'une charge symbolique excessive dans ce qui était devenu une histoire « nationale ». On en trouve le dernier avatar en date, amusant parce que décalé, dans les aventures d'Astérix... Aucun autre texte latin que celui des Commentaires, sauf peut-être la *Germania* de Tacite, n'a été sollicité dans des sens aussi contradictoires[8].

Ces distorsions idéologiques se doublent d'une tension entre des disciplines scientifiques différentes, la philologie qui accorde depuis toujours la primauté au texte, et l'archéologie, longtemps considérée comme subordonnée, tout juste bonne à fournir des exemples de *realia* et trop souvent sommée d'être en accord avec la narration du proconsul. En l'occurrence, on n'a pas affaire, il est vrai, à n'importe quel auteur puisqu'il s'agit de César ! Dès sa rédaction probablement, mais au moins depuis le triomphe du dictateur, en septembre 46, le récit des hauts faits du vainqueur avait suscité l'admiration et l'hyperbole, au point que Diodore de Sicile, au même moment, n'hésitait pas à décrire Alésia comme « le foyer et la métropole de toute la Celtique qui jamais depuis l'époque d'Héraclès jusqu'à la nôtre n'avait cessé d'être libre et inexpugnable » (IV, 19, 1-2). Il est vrai que le défilé des tableaux peints illustrant ces glorieux exploits, celui des trésors pillés dans les temples, celui des captifs dont le chef, Vercingétorix, était le plus beau

---

5. Je ne parlerai jamais dans ces pages de « Jules César », contrairement à l'usage traditionnel qui prête à confusion, car *Iulius* n'était pas un prénom mais le nom (au masculin) de la famille très ancienne et très noble à laquelle appartenait César. Ce dernier terme est un surnom porté de père en fils par les hommes de cette famille.
6. On utilise ici le texte établi et traduit par L. A. Constans, *César. Guerre des Gaules*, Paris, Les Belles Lettres, 9ᵉ édition revue et corrigée par A. Balland, 2023 (première édition en 1926). La mention du texte est simplement notée *BG* + n° du livre (en chiffres romains) + n° du chapitre (en chiffres arabes). Par défaut, la traduction est aussi celle de cette édition, sauf mention explicite. On n'a guère utilisé en revanche la version modernisée de De Giorgio, 2021 qui, malgré ses qualités propres, ne résout pas toutes les ambiguïtés du texte ; j'ai donc souvent préféré proposer ma propre traduction dans les cas qui me semblaient mériter une clarification. On doit en revanche mentionner l'excellente interprétation en langue anglaise du livre VII par Christopher Krebs, dont le commentaire littéraire, accompagné d'une riche bibliographie à jour, est en tout point remarquable (Krebs, 2023).
7. Reddé et von Schnurbein, 2008.
8. Buchsenschutz et Schnapp, 1992.

fleuron, alimentaient la légende en marche. Un siècle et demi plus tard, à l'époque d'un Florus, elle était bien installée, donnant naissance à un récit fabuleux où tout se mêlait, le siège de Gergovie et celui d'Alésia confondus (I, 45). Qu'a donc à faire l'archéologie dans tout ça ?

L'analyse critique du texte césarien, grâce aux études philologiques elles-mêmes, a montré depuis longtemps les procédés littéraires d'un écrivain qui, certes, faisait œuvre d'historien, mais racontait en même temps *sa* guerre, celle qu'il avait menée au milieu des conflits politiques de la République finissante, dont il était l'un des principaux protagonistes. Un véritable « art de la déformation » dont l'aspect apologétique semble évident au lecteur d'aujourd'hui[9]. Mais pourquoi l'archéologie, devenue désormais une science autonome qui s'intéresse au paysage, à l'occupation du sol, au climat de ce temps, qui sait aussi découvrir des complexes militaires inédits en les datant de manière précise, grâce à une bien meilleure connaissance du matériel, qui est capable de réévaluer la réalité des grands sites fouillés à l'époque de Napoléon III, pourquoi l'analyse des sources matérielle, disais-je, n'apporterait-elle pas, à sa manière, un nouveau regard sur le texte des *Commentaires*, en l'interrogeant autrement ? Il n'est évidemment pas question de se passer du récit césarien, au demeurant irremplaçable – le livre qu'on va lire le montrera à chaque page –, mais de lui proposer un cadre conceptuel reformulé[10].

La recherche archéologique actuelle se situe, en effet, au cœur d'une nouvelle approche sur l'histoire des conflits armés, redéfinissant de manière plus précise ce que les Anglo-Saxons appellent le « conflictlandscape ». On cherche désormais, en effet, à en appréhender la matérialité, non seulement celle du champ de bataille proprement dit, mais aussi celle du cadre naturel, social, économique, culturel, anthropologique et pas seulement événementiel dans lequel s'inscrit la guerre. Il s'agit donc d'un concept heuristique englobant diverses disciplines connexes et tâchant de les intégrer, non de les opposer ou de les dissocier. À ce titre, le récit des événements, quand il existe, constitue bien évidemment une composante majeure, mais non la seule, des études sur cette activité humaine qu'est la guerre[11]. La conquête romaine, notamment celle des Gaules, mérite, à cet égard, une approche renouvelée associant l'analyse critique du texte mais aussi celle qu'une archéologie moderne autorise aujourd'hui à proposer[12].

---

9. L'expression est de Rambaud 1952 (1966). Par commodité, j'utilise la seconde édition dans la suite du texte.
10. Dans le texte qui suit, les mots latins sont transcrits en italique, sauf le terme d'oppidum/oppida quand il est employé dans son sens archéologique, légèrement différent du sens latin.
11. Roymans et Fernández-Götz, 2018 ; Rass et Adam, 2022 ; Ardeleanu, 2022.
12. Fernández-Götz et Roymans, 2024. Cet ouvrage était sous presse quand sont parus les actes du colloque de Lausanne 2023 sur la guerre à l'âge du Fer, dont il n'a pas été tenu compte dans les pages qui suivent.

Première partie

LE CONTEXTE POLITIQUE DE LA GUERRE DES GAULES

La Gaule dans le jeu politique romain

Depuis la fin des guerres cimbro-teutoniques, achevées en 101 av. J.-C., la perception d'une menace latente, gauloise aussi bien que germanique, restait forte à Rome, moins de quarante ans après les événements. Ce conflit sanglant, qui avait débuté vers 115 av. J.-C., avait vu une suite de défaites romaines : à Noreia, en 113, dans le Norique[1] ; à Agen, en 107, où les légions du consul L. Cassius Longinus s'étaient fait tailler en pièces ; en 105 enfin, à la bataille d'Orange, où le massacre dépassa les pires désastres de la guerre contre Hannibal, à Trasimène ou à Cannes. L'Italie du Nord fut même envahie et c'est seulement en 101 que Marius, l'oncle par alliance du futur César, put écraser les Cimbres à la bataille de Verceil[2]. De cette effroyable période il restait encore des témoins oculaires, notamment ce Divico qui avait commandé les Tigurins en 107 ; il conduisait en effet, la menace toujours à la bouche, l'ambassade des Helvètes que rencontra le proconsul en 58, au début du nouveau conflit (*BG* I, 13)[3]. César rappelle d'ailleurs clairement, à cette occasion, qu'en battant les Helvètes – des Celtes – il vengeait non seulement son pays de l'affront qu'il avait subi, mais aussi sa propre famille, notamment L. Pison, aïeul de son beau-père, qui avait péri à Agen (*BG* I, 12). Qu'il s'agisse là d'une justification *a posteriori* de son action est bien possible mais n'enlève rien au fait qu'elle trouvait un écho réel à Rome, où elle réveillait des blessures encore fraîches (fig. 2).

Avant le proconsulat de César

Dans la nouvelle province de Transalpine, officiellement soumise depuis 121 av. J.-C., la paix restait d'ailleurs assez fragile, notamment du côté des Allobroges, dont le territoire s'étendait sur une partie de notre Dauphiné, jusqu'au nord de Valence. On parlait souvent de ces Gaulois remuants, qui avaient eu l'audace de venir se plaindre à Rome même des prévarications et des abus de leur gouverneur, le fameux Fonteius, défendu en 69 par Cicéron (Cicéron, *Pro Fonteio*). Le plaidoyer célèbre de l'orateur montre, comme

1. C'est-à-dire dans la partie centrale de l'Autriche actuelle.
2. Luginbühl, 2014.
3. On a parfois douté qu'il s'agisse du même personnage, vu l'âge qu'il aurait eu en 58. Mais on ne voit pas de raison de suspecter le témoignage formel de César sur ce point.

Fig. 2. – Les Romains passant sous le joug après la victoire des Tigurins commandés par Divico en 107 av. J.-C. Tableau de Charles Gleyre (Chevilly, 1806 - Paris, 1874), *Les Romains passant sous le joug ou La Bataille du Léman, 1858.*
Huile sur toile, 230.5 × 181,4 cm. Musée cantonal des Beaux-Arts de Lausanne.
Commande de l'État de Vaud, 1850. Inv. 1392.
© Musée cantonal des Beaux-Arts de Lausanne.

l'avait fait le *Pro Quinctio*, prononcé en 81 dans un cadre très différent, combien le pays était alors mis en coupe réglée par les affairistes italiens et les administrateurs romains, ce qui explique au moins en partie la rébellion des peuples vaincus. L'avocat s'appuyait d'ailleurs sans vergogne sur le mépris antigaulois de son auditoire pour faire triompher la cause douteuse de son client. Quelques années plus tard, Cicéron, devenu consul, évoquera encore le danger majeur que représentaient les Allobroges, impliqués dans la conjuration de Catilina, en 63 (Cicéron, *Cat.* 4, 3, 4 ; Salluste, *Catilina* 40). En 61, ce peuple se souleva finalement pour de bon sous la direction de son chef Catugnatus, menant contre Rome, dans le secteur du confluent de l'Isère et du Rhône, une guerre dont Cassius Dion (37, 47) nous livre un témoignage relativement détaillé. C'était trois ans avant l'arrivée de César.

Mais cette même année 61 avait vu poindre un autre danger plus au nord, celui des Germains qui s'étaient installés en plaine d'Alsace, menaçant les peuples de la région. Le druide éduen Diviciacos était venu à Rome solliciter du Sénat un appui, évidemment militaire, contre les troupes d'Arioviste, leur roi (Cicéron, *De divinatione* 1, 90). Mais il n'avait rien obtenu et les Éduens, quoique alliés et « frères » du peuple romain depuis plus d'un demi-siècle, avaient été sévèrement battus à la bataille de Magetobriga (César, *BG* I, 31)[4]. La même année encore, l'Helvète Orgetorix commençait à mettre à exécution son projet de migration qui allait déclencher l'intervention césarienne de 58. Il mourut peu après, mais son projet subsista, peut-être justement en raison de la menace germanique qui s'exerçait aussi contre son peuple. Bien sûr, on savait tout cela à Rome. Une lettre de Cicéron à Atticus, datée du 15 mars 60, montre qu'on craignait alors une nouvelle guerre en Gaule (Cicéron, *Corr.* XXV, 2)[5]. Les Helvètes étaient en armes et faisaient déjà des incursions dans la province romaine ; le Sénat envoya alors une ambassade chez les peuples du Midi pour les empêcher de se joindre à eux.

César, à ce moment, n'était même pas encore consul (fig. 3) ; il achevait tout juste son mandat de gouverneur propréteur en Espagne, un pays où il avait mené des campagnes militaires victorieuses mais limitées. Il voulait se présenter au consulat pour 59, mais il devait pour cela faire acte de candidature en personne à Rome même, ce qui impliquait, puisqu'il devait franchir le pomerium[6], qu'il déposât son commandement, renonçant du même coup au triomphe qu'il espérait. Il s'allia donc secrètement, en cette même année 60, avec le « Grand » Pompée (fig. 4) et le très riche Crassus (fig. 5) pour former ce pacte politique qu'on a depuis lors appelé le « 1er triumvirat[7] ». Dans ce futur partage du pouvoir, aussitôt sanctionné par le mariage de Pompée et de Julie, la fille de César, ce dernier devait se faire élire consul l'année suivante avec l'appui financier de Crassus. Celui-ci gagnerait en échange le grand commandement en Orient dont il rêvait, tandis que Pompée prendrait l'Espagne, où il avait déjà des intérêts considérables depuis ses

4. Quelque part dans le sud de l'Alsace, probablement, mais le lieu n'est pas autrement identifié.
5. On utilise dans cet ouvrage l'ordre chronologique de la correspondance de Cicéron, tel qu'il figure dans l'édition des Belles Lettres, sans tenir compte du classement ancien par destinataire.
6. L'enceinte religieuse de Rome.
7. À la différence du second triumvirat (43 av. J.-C.) qui fit des triumvirs (Antoine, Octavien et Lépide) des magistrats dotés de pouvoirs dans un cadre légal, il ne s'agissait alors que d'un accord politique secret.

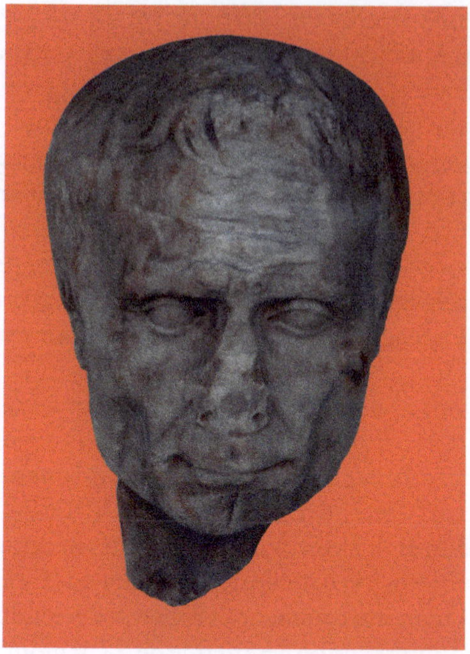

Fig. 3. – Tête de César, provenant de Nimègue. Musée national des Antiquités, Leyden. Photo M. Reddé.

Fig. 4. – Tête de Pompée. Venise, Museo Archeologico Nazionale. Photo Didier Descouens, Wikicommons.

Fig. 5. – Tête de Crassus. Exposition « Moi, Auguste, Empereur de Rome », Grand Palais, Paris, 2014, 14649017884.jpg (Creative Commons Attribution-Share Alike 2.0).

victoires sur Sertorius[8] ; il verrait aussi ses vétérans récompensés par des distributions de terres en Italie, grâce à l'appui politique du consul, son nouvel allié. Celui-ci, à sa sortie de charge, obtiendrait à son tour le gouvernement d'une province importante où il pourrait déployer sa soif de gloire, qui était sans bornes, et obtenir enfin le triomphe tant espéré. Ce serait l'Illyrie, qui restait à conquérir, au nord de l'Adriatique, avec pour base arrière la Gaule cisalpine, au sud des Alpes.

Cette année du consulat de César, en 59, fut riche en événements divers qu'il n'est pas dans mon propos de raconter ici par le menu ; on doit, malgré tout, signaler qu'Arioviste fut reconnu par le Sénat comme « roi » des Germains et « ami » du peuple romain (*BG* I, 4). Pour un homme qui venait de battre les Éduens, alliés traditionnels de la République, et qui menaçait tout l'équilibre de la Gaule de l'Est, c'était un beau succès diplomatique ; mais l'affaire peut aussi être vue comme une tentative de coup d'arrêt de la part de César, qui avait inspiré le vote du Sénat. Le consul voulait-il alors se laisser les mains libres en Illyrie en assurant une paix, même précaire, de l'autre côté des Alpes ? Quand il sortit de charge, la *Lex Vatinia* lui accorda comme convenu la Cisalpine et l'Illyrie, avec trois légions. C'est à ce moment que le gouverneur de la Gaule transalpine (notre Midi) vint à mourir subitement. On confia donc aussi le commandement de cette province à César, avec une légion supplémentaire. Un signe du destin. Mais c'est pourtant bien à Aquilée, la grande colonie romaine du fin fond de l'Adriatique et la porte de l'Illyrie, que se trouvaient déjà les troupes romaines lorsque la migration des Helvètes vint mettre le feu aux poudres, de l'autre côté des Alpes (*BG* I, 10).

La guerre dans les enjeux de pouvoir

Quoique réduit aux éléments essentiels, ce récit montre bien que la guerre des Gaules ne fut pas seulement le fruit du hasard ou d'une ambition personnelle du nouveau proconsul, ou encore d'un projet délibéré, mûri de longue date par le Sénat. Elle est le produit de tout cela à la fois. Certes la conquête du Nord constituait la suite logique de celle du Midi, achevée une soixantaine d'années plus tôt. Un jour ou l'autre, elle aurait eu lieu ; ce n'était qu'une question de temps et Rome procédait toujours ainsi, par paliers successifs. L'archéologie montre au demeurant que la *Gallia Comata* était déjà profondément pénétrée par les intérêts économiques romains ; les sources historiques prouvent que l'influence politique du Sénat s'y exerçait par le jeu des alliances nouées avec les aristocraties des différents peuples, Arvernes, Éduens, Séquanes notamment[9]. L'émergence du « denier gaulois », cette série monétaire frappée par les différents pouvoirs émetteurs existant dans le centre-est de la Gaule, révèle l'influence que la République exerçait déjà dans cette région, bien avant sa conquête militaire. Ces monnaies d'argent, frappées sur le module du quinaire romain, portaient toutes, en effet, la tête de *Roma* sur leur face de droit, un symbole fort de pénétration culturelle et politique (fig. 6).

8. Ancien partisan de Marius, il s'était taillé une sorte de fief personnel en Espagne et Pompée avait été envoyé pour le réduire.
9. Reddé, 2022.

Fig. 6. – « Denier gaulois » du centre-est de la Gaule, de type ΚΑΛΕΤΕΔΟΥ. Photo F. Lontcho.

Le récit des événements qui ont précédé l'arrivée de César montre aussi que l'on se préoccupait régulièrement, dans les cercles sénatoriaux, de ce qui se passait de l'autre côté des Alpes et qu'on en était bien informé. Mais il est non moins évident que ces éléments perturbateurs qu'étaient les Germains d'Arioviste d'un côté, les Helvètes de l'autre, sur fond de menaces chez des Allobroges tout juste soumis ne pouvaient pas ne pas faire craindre le retour d'événements graves pour la province du Midi, l'Italie du Nord et Rome. En intervenant dans la Gaule chevelue pour interdire aux Helvètes le passage à travers la Transalpine et soutenir en même temps les alliés Éduens, le nouveau proconsul romain était dans son rôle, il ne faisait rien d'autre que défendre la République. Mais la suite montra qu'il le faisait évidemment à son profit.

Le lecteur doit avoir en tête que le conflit ne fut pas une espèce de guerre coloniale lointaine, ignorée de tous, un événement à part dans un coin du monde oublié des dieux. En témoigne surabondamment la correspondance de Cicéron (fig. 7). C'est particulièrement vrai dans les années où celui-ci écrivait régulièrement à son frère Quintus, devenu légat de César à partir de 55. Mais l'avocat n'était pas le seul à avoir des contacts avec l'état-major du proconsul, d'autres en faisaient autant et on n'ignorait rien, à Rome, des événements militaires. Certes une lettre mettait parfois plusieurs semaines avant d'arriver à destination mais c'est là une réalité qui était encore la nôtre avant l'explosion très récente des télécommunications. Autrement dit, tout se savait, d'autant plus qu'aller rejoindre la véritable cour dont César était entouré constituait une faveur insigne. Cicéron pouvait ainsi recommander chaleureusement à son « cher ami » César le sort d'un jeune juriste qu'il protégeait. Or ce C. Trebatius n'avait rien d'un soldat – il s'ennuya d'ailleurs à mourir en Gaule – mais il n'en alla pas moins chercher à bon compte quelque gloire postiche et surtout l'appui du grand homme (Cicéron, *Corr.* CXXIV). Le même Cicéron, un peu plus tard, sollicita un tribunat pour un autre de ses protégés, Curtius (*Corr.* XLV, 10). Il envoyait le recueil de vers qu'il venait de composer au général en chef, lui-même grand lettré et écrivain réputé, s'inquiétant auprès de son frère Quintus de ne pas encore avoir reçu les louanges qu'il attendait sur son œuvre poétique (*Corr.* CXLIV, 5). Cette

Fig. 7. – Buste de Cicéron, Musei Capitolini, Rome, Palazzo Nuovo. Photo J. Luiz, Creative Commons Attribution-Share Alike 4.0.

bonne société romaine, quoique séparée par de grandes distances, conservait ses relations, comme on le voit. Mais elle maintenait en même temps ses clivages, ses haines recuites qui remontaient parfois à des rivalités ancestrales de grandes familles ou à des inimitiés personnelles plus récentes. On perçoit, toujours à travers la correspondance de Cicéron, l'hostilité qui continuait de s'attacher à César du côté des aristocrates conservateurs, L. Domitius Ahenobarbus notamment et M. Porcius Cato. Ce parti s'opposait depuis des années à la personne et à l'action de son principal ennemi politique et il faut bien comprendre que la guerre en Gaule était au cœur des préoccupations des cercles dirigeants de Rome. Le conflit militaire se déroulait évidemment en *Comata*, mais il était doublé de rivalités et de manœuvres constantes dans la curie : César connaissait-il des difficultés sur le terrain ? On murmurait dans les cercles bien informés, en déformant évidemment la chose, on faisait fuiter (Cicéron, *Corr.* CXCI)... Du début à la fin, la guerre des Gaules eut le forum pour caisse de résonance. On vit même le général romain envoyer ses soldats en permission pour influencer les élections en Cisalpine (Cicéron, *Corr.* CXL ; CXLVII) !

C'est que l'enjeu véritable n'était pas le sort de quelque peuplade obscure là-bas, au fin fond de l'Armorique. On ne savait d'ailleurs même pas comment elles s'appelaient et César abreuvait quotidiennement le Sénat (et le peuple romain) du nom de nations vaincues dont personne n'avait jamais entendu parler (Cicéron, *Prov. cons.* 22). Propagande, bien sûr, mais qui se justifiait par le fait que les ennemis du proconsul n'avaient pas renoncé à lui retirer son commandement, l'instrument de son pouvoir et de sa gloire, celui aussi de son enrichissement personnel, on y reviendra. Le texte du *Bellum Gallicum*, bien sûr, doit être lu à travers ce prisme, celui des luttes politiques à Rome dans lesquelles il est étroitement intriqué.

Cela avait commencé dès le début du conflit : les ennemis de César avaient voulu lui intenter une action judiciaire afin de faire annuler une partie de ses actes dès sa sortie de charge comme consul, avant même qu'il ne parte rejoindre sa province (Suétone, *Div. Iul.* 23). En 57, nouvelles menaces, notamment sur les lois agraires en Campanie, une des bases de sa popularité (Cicéron, *Corr.* XCIII, 2), puis de nouveau en 56 (Cicéron, *Corr.* CVI)[10]. Cette même année, on voulut rediscuter au Sénat de l'attribution des provinces, une tentative comme une autre de retirer la sienne au proconsul des Gaules. La menace fut parée en avril par un renouvellement de l'alliance entre Pompée, Crassus et César qui se retrouvèrent à Lucques, au nord de Pise. Tous ceux qui se rangeaient de leur côté s'y rendirent, formant ainsi une véritable cour autour des puissants du moment (Plutarque, *Caes.* 20 ; Appien, *BC* II, 17 ; Suétone, *Div. Iul.* 24). Cicéron, pour sa part, fut chargé de convaincre le Sénat, prononçant devant lui son fameux discours *Sur les provinces consulaires*. C'est ensuite seulement que l'on accorda à César la solde des légions qu'il avait recrutées à ses frais, ainsi que dix légats pour les commander ! Grâce à l'élection au consulat de Pompée et de Crassus, son commandement fut officiellement prorogé pour cinq ans, en avril 55 (Suétone, *Div. Iul.* 24). Pendant ce temps, Caton proposait de le livrer aux Germains (*ibid.* et Plutarque, *Caton* 51, 1) ! Comme on le voit, la guerre des Gaules se livrait sur deux fronts, intérieur et extérieur. Les succès autoproclamés de l'*imperator*, ses chevauchées triomphales, sa traversée du Rhin puis de la Manche, son exploration militaire dans des contrées fabuleuses et jusqu'alors inviolées s'inscrivent évidemment dans ce contexte très particulier de l'affrontement politique à Rome.

Naturellement, à mesure que croissaient les difficultés du proconsul sur le terrain et que se profilait le terme de son mandat, la situation devenait plus âpre, d'autant que l'alliance entre les trois hommes qui concentraient le pouvoir commençait à se fissurer[11]. Ce fut d'abord la mort de *Iulia*, la fille de César, que celui-ci apprit avec une immense douleur pendant sa seconde expédition de Bretagne. Pompée, son époux, resta officiellement fidèle au contrat politique ; il refusa pourtant la proposition que lui fit son partenaire de se remarier avec Octavie, sa petite-nièce. Cette même année, l'*imperator* des Gaules ne put rentrer en Italie à la fin de la campagne, comme il avait l'habitude de le faire pour s'occuper de ses affaires, car il fut forcé d'hiverner à Samarobriva en raison d'une situation militaire très tendue dans le nord. Pour compenser ses pertes, Pompée lui prêta une légion, et le proconsul en leva lui-même

10. César avait fait voter en mars 59, durant son consulat, une loi agraire permettant d'attribuer un lopin de terre aux vétérans de Pompée.

11. Ramsay, 2009.

deux autres en Cisalpine (*BG* VI, 1). Crassus, un piètre général, subit un désastre en Orient et fut tué par les Parthes à Carrhes, en 53. Malgré une nouvelle incursion à l'est du Rhin, cette année fut encore difficile pour l'armée romaine, Quintus Cicéron étant assiégé tout l'hiver (*BG* VI, 35) et Ambiorix continuant d'échapper à ses ennemis (*BG* VI, 29-34 ; 43). Peut-être ne faut-il pas trop s'étonner, dans ces conditions, que le récit césarien des événements s'avère assez discret, cette année-là, laissant place à une description ethnographique qui suscite toujours une certaine perplexité, même chez le lecteur le plus indulgent...

L'issue victorieuse – et quasi inespérée – de l'année 52, sans doute la campagne la plus difficile de toute la guerre, semblait avoir rétabli la situation ; elle fut d'ailleurs accueillie à Rome par la récompense exceptionnelle de vingt jours de supplications. Néanmoins, César, une fois de plus, dut hiverner en Gaule, à Bibracte, au sein d'une nation essentielle qui venait de renverser ses alliances et qu'il fallait impérativement surveiller de près. Pompée, encore fidèle au pacte, fit adopter une loi autorisant (à titre personnel) César à se présenter au consulat, sans être présent, à l'issue de son commandement. Mais quand celui-ci devait-il se terminer réellement ? Il y avait litige sur ce point, les adversaires de l'*imperator* recommençant leurs manigances et tentant même, en 51 de faire annuler la législation du proconsul sur la Transpadane (Suétone, *Div. Iul.* 28). Or c'était là une mesure essentielle, qui avait permis aux Gaulois habitant au nord du Pô d'accéder à la citoyenneté romaine. Mesure intéressée, bien entendu, car ces hommes fournissaient une réserve de soldats cruciale en cette période de guerre continue... Mais César était englué dans la révolte de ce pays qu'il croyait déjà tenir et dont il avait si souvent annoncé la soumission. En 51, cette rébellion semblait ne devoir jamais finir, alors que le général voyait son grand commandement lui échapper prochainement. C'est le moment que choisirent les Illyriens pour devenir menaçants et le proconsul dut envoyer une légion en Cisalpine pour protéger cette région (*BG* VIII, 24). L'année suivante, en 50, le Sénat lui demanda d'en fournir encore une, cette fois pour parer au danger parthe. Pompée, touché par la même mesure, réclama celle qu'il avait auparavant prêtée à son partenaire qui, du coup, en perdit deux. L'ancienne alliance politique avec celui qu'on appelait toujours « Magnus » était morte et le conflit faisait rage à Rome où les bandes armées sévissaient depuis des années. La Gaule, à peine pacifiée, passait au second plan et César franchit le Rubicon les 11-12 janvier 49, avec une seule légion[12].

La guerre en Gaule, je l'ai dit, n'est pas un conflit qu'on peut comprendre sans avoir en tête le contexte des luttes pour le pouvoir, à un moment où les règles du fonctionnement ordinaire de la République avaient cessé d'exister. Les rivalités d'ambition entre les grands aristocrates de ce temps, au premier chef César et Pompée, dominaient le paysage. Pour le premier, la Gaule n'avait jamais été qu'un moyen d'acquérir ce qu'il voulait, non le but final. Mais, dans le récit qu'il en fait lui-même, les événements semblent détachés de leur arrière-plan politique, ce qui explique, pour une large part, la composition et la tonalité du texte lui-même qu'il nous faut maintenant étudier[13].

---

12. Le Rubicon est un petit fleuve côtier qui se jette dans l'Adriatique, un peu au nord de Rimini ; il formait alors la frontière de l'Italie civile, dans laquelle on n'avait pas le droit de pénétrer avec une force armée.
13. Le lecteur est invité à se reporter au tableau suivant pour suivre, en parallèle, le déroulement des événements à Rome et en Gaule, avec les sources historiques afférentes.

Tableau synchronique des événements à Rome et en Gaule

Rome	Source	Gaule	Source
Année 63			
Conjuration de Catilina		Révolte des Allobroges	— Cic. *Cat.* 4, 3, 4 ; Salluste *Cat.* 40
Année 61			
— Divitiacos vient à Rome demander l'aide du Sénat contre les Germains	— Cic. *De div.* 1, 90 ; César *BG* I, 31.	— Révolte des Allobroges (Catugnatus) — Les Éduens sont battus par les Germains à Magetobriga — Projets d'Orgetorix pour une migration des Helvètes	— Dion 37, 47 — Caes. *BG* I, 2
Année 60			
— Alliance politique Pompée, César, Crassus (« 1er triumvirat »). Mariage entre Pompée et Julia, fille de César — César élu consul pour 59	— Liv. *Per.* 103 ; II, 9 ; Suétone, *Iul.* 19	— Craintes d'une nouvelle guerre contre Allobroges — Mort d'Orgetorix ?	— Cic. *Corr.* XXV, 2 ; XXVI, 1. — Caes. *BG* I, 4
Année 59			
— Consulat de César. — César fait distribuer des terres en Campanie notamment aux vétérans de Pompée — *Lex Vatinia* : Attribution pour cinq ans de la Gaule cisalpine + Illyrie à César, avec trois légions + transalpine avec une légion (= attribution supplémentaire de dernière minute)	— Cic. *Agr.*	— Une seule légion en Transalpine (Narbonne ?) + trois légions à Aquilée — Arioviste reconnu *rex et amicus* par Rome	— Caes. *BG* I, 43

Rome	Source	Gaule	Source
Année 58			
— Les ennemis de César tentent de faire annuler les actes de son consulat	— Suét, *Iul.* 23, 1	— Migration des Helvètes. César (depuis Rome) gagne Genève en huit jours	— Caes. *BG* I, 7. Plut. *Caes.* 17, 5
— Menées de Clodius. Exil de Cicéron. Clodius fait éloigner Caton, ennemi de César. Pompée se retire chez lui	— Dion 38, 30.	— César lève deux légions à ses frais et fait venir les trois légions d'Aquilée	— Caes. *BG* I, 10 ;
		— Traversée de la Saône. Défaite des Tigurins par Labienus ou César	— Caes. *BG* I, 12 ; Plut. *Caes.* 18 ; App. *Celt.* 15
		— Bataille de Bibracte	— Caes. *BG* I, 23 ; Dion 38, 32
		— Bataille contre Arioviste	— Caes. *BG* I, 42-53 ; Dion 38, 34
		— César rentre en Italie. Troupes hivernent chez les Séquanes	— Caes. *BG* I, 54
Année 57			
— Rappel d'exil de Cicéron, retour le 4 sept.	— Cic. *Corr.* XL, 5	— César lève deux nouvelles légions	— Caes. *BG* II, 2
		— César en Belgique. Bataille de l'Aisne puis de la Sambre ; prise de l'oppidum des Atuatuques	— Caes. *BG* II
— Pompée chargé de l'approvisionnement de Rome	— Cic. *Corr.* XL, 7	— « Omni Gallia pacata » Supplicatio de quinze jours ; César rentre en Italie. Les troupes hivernent chez les Carnutes, les turons et dans d'autres régions. Les peuples de l'Océan sont proclamés « soumis ».	— Caes. *BG* II, 34
— Nouvelles menaces sur les actes de César, notamment la loi agraire	— Cic. *Corr.* XCIII, 2		
— Déboires des partisans de César aux élections	— Cic. *Vat.* 38		
		— Campagne d'hiver de Galba dans le Valais. Se retire finalement chez les Allobroges	— Caes. *BG* III, 1-6
		— Hiver 57-56 : César en Illyricum	— Caes. *BG* III, 7

Rome	Source	Gaule	Source
Année 56			
— Avril 56 : entrevue de Lucques qui renouvelle le triumvirat	— App. *BC* II, 17 ; Suétone, *Iul.* 24 ; Plut., *Caes* 20	— Soulèvement des Vénètes. César rentre précipitamment en Gaule après Lucques	— Caes. *BG* III, 7
— Avril 56 : nouvelles discussions sur la loi agraire	— Cic. *Corr.* CVI	— Campagne contre les Vénètes. Labienus chez les Trévires ; Crassus en Aquitaine ; Sabinus chez les Unelles ; campagne chez les Ménapes et les Morins	— Caes. *BG* III, 1
— Tentatives répétées des ennemis de César pour lui retirer son commandement	— Cic. *Prov. Cons.* 18-21 ; 39 ; Suét. XXIV		
— Opposition sénatoriale (notamment Caton et L. Domitius Ahenobarbus) à l'élection de Pompée et Crassus au consulat pour 55. Élus en janvier 55	— Dion 39, 27-30 ; Plut. *Cras.* 15	— En juillet, le Sénat accorde à César la solde des troupes qu'il a recrutées de sa propre initiative + 10 légats	— Cic. *Corr.* CXVI, 10
		— Armée hiverne chez les Aulerques et les Lexoviens. César rentre en Italie.	— Caes. *BG* III, 29
Année 55			
— Avril 55 : César prorogé en Gaule par la Lex Pompeia Licinia pour cinq ans	— Suét. *Iul.* 24	— Incursion germanique en Gaule	— Caes. *BG* IV, 1-15
		— Campagnes contre les Germains	
		— Traversée du Rhin	— Caes. *BG* IV, 16
— Caton propose de livrer César aux Germains	— Suét. *Iul.* 24 ; Plut. *Cato*, 51, 1	— César passe en Bretagne	— Caes. *BG* IV, 23-36
— L. Domitius Ahenobarbus élu consul et Caton préteur pour 54		— Légions hivernent chez les Belges ; César rentre en Italie	— Caes. *BG* IV 38
		— César reçoit vingt jours de supplications	— Caes. *BG* IV, 38

Rome	Source	**Gaule**	Source
Année 54			
— Mort de Julia, fille de César et femme de Pompée. Celui-ci refuse la main d'Octavie (nièce de César)	— Suét. *Iul.* 26-27	— César en Illyricum	— Caes. *B*, V, 1
		— Expédition chez les Trévires	— Caes. *BG* V 2-7
		— 2e expédition en Bretagne	— Caes. *BG* V, 8-22
		— Quartiers d'hiver à Samarobriva	— Caes. *BG* V, 24
		— Révolte des Éburons	— Caes. *B*, V, 26 *sqq.*
— Des soldats de César soutiennent Memmius pour les élections au consulat auprès des citoyens de Cisalpine	— Cic., *Corr.* CXL : CXLVII	— Massacre de l'armée en Belgique. Une légion est perdue. Q. Cicero assiégé	— Caes. *BG* V, 32-37 ; 45-52
		— César forcé de rester en Gaule l'hiver	— Caes. *B*, V 52
— Les élections au consulat pour 53 n'ont pas lieu	— Cic., *Corr.* CXLVI	— Agitation générale, révolte des Trévires	— Caes. *BG* V, 55
Année 53			
		— Pompée prête une légion à César qui en lève aussi deux en Cisalpine	— Caes. *BG* VI, 1
— Chaos politique à Rome. Les élections ne purent avoir lieu qu'à l'été		— César chez les Sénons, Nerviens, Ménapes ; Labienus chez les Trévires	— Caes. *BG* VI, 1-8
		— 2e traversée du Rhin	— Caes. *BG* VI, 9-10
— Mort de Crassus à Carrhes en juin	— Plut. *Cras.* 17, 4	— César poursuit sans succès Ambiorix	— Caes. *BG* VI, 29-34 ; 43
		— Incursion germanique, Q. Cicero assiégé	— Caes. *BG* VI, 35
		— César rentre en Italie. Armée hiverne chez les Rèmes	— Caes. *BG* VI, 44

Rome	Source	Gaule	Source
Année 52			
— Janvier 52 : meurtre de Clodius. Curie en flammes. Tueries à Rome	— App. *Civ.* II, 21-22	— César retenu en Italie par les troubles de Rome, mais doit repartir en hâte d'Italie pour faire face au soulèvement de la Gaule. Il lève des troupes en Cisalpine (2 légions, dont la V Alaudae)	— Caes. *BG* VII, 1 ; 6
— Pompée est nommé seul consul	— Asc. 36C ; Plut. *Cato*, 47 ; Dion 40, 50		
— Pompée fait adopter une loi autorisant César à se présenter au consulat sans être présent à l'issue de son commandement	— Suét. *Iul.* 26, 1 ; Plut. *Pompée*, 60	— Campagnes en Gaule • Siège d'Avaricum • Siège de Gergovie • Siège d'Alésia	— Caes. *BG* VII
		— Vingt jours de supplications accordées pour la victoire d'Alésia. César passe l'hiver à Bibracte	— Caes. *BG* VII, 110
Année 51			
— Consul M. Claudius Marcellus tente de faire annuler législation de César sur la Cispadane. Tente de faire raccourcir le commandement de César. Action bloquée par le veto des tribuns et l'autre consul	— Suét. *Iul.* 28	— César englué dans la révolte des Gaules	— Caes. *BG* VIII, 1
		— Campagnes contre les Bituriges, les Carnutes, les Bellovaques, Ambiorix, les Pictons, les Carnutes	— Caes. *BG* VIII
		— César doit renvoyer une légion en Cisalpine, menacée par les Illyriens	— Caes. *BG* VIII, 24
— Mai : bruit court à Rome des difficultés militaires de César et de la perte de sa cavalerie	— Cic. *Corr.* CXCI	— Siège d'Uxellodunum	— Caes. *BG* VIII, 33-44
— Juillet : pressions sur Pompée pour qu'il reprenne à César la légion prêtée en 53. Litige sur la date de la fin du mandat de César. Pompée commence à se détacher de César	— Cic. *Corr.* CCXV-VI	— Labienus chez les Trévires	— Caes. *BG* VIII, 45
		— Campagne d'Aquitaine	— Caes. *BG* VIII, 46
		— Légions hivernent (quatre chez les Belges, deux chez Éduens, deux chez Turons, deux chez Lémovices). César	— Caes. *BG* VIII, 46

Rome	Source	Gaule	Source
Année 50			
— Menace Parthe exige que Pompée et César fournissent chacun une légion. Pompée choisit celle prêtée en 53, donc César perd deux légions		— César rentre en Cisalpine (juillet ?) pour soutenir la candidature d'Antoine à l'augurat puis revient à Némétocenna	— Caes. *BG* VIII, 54 ; Dion 40, 65 ; Appien *BC* II, 29
— Antoine, questeur de César en 51, élu augure		— Labienus est envoyé en Cisalpine	— Caes. *BG* VIII, 51
— Manœuvres de Curion, tribun favorable à César, pour bloquer par son veto initiatives sénatoriales. Propose que César et Pompée licencient ensemble leurs troupes	— Caes. *BG* VIII, 52 ; Appien *BC* II, 28-30	— César envoie 13e légion en Cisalpine. quatre légions chez les Belges et quatre chez Éduens	— Caes. *BG* VIII, 52
— Le consul Marcellus invite Pompée à lever des troupes	— Appien *BC* II, 31 ; Dion 40, 64	— César se rend à Ravenne	— Caes. *BG* VIII, 54 ; Appien *BC*, II, 32
Année 49			
— Lettre de César au Sénat. Celui-ci exige le licenciement de l'armée de César, décrète un sénatus-consulte ultime et charge Pompée de la guerre	— Caes. *BC* I, 1-7	— César rappelle ses légions de leurs quartiers d'hiver	— Caes. *BC* I, 8
— 11/12 janvier (date calendaire) : César franchit le Rubicon	— Caes. *BC* I, 8		

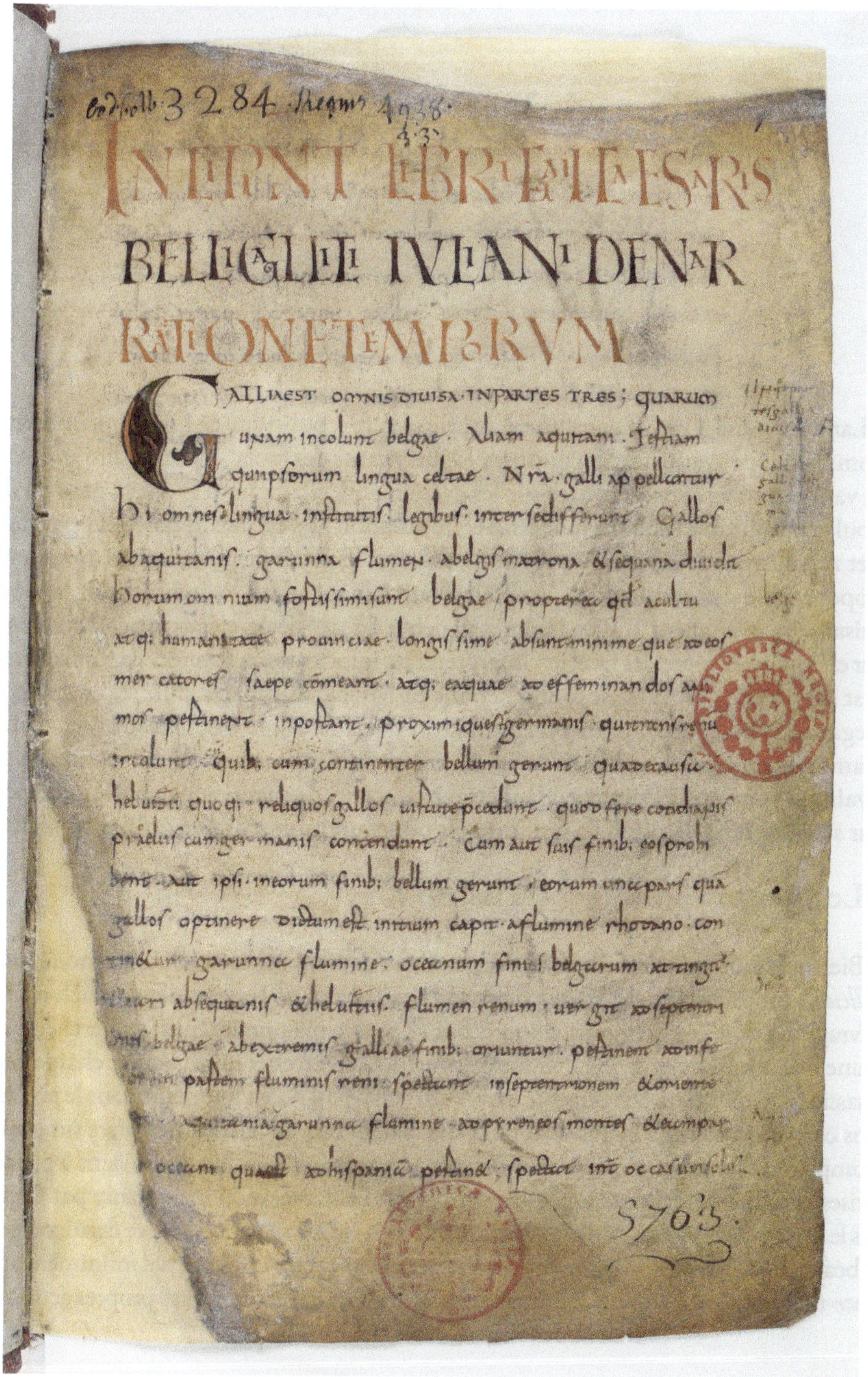

Fig. 8. – Un des plus anciens manuscrits de César, BnF Latin 5763 (http://archivesetmanuscrits.bnf.fr/ark:/12148/cc34029k).

> « Oui, lui répond Cicéron, tout à fait excellents. Ils sont nus, vont droit au fait, ont une grâce sans aucun apprêt oratoire, comme un corps dépouillé de son vêtement. En voulant fournir des matériaux aux historiens futurs, il a peut-être fait plaisir à des lourdauds, qui seront tentés de friser tout cela au petit fer. Mais aux gens sensés, il a ôté l'envie d'écrire ; car dans l'Histoire la brièveté élégante et lumineuse est ce qu'il y a de plus agréable. »

Mais était-ce bien là l'Histoire, telle qu'on la concevait alors ? Dans le passage très souvent commenté qu'on vient de citer, Cicéron semble indiquer une différence entre le genre historique, qu'il qualifie ailleurs d'« art éminemment oratoire » (*De Leg.* I, 2), et les matériaux rassemblés pour servir à l'écrire, dont relèveraient les *Commentaires*. Cette distinction apparaît aussi, d'après le témoignage de Suétone, dans l'opinion qu'en avait un des historiens de ce temps dont l'œuvre est malheureusement perdue, Asinius Pollion. Cet esprit indépendant et critique, qui avait servi aux côtés du proconsul, prétendait « que ces Commentaires < avaient > été composés avec trop peu de soin et trop peu de respect pour la vérité car, la plupart du temps César a enregistré sur parole, sans contrôle, les actions des autres ; quant aux siennes, soit à dessein, soit même faute de mémoire, il les a présentées de façon inexacte ; à son avis, l'auteur se proposait de refaire et de corriger son ouvrage » (Suétone, *Div. Iul.* 56). Avant de revenir sur le fond de ce jugement sévère, retenons que l'écriture de l'Histoire, dont Cicéron se proposait en toute modestie, dans le *Brutus*, de devenir le phare, se distinguait fondamentalement des *Commentaires*. Ce mot s'appliquait en effet à des écrits de toute nature : archives privées, aide-mémoire, commentaires juridiques, littéraires, philosophiques, etc.[4]. Mais ce pouvait aussi être le cas de magistrats sortis de charge qui rédigeaient leurs Mémoires sur les actes qu'ils avaient accomplis pendant leur mandat, sans que ces écrits aient vocation à être systématiquement publiés. D'éminents hommes politiques en avaient écrit, tel Sylla (Plutarque, *Sylla* 37, 1) ou même Cicéron, qui avait raconté en grec l'histoire de son consulat et prévoyait une version latine (Cicéron, *Corr.* XXV, 10). Pour lui, ces *Commentaires* n'étaient évidemment pas de l'Histoire, au sens strict, car il y manquait l'ampleur de la conception, la forme et l'ornement oratoire qui, selon lui, devaient caractériser le genre. S'agissant de César, écrivain des plus réputés, le cas était singulier et inédit, compte tenu de la qualité littéraire évidente de l'ouvrage.

Dans le cas qui nous occupe, il est bien clair que l'ouvrage était déjà public en 46, lors de la rédaction du *Brutus*, soit deux ans avant les Ides de Mars. Mais avait-il fait au préalable l'objet de lectures partielles, année de campagne après année de campagne, comme on l'écrit parfois, avant une réécriture finale qui, d'ailleurs, n'était peut-être pas définitive ? La question, depuis longtemps débattue, n'est toujours pas véritablement tranchée, faute de source précise et décisive[5] et certains croient, en raison de certaines contradictions internes au texte, que César avait rédigé son récit année après année, en distillant à mesure les meilleurs morceaux pour appuyer son action politique. La diffusion de l'ouvrage aurait été, en ce cas, bien plus qu'un événement littéraire[6]. De toute manière,

---

4. Riggsby, 2006, 133-150.
5. Kraus, 2009 ; Raaflaub, 2017, Web Essay CC.
6. Wiseman, 1998.

un promagistrat[7] se devait de rendre compte régulièrement de ses actes au Sénat et la divulgation de ces comptes rendus pouvait bien entendu être organisée pour la plus grande gloire de leur auteur.

À cet égard, le jugement d'Asinius Pollion sur l'objectivité de César invite à revenir brièvement sur un aspect quelque peu négligé aujourd'hui. La confrontation des *Commentaires* avec la seule autre narration cohérente du conflit, celle de Cassius Dion, qui écrivait près de trois siècles après son glorieux devancier à partir de sources qu'on a tenté d'identifier, invite en effet à s'interroger directement sur la fiabilité du récit césarien. On a souvent, à cette occasion, avancé le nom d'Asinius Pollion qui avait lui-même rédigé une *Histoire de la guerre civile* qui pourrait avoir inspiré l'œuvre de l'historien grec[8]. Les livres 38, 31-50 ; 39, 1-5 ; 40-53 ; 40 4-11 ; 31-44 de ce dernier proposent en effet un récit tantôt identique, tantôt assez différent des événements, témoignant ainsi de l'existence d'autres traditions que le texte césarien. Toutes ont malheureusement disparu, de sorte qu'aucune certitude n'existe. Comme l'a bien montré G. Zecchini, les critiques assez fréquentes de Dion sur les intentions réelles de César durant toutes ces années de guerre, mais aussi l'existence dans son texte de versions alternatives sur le déroulement même des événements révèlent en creux l'existence d'une littérature anticésarienne et de traditions historiques distinctes de celle des *Commentaires*, mais leur généalogie reste difficile à établir[9]. Il n'est pas question, dans ces pages, de reprendre pas à pas une analyse complexe qui obligerait à une confrontation terme à terme des deux récits ; on signalera toutefois, chaque fois que de besoin, ces divergences significatives, notamment à l'occasion de la bataille de cavalerie qui a précédé Alésia, pour montrer comment César a construit progressivement sa propre image de vainqueur, déformant au besoin la réalité telle que nous pouvons quelquefois la restituer grâce au texte de Dion[10].

Ethnographie et Histoire

Qu'il ait été écrit sous la forme de « Mémoires de guerre » pour servir la politique de César ne change rien au fait que le texte du *Bellum Gallicum* répond aussi à d'autres codes bien établis, en l'espèce ceux de la Géographie, au sens où l'entendaient les Grecs, et que nous qualifierions plus volontiers aujourd'hui d'Ethnographie. Pénétrant dans un pays « barbare » (pour les Romains), encore assez largement inconnu, le narrateur se devait d'en décrire pour ses lecteurs les grands ensembles physiques et les principaux traits humains. Pour bien comprendre le propos, on peut faire un détour par un texte qui éclaire ces usages constants chez les auteurs antiques, bien qu'il soit très éloigné dans le temps du conflit césarien. Quatre siècles plus tard, en effet, Ammien Marcellin,

---

7. Le terme désigne, on le sait, un magistrat (prêteur ou consul) sorti de charge et envoyé hors de Rome avec une « province », c'est-à-dire une mission qui n'était pas obligatoirement cantonnée à un territoire spécifique. Dans le cas de César, comme on l'a vu plus haut, la province confiée à César s'étendait initialement à la Cisalpine mais aussi à l'Illyricum qui n'était pas encore territorialement conquise.
8. Ferriès, 2007, 335-341.
9. Zecchini, 1978.
10. Rambaud, 1952 ; *infra*, p. 219-221.

un des plus grands historiens de l'Antiquité tardive, interrompait son récit des événements de l'année 355, marqués par la nomination de Julien (dit l'Apostat) au commandement de la Gaule. À ce moment, contre toute attente, la narration fait place à une description du pays qui reprend, trait pour trait, les propos de César, quatre siècles plus tôt, et même les plus anciennes légendes sur l'origine de ses habitants. Il vaut la peine d'en citer ici de larges extraits pour bien comprendre le procédé[11] :

Livre XV :

> 9, 2. « En élevant des doutes sur l'origine la plus antique des Gaulois, les auteurs anciens nous ont laissé une connaissance imparfaite du sujet, mais par la suite Timagène, un Grec par son exactitude et son langage, puisa dans des livres multiples et rassembla ces faits longtemps ignorés. C'est sur sa foi, et en écartant toute obscurité, que nous exposerons les mêmes notions avec précision et clarté. 3 – Certains auteurs ont affirmé qu'en ces régions le premier peuple que l'on vit fut celui des Aborigènes, appelés Celtes du nom d'un roi très aimé et, du nom de sa mère, Galates, qui est le nom donné aux Gaulois en langue grecque. D'autres prétendent que des Doriens, ayant suivi le vieil Hercule, s'établirent en des lieux voisins de l'Océan. 4 – Les druides déclarent qu'en réalité une partie de ce peuple est indigène, mais que d'autres aussi affluèrent en Gaule d'îles lointaines et de régions situées au-delà du Rhin, chassés de leurs demeures par la fréquence des guerres et par les raz-de-marée d'une mer orageuse. 5 – Certains autres soutiennent qu'un petit nombre de Grecs fugitifs, après la chute de Troie, et dispersés partout, ont occupé ces lieux qui étaient alors déserts… 8 – À travers ces régions, ces hommes peu à peu se civilisèrent, le goût des arts libéraux se développa sur l'initiative des bardes, des eubages et des druides. Les bardes chantaient, en s'accompagnant des doux accents de la lyre, les exploits des hommes illustres composés en vers héroïques, tandis que les eubages, portant leurs investigations vers les choses d'en-haut, tentaient de révéler aussi les lois sublimes de la nature. Quant aux druides, intellectuellement supérieurs, et liés en confréries suivant le précepte de Pythagore, ils s'élevèrent par leurs recherches sur des problèmes obscurs et profonds : dédaignant les choses humaines, ils proclamèrent l'immortalité des âmes…
>
> 11, 1. Au temps jadis où ces régions demeuraient dans l'obscurité, comme des régions barbares, elles furent divisées en trois parties, croit-on, entre les Celtes ou Gaulois, les Aquitains et les Belges, qui diffèrent de langue, de coutumes et de lois. 2 – Les Gaulois, qui sont des Celtes, sont séparés des Aquitains par la Garonne, fleuve né des hauteurs des Pyrénées, et qui, après avoir traversé nombre de villes, se perd dans l'Océan. 3 – La même nation est séparée des Belges par la Marne et la Seine, fleuves de semblable importance. Coulant à travers la Lyonnaise, après avoir enfermé dans son île la place des Parisiens, qui a nom Lutèce, elles unissent leurs eaux et, poursuivant leur course tout droit, elles se jettent dans la mer près du Camp de Constance. 4 – De tous ces peuples, les Belges avaient la réputation, chez les anciens auteurs, d'être les plus courageux, pour la raison que, fort éloignés de la civilisation, étrangers à la mollesse que cause l'importation du luxe, ils combattirent longtemps contre les Germains d'outre Rhin. 5 – Les Aquitains, au contraire, dont les rivages plus proches et tranquilles attirent chez eux les marchandises étrangères, virent leurs mœurs tomber dans la mollesse et passèrent

11. Ammien Marcellin, *Histoire*, texte établi et traduit par E. Galletier, Paris, Les Belles Lettres, 1968.

> aisément sous la domination romaine. 6 – Toutes les Gaules, à partir du moment où, sous la pression des guerres multiples, elles succombèrent sous le dictateur Jules César, étaient partagées en quatre gouvernements...
>
> 12, 1. Presque tous les Gaulois sont de très haute taille, ils ont la peau blanche et la chevelure rousse ; ils inspirent la crainte par leur regard sauvage, ils ont le goût des querelles et sont présomptueux à l'excès. Si l'un d'eux, au cours d'une rixe, a fait appel à sa femme, qui est beaucoup plus vigoureuse que lui et qui a les yeux pers, une troupe d'étrangers ne pourra lui tenir tête, surtout quand celle-ci, le cou gonflé et grinçant des dents, balançant d'énormes bras blancs, commence à décocher, en y mêlant des coups de pied, des coups de poing semblables à des projectiles de catapultes lancés par la torsion de leurs cordes. 2 – Leur voix est généralement effrayante et menaçante, qu'ils soient paisibles ou en colère. Tous cependant sont d'une propreté et d'une élégance également soignées et, dans ces régions, surtout chez les Aquitains, on ne pourra jamais voir ni homme ni femme, si pauvres soient-ils, couverts de haillons malpropres comme ailleurs. 3 – Tous les âges y sont aussi bons pour faire la guerre, et le vieillard comme l'adulte marchent au combat avec une égale force d'âme, le corps endurci par le froid et par un entraînement incessant, prêts à braver bien des dangers redoutables... »

Étonnant passage que cet excursus géographique, rédigé après quatre siècles de domination et d'administration romaine et qui paraît totalement décalé de la réalité à nos yeux de Modernes ! Certes Ammien inscrit sa description dans la Gaule de son temps puisqu'il évoque le camp de Constance, et, ailleurs, les divisions administratives de son époque (XV, 11, 6). Sa narration repose toutefois autant sur les faits légendaires rapportés par la très ancienne tradition grecque que sur la garantie qu'offrait César, le conquérant. En l'occurrence, il s'appuie sur des traditions vénérables qui continuaient de faire autorité, comme l'avait fait avant lui le Panégyriste de 311 rappelant, devant Constantin, l'origine légendaire des Éduens (*Pan. Lat.* VIII)[12]. Ce faisant, l'historien n'hésitait pas à réélaborer à son profit la mémoire collective, à recomposer une image de la barbarie qu'on aurait pu croire obsolète au IVe siècle ap. J.-C., plagiant sans vergogne (à nos yeux) ses prédécesseurs[13]. Ce n'était pas alors une pratique honteuse mais glorieuse, témoignage indubitable de culture et garantie de vérité !

Et César lui-même[14] ? Son propre excursus du livre VI sur les mœurs des Gaulois et des Germains, qui interrompt lui aussi le cours normal du récit, n'est pas sans rappeler le procédé utilisé beaucoup plus tard par Ammien. Cela faisait partie des usages de l'ethnographie antique, telle que la pratiquaient certains de ses contemporains ou successeurs immédiats, comme Diodore de Sicile ou Strabon[15]. Ce faisant, César obéissait aux codes de son temps en décrivant ces sociétés moins selon ses observations personnelles qu'en s'appuyant sur la tradition écrite diffusée par ses devanciers, une particularité de la culture antique qui nous déroute parce qu'elle mélange allègrement réalité et

12. Hostein, 2012, 373-377.
13. Devillers et Battistin Sebastiani, 2018.
14. Voir sur ce point l'article récent de Ferreira Almeida, 2023.
15. Contemporain de César, le grec Diodore écrivit très certainement après la mort du dictateur qu'il qualifiait de « dieu » (5, 25, 4). Strabon rédigea sa *Géographie* au début du Ier siècle ap. J.-C., probablement dans les années qui entourent la mort d'Auguste et le début du règne de Tibère.

représentations fictives liées à une image conventionnelle du « barbare ». Cette forme de propagande ne relevait pas seulement d'un goût certain pour le pittoresque mais aussi d'une justification politique impériale, pour ne pas dire impérialiste[16]. On y reviendra à plusieurs reprises dans la suite de ce livre mais notons d'ores et déjà l'utilisation chez César de plusieurs clichés traditionnels, depuis longtemps soulignés par les commentateurs modernes[17] : ainsi les Gaulois sont-ils grands, comme tous les gens du Nord (*BG* II, 30, 4), impulsifs (*BG* III, 8, 3), rapidement découragés (*BG* III, 19, 6), cupides et légers (*BG* VII 42, 2), crédules et changeants (*BG* IV, 5), perfides (*BG* VII, 17, 7). On pourrait multiplier les exemples de cette sorte qui renvoient au stéréotype du barbare chez les auteurs classiques. Mais on se demande parfois comment des généraux comme César ou plus tard Ammien, qui étaient en même temps de brillants intellectuels, faisaient pour relier entre eux ces morceaux épars et parfois contradictoires de leur propre culture[18].

Pour autant, l'ethnographie du *Bellum Gallicum* n'est pas une compilation de sources anciennes et de récits légendaires, à la différence de ce que l'on peut observer chez un auteur comme Diodore, contemporain de César mais qui publia sans doute au début du règne d'Auguste. On trouve par exemple chez lui un récit des pérégrinations d'Hercule dans le pays et de la fondation par ce héros de la ville d'Alésia, où César venait justement de vaincre Vercingétorix (*BG* IV, 19, 1-2). On considère généralement que sa source principale était Poseidonios d'Apamée, qui avait voyagé en Gaule méridionale vers l'extrême fin du IIe siècle av. J.-C. et dans les années 90. Ce dernier avait peut-être connu le jeune Caius Iulius, donc bien avant la guerre des Gaules. Son œuvre, écrite en grec, ayant assez largement disparu, il n'est pas toujours aisé de savoir dans quelle mesure elle a pu influencer l'ethnographie césarienne. Prenons pour exemple le début même des *Commentaires* qui paraît se distinguer radicalement des habitudes de la Géographie antique (fig. 9). Dans sa brève description liminaire du pays dont il prend le commandement, le proconsul décrit en effet avec une célérité particulière de style les grands traits d'un pays dont le lecteur romain ignorait alors à peu près tout, sinon ce qui touchait à la province romaine du Midi : une division ethnique tripartite (les Celtes, les Aquitains, les Belges), avec des frontières naturelles formées par des fleuves (la Garonne, la Seine et la Marne, le Rhin). Comme le rappelait Cicéron, dans son discours au Sénat sur les Provinces consulaires, « auparavant, Sénateurs, nous n'occupions en Gaule qu'une piste étroite ; tout le reste était occupé par des nations ennemies de notre empire ou peu sûres ou inconnues, ou du moins sauvages, barbares et belliqueuses » (*Prov. Cons.* 13, 33). C'est donc César, pense-t-on le plus souvent, qui offrit pour la première fois un exposé clair et novateur de la géographie de la Gaule, rompant avec les sources antérieures dont il ne mentionne même pas l'existence. Mais dans quelle mesure sa division du sol était-elle originale ou empruntée, sans le dire, à Posidonios ? La question se pose quand on confronte le prologue des *Commentaires* avec d'autres passages plus détaillés du texte, par exemple le dénombrement des forces belges au

16. Woolf, 2011.
17. Riggsby, 2006, 62-63.
18. Woolf, 2011, 98.

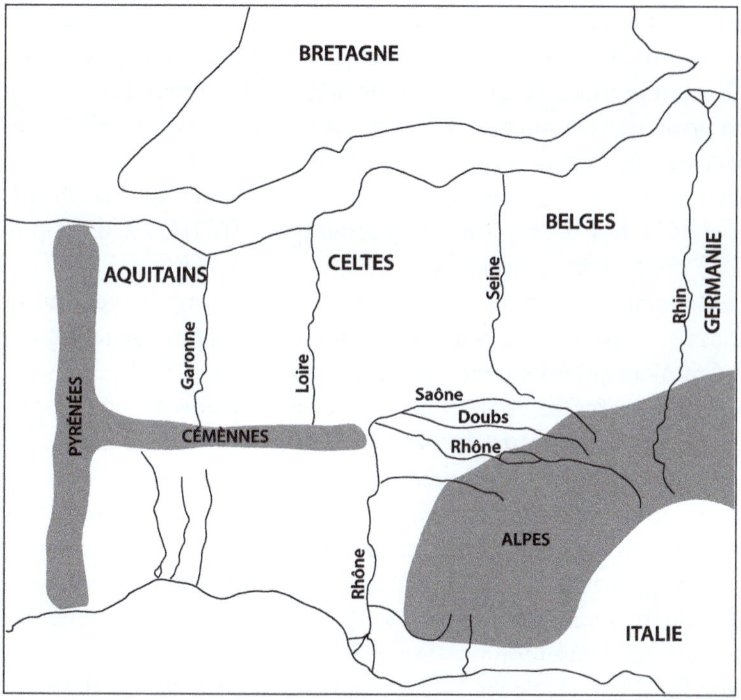

Fig. 9. – Carte de la Gaule, reconstituée à partir des données de la *Géographie* de Strabon, selon Chr. Goudineau. Strabon a rédigé son œuvre au début de notre ère, soit plus d'un demi-siècle après la conquête césarienne, alors que le pays était évidemment bien connu à cette époque. La distorsion entre la représentation cartographique et la réalité géographique est flagrante, alors qu'on savait pertinemment comment s'orienter et voyager dans le pays.

livre II, 4 : le proconsul mentionne à cette occasion, outre les Rèmes qui lui fournissent l'information, les Bellovaques, les Suessions, les Nerviens, les Atrébates, les Ambiens, les Morins, les Ménapes, les Calètes, les Véliocasses, les Viromanduens, les Atuatuques. Condruses, Éburons, Caeroesi, Pémanes sont considérés comme Germains, les Trévires ne sont pas nommés, les Médiomatriques non plus[19]. Mais on apprend ailleurs au livre IV, 4, que les Ménapes avaient des possessions de part et d'autre du Rhin. Autrement dit, ce fleuve ne formait pas une limite entre Gaulois et Germains. Pourtant Strabon, une soixantaine d'années après César, en faisait toujours la frontière du monde germanique, même s'il mentionnait les transferts de population de l'époque augustéenne, notamment celle des Ubiens (XVII, 1, 2). Or une bonne partie de ses informations provenaient, là encore, de Poseidonios (XVII, 2), croisé avec César. Il existe donc bien une possibilité pour que l'exorde du *Bellum Gallicum* soit un emprunt au géographe grec. Ces contradictions internes aux *Commentaires* n'altèrent pas forcément la crédibilité du texte, elles montrent seulement comment celui-ci a (peut-être) été composé, par couches successives qui

19. Fichtl, 1994.

introduisent dans le récit différentes contradictions que les commentateurs ont maintes fois relevées.

Le récit de la guerre des Gaules, on le constate, est un ouvrage composite, de nature équivoque, truffé d'intentions politiques, que les Anciens eux-mêmes ne considéraient pas toujours comme parfaitement fiable, si l'on en croit le jugement acide d'Asinius Pollion, pourtant un des proches de César. On ne saurait donc le lire de manière naïve, au premier degré, sans examen critique approfondi car les Modernes que nous sommes doivent se souvenir que notre conception d'une histoire objective n'était pas celle des Anciens[20]. Pourtant, tel qu'il est, avec sa prose d'une élégance souveraine, le texte des *Commentaires* constitue toujours notre première source sur la fin de l'indépendance gauloise. Quelle autre conquête impériale peut se targuer d'une telle narration et d'un tel auteur ?

20. Krebs, 2017, 213.

Deuxième partie
LE PAYS ET LES HOMMES

Les forces humaines en présence

La Gaule, combien de divisions ? La question du rapport numérique des forces en présence, à une époque où la notion de puissance de feu n'existait pas, comme le soulignait déjà Napoléon Ier, est fondamentale en matière militaire[1] et elle s'appuie au premier chef sur la capacité démographique des adversaires. Ce n'est certes pas le seul critère de supériorité mais l'exemple de la France de Louis XIV, pays le plus peuplé d'Europe au XVIIe siècle, est là pour nous rappeler l'importance de cet élément fondamental de la force d'une nation avant les mutations technologiques de l'époque moderne. César, dans le *Bellum Gallicum*, mentionne à trois reprises des « états d'armes », dont la précision et la véracité ont souvent été contestées ou discutées. Il importe, avant d'aborder leur commentaire, d'en redonner le détail (fig. 10).

Les forces militaires de la Gaule

Le premier cas est fourni par le proconsul au lendemain de la victoire contre les Helvètes (*BG* I, 29). « On trouva dans le camp des Helvètes des tablettes écrites en caractères grecs : elles furent apportées à César. Elles contenaient la liste nominative des émigrants en état de porter les armes, et aussi une liste particulière des enfants, des vieillards et des femmes. Le total général était de 263 000 Helvètes, 36 000 Tulinges, 14 000 Latobices, 23 000 Rauraques, 32 000 Boïens ; ceux qui, parmi eux, pouvaient porter les armes étaient environ 92 000. En tout, c'était une population de 368 000 âmes. Ceux qui retournèrent chez eux furent recensés, suivant un ordre de César : on trouva le chiffre de 110 000[2]. »

Le second cas est constitué par le dénombrement des forces belges en 57 que César affirme tenir de ses alliés Rèmes (*BG* II, 4). Cet état d'armes ne tient pas compte de

1. *Mémorial de Sainte-Hélène*, V : « Les armes offensives ont changé de nature. Les armes de main étaient les armes principales des anciens... L'arme principale des armées modernes est l'arme de jet, le fusil, cette arme supérieure à tout ce que les hommes ont jamais inventé : aucune arme défensive ne peut en parer l'effet... De ce que l'arme principale des anciens était l'épée ou la pique, leur formation habituelle a été l'ordre profond [*i. e. serré, permettant le combat corps à corps sans rompre la formation*]... De ce que l'arme principale des modernes est l'arme de jet, leur ordre habituel a dû être l'ordre mince qui seul leur permet de mettre en jeu toutes leurs machines de jet. Ces armes atteignant à des distances très grandes, les modernes tirent leur principal avantage de la position qu'ils occupent. »
2. Les chiffres donnés par Orose sont beaucoup plus faibles : 157 000 personnes des deux sexes, dont 47 000 morts au combat (*Hist.* VI, 5).

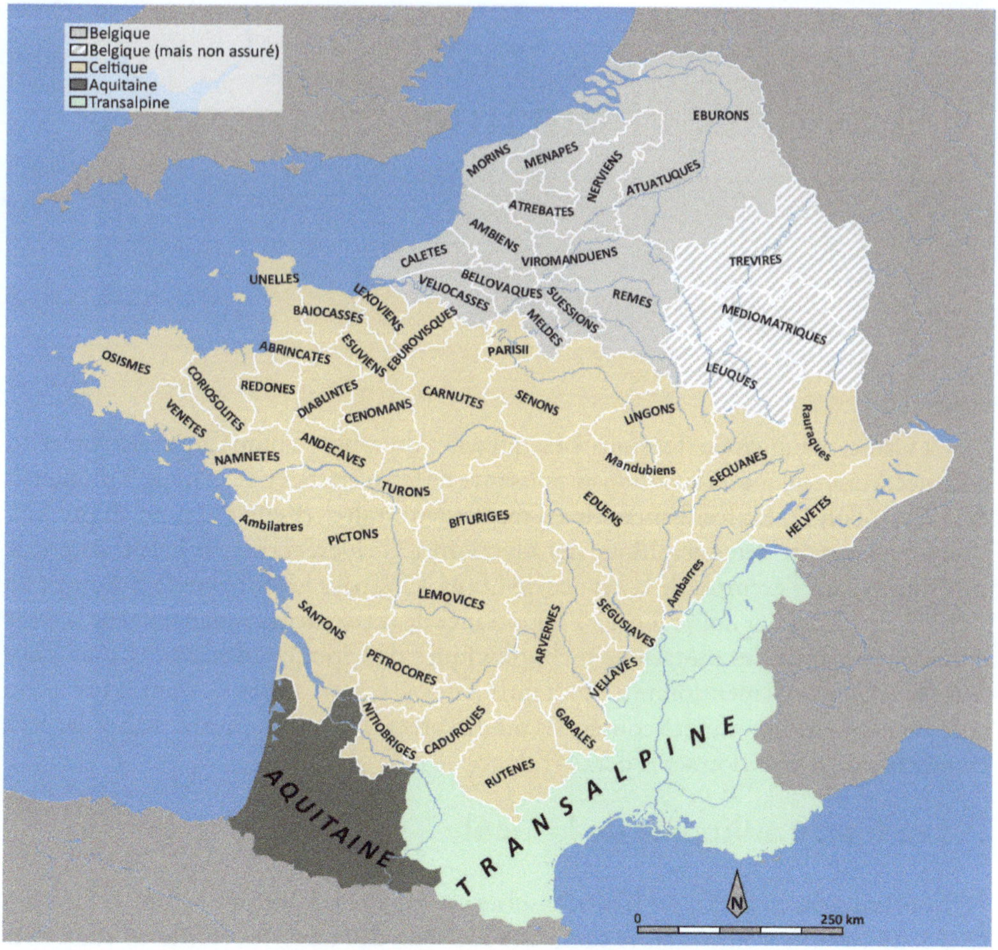

Fig. 10. – Les peuples de Gaule à l'époque de la conquête, carte de St. Fichtl. Les peuples aquitains n'ont pas été représentés ici.

tous les mobilisables possibles mais de ceux que la coalition promettait de fournir pour la campagne. Ainsi le peuple le plus puissant, celui des Bellovaques, pouvait-il mettre sur pied 100 000 hommes mais n'en avait promis que 60 000. Pour les autres, les chiffres indiqués concernent les contingents effectifs, dont le détail est le suivant :

— Bellovaques : (*sur 100 000*) 60 000
— Suessions : 50 000
— Nerviens : 50 000
— Atrébates : 15 000
— Ambiens : 10 000
— Morins : 25 000
— Ménapes : 7 000
— Calètes : 10 000

— Veliocasses : 10 000
— Viromanduens : 10 000
— Atuatuques : 19 000[3]
— Germains cisrhénans (Condruses, Éburons, Caerosesi, Paemanes) : 40 000

Comme on l'a déjà indiqué, ce comput n'intègre pas les « Belges » de l'Est, Trévires, Médiomatriques, Leuques, restés à l'écart du conflit. Je laisse de côté les indications ponctuelles du proconsul, notamment celles qui concernent les peuples transrhénans mobilisés lors de la campagne de 55, pour en venir directement au dénombrement des forces de l'armée de secours au moment d'Alésia (*BG* VII, 75). Là encore, le texte indique explicitement que ces chiffres ne concernent pas tous les hommes en état de porter les armes mais seulement les contingents demandés à chaque cité. On remarquera que les Mandubiens ne sont pas cités dans ce passage, alors que c'est chez eux que se déroule le siège de leur capitale. Il en va de même des peuples aquitains, Nitiobroges exceptés :

Éduens + clients (Ségusiaves + Ambivarètes + Aulerques Brannovices + Blannovii) : 35 000
Arvernes + clients (Éleutètes, Cadurques, Gabales, Vellaves) : 35 000
Séquanes : 12 000
Sénons : 12 000
Bituriges : 12 000
Santons : 12 000
Rutènes : 12 000
Carnutes : 12 000
Bellovaques : 10 000 (qui ne fournirent pas leur contingent mais envoyèrent 2 000 hommes)
Pictons : 8 000
Turons : 8 000
Parisiens : 8 000
Helvètes : 8 000
Ambiens : 5 000
Médiomatriques : 5 000
Pétrocores : 5 000
Nerviens : 5 000
Morins : 5 000
Nitiobroges : 5 000
Cénomans : 5 000
Atrébates : 4 000
Veliocasses : 3 000
Lexoviens : 3 000

3. En II, 33, la population entière est de 53 000 personnes, ce qui implique plus d'un combattant pour trois habitants. Un des deux chiffres est donc manifestement faux.

Éburovices : 3 000
Rauraques : 1 000
Boiens : 1 000
Armoricains (Coriosolites, Redons, Ambibares, Calètes, Osismes, Lemovices, Unelles) : 20 000.

Ces chiffres sont les seuls dont nous disposions pour tenter une évaluation du rapport des forces en présence et c'est uniquement sur ces données incertaines que peut s'appuyer tout essai de restitution de la population gauloise, au prix, évidemment, de difficultés non négligeables. Malgré son ancienneté, l'analyse qu'en a proposée Julius Beloch à la fin du XIXe siècle reste au fond la plus solide, ce qui ne signifie pas qu'on doive l'accepter sans examen. Elle a d'abord été exprimée dans un gros ouvrage de 1886 consacré à la population du monde gréco-romain[4], puis dans un article de 1899, consacré à la Gaule seule, dans lequel le savant allemand avait quelque peu réévalué à la hausse ses estimations initiales[5]. Malgré les critiques qui n'ont pas manqué dès la publication du premier mémoire, ces travaux restent fondamentaux et n'ont pas été remplacés, pour ce qui concerne notre sphère géographique du moins. Sans les reprendre dans le détail, on peut tout de même proposer quelques réflexions.

J. Beloch défendait l'idée selon laquelle il convenait de prendre ces chiffres au sérieux, sans nier, évidemment, que les communiqués de victoire qui ponctuent le récit césarien pouvaient bien s'avérer fantaisistes, sans doute pour des raisons de propagande romaine. Ainsi, lorsque le proconsul écrit qu'il a affronté 430 000 Germains, presque tous morts, sans avoir perdu un seul homme et n'ayant qu'un tout petit nombre de blessés (*BG* IV, 15), peut-on sérieusement le croire, d'autant que ses adversaires, les Usipètes et les Tenctères, devaient refaire parler d'eux, et de la belle manière, quarante ans plus tard, sous Auguste ? C'est d'ailleurs typiquement le genre d'argument qui invitent à penser que le *Bellum Gallicum* était destiné à être diffusé auprès d'un large public romain, sous une forme ou sous une autre. En revanche, l'épisode du recensement des Helvètes mérite d'être pris en considération car il ne semble pas emprunté à une source antérieure et il paraît suffisamment original et précis pour qu'on puisse le commenter.

J. Beloch faisait observer quelques difficultés de ce passage, considérant que le chiffre de ceux qui rentrèrent (110 000) n'était pas cohérent avec celui des migrants supposés (toute la population, soit 368 000). Les pertes helvètes n'ayant pu atteindre le chiffre astronomique de 250 000 âmes (360 000-110 000)[6], J. Beloch en concluait que tous les Helvètes n'avaient pas migré, contrairement aux assertions du proconsul. Cette opinion mérite d'être considérée.

On peut d'autre part suivre l'historien allemand quand il considère que le chiffre des hommes en armes est le fruit d'un calcul et non d'une donnée objective. Il constitue

4. Beloch, 1886, 448-460.
5. Beloch, 1899.
6. À titre de comparaison, les pertes russes (tués ou blessés) lors de la bataille de la Moskova se seraient élevées à environ 44 000 hommes.

en effet un quart de toute la population (92 000/368 000), ce qui est considérable, car il implique des familles constituées de quatre personnes seulement, dont un quart d'hommes entre 15-17 ans et 45-50, en comptant les adolescents pubères et les vieux encore capables de manier une arme, une proportion qui paraît improbable à une époque où le simple renouvellement démographique impliquait que chaque femme ait au moins cinq à six enfants, même si une moitié seulement survivait[7]. Le chiffre des combattants helvètes et alliés pourrait donc bien être surévalué[8].

Dans l'ensemble toutefois, on considérera l'information de César comme pertinente et crédible car elle paraît assez globalement cohérente avec les données des peuples belges lors de la campagne de 57. Même si l'on considère, avec J. Beloch, que César a exagéré les forces des Bellovaques, des Nerviens et des Suessions[9], l'ordre de grandeur des principaux peuples gaulois, tel qu'on peut l'évaluer à partir de cette unique source, n'est pas vraiment incompatible avec celui des forces helvètes[10]. Il en va de même des effectifs demandés à l'armée de secours en 52. Là encore, on doit suivre J. Beloch lorsqu'il considère que César range en quelque sorte ses adversaires en classes bien définies numériquement : ceux qui peuvent fournir 35 000 hommes, ceux qui peuvent en fournir 12 000, ceux à 5 000, etc. Le caractère mécanique de cette liste saute aux yeux, et le comput est évidemment approximatif, dû à la source du proconsul, ce qui n'implique pas que celle-ci soit franchement fantaisiste. Il devait y avoir en Gaule suffisamment d'aristocrates capables d'évaluer grossièrement, mais de manière réaliste, les forces respectives de chaque cité. Que les Éduens puissent fournir à l'armée de secours 35 000 hommes en sus de ceux qui étaient déjà en campagne (*BG* VII, 64) montre bien que leur population était conséquente pour l'époque. Le chiffre est tout à fait compatible avec les données du recensement des forces helvètes. Que toutes ces troupes de l'armée de secours listées par César aient été effectivement réunies et concentrées sur le terrain, devant Alésia, constitue une autre affaire sur laquelle nous aurons à revenir. On ne peut, en conséquence, retenir des chiffres césariens que des indications tendancielles assez grossières. Il n'est pas question de les accepter telles quelles mais on ne saurait non plus les rejeter *a priori* en bloc, faute de sources contradictoires et meilleures. Pour en évaluer la relative pertinence, je propose de regarder maintenant les données fournies par Polybe II, 24 pour l'année 225, un peu avant le déclenchement de la guerre contre Hannibal. Le texte, on le sait, constitue une des bases de la discussion, elle aussi controversée, sur la population italienne de ce temps[11].

---

7. Frier, 2000, 797-798.
8. Il est vrai aussi que les enfants en bas âge peuvent ne pas avoir été pris en compte dans le recensement helvète.
9. Les chiffres sont évidemment tributaires de la tradition manuscrite du texte mais Beloch (1899, 419) avait montré que les divergences semblaient minimes.
10. Diodore 5, 25, 1, écrivant quelques années après César, dit que « la Gaule est habitée par de nombreux peuples dont l'importance numérique varie ; les plus importants ont presque 200 000 hommes, les plus faibles cinquante mille ». Ce passage corrobore *grosso modo* les données du *Bellum Gallicum*, sauf si l'on admet qu'elles proviennent d'une source commune à Diodore et César, comme Poseidonius. Ce n'est pas impossible mais ce n'est pas non plus le plus probable car les chiffres du proconsul s'insèrent complètement dans le récit du moment. Je prends donc le parti de considérer que c'est ici César la source de Diodore.
11. Beloch, 1886, 356-360 ; Brunt, 1971 ; De Ligt, 2012, 40-78.

Les forces militaires de l'Italie

> « Pour que les faits eux-mêmes fassent voir à quels problèmes plus tard Hannibal a osé s'attaquer et à quelle puissance il a audacieusement fait face, avançant son entreprise au point d'infliger aux Romains les plus graves désastres, il faut dire la composition et l'effectif des forces dont < les Romains > disposaient alors. Avec les consuls étaient entrées en campagne quatre légions romaines avec chacune cinq mille deux cents fantassins et trois cents cavaliers. Ils avaient aussi avec eux des troupes auxiliaires qui s'élevaient au total à trente mille fantassins et deux mille cavaliers. Les Sabins et les Étrusques, venus en renfort à Rome pour la circonstance, comptaient quatre mille cavaliers et plus de cinquante mille fantassins... Les habitants de l'Apennin, Ombriens et Sarsinates fournirent une concentration de vingt mille hommes et après eux les Vénètes et les Cénomans vingt mille... Mais à Rome cantonnait, prêt à faire face aux aléas de la guerre, un corps de réserve comprenant vingt mille fantassins et quinze cents cavaliers romains ainsi que trente mille fantassins et deux mille cavaliers auxiliaires. Les rôles fournis indiquèrent : pour les Latins, quatre-vingt mille fantassins et cinq mille cavaliers ; pour les Samnites soixante-dix mille fantassins et sept mille cavaliers ; pour les Iapyges et les Messapiens réunis cinquante mille fantassins et seize mille cavaliers ; pour les Lucaniens trente mille fantassins et trois mille cavaliers ; pour les Marses, les Marrucins, les Férentiniens et les Vestins vingt mille fantassins et quatre mille cavaliers. En outre en Sicile et à Tarente se tenaient en réserve deux légions, dont chacune était de quatre mille deux cents fantassins et de deux cents cavaliers... L'effectif des hommes en état de pendre les armes, Romains et alliés réunis, dépassait 700 000 fantassins et approchait de 70 000 cavaliers. »

Ce total des forces romaines mobilisables avant la seconde guerre punique, est compatible avec les informations fournies par Diodore XXV, 13 et Pline l'Ancien *HN* 3, 138, ce qui implique sans doute une source commune, généralement identifiée avec Fabius Pictor (Tite-Live, *Per.* 20 ; Eutrope 3, 5 ; Orose 4, 13, 6). Dans ces chiffres les Transpadans n'étaient pas comptés, selon Pline, non plus que les *auxilia externa*[12]. Il importe pour notre propos de constater que l'ordre de grandeur des contingents alliés de Rome est parfaitement compatible avec celui des forces gauloises tel qu'il nous est donné par César, environ un siècle et demi plus tard. C'est particulièrement vrai des Celtes d'Italie, Cénomans et Vénètes, dont chaque peuple peut être ici comparé aux Ambiens (10 000 hommes) dans le dénombrement des forces belges de 57. Ces données nous offrent un étalon, certes très grossier mais crédible, des informations qu'on peut glaner dans le *Bellum Gallicum* et qui résultent d'informations totalement indépendantes de celles qui concernent l'Italie républicaine.

Si l'on regarde maintenant le chiffre estimé mais probable de chaque population, considérée globalement, on aboutit, pour le milieu du Iᵉʳ siècle av. J.-C., à une forme de parité, nonobstant toutes les difficultés méthodologiques inhérentes au calcul. Pour la Gaule, les estimations de J. Beloch – qui reposent exclusivement sur les données précédentes – aboutissent au tableau suivant (Beloch, 1899, 438) :

12. Pour les difficultés d'interprétation du texte et des chiffres, voir le commentaire de De Ligt, 2012, 41-42.

Celtique au sens strict	2 850 000
Belgique et rive gauche du Rhin	1 250 000
Aquitaine	400 000
Total *Gallia Comata*	4 500 000
Narbonnaise	1 200 000
Total Gaule	5 700 000

S'agissant de l'Italie, on sait que l'accord entre spécialistes n'est pas fait. Sans entrer dans le débat assez complexe des arguments des uns et des autres, on se contentera de dire ici que s'affrontent deux écoles, celle, traditionnelle et majoritaire chez les historiens contemporains, qui postule une démographie restreinte (*Low count*) et celle, nettement minoritaire, qui plaide pour une démographie plus vigoureuse et plus élevée (*High count*)[13]. On choisira ici les conclusions proposées par L. De Ligt, un partisan du *Low count* qui plaide, au terme d'une longue et savante réflexion critique, pour une population italienne de 5 700 000 habitants, dont 1 500 000 esclaves en 28 av. J.-C.[14]. Tous ces chiffres doivent évidemment être pris avec la plus extrême prudence et ils ne sauraient être considérés que comme des ordres de grandeur probables. Ils laissent toutefois penser que les poids démographiques respectifs de la Gaule chevelue et de l'Italie, au moment où César commençait sa guerre, n'étaient aucunement disproportionnés.

Sur le terrain, les choses pouvaient naturellement être très différentes. L'armée césarienne fut une force numérique considérable, qui est passée dès 58 de quatre à six légions, grâce à l'enrôlement effectué à ses frais par le proconsul (*BG* I, 10), puis à huit au début 57, après de nouvelles levées privées (*BG* II, 2). Les pertes terribles de la fin 54 furent plus que compensées par les renforts qu'envoya Pompée et par les enrôlements du début 53 (*BG* VI, 1), avant une nouvelle conscription en Cisalpine au début 52 (*BG* VII, 1). L'armée romaine atteignait donc 10 à 12 légions au moment d'Alésia, selon la manière dont on compte les pertes, notamment celles subies devant Gergovie[15]. Une telle armée était sans précédent, réunissant, quand elle était concentrée, au minimum 40 000 hommes capables d'être alignés, si l'on estime qu'elle était à effectifs réduits en raison des combats, davantage dans le cas contraire. À quoi il fallait ajouter les contingents des cités gauloises alliées, dont le nombre pouvait varier selon les circonstances, mais il pouvait être très important. C'était donc, pour l'époque, une force militaire colossale.

---

13. Elle est notamment représentée par E. Lo Cascio (Lo Cascio, 1994 ; Lo Cascio et Malanima, 2005). Pour le débat, outre l'ouvrage de De Ligt, 2012 qui expose très clairement les enjeux, on peut lire Scheidel, 2001, notamment l'article de B. W. Frier (Frier, 2001). Les arguments contre le *High count* sont considérables, notamment parce qu'ils conduisent à évaluer une population italienne quasiment aussi importante au début de l'Empire qu'à l'aube du XIXe siècle, ce qui implique que la péninsule n'aurait connu aucune évolution démographique pendant tout ce temps.
14. De Ligt, 2012, 190.
15. Keppie, 1998.

Il est en revanche assez difficile de connaître les chiffres exacts de ses adversaires, au moins lors des batailles rangées du début du conflit. Ainsi, lors du passage de la Saône par les Tigurins, César opposa trois légions à ces derniers, sans doute aussi avec des alliés (*BG* I, 12). Si on se fie aux chiffres du recensement helvète, qui mentionnent pour toute l'armée un effectif de 92 000 hommes, ce sont sans doute les Tigurins, alors seuls, qui étaient en infériorité numérique. Lors de la bataille de Bibracte, ce sont six légions que le proconsul put opposer à l'ennemi, soit une trentaine de milliers d'hommes, sans compter les forces éduennes qui combataient à 18 milles de leur capitale mais dont le *Bellum Gallicum* ne parle pas, non plus que des *auxilia externa* probables (*BG* I, 24). Même contre les forces réunies de tous les migrants, cette fois, l'armée romaine ne devait pas être en grande infériorité numérique, à supposer que tous les Helvètes soient effectivement partis, ce qui, on l'a vu, n'était peut-être pas le cas. Contre Arioviste, en revanche, les six légions rangées en bataille, si l'on en croit César, étaient en infériorité numérique, mais le général ne parle pas, là non plus, de ses auxiliaires ni de ses alliés et il avait encore deux légions pour garder le camp (*BG* I, 51).

La coalition belge de l'année 57 était, sur le papier, formidable (306 000 hommes). Le récit de la bataille de l'Aisne montre toutefois que ce sont surtout les Suessions et les Bellovaques qui furent concernés. La suite du texte indique d'ailleurs que les Nerviens, les Atrébates, les Viromanduens et les Atuatuques attendaient les forces romaines ailleurs, ce qui donna lieu à la bataille de la Sambre (*BG* II, 16). Il est donc très possible que la coalition belge n'ait jamais été concentrée sur le terrain, quoi qu'en dise le général romain (« *postquam omnes Belgarum copias in unum locum coactas ad se venire vidit* », *BG* II, 5). César, de son côté, disposait, outre ses huit légions, de l'armée éduenne, qui fit diversion en attaquant les Bellovaques chez eux (*BG* II, 5), de celle des Rèmes et de ses *auxilia externa*, ce qui rendait très relative son infériorité numérique. Quant à la confuse bataille de la Sambre, elle semble, là aussi, avoir surtout mis aux prises les seuls Nerviens avec l'armée césarienne, si on comprend bien le récit du *Bellum Gallicum*, qui précise que les Atuatuques arrivèrent après l'affaire (*BG* II, 28-29). En l'occurrence, les forces romaines comptaient toujours huit légions, leurs auxilia *externa* et la cavalerie, notamment celle des Trévires, soit entre 40 000 et 50 000 hommes au bas mot, opposés aux 60 000 Nerviens, presque tous massacrés, comme il se doit, à l'exception de 500 hommes (*BG* II, 28). Cette exagération picrocholine relativise beaucoup la crédibilité des chiffres avancés ici par le proconsul. Les difficultés apparemment très réelles de la bataille étaient venues de la surprise créée par les Belges qui avaient attaqué les soldats de César alors que ceux-ci construisaient leur camp sans s'être bien protégés. Une indéniable faute de commandement. Dans les faits, l'armée césarienne, en ces deux premières années de guerre, ne semble pas s'être trouvée en état d'infériorité numérique grave chaque fois qu'elle fut engagée en corps de bataille, d'autant qu'elle disposait d'alliés gaulois puissants et pour l'heure fidèles. Naturellement, la situation devait ensuite aller de mal en pis, avec la constitution de coalitions plus fortes mais aussi avec la défection des Éduens (fig. 11 et 12).

Fig. 11. – Guerriers gaulois, musée de Bibracte, ©Bibracte/Antoine Maillier. On remarquera le carnyx, instrument de musique typiquement gaulois, à g., et le sanglier figurant en enseigne, dans la main du personnage central.

Fig. 12. – Gaulois blessé, musée de Naples (Naples MAN 6015 Wounded Gaul 02.jpg). Photographe anonyme, domaine public. On remarquera la différence de représentation du Gaulois entre cette ronde-bosse « idéale » de l'art classique et la réalité plus prosaïque de la fig. 11.

Le paysage de la guerre des Gaules

Notre connaissance du pays dans lequel pénétrèrent les légions romaines en 58 av. J.-C. est pendant longtemps restée exclusivement fondée sur le texte du *Bellum Gallicum*. Mais, depuis une bonne trentaine d'années maintenant, la recherche archéologique est venue, sinon contredire, du moins modifier très profondément l'image qu'on pouvait avoir de cette Gaule chevelue à partir de la seule description césarienne[1]. Les fouilles préventives ont notamment, grâce aux vastes décapages qu'elles mettent en œuvre, permis de mieux connaître la réalité des campagnes à la veille du conflit ; les recherches de longue durée menées sur plusieurs grands oppida de la Tène finale comme Bibracte (fig. 13), Corent, Moulay ou Le Titelberg, pour ne citer que ceux-là, offrent en outre une vision très profondément renouvelée de ce que pouvaient être les capitales des divers peuples de la Gaule à la veille de la conquête. Mais il faut aussi mentionner la révolution épistémologique provoquée par la mise en évidence de nombreuses agglomérations ouvertes d'époque protohistorique qui maillaient le territoire depuis la Tène moyenne, c'est-à-dire antérieurement à l'apparition des oppida. Peu d'entre elles sont encore fouillées, surtout de manière extensive, en dehors du cas exceptionnel d'Acy-Romance, dans les Ardennes, souvent qualifié de « village » dans la bibliographie[2]. La Gaule césarienne s'avère en fait un pays beaucoup plus urbanisé qu'on ne le pensait jusqu'à une période très récente, avec un maillage dense d'agglomérations ; les historiens n'ont pas encore bien pris conscience de ce qu'implique ce renouvellement en cours de nos connaissances, y compris pour la politique qui a conduit à la création des villes de l'époque impériale. Enfin, l'archéologie offre aujourd'hui l'image d'un pays dont une partie était déjà sous l'emprise des intérêts politiques et économiques romains, au moins chez les Arvernes et les peuples situés sur l'axe de la Saône (Éduens, Séquanes, Lingons). Cette influence qui se traduit par le commerce du vin et la création d'une monnaie d'argent frappée sur l'étalon du quinaire[3], avec une tête de *Roma* au droit, dans le centre-est du pays, allait de pair, bien entendu, avec une réelle pénétration politique des classes dirigeantes de l'*Urbs* et du Sénat. J'ai tenté récemment de dresser un tableau, certes incomplet et imparfait,

1. Buchsenchutz, 2017.
2. Lambot, 2005.
3. Pièce d'argent valant à cette époque un demi-denier.

Fig. 13. – Vue aérienne de Bibracte, le mont Beuvray. Photo R. Goguey.

de cette situation de la Gaule avant et après la conquête ; je me contente ici d'y renvoyer globalement, sans en reprendre la description de détail[4]. J'indiquerai seulement, chaque fois que de besoin, ce qu'il est nécessaire de savoir pour comprendre le propos du présent ouvrage, centré sur le conflit proprement dit.

Silva, saltus, ager

La Gaule du Nord a connu, à partir du milieu du IIIe siècle av. J.-C., une série de transformations notables qui se traduisent aussi bien dans le domaine agricole que dans le développement urbain ou encore la production artisanale. Les raisons de ce décollage sont assurément encore mal connues mais elles ne sont manifestement pas liées à des influences méditerranéennes, Rome étant alors aux prises avec Carthage et ne jouant pas de rôle dans ces contrées du nord-ouest européen éloignées de ses intérêts immédiats. Le premier « stimulus » auquel on peut songer est la hausse rapide des températures, après l'épisode froid du Hallstatt et de la Tène ancienne. À partir de 350 av. J.-C., en effet, celles-ci remontent fortement et rapidement, comme en témoignent les indicateurs (« proxys ») que sont la quantité de ^{14}C (carbone 14) et de ^{10}Be (Beryllium 10) conservée dans les carottes glaciaires qui sont de formidables enregistreurs du climat[5]. L'évolution de leur taux permet d'apprécier l'évolution de celui-ci, naturellement pas à l'échelle d'un

4. Reddé, 2022.
5. Harper et McCormick, 2018, fig. 1.1 et 2.

secteur géographique limité comme la Gaule, mais à celle de grands ensembles comme le Bassin méditerranéen. Ce plateau plus chaud d'environ sept siècles, qui se terminera vers 250 de notre ère, laissant place alors à une période plus instable et plus froide, est connu sous le nom d'« optimum climatique romain », malgré une brève oscillation froide d'environ un siècle dont nous aurons à reparler (fig. 14).

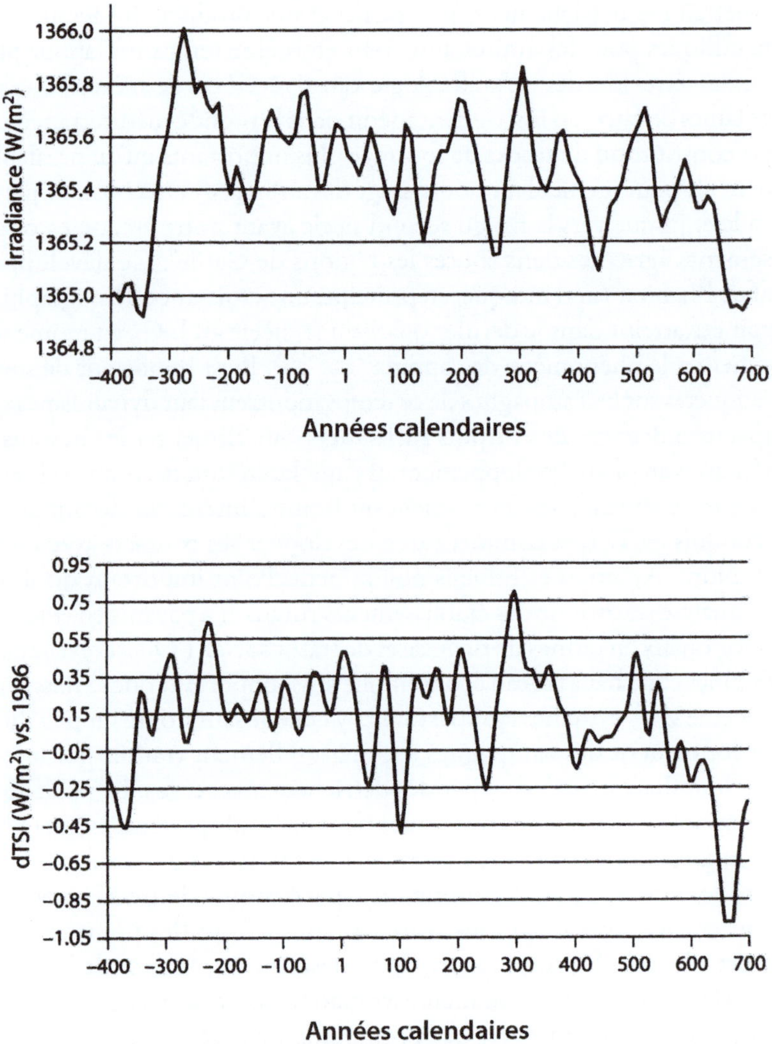

Fig. 14. – a) L'irradiation solaire, telle qu'on peut la déduire à partir du ^{14}C.
Source : https://www2.mps.mpg.de/projects/sun-climate/data/tsi_hol.txt ;
b) L'irradiation solaire, telle qu'on peut la déduire à partir du ^{10}Be.
Source : ftp://ftp.ncdc.noaa.gov/pub/data/paleo/climate_forcing/solar_variability/steinhilber2009tsi.txt
(d'après Harper et McCormick, 2018, fig. 1.1 et 2).

Bien entendu, une telle variation de température[6] ne pouvait sans doute pas avoir d'effet déterministe à elle seule et elle ne suffit probablement pas à expliquer l'évolution endogène de la société gauloise, due à de multiples facteurs. Mais elle était de nature à favoriser le développement agropastoral, grâce à des conditions météorologiques plus favorables. Cet essor fut sans doute accentué par les progrès de la technologie du fer, capable de fournir aux paysans de ce temps des outils dont la qualité était réputée jusque dans le monde latin, ce qui permettait des défrichements plus faciles et une productivité accrue. L'utilisation de socs métalliques pour les araires autorisait en même temps un labour plus facile, y compris sur des terres lourdes[7]. L'archéologie a aussi révélé ces dernières années l'existence de grandes lames de faux, un instrument inédit dans le monde méditerranéen. Son usage favorisait la constitution de stocks de fourrage plus importants qu'au préalable et c'était là un élément clé pour un meilleur nourrissage des animaux[8]. On constate, pendant toute cette période et jusque vers la fin du second siècle avant notre ère, un essor du nombre d'établissements agricoles dans toutes les régions de Gaule[9]. Ce développement très significatif de l'habitat rural indique, en principe, une croissance démographique. Le pic semble avoir été atteint dans le dernier quart du IIe siècle av. J.-C., au moment même où l'on voit émerger le phénomène des oppida (fig. 15). Il est important de souligner que toutes les enquêtes sur les campagnes de ce temps montrent leur dynamisme économique et leur capacité à dégager des surplus suffisants pour alimenter les besoins croissants d'agglomérations en plein développement. Il s'agit là, en somme, d'un cycle économique vertueux qui trouvait son apex au moment où Rome s'intéressait désormais au Midi de la Gaule, conquis en 121, et commençait à développer ses contacts avec les principaux peuples du Nord, Arvernes et Éduens notamment. Point important qu'il convient de souligner, l'analyse statistique des établissements ruraux n'a pas mis en évidence de forts contrastes régionaux en termes de richesse et de statut social, l'Ouest révélant un nombre de sites pérennes et de haut niveau économique aussi important que le Bassin parisien ou le Nord[10], même si les systèmes agropastoraux y étaient sans doute un peu différents[11].

Ce développement des campagnes s'est naturellement traduit par une ouverture progressive du milieu, c'est-à-dire par des défrichements accrus. Le texte de César, qui fut longtemps notre seule source, ne montre pas une Gaule particulièrement boisée mais un paysage mixte, fait de champs, de prairies et de forêts, à la différence de la Germanie, décrite dans le livre VI, 22-23 comme un espace moins densément occupé, moins intensément cultivé, avec de grands secteurs vides autour des points de peuplement et un couvert végétal plus important. Cette description du monde barbare d'outre-Rhin, que les légions romaines, ou même les marchands, avaient à peine pénétré à cette époque, est évidemment l'un de ces lieux communs, peut-être empruntés à Poseidonios, qui caractérisent la barbarie dans l'imaginaire méditerranéen ; l'archéologie en révèle

6. Jusqu'à 3,5/4 °C, si l'on en croit la courbe de Büntgen *et al.*, 2011, fig. 4.
7. Malrain et Lorho, 2018, 468.
8. Toulemonde *et al.*, 2017.
9. Malrain *et al.*, 2013.
10. Malrain et Lorho, 2018, 462-467.
11. Zech-Matterne *et al.*, 2013, 398, reproduit dans Reddé, 2022, fig. 24.

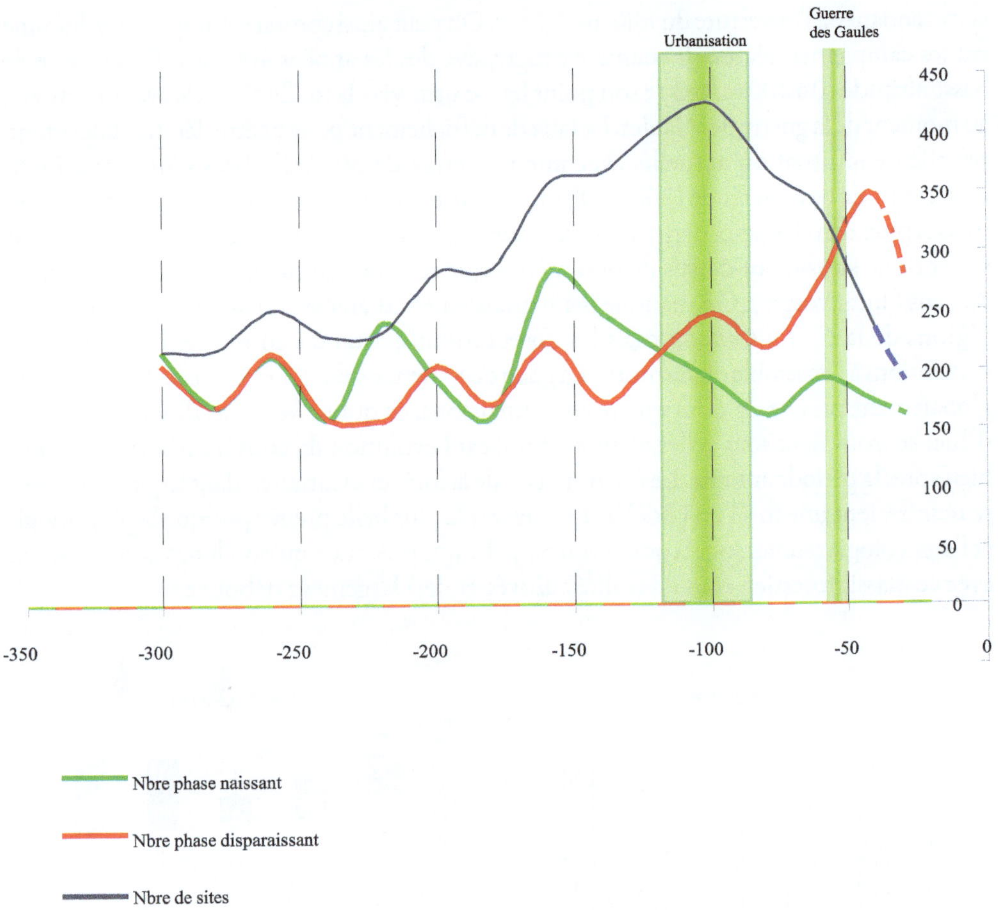

Fig. 15. – Impact de l'urbanisation sur les effectifs d'établissements ruraux par tranches de vingt ans (Malrain et Lorho, 2018, 483).

aujourd'hui un visage très différent. Il existait pourtant bien en Gaule du Nord un massif forestier, dense et profond, celui des Ardennes, qui s'étendait depuis le pays Trévire jusque chez les Nerviens (*BG* VI, 29). D'autres, moins vastes, comme celui des Vosges, étaient encore représentés, à l'époque impériale, sur la table de Peutinger. César mentionne enfin, au fil de son texte, l'existence de zones boisées fort denses, notamment chez les Ménapes, dans la Flandre actuelle (*BG* IV, 38).

La palynologie permet aujourd'hui, notamment pour la Gaule du Nord, de mieux apprécier l'état de ces défrichements et leur évolution sur le temps long[12]. En mesurant statistiquement le rapport entre les pollens d'arbres (AP) et ceux des autres plantes (NAP), et en datant par radiocarbone (^{14}C) les carottes prélevées, elle permet d'observer une forte corrélation entre le couvert forestier et la classe d'altitude, et d'ordonner chronologiquement

12. Petit *et al.*, 2018.

cette tendance à l'ouverture du milieu (fig. 16). On peut ainsi constater l'impact de l'homme sur les campagnes, réalisé de manière progressive dès les années 400 av. J.-C., en zone de basse altitude (0 à 200 mètres) ; son point bas se situe vers la fin du Ier siècle avant notre ère, au moment de la guerre des Gaules. Le taux de défrichement pouvait être déjà très important, proche de la situation actuelle, avec une moyenne de 30 % d'arbres seulement. Dans les secteurs de basse altitude (200 à 400 mètres), le recul du couvert forestier a été plus tardif mais rapide dans les deux derniers siècles avant notre ère, avec une médiane de 50 % d'AP. C'est donc surtout au-dessus de 600 mètres que se sont maintenus les massifs forestiers anciens (Jura, Vosges). On manque malheureusement d'analyses aussi fines pour les autres régions de la *Gallia Comata* mais les observations existantes conduisent à étendre ces conclusions à l'ensemble du territoire. La guerre césarienne s'est donc déroulée dans un milieu globalement proche de celui que nous connaissons, ce qui ne veut pas dire que les forêts d'hier se trouvaient sous celles d'aujourd'hui car l'évolution du couvert arboré a continué bien après la période antique. Le mythe tenace de la forêt des Carnutes, dans lequel les druides se réunissaient une fois l'an (*BG* VI, 13)[13] en est la plus belle preuve puisque la palynologie et l'archéologie réunies sont là pour nous rappeler que la Beauce, qu'on a longtemps identifiée avec ce massif forestier, était en réalité cultivée et déjà largement déboisée.

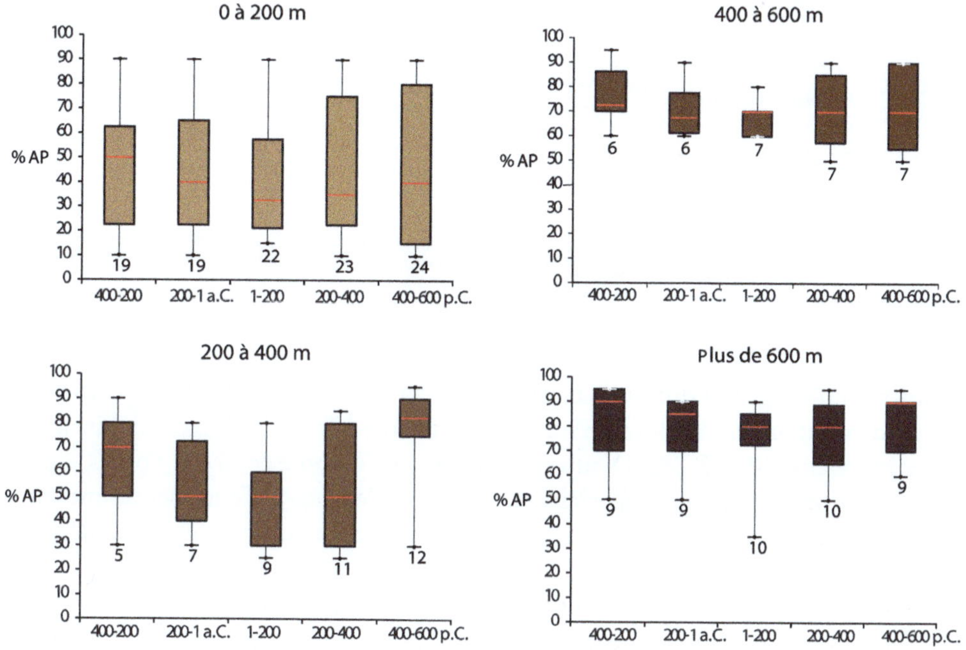

Fig. 16. – L'évolution chronologique de la variabilité du pourcentage de pollens d'arbres (AP%) par groupes de séquences regroupées par classes d'altitude (valeur moyenne = trait rouge) (d'après Petit *et al.*, 2018, fig. 22).

13. Mais le texte césarien n'évoque pas de forêt...

Oppida, vici, aedificia : les mots et les choses

> « Je suppose que ce qui retient < César en Gaule >, c'est le charme du pays, la beauté des villes (*urbium pulchritudo*), l'urbanité et la gentillesse des hommes et des peuples de là-bas, la passion de la victoire, l'accroissement du territoire de l'Empire. Quoi de plus âpre que ces terres, de plus mal policé que ces *oppida* (*quid... incultius oppidis*), de plus sauvage que ces peuples, mais aussi de plus admirable que toutes ces victoires, de plus éloigné que l'Océan[14] ? »

C'est ainsi que Cicéron, dans son célèbre discours sur les provinces consulaires (12, 29), décrivait la Gaule en 56, plaidant à cette occasion pour une prolongation des pouvoirs de César. Exagération rhétorique, évidemment, qui doit nous inviter à prendre garde aux termes employés par les écrivains latins et au contexte dans lequel ils sont placés. Le terme même d'*oppidum*, trop souvent traduit en français de manière quasi automatique par « place forte », désigne toujours une agglomération, même de statut civique supérieur comme une colonie romaine. Ainsi, dans le cas fameux de la *colonia Iulia Genetiva* (Osuna/Urso, en Bétique), qui est une loi municipale à valeur juridique dont les termes sont très soigneusement pesés, l'agglomération proprement dite est qualifiée dans plusieurs passages d'*oppidum*[15]. Le terme n'indique donc pas nécessairement un urbanisme de caractère indigène qui serait par essence inférieur à l'*urbs*, de nature typiquement romaine : c'est pure affaire de rhétorique, comme le montrent l'usage très variable des mots latins et leur emploi par César lui-même dans des contextes identiques. Dans le livre VII des *Commentaires*, par exemple, les mêmes villes peuvent être qualifiées tantôt d'*oppidum*, tantôt d'*urbs*[16]. Et pour faire bonne mesure, Vercingétorix fait brûler vingt *urbes* des Bituriges en une seule journée (*BG* VII, 15, 1) ! Michel Tarpin a bien montré que l'emploi de ces mots, quand il était lié à des épisodes de destructions chez l'ennemi, était destiné à légitimer l'obtention du triomphe, dont le vocabulaire était à cette époque très codifié : seuls comptaient en effet dans la revendication de la victoire les *urbes* et les *oppida,* jamais les *vici*[17].

Dès le début du *Bellum Gallicum*, César utilise une expression qui implique une hiérarchie dans les différents types d'habitat gaulois. Évoquant la migration des Helvètes, il écrit en effet (*BG* I, 5) que ces derniers « mettent le feu à tous leurs *oppida* – il y en avait une douzaine –, à leurs *vici* – environ quatre cents –, et à tous les autres bâtiments privés[18] ». Le mot *vicus* indique ainsi une catégorie inférieure d'habitat aggloméré, qu'il serait pourtant malencontreux de traduire par « village », comme on le fait trop souvent, car ce dernier mot renvoie à des notions historiques et des réalités économiques bien spécifiques, notamment de l'époque médiévale. On y reviendra

---

14. Traduction Les Belles Lettres, modifiée.
15. Crawford, 1996, n° 25.
16. Avaricum : *oppidum* en VII, 13, 3 et 17, 1, mais *urbs* en VII, 15, 4 ; Gergovie : *oppidum* en VII, 4, 2 ; 34, 2 ; 45, 4 et 48, 1, mais *urbs* en 36, 1 pour caractériser la position géographique (!) ; La place d'Alésia est le plus souvent qualifiée d'*oppidum* (VII, 68, 1 ; 69, 1 ; 70, 6 : 71, 8 ; 78, 3 ; 79, 3 ; 80, 9 ; 81, 3 ; 82, 3 ; 88, 5) mais une fois d'*urbs* (VII, 68, 3).
17. Tarpin, 2002a, 23-31.
18. Traduction Les Belles Lettres, modifiée.

plus loin. Le terme *aedificium*, parfois qualifié de « maison isolées » (*BG* I, 5) ou de « granges » (*BG* VII, 14), peut aussi bien désigner les bâtiments d'un *vicus* (*BG* III, 6) ou la résidence rurale d'un chef comme Ambiorix (*BG* VI, 30). C'est l'archéologie qui nous permet, aujourd'hui, de préciser quelle réalité concrète se cachait derrière ces mots du vocabulaire césarien. Sans revenir en détail sur des questions techniques exposées ailleurs[19], on peut résumer brièvement l'état de nos connaissances.

Le phénomène urbain, en Gaule comme dans l'ensemble du monde celtique, a débuté avec l'apparition d'agglomérations ouvertes dès le milieu du IIIe siècle avant notre ère et il s'est amplifié assez rapidement jusque vers la fin du IIe avant de voir sa croissance ralentir, puis repartir avec le début de l'époque romaine. La bonne appréhension de ce développement est devenue un élément essentiel dans notre compréhension de la dynamique d'urbanisation de l'Empire, longtemps considérée comme un phénomène propre à la romanité. On reproduira ici, à titre d'exemple, un diagramme illustrant ce mouvement dans le centre-est de la Gaule (fig. 17) ainsi qu'une carte pour la même région (fig. 18). Il s'agit d'un mouvement général dans toute l'Europe celtique, découvert récemment, et qui comprend encore bien des zones d'ombre et beaucoup d'incertitudes[20]. Peu d'agglomérations ouvertes ont en effet été explorées de manière extensive, de sorte qu'on maîtrise encore assez mal leur morphologie et leur organisation interne, surtout quand les niveaux de l'âge du Fer ont été enfouis sous ceux d'époque romaine. L'une de celles qui ont été le plus largement fouillées en France, celle de Kergolvez (Quimper), dans le Finistère, semble avoir commencé son histoire dès le début du IIIe siècle, et l'on suit cette dernière jusque dans le courant du IIe siècle ap. J.-C. (fig. 19). L'implantation s'est faite dans un méandre d'un petit cours d'eau (le Steïr), au point de franchissement d'une voie majeure sur un pont de bois. Les plans révèlent une emprise qui devait atteindre 12/15 hectares avec l'adjonction d'une sorte de faubourg, sur la rive orientale du Steïr, dans la seconde moitié du IIe siècle. L'ordonnancement des structures internes s'est effectué en fonction de l'axe viaire principal, donnant ainsi naissance, *de facto*, à une forme de carroyage orthogonal. Cette trame accueillait une série d'installations artisanales, notamment métallurgiques, mais aussi de briquetage de sel, ainsi probablement que des enclos de pacage pour animaux. On y relève, bien entendu, la présence d'un habitat mais aussi de deux places aménagées de part et d'autre de la voie principale, sans doute à l'usage de marchés et de rassemblements. La présence de « bleu d'Égypte » vient montrer l'existence d'un commerce à longue distance, d'autant que l'abondance des amphores vinaires italiques prouve l'importance des contacts de cette agglomération de l'ouest de la Gaule dans les échanges du monde méditerranéen avec l'Europe du Nord, dès la fin du IIe siècle av. J.-C. et son rôle redistributeur à l'échelle régionale[21]. Ce cas peut être comparé avec celui d'Acy-Romance, dans les Ardennes, la seule agglomération ouverte fouillée de manière quasi exhaustive en Gaule[22]. Créé vers 180, Acy répondait à une organisation

---

19. Fichtl, 2000a ; 2012 ; 2021 ; Le Goff 2022 ; Reddé 2022.
20. Fichtl *et al.*, 2019.
21. Le Goff, 2019 ; Leroux et Le Goff, 2020.
22. Lambot et Méniel, 1993.

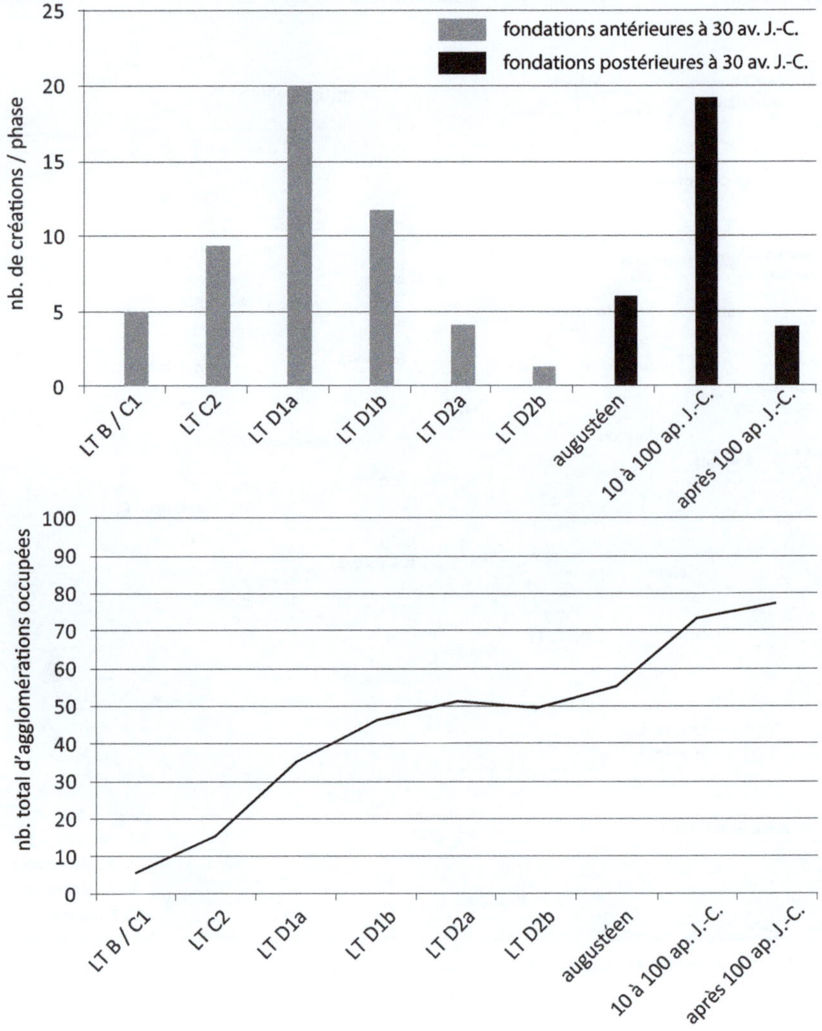

Fig. 17. – Créations (en haut) et occupations (en bas) d'agglomérations dans le centre-est de la France entre le IIIe s. av. J.-C. et le IIe s. ap. J.-C. (d'après Nouvel *et al.*, 2019, 260).

spatiale stricte, étendue sur une quinzaine d'hectares, structurée autour d'un tertre beaucoup plus ancien de l'âge du bronze (fig. 20). Au centre s'étendait une grande place de 3 500 mètres carrés, limitée par une palissade en forme de D, servant aux marchés et aux fêtes, peut-être aussi aux banquets de nature religieuse. Elle était bordée à l'ouest par une série de temples. L'habitat était implanté autour de trois espaces vides de 1 hectare chacun. L'analyse spatiale de la répartition du matériel invite à reconnaître dans ces groupements des quartiers différenciés, l'un lié aux activités de dinanderie et de forge au sud-est, l'autre à la sphère agricole à l'est, à l'élevage au nord-ouest, à moins, autre hypothèse, qu'il ne s'agisse là de places de marché spécialisées. Les abords de l'enclos

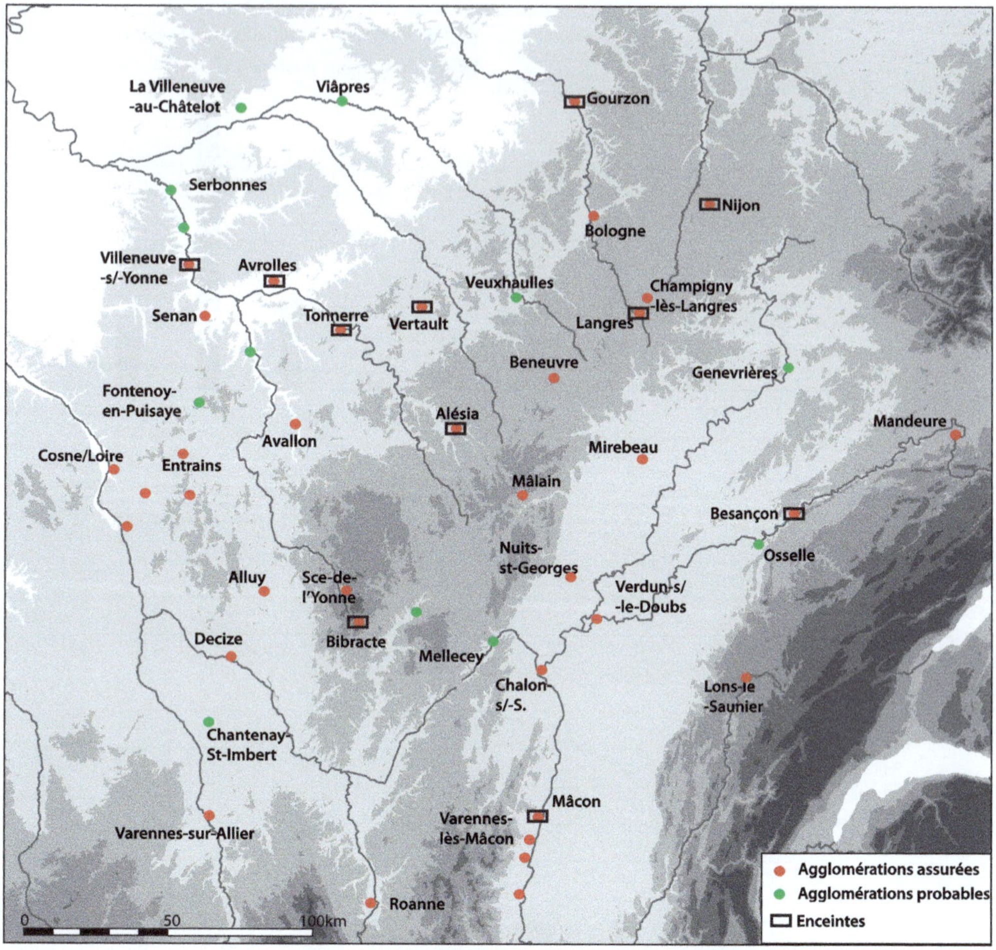

Fig. 18. – Les agglomérations ouvertes dans le centre-est de la Gaule aux IIIe-Ier siècles av. J.-C. (d'après Barral, 2019, 270).

palissadé sont caractérisés par de nombreux dépôts d'ossements animaux (chevaux et bœufs), sans doute en relation avec les temples observés dans ce secteur. Le site a en outre révélé la présence de plusieurs « inhumés assis » au sein de l'habitat, alors que les nécropoles ordinaires étaient rejetées à l'extérieur de l'habitat[23]. Quoi qu'il en soit des interprétations qu'on peut proposer, il est clair qu'il s'agit là d'une agglomération très structurée. On la qualifie souvent de « village », mais l'expression est sans doute trompeuse. La Gaule protohistorique puis romaine n'a pas connu en effet de « village agricole », au sens où l'entendent les médiévistes pour désigner un habitat groupé à vocation essentiellement agropastorale, sauf (peut-être) sur ses marches germaniques,

23. Les « inhumés assis » sont des sépultures privilégiées, qu'on observe de plus en plus fréquemment dans les fouilles de nécropoles de la Tène moyenne à finale. Leur interprétation reste controversée ; cf. Delattre et Pecqueur, 2017.

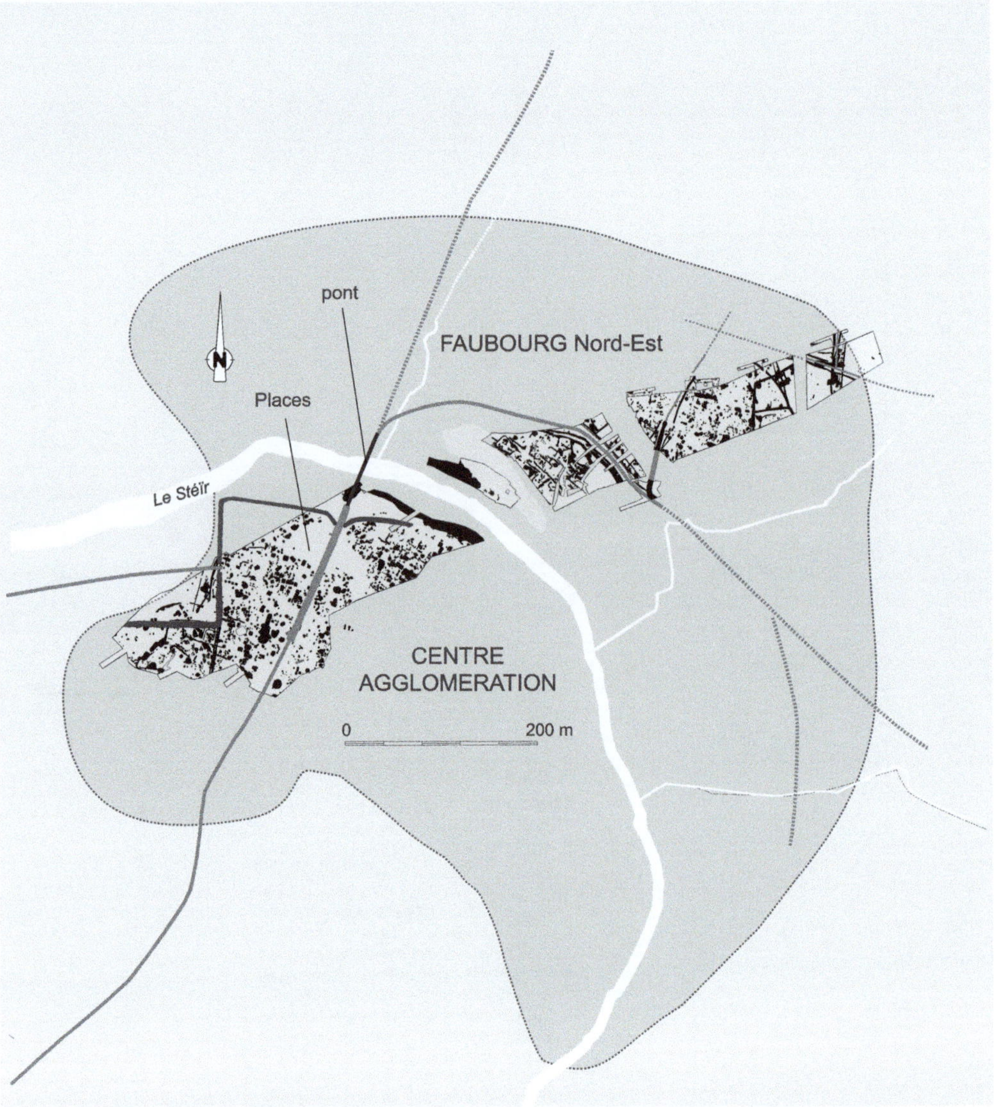

Fig. 19. – L'agglomération de Kergolvez, au moment de la guerre des Gaules. Plan E. Le Goff, modifié.

alors que le phénomène est bien attesté en Orient et en Égypte. On observe d'ailleurs qu'Acy-Romance, agglomération ouverte qui était manifestement largement dépeuplée au moment de la guerre des Gaules, disposait de fonctions quasi urbaines, avec son centre public et religieux et d'activités différenciées, même si ses fonctions de production artisanale sont réduites par rapport à la plupart des sites comparables. Avec Kergolvez, on touche là deux cas distincts de ce que César qualifiait probablement de *vici*, faute d'un autre vocable latin permettant de désigner ce type d'habitat groupé, inférieur hiérarchiquement aux oppida.

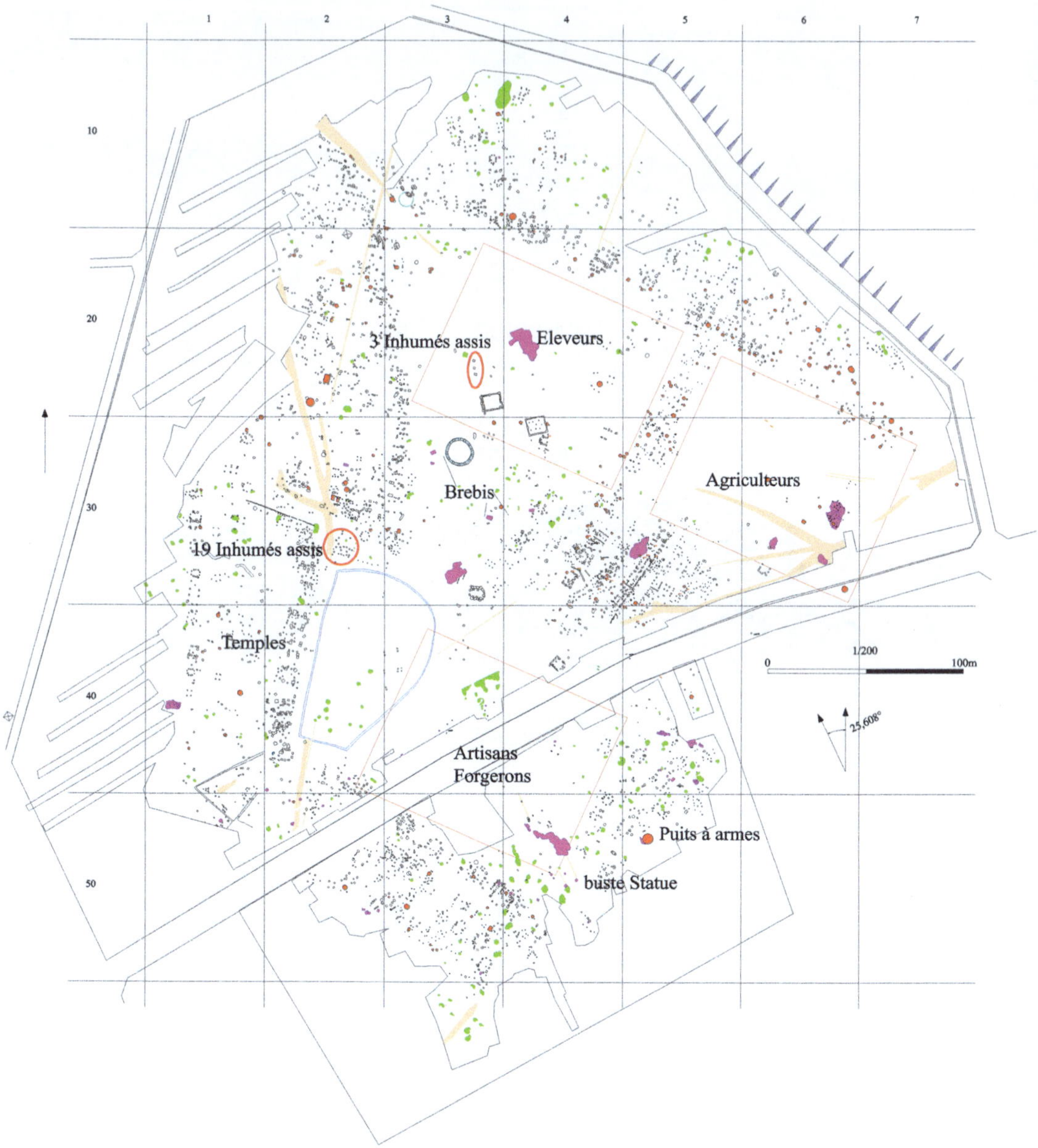

Fig. 20. – Plan d'Acy-Romance (B. Lambot).

Ces derniers apparaissent et se développent dans le dernier quart du IIe siècle avant notre ère, donc bien après les agglomérations ouvertes, mais le processus de création durera jusqu'au moment de la guerre des Gaules, voire un peu au-delà[24]. Il s'agit toujours, dans le texte césarien, de sites remparés mais le proconsul est loin d'en donner une liste

24. Pour une synthèse, voir Fichtl, 2012 ; 2021 ; Reddé, 2022, 128-151 ; Krausz, 2023.

exhaustive et homogène, ce qui se comprend aisément : son propos, en effet, était d'ordre historique et les oppida qu'il mentionne n'apparaissent qu'au fil de sa narration ; on rencontre ainsi dans son texte des villes majeures comme Bibracte ou Avaricum aussi bien que d'autres plus mineures comme Decetia (Decize ?), Gorgobina (Sancerre ?) ou Vellaudunum, qu'on ne sait pas toujours localiser avec précision. La taille même de ces fortifications pouvait beaucoup varier. La plus grande qu'on connaisse, en Gaule intérieure, est celle du Mont-Beuvray (Bibracte), qui englobait 200 hectares à la fin du IIe siècle, réduits à 135 au moment de la guerre des Gaules[25]. Mais il en est de beaucoup plus petites, comme celle de Bâle-cathédrale (4 hectares) ; entre les deux, la gamme s'avère considérable. Cette notion de superficie n'est donc pas discriminante en soi pour qualifier l'oppidum et le distinguer de l'agglomération ouverte, qui pouvait être parfois très étendue elle aussi : ainsi celle de Roanne atteignait 40 hectares, celle des sources de l'Yonne, près de Bibracte, 120 hectares[26], qu'on peut comparer, par exemple, aux 20 hectares de l'oppidum de Levroux, aux 18 hectares de Chateaumeillant ou même aux 45 hectares du Titelberg.

C'est donc la présence de l'enceinte qui était discriminante. On connaît bien entendu la célèbre description qu'en a donnée César à propos du « *murus gallicus* » d'Avaricum, dont les poutres étaient assemblées par de longues fiches de fer (*BG* VII, 23 ; fig. 21). Mais il serait inexact de considérer que tous les remparts gaulois étaient construits de la même manière, même si le proconsul ne les a probablement pas tous rencontrés durant ses campagnes militaires : il existait en effet de nombreuses techniques pour associer le bois, la pierre et la terre dans la construction d'une enceinte et, plutôt qu'une longue description technique, on s'en tiendra ici à un schéma évocateur dressé par St. Fichtl à partir d'exemples concrets (fig. 22). À côté de ces types de fortifications en existaient d'autres, faites d'un talus massif de terre et/ou de pierres, comme c'est le cas sur l'éperon barré de La Chaussée-Tirancourt, la probable Samarobriva des Ambiens (fig. 23). Il s'agit là d'un cas parmi d'autres de ces remparts particulièrement fréquents dans le Nord, la Normandie, le Centre-Ouest. L'analyse archéologique fine du cas de Chateaumeillant (Cher) a permis de montrer que le *murus gallicus* initial avait été remplacé par un mur massif qui en recouvre les structures, dans le courant des années 50 av. J.-C. On considère aujourd'hui que ce mode de construction massive en terre était mieux adapté pour faire face à la poliorcétique romaine et parer à la menace latente qu'on devait percevoir durant les années qui ont précédé Alésia[27].

Ces enceintes pouvaient être, à l'occasion, munies de tours, si l'on en croit César à propos du siège d'Avaricum (*BG* VII, 22). À ce jour, ce type de structure est assez difficile à observer en fouille dans la mesure où les boisements, probablement implantés dans l'épaisseur du rempart, n'ont pas toujours laissé d'empreinte au sol, mais on a récemment proposé d'en identifier une sur le rempart de Corent[28]. Les portes sont en revanche

25. Fichtl, 2000a ; Buchenschutz, 2024. La taille des très grands oppida du monde celtique, à l'est du Rhin, était parfois beaucoup plus importante, atteignant 1 662 hectares avec le Heidengraben (Grabenstetten, Baden-Württemberg). Il ne s'agissait évidemment pas là de « villes » mais d'enceintes refuges.
26. À comparer avec la surface remparée de l'oppidum, 135 hectares.
27. Krausz, 2019a et b ; 2020.
28. Poux et Cerisay, 2023, 218-221.

Fig. 21. – *Le murus gallicus* de la porte du Rebout, à Bibracte (reconstitution). ©Bibracte/Antoine Maillier.

mieux documentées et semblent avoir répondu à deux types de dispositif, l'un ménageant un passage en chicane, l'autre positionnant l'entrée au fond d'un goulet, en retrait de la façade. Dans les deux cas, il s'agissait de bloquer autant que possible l'assaillant dans une position dangereuse, en lui laissant le minimum d'espace pour manœuvrer alors qu'il recevait une grêle de projectiles. Les récits des sièges d'Avaricum et de Gergovie, sur lesquels nous reviendrons, montrent d'ailleurs combien ces remparts gaulois étaient solides et efficaces militairement, même s'ils avaient aussi une fonction ostentatoire et illustraient le prestige de la cité qui les avait érigés.

En raison de leur superficie, rares sont les oppida fouillés de manière extensive mais l'activité archéologique de ces dernières années permet toutefois de commencer à entrevoir de manière plus précise le mode d'organisation interne de quelques-uns d'entre eux. Commençons par le grand oppidum des Trévires, le Titelberg (Luxembourg). Le site s'ordonne autour d'une voie centrale qui joint les deux extrémités de l'oppidum, avec une partition interne entre le centre public monumental, au sud-est, et le reste de l'habitat[29]. Les recherches ont mis en évidence l'existence d'une halle couverte et d'une place, ainsi que celle d'une série d'espaces d'habitation en lanière, dont la façade s'ouvrait sur la rue, alors que l'arrière donnait sur des cours et de probables jardins ; mais cet aspect du site est pour l'heure le moins bien documenté (fig. 24). Il est important de noter que c'est véritablement l'espace organisé autour de la halle couverte qui fait office de centre public.

29. Metzler *et al.*, 2016.

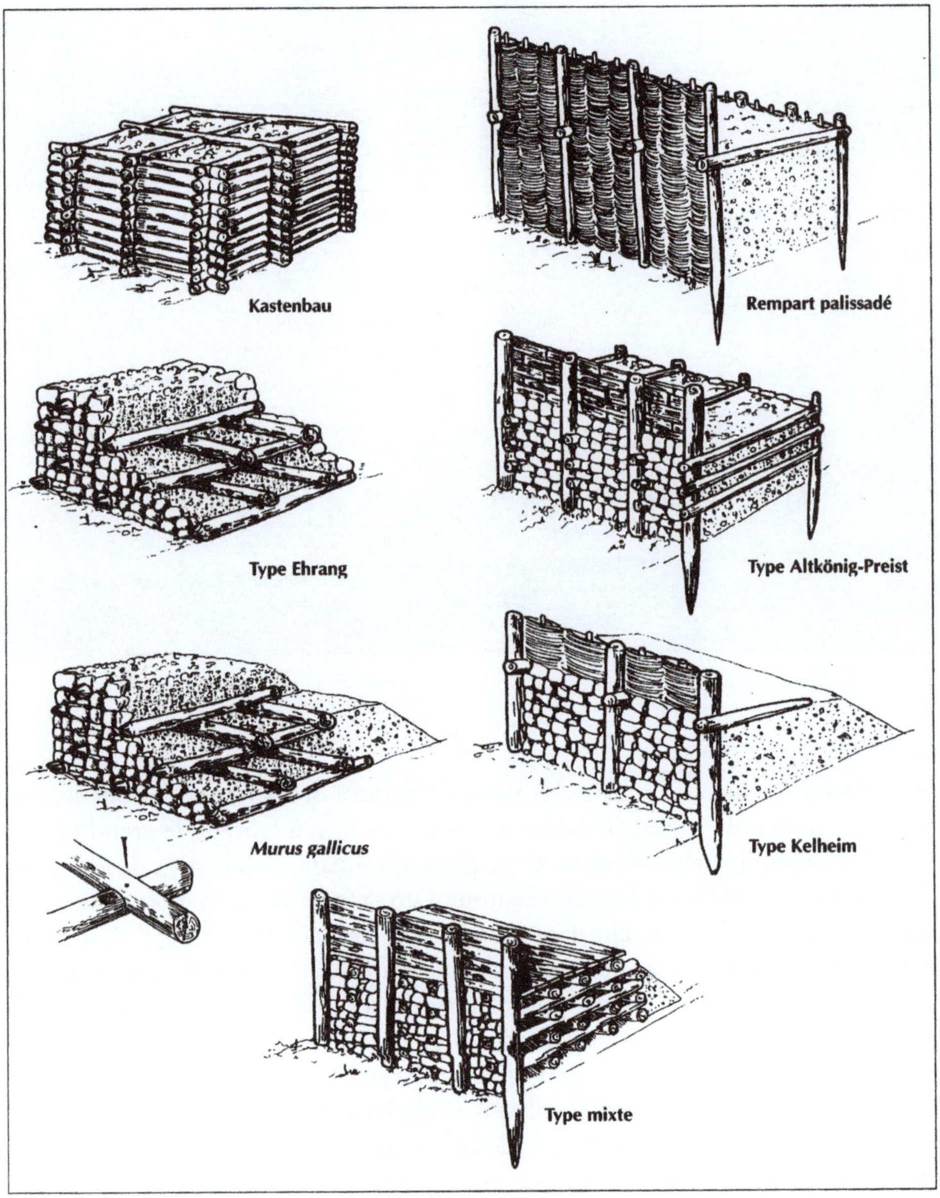

Fig. 22. – Les différents types de remparts celtiques (d'après Fichtl, 2000a, 41).

On le considère quelquefois comme un sanctuaire ; c'est là que s'organisaient les abattages rituels – on y a observé une grande abondance d'ossements animaux – mais aussi les foires et les activités publiques. La présence d'une série de couloirs palissadés, semblables à des *ovilia*[30], a laissé place à des interprétations divergentes : espace réservé à une boucherie

30. Barrières servant à canaliser les votants à Rome.

Fig. 23. – L'oppidum de la Chaussée-Tirancourt. Photo R. Agache.

quasi industrielle ou, au contraire, dispositif destiné à ordonnancer les opérations de vote devant le temple ? Il est intéressant d'observer que, à Corent, le grand oppidum des Arvernes situé à quelques kilomètres à peine du site qui a vu le siège de Gergovie en 52, l'espace central est lui aussi organisé autour d'un sanctuaire ; les fouilles y ont reconnu là encore l'existence d'un marché dans sa périphérie immédiate (fig. 25)[31]. À Moulay, en Mayenne, la place centrale accueillait aussi une sorte de halle couverte, assez semblable à celle du Titelberg (fig. 26)[32]. Les fouilles ont révélé, à l'intérieur même de cet oppidum, une série d'espaces d'habitation, peut-être organisés en lotissements, avec des jardins, des zones de pacage, un quartier artisanal. Différentes recherches à Bibracte ou dans l'ouest de la Gaule ont enfin révélé l'existence de galeries monumentales de forme carrée, bâties autour d'une vaste cour centrale, dont la fonction exacte reste à définir (fig. 27) : espace politique ou marché[33] ? On doit enfin noter que la plupart des oppida fouillés ont révélé l'importance de la production artisanale, notamment le travail des métaux et l'activité céramique. À Bibracte, par exemple, il existe tout un quartier, celui de la Côme Chaudron, qui semble avoir constitué une vaste zone spécialisée (fig. 28).

L'organisation interne complexe de ces oppida et la variété de leurs fonctions politiques, religieuses, économiques, sociales les range incontestablement au rang de « villes »,

31. Poux, 2011, 37.
32. Le Goff, 2018, 147.
33. Barral *et al.*, 2018 ; Joly *et al.* 2025.

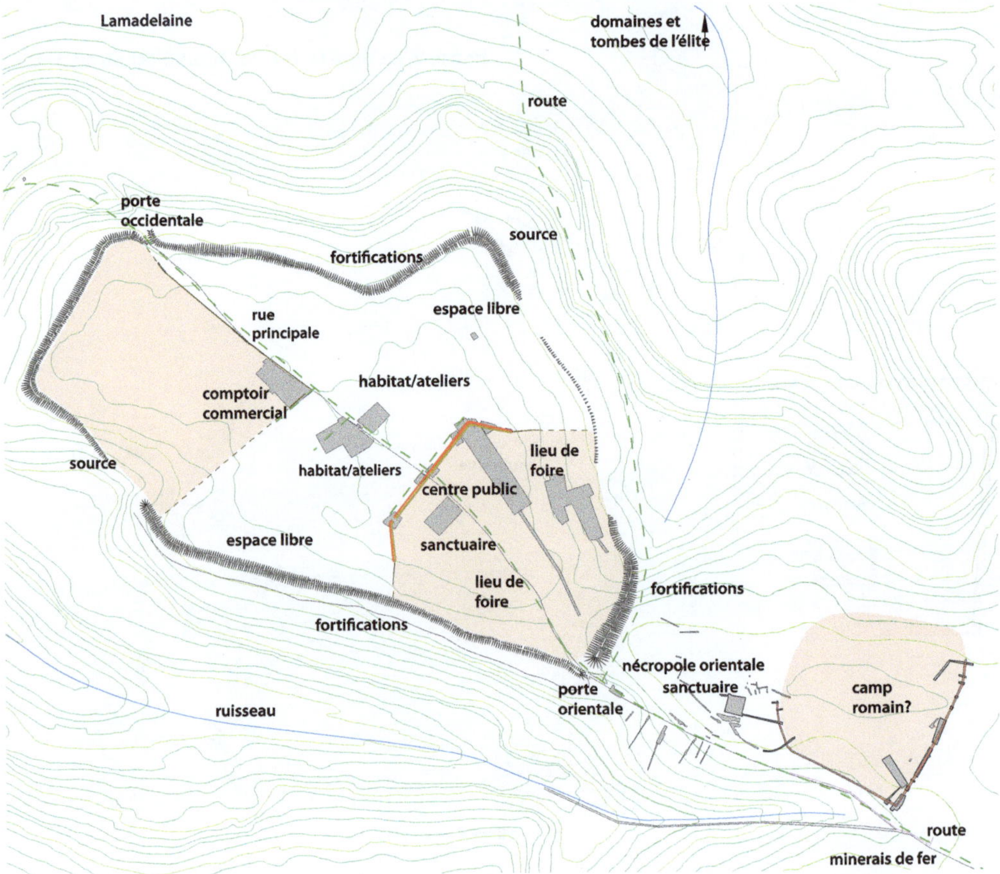

Fig. 24. – Plan général du Titelberg, avec les « marqueurs » urbains de l'oppidum (Metzler *et al.*, 2016, 407).

même si leur mode de construction – le bois pour l'essentiel – et leur urbanisme ne sont pas identiques à ceux du monde latin[34]. Elles assurent en effet les fonctions essentielles de centre politique au sein d'une cité. Mais il existe aussi, dans le cadre d'un même territoire civique, d'autres oppida que l'on pourrait qualifier de « secondaires » et qui en contrôlent une partie. C'est sans doute chez les Bituriges que le cas est le plus flagrant et le mieux étudié (fig. 29). À côté de la capitale, Avaricum, apparaissent en effet des oppida plus petits – Levroux, Saint-Marcel, Chateaumeillant, Le Hérisson –, évidemment fortifiés, sans parler d'autres sites potentiels, encore mal caractérisés (Sancerre, Néris). Cette hiérarchisation de l'espace permettait d'en assurer plus commodément le contrôle ; mais elle pouvait aussi refléter l'existence de groupes ethniques avec leurs spécificités politiques et cultuelles à l'intérieur d'une même *civitas*. Peut-être a-t-on encore un écho

34. On verra en particulier la très bonne analyse récente de P. Goláňová sur l'organisation urbaine de l'oppidum de Bibracte (Goláňová *et al.*, 2023).

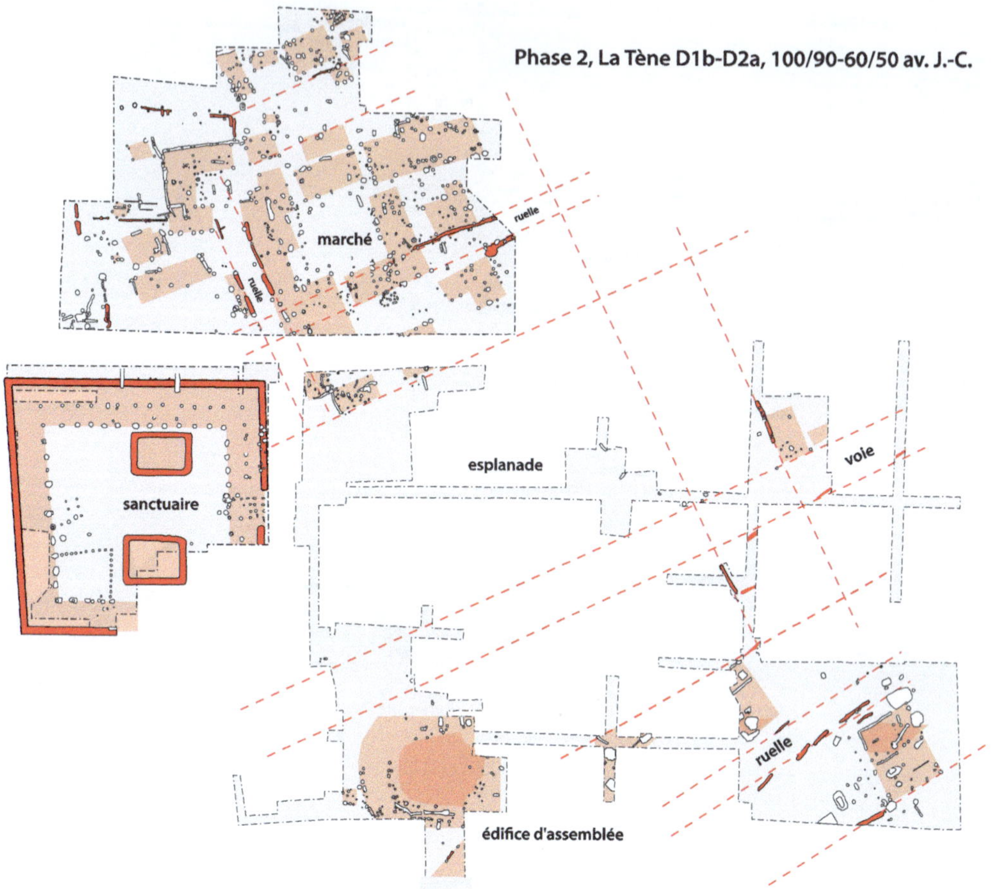

Fig. 25. – Le centre public de l'oppidum de Corent au moment de la guerre des Gaules (Poux, 2011, 37).

de ce type d'organisation chez les *Riedones*, sous l'Empire, grâce aux inscriptions de Mars Mullo découvertes à Rennes[35]. On observe un phénomène proche chez les Trévires, dont le territoire est organisé autour de six oppida, le Titelberg, Wallendorf, le Martberg, le Donnersberg, Otzenhausen, Kastel (fig. 30). Or on sait, aussi bien par le récit césarien que grâce à d'autres sources ultérieures, que le peuple Trévire comprenait des fractions opposées, proromaines pour certaines alors que d'autres étaient hostiles. Il est dès lors tentant de penser que ces différents centres de pouvoir s'opposaient entre eux, tout en appartenant à une même cité. Là aussi, on en retrouve peut-être un écho d'époque romaine dans l'organisation du grand sanctuaire fédéral de Trèves, celui de Lenus Mars, où les inscriptions et les aménagements architecturaux révèlent l'organisation des diverses composantes territoriales issues de l'époque de l'Indépendance[36].

35. *AE* 1969-1970, 405 a-c.
36. Scheid, 1991.

Fig. 26. – Le secteur central de l'oppidum de Moulay
(DAO H. Hostein, Inrap, simplifiée, d'après Le Goff, 2020, fig. 14).

Enfin, il existe des oppida qui semblent avoir été quasiment dépourvus d'occupation permanente et qui pouvaient servir simplement de lieu central, destiné peut-être à des réunions politiques ou religieuses en même temps que refuges défensifs. Le mont Vully, qui domine les lacs de Neuchâtel et de Morat, en Suisse, pourrait avoir été de ceux-là. D'autres sites, enfin, comme le Bundenbach, en Rhénanie-Palatinat, semblent avoir constitué des sites de stockage pour les récoltes. Le vocable d'*oppidum* avait donc, on le voit, une valeur polysémique et il nécessite beaucoup de prudence quand on veut en apprécier le sens exact.

Tous les peuples ne disposaient pourtant pas de ce type d'agglomération fortifiée : c'était notamment le cas des Éburons, explicitement mentionnés par César (*BG* VI, 34), mais sans doute aussi des Ménapes, où l'on n'en connaît archéologiquement aucun, plus,

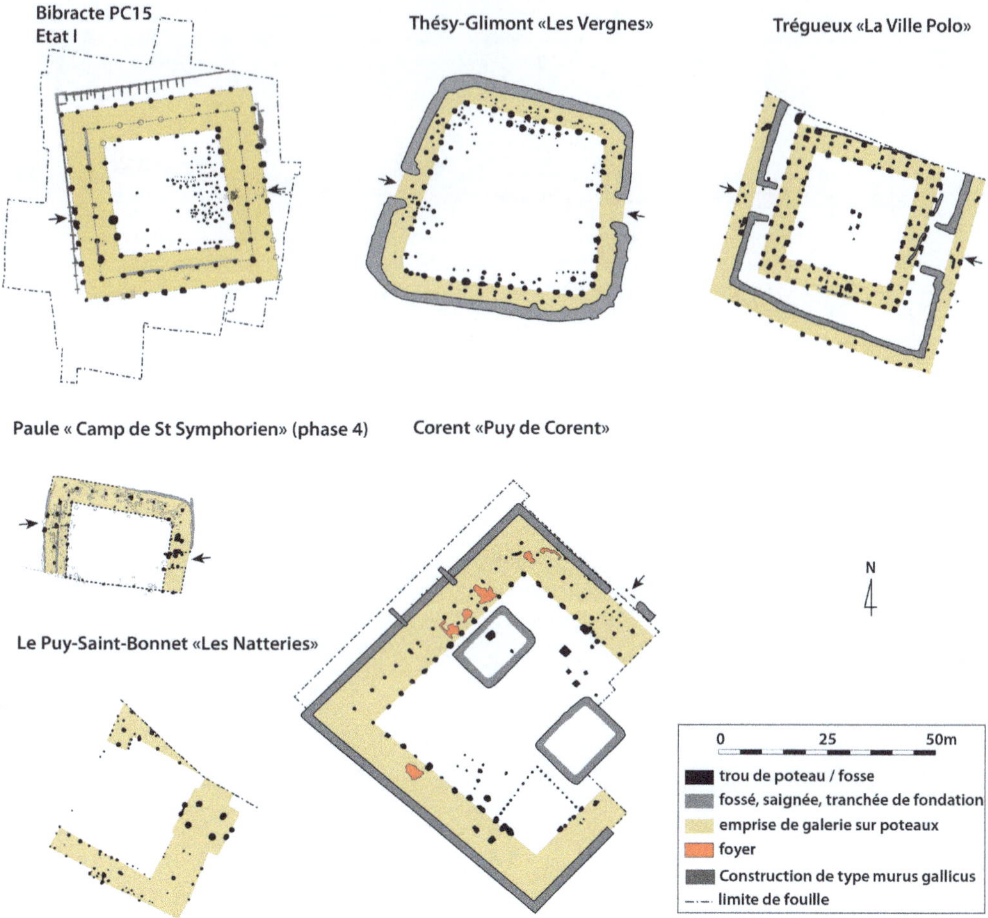

Fig. 27. – Plans comparés des bâtiments publics centrés sur cour (Barral *et al.*, 2020, 504).

sans doute, en raison de leur origine germanique que de la configuration du plat pays qu'ils occupaient. Le terme est en revanche utilisé pour désigner un type de fortification bien particulier qu'on rencontre dans le sud-est de l'Angleterre : « Les Bretons appellent *oppidum* une forêt d'accès difficile qu'ils ont entourée d'un talus et d'un fossé, qui leur sert de refuge ordinaire pour éviter les incursions ennemies » (*BG* V, 21). Un site comme celui de Gosbecks, près de Camulodunum/Colchester, peut parfaitement répondre à cette description.

Pour finir, tâchons de comprendre quelle réalité archéologique peut se cacher sous le terme césarien d'*aedificia*. Rappelons, pour commencer, que le vocabulaire latin est pauvre quand il s'agit de décrire les établissements ruraux : le seul mot qu'il connaisse pour qualifier un domaine campagnard de quelque étendue est celui de *villa*, mais on sait aussi combien ce vocable pouvait refléter de réalités très différentes, aux dires mêmes de Varron (*Res Rusticae* III, 2). D'exploitation agricole à l'origine, le mot avait

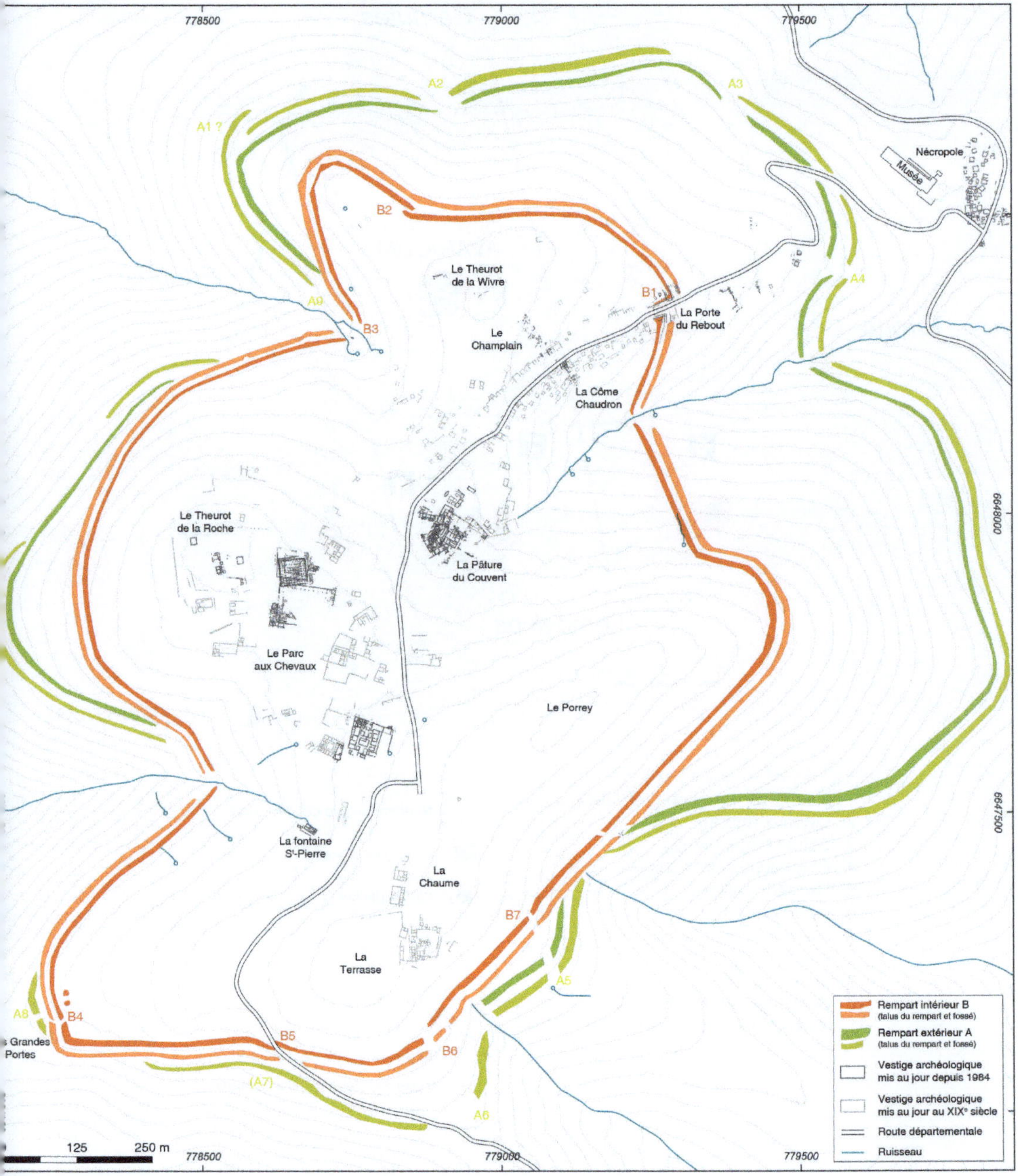

Fig. 28. – Plan de l'oppidum de Bibracte. ©Bibracte.

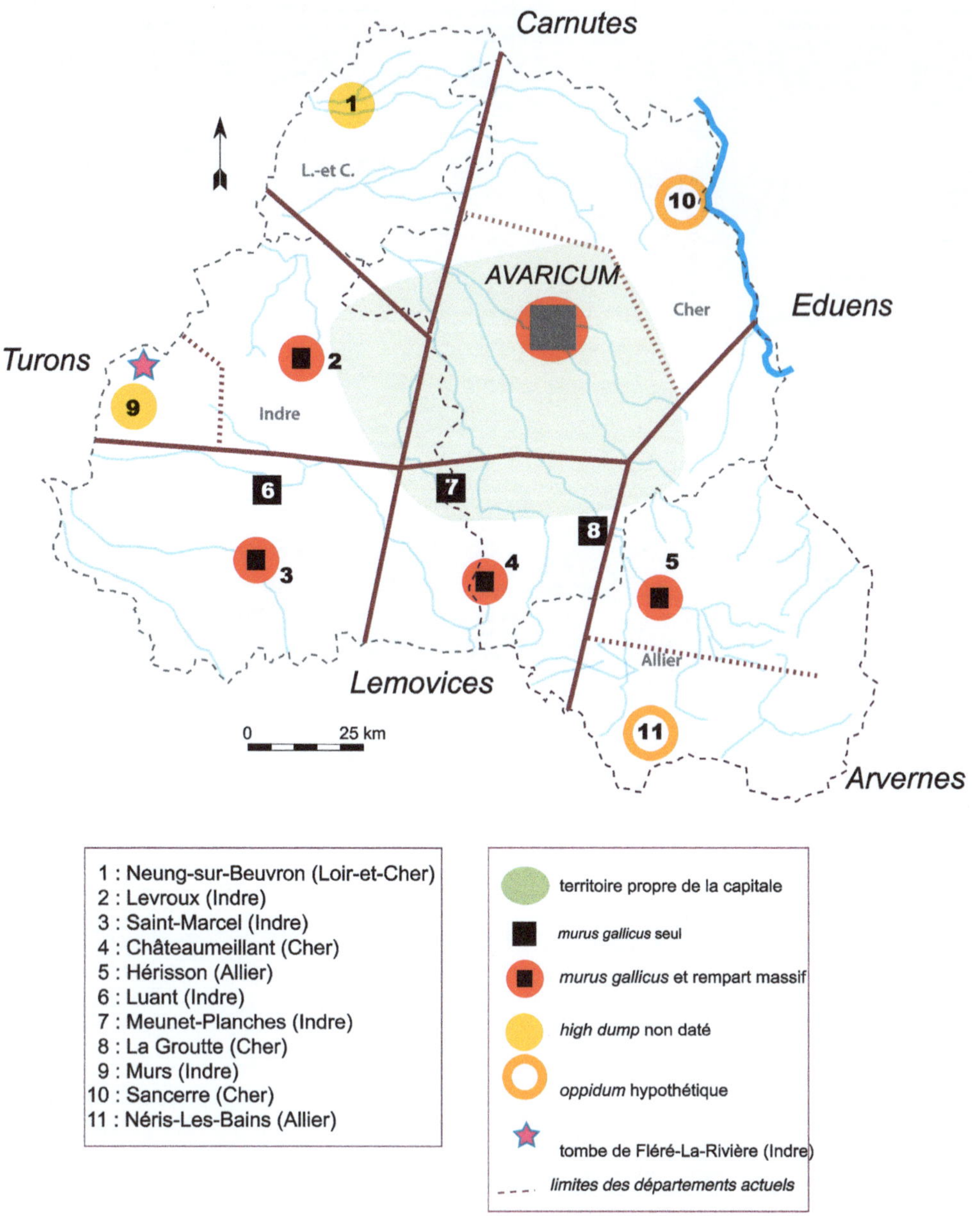

Fig. 29. – Le réseau des oppida des Bituriges Cubes (Krausz et Augier, 2012, 178).

fini par désigner ainsi, à la fin de la République, des résidences luxueuses essentiellement liées à l'*otium* des élites tout en gardant son sens premier. Il pouvait d'ailleurs désigner des établissements de tailles très différentes[37]. Mais, étant propre à des réalités de type

37. Reddé, 2017.

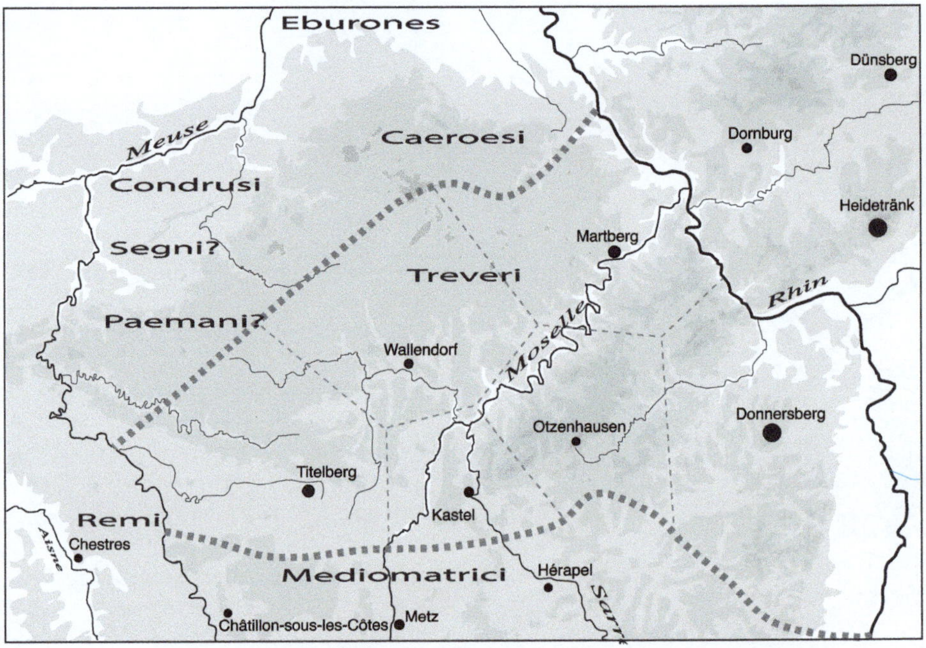

Fig. 30. – Le réseau des oppida Trévires (Metzler *et al.*, 2016, 420).

méditerranéen, il eût été mal adapté à celles de la Gaule du Nord, ce qui fait que César ne l'emploie pas. *Aedificium* en tient lieu, désignant toute la gamme des établissements ruraux. L'archéologie en a livré, ces dernières années, un nombre impressionnant d'exemples qui traduisent une hiérarchie étendue[38].

On considère en général que les aristocrates de l'époque césarienne ne résidaient pas dans les oppida proprement dits mais dans leurs propriétés, à la campagne. On observe ainsi l'existence d'une série de tombes « nobles » à quelque distance (5 kilomètres) du Titelberg, comme celle de Clemency, ce qui implique l'existence de domaines situés dans la proche périphérie de la place fortifiée. Néanmoins, d'autres cas différents sont aujourd'hui bien attestés, notamment dans l'Ouest. Ainsi à Paule, dans les Côtes-d'Armor, l'enceinte de 10 puis 30 hectares, qui subsistera après la guerre des Gaules, abritait une véritable résidence aristocratique et une petite agglomération protégée par une enceinte. On observe à l'intérieur un imposant complexe de stockage pour les productions de la campagne voisine (fig. 31)[39]. Un phénomène identique semble exister à Trégueux, La Ville Polo[40]. Il ne s'agit pas là d'oppida au sens strict du terme, et d'ailleurs tous ces « châteaux » n'étaient pas nécessairement fortifiés. Considérons par exemple le cas des Pierrières à Batilly-en-Gâtinais, dans le Loiret. Ses presque 20 hectares

38. Reddé, 2022.
39. Menez, 2020, 200.
40. Le Goff, 2020, 145.

Fig. 31. – La résidence aristocratique de Paule (Côtes-d'Armor). Phase 5, vers 120 av. J.-C.-20 ap. J.-C. (Menez, 2021, 200).

de superficie permettent de comparer ce domaine aux plus grandes *villae* d'époque romaine (fig. 32). L'habitat du maître des lieux y apparaît au sein d'un enclos réservé, à l'est, mais ce dernier est lui-même inséré dans une vaste enceinte palissadée, comme c'est le cas de la plupart des établissements ruraux de ce temps. Elle était bordée par les bâtiments à fonction agricole qui ménageaient une vaste cour centrale, selon un dispositif qu'on retrouvera à l'époque impériale dans les « villas » de rang supérieur. Au milieu de l'échelle on situera des exploitations comme celle de Poulainville, grosse « ferme » de la région d'Amiens, elle aussi installée au sein d'un vaste enclos mais accompagnée d'autres bâtiments à fonction agropastorale (granges, remises, greniers…) ou d'habitat (fig. 33). Enfin, au bas de l'échelle, on peut mentionner des établissements plus petits mais fonctionnellement similaires, comme cette maison gauloise reconstituée dans le parc archéologique de Samara (fig. 34).

Telle était, esquissée à très gros traits, la réalité des paysages de la Gaule à l'aube de la conquête césarienne. On pourrait, évidemment, en décrire de manière beaucoup plus précise la diversité régionale, mais un tel exercice nous entraînerait très loin du propos initial, qui est seulement de brosser ici le cadre du conflit[41].

41. On renverra donc ici le lecteur à Reddé, 2022 ; Fichtl, 1994, 2000, 2012, 2021 ; Rémy, 2021.

Fig. 32. – Le grand domaine rural de Batilly (Loiret), au moment de la guerre des Gaules (Court-Jus production, avec l'aimable autorisation de St. Fichtl).

Fig. 33. – La ferme de Poulainville (Somme). Évocation du site à la fin de l'âge du Fer (©S. Lancelot, Inrap, avec l'aimable autorisation de F. Malrain).

Fig. 34. – Maison gauloise reconstituée dans le parc archéologique de Samara (Somme) sous la direction de St. Gaudefroy, Inrap. (Photo M. Reddé.)

Les peuples de Gaule et leurs régimes politiques

La *civitas* gauloise

César qualifie ordinairement chacun des différents peuples gaulois de *civitas*, un terme latin qui suppose une organisation politique structurée, mais sans préjuger, en l'espèce, de son mode effectif de fonctionnement. Ce mot revient à 182 reprises dans le *Bellum Gallicum*, si l'on en croit St. Fichtl, qui a dressé une liste commode des occurrences rencontrées[1]. Traduire ce terme par « cité », en français, ou par « État » est donc parfaitement justifié. *Natio* apparaît en revanche beaucoup plus rarement (16 cas seulement). Ce vocable est souvent utilisé, dans l'épigraphie d'époque impériale, pour indiquer une origine ethnique, comme on le constate dans les inscriptions funéraires des soldats où il renvoie à l'*origo*[2] du défunt. Ce dernier, quand il était pérégrin, se disait ainsi *natione Sequanus, Arvernus*, etc. César l'emploie de cette manière pour désigner les épouses d'Arioviste, l'une Suève (*Sueba natione*), l'autre Norique (*BG* I, 53). C'est donc très légitimement que le proconsul appelle de cette manière les peuples illyriens (*nationes adire et regiones cognoscere volebat, BG* III, 7, 1), mais ceux-ci, en l'espèce les Pirustes, pouvaient aussi être qualifiés ailleurs de *civitas* (*BG* V, 1). L'emploi de ces mots est donc, dans le *Bellum Gallicum* une affaire de sens, selon le désir de l'écrivain d'insister sur l'aspect politique ou ethnique, mais aussi sans doute de style. En tout état de cause, on ne devrait pas aujourd'hui, s'agissant des Gaulois, parler de « tribu », le fonctionnement proprement tribal revêtant des aspects très différents de celui des peuples à forte structure étatique comme l'étaient les cités gauloises. Il s'agit là, en outre, comme l'a justement rappelé T. Moore, d'un terme très connoté et daté puisqu'il remonte à une époque, le XIXe siècle, où les Européens exprimaient leur vision des peuples préromains en des termes empruntés à ceux de leurs propres colonies de l'époque[3].

Peut-on essayer de préciser ce qu'on doit entendre par *civitas* dans le cas de la Gaule ? Un peuple, un territoire, un centre politique, selon notre conception, classique, de

1. Fichtl, 2004, 11 et annexe I.
2. La patrie naturelle, l'endroit où l'on est né, distincte de la patrie juridique.
3. Moore, 2011.

la cité antique ? Ou bien n'est-ce pas celle-ci qui nous conduit à nous poser la question de cette manière ?

Le texte césarien, il faut l'avouer, n'est pas, en ces matières, très explicite et n'autorise peut-être pas une réponse univoque. Il faut y glaner des renseignements épars que nous ne savons pas toujours assembler et qui pourraient bien refléter des situations hétérogènes[4]. C'est le cas helvète qui a le plus souvent retenu l'attention, car c'est celui que le proconsul décrit le mieux. Il précise en effet que ce sont les Tigurins qui furent interceptés et battus au moment où ils passaient la Saône, au début du conflit ; ceux-ci constituaient, nous dit César, un des quatre *pagi* des Helvètes[5]. C'est d'ailleurs cette partie de la cité helvète (*pars civitatis Helvetiae*) qui, lors de l'invasion des Cimbres et des Teutons, avait infligé aux Romains la célèbre défaite d'Agen, en 107 av. J.-C. À cette occasion, les survivants des légions vaincues avaient été faits prisonniers (*BG* I, 12). Les Tigurins n'étaient donc pas une subdivision administrative des Helvètes, concept totalement inadapté à la réalité de l'époque, mais un groupe humain agissant et combattant de manière autonome, possédant probablement son territoire propre. Les liens de subordination à la *civitas*, s'il y en avait, ne sont aucunement précisés dans le *Bellum Gallicum*. Le regroupement pouvait être très ancien, de nature ethnique, politique ou religieuse, mais on ne saurait le dire avec certitude. Cette forme de relation assez lâche semble avoir été partagée par le *pagus Verbigenus*, une autre composante de la cité helvète, dont 6 000 combattants refusèrent de déposer les armes et se réfugièrent chez les Germains, de l'autre côté du Rhin (*BG* I, 27, 4).

Le terme de *pagus* revient à d'autres reprises dans le récit césarien, notamment à propos des Morins, dont certains *pagi* n'avaient pas envoyé de délégués au proconsul pour attester de leur soumission, au moment de son départ pour la Bretagne (*BG* IV, 22, 5), ou encore dans le livre VII, 64, 6, au moment où Vercingétorix lançait les *pagi* Arvernes les plus proches des Helviens contre ces derniers, alliés des Romains. Ces passages impliquent-ils que tous les peuples gaulois avaient une organisation identique en *pagi* ? La question s'est souvent posée du fait de l'existence, à l'époque impériale, de telles entités épigraphiquement bien attestées, comme c'est le cas notamment chez les Riedons[6] ; on y a souvent vu une survivance de réalités remontant à l'époque de l'Indépendance. Bien que l'hypothèse soit probable, elle doit néanmoins être considérée avec prudence. Comme l'a bien rappelé M. Tarpin, le vocabulaire césarien, comme d'ailleurs celui des autres auteurs qui ont eu à traiter de ces questions, n'est ici qu'une commodité de langage pour décrire au mieux, avec le seul mot dont disposait le latin, une réalité inconnue des concepts romains. De fait, le *pagus* italien renvoie à une notion juridique précise et le mot appartient au vocabulaire du territoire[7]. C'est donc par approximation

4. Le Bohec, 2009.
5. *Pagus* implique une notion territoriale et s'applique initialement aux districts ruraux dans un contexte italien. Le terme a toutefois été réutilisé par César hors de son contexte naturel, sans doute faute de vocable plus adéquat, pour désigner les groupements humains des Helvètes, associés alors à un territoire précis, mais aussi ceux des Germains, qui ne l'étaient guère. Sur cette question complexe, voir Tarpin, 2002a et b.
6. Bérard, 2006.
7. Tarpin, 2002b.

que le proconsul l'emploie, pour désigner un groupe humain de taille variable, attaché sans doute, dans le cas gaulois, à un espace défini ; le même mot, appliqué aux Germains, semble en revanche désigner une réalité ethnique numériquement beaucoup plus faible que celle des Helvètes, et pas nécessairement liée à un territoire précis. Ainsi les Trévires ont-ils dû accepter la présence de 100 *pagi* suèves sur les bords du Rhin (*BG* I, 38). Plus loin, dans le livre IV, 1, il nous est dit que de tels *pagi* fournissaient chacun 1 000 hommes. Le même mot semble donc évoquer ici une réalité différente de celle du peuple helvète. On ne saurait, de ces maigres informations, conclure à l'existence de structures claniques ou tribales généralisées dans l'ensemble de la Gaule indépendante, conformément à un modèle homogène et ubiquiste de subdivisions des cités. Nous n'en savons tout simplement rien et chaque cité pouvait d'ailleurs avoir son mode de fonctionnement propre. Bien entendu, l'archéologie est, sur ce point, totalement muette.

Les formes de gouvernement

Les formes de gouvernement évoquées par César au fil de son texte sont de deux sortes : la royauté ou, chez certains peuples, le pouvoir d'une aristocratie représentée par des magistrats élus issus des grandes familles nobles, la démocratie proprement dite ne semblant pas avoir eu cours[8]. C'est en général le second cas que l'on a retenu, car c'est celui qui était pratiqué par le peuple éduen, le mieux décrit dans les *Commentaires*, mais il n'est pas certain qu'il s'agisse là d'un modèle transposable à toutes les cités[9].

Lors de la conquête du Midi, dans le dernier quart du IIe siècle av. J.-C., les Romains avaient dû affronter des peuples gouvernés par des rois, comme le célèbre Bituit (Florus I, 37, 5), mentionné dans les *Fastes triomphaux*[10], un fait notable et rare[11]. À l'époque de la guerre des Gaules, cette forme de pouvoir subsistait chez un nombre significatif de peuples que cite le *Bellum Gallicum* : les Séquanes (*BG* I, 3, 4)[12], les Suessions (*BG* II, 4) et peut-être les Rèmes qui partageaient avec ces derniers *imperium* et magistratures (*BG* II, 3), les Sotiates (*BG* III, 22), les Atrébates (*BG* IV, 21 et VII, 76), les Carnutes (*BG* V, 25), les Sénons (*BG* V, 54), les Éburons (*BG* V, 24 ; VI, 31), les Nitiobroges (*BG* VII, 31), sans que cette liste soit nécessairement exhaustive : elle ne fait que relever les occurrences rencontrées au fil du récit. Différents cas montrent que cette forme de gouvernement n'avait disparu dans certaines cités que peu de temps avant la conquête : c'est le cas chez les Séquanes (*BG* I, 3, 4) ou encore chez les Arvernes puisque Celtill, le père de Vercingétorix, avait été tué parce qu'il aspirait à rétablir la monarchie (*BG* VII, 4).

Quel pouvoir effectif avaient ces *reges* et leur titre était-il héréditaire ou électif au sein des grandes familles nobles, au terme de compétitions qui pouvaient être sanglantes ?

---

8. Le Bohec, 2009.
9. La question du gouvernement dans les cités gauloises a fait l'objet d'une étude précise et détaillée d'Emmanuel Arbabe (2017) dont je ne suivrai pas toujours les conclusions dans les pages qui suivent. Les sources sont commodément rassemblées dans Fichtl, 2004, mis à jour en 2012.
10. Liste des triomphes romains, recueillis au tome I² du *Corpus Inscriptionum Latinarum*.
11. Arbabe, 2017, 61.
12. Mais il s'agit en l'espèce d'un passé tout récent.

Fig. 35. – *Rex Parthis datus*. Sesterce de Trajan, représentant l'attribution d'un roi aux Parthes, atelier de Rome (*RIC* II, 668 ; OCRE#ric2 ; tr 668).

Le texte des *Commentaires* ne le précise jamais, de sorte qu'il ne faut peut-être pas envisager pour ces rois un pouvoir absolu. Certains d'entre eux avaient d'ailleurs un collègue, comme chez les Éburons ; d'autres pouvaient avoir disposé d'un royaume étendu, comme ce Diviciacos, roi des Suessions, qui outre ses possessions gauloises, avait aussi dominé la Bretagne *(« etiam Britanniae imperium obtinuerit »*, *BG* II, 4). On verra d'ailleurs Commios l'Atrébate devenir roi des Atrébates de Bretagne et fonder une dynastie (Frontin II, 13)[13]. Peut-être avait-il été imposé par César, la pratique du *rex datus*[14] étant fréquente chez les peuples clients soumis à Rome (fig. 35)[15]. On voit ainsi le proconsul intervenir à plusieurs reprises dans le gouvernement intérieur des cités gauloises et imposer des rois, évidemment ses obligés : le même Commios (fig. 36) avait ainsi reçu de César son pouvoir sur sa cité (*BG* IV, 21) et il en allait de même pour Tasgetios, roi des Carnutes (*BG* V, 25) ou Cavarinos, chez les Sénons (*BG* V, 54). Ailleurs, l'Éduen Dumnorix (fig. 37) se vantera des promesses que lui aurait faites César de rétablir la royauté à son profit (*BG* V, 6). Ce protectorat exercé par

Fig. 36. – Commios. Monnaie d'argent, attribuée aux Atrébates, au droit, tête à d. CARMANOS ; au revers, cheval courant à d. COMIOS. BnF http://catalogue.bnf.fr/ark:/12148/cb44807428k. En ligne sur Gallica.

---

13. Reddé, 2023, 21-22.
14. Roi « donné » (= imposé) par Rome à un peuple indigène, ce qui implique sa subordination. La scène est souvent représentée dans l'art officiel romain, par exemple sur les grands panneaux de l'arc de Constantin, à Rome, ou sur les monnaies.
15. Creighton, 2000, 64.

Fig. 37. – Dubnorix. Monnaie d'argent attribuée aux Héduens.
Légende du type DUBNOCOU/DUBNOREIX = *RIG* IV, 143.
Au revers, le personnage debout tient un sanglier-enseigne dans la main droite, une tête coupée dans la main gauche. Dans le fond, à g. un carnyx.
http://catalogue.bnf.fr/ark:/12148/cb448036103

le proconsul romain montre que la Gaule subissait alors un processus classique de vassalisation progressive, conformément à un modèle ordinaire dont nous connaissons bien d'autres exemples[16]. Même d'autres rois comme le séquane Catamantaloedis avaient dû faire alliance avec Rome, avant la guerre des Gaules, ce qu'implique le titre d'ami (*amicus*) qu'il avait reçu à cette occasion, première étape de la soumission aux volontés de la puissance dominante[17]. Il en était allé de même chez les Nitiobroges (*BG* VII, 31).

Le rôle effectif de ces rois apparaît presque toujours, dans le texte du *Bellum Gallicum*, lié à un contexte militaire[18]. C'est en effet le plus souvent en tant que chefs de guerre qu'ils sont mentionnés : Galba, qui reçoit le commandement de la coalition belge (*BG* II, 4), Adiatuanos, chez les Sotiates (*BG* III, 22), Commios l'Atrébate, au moment d'Alésia (*BG* VII, 76), Ambiorix, roi des Éburons, évidemment (*BG* V, 24 ; VI, 31), Teutomatos, roi des Nitiobroges (*BG* VII, 31). De ce point de vue, leur prestige, leur noblesse et leur probable richesse peuvent les faire comparer aux souverains bretons dont nous connaissons les splendides sépultures de Lexden[19] ou de Folly Lane[20]. En Gaule, la célèbre tombe de Boé, près d'Agen, en fournit un intéressant parallèle, bien qu'elle soit postérieure d'une vingtaine d'années à la guerre des Gaules[21].

---

16. Creighton, 2000 ; 2004.
17. Burton, 2011.
18. On ne les voit jamais, dans les *Commentaires*, dotés d'un quelconque pouvoir religieux.
19. Foster, 1986.
20. Niblett, 1999.
21. Schönfelder, 2000, 2002.

On s'accorde toutefois, en général, pour estimer que le pouvoir royal était en perte de vitesse au moment où les légions pénétrèrent dans le pays, même si le mouvement semble avoir été plus ou moins rapide d'une cité à l'autre. Chez les Arvernes, par exemple, il n'y avait plus de roi au moment où Vercingétorix prit le pouvoir puisque son propre père, Celtill, avait été mis à mort pour avoir aspiré à reprendre ce titre ; l'épisode ne doit certainement pas s'être produit plus d'une vingtaine d'années avant la fin de la guerre, compte tenu de l'âge de Vercingétorix, qualifié d'*adulescens* en 52, si les informations données par les *Commentaires* sont cohérentes entre elles (*BG* VII, 4). Chez les Séquanes, un homme comme Catamantaloédis avait longtemps régné avant de devoir déposer le pouvoir ; en 58, la cité n'était donc plus soumise à un *rex*, mais le souvenir de cette période semble avoir été très frais dans les esprits puisque l'Helvète Orgétorix songeait à rétablir chez les Séquanes la royauté au profit de Castios, le fils du dernier souverain, ce qui implique que la *regia potestas* se transmettait au sein de dynasties liées par le sang (*BG* I, 3, 4). En l'occurrence, c'est le même processus qu'on retrouvera chez les Celtes de la Bretagne insulaire pendant tout le siècle suivant, avant la conquête claudienne, et que nous pouvons restituer essentiellement grâce à l'étude des frappes monétaires de cette période[22].

Cet épisode est révélateur : c'est le tout-puissant Orgétorix, lui-même de haute naissance et fabuleusement riche, qui menait le jeu politique à l'échelle de plusieurs cités et tentait de gagner à sa cause leur *nobilitas*, un terme qui, pour des lecteurs romains, revêtait un sens particulier puisqu'il renvoyait, dans les esprits, à la situation de la République finissante, celle de compétiteurs pour le pouvoir, tous issus d'une noblesse qui dirigeait l'État depuis toujours. En Gaule, ces grands personnages apparaissent nominalement là où il n'y avait plus de pouvoir royal, notamment chez les Éduens, que César mentionne plus fréquemment que pour d'autres cités, sans doute parce qu'il les connaît le mieux et s'appuie sur une partie d'entre eux : Dumnorix et Diviciacos (*BG* I, 3 et 18), mais aussi Liscos (*BG* I, 16), Convictolitavis et Cotos (*BG* VII, 32), Litaviccos (*BG* VII, 37), Éporédorix et Viridomar, *BG* VII, 39), Cavarillos (*BG* VII, 67, 7). La situation pouvait être identique chez les Trévires avec Indutiomaros et Cingetorix (*BG* V, 3) ou encore chez les Arvernes, dont César cite quelques grands noms comme celui de Critognatos (*BG* VII, 77), de Vercassivellaunos, cousin de Vercingétorix (*BG* VII, 76) ou encore de Gobannitio, son oncle (*BG* VII, 4). Dans tous les cas il s'agit d'hommes de haut lignage mais dont nous ne savons généralement pas grand-chose car l'éclairage particulier que le proconsul projette sur les Éduens empêche de bien distinguer ce qui se passe ailleurs. C'est la raison, sans doute, pour laquelle l'organisation du pouvoir politique chez ces amis et alliés du peuple romain a tellement retenu l'attention, au point de passer pour un modèle applicable aux autres cités qui n'étaient pas gouvernées par des rois alors qu'il pourrait bien ne s'agir que d'une exception ; à tout le moins ne sommes-nous pas en état d'en juger correctement. Le cas du vergobret est à cet égard instructif.

Le mot apparaît dès le début du *Bellum Gallicum*, à un moment où le détenteur du titre est Liscos (*BG* I, 16). César nous indique à l'occasion que ce *summus magistratus*

22. Creighton, 2000.

(« plus haut magistrat ») possède pour un an le pouvoir (*potestas*) de vie ou de mort sur les siens. Dans un autre passage célèbre, relatif à la compétition entre deux prétendants (*BG* VII, 32-33), nous apprenons que ce magistrat était unique et qu'il exerçait le pouvoir royal (*regia potestas*) à la suite d'une élection dont nous ne savons rien. Le proconsul explique de surcroît que le vergobret ne pouvait sortir du pays et qu'il était interdit à deux membres d'une même famille d'exercer cette magistrature du vivant l'un de l'autre. Il s'agissait évidemment d'empêcher la mise en place d'un pouvoir personnel et de limiter la brigue. Si ces renseignements sont exacts – et il n'y a aucune raison d'en douter – il paraît assez clair que nous sommes là devant une puissance royale dégradée, élective, limitée dans le temps, privée du commandement effectif de l'armée en temps de guerre extérieure. De fait, c'est à Litaviccos que fut ensuite confiée la conduite des opérations militaires et non au vergobret choisi par César (*BG* VII, 38). En l'espèce, ce dernier s'était conduit en vrai proconsul romain, exerçant son arbitrage dans les affaires internes de la cité, selon son intérêt puisqu'il avait évidemment choisi un client politique[23].

À aucun autre moment le proconsul ne laisse penser qu'un vergobret pouvait être à la tête du pouvoir dans d'autres cités gauloises. On retrouve toutefois le titre sur des monnaies émises par les Lexoviens et les Éburovices à l'époque augustéenne précoce[24]. Plusieurs inscriptions d'époque impériale le mentionnent chez d'autres peuples, dans la première moitié du Ier siècle ap. J.-C.[25] : les Santons (*CIL* XIII, 1048 + 1074), les Lémovices (*AE* 1989, 521), peut-être les Bituriges (*AE* 1980, 633). Mais il est impossible de décider avec certitude si ce titre de vergobret remontait, dans ces différentes cités, à une époque très antérieure à la conquête et si les fonctions qu'il impliquait étaient identiques à celles que César décrit chez les Éduens.

Le terme employé par le proconsul pour désigner le magistrat suprême des Éduens est le seul de cette nature. Un mot celtique « pittoresque », en quelque sorte, une coquetterie stylistique au sein d'une prose latine des plus classiques, dont les expressions sont en temps normal peu techniques et peu significatives quand l'écrivain veut désigner les grands dirigeants de la Gaule. Peu importait d'ailleurs, puisqu'il n'était pas question pour César de faire œuvre de « Géographe », au sens grec du terme, encore moins de décrypter la structure d'une société « indigène », comme le ferait aujourd'hui un ethnologue. On a beaucoup cherché, depuis Camille Jullian, à restituer un système institutionnel à partir du texte césarien[26]. Mais que peuvent signifier exactement des termes aussi généraux que *(summus) magistratus*, *dux*, *praefectus*, *principatus*, *princeps* ou *principes* appliqués de manière récurrente à des réalités ethniques, sociales et politiques exogènes à la *res publica* romaine, dont le fonctionnement complexe était en revanche

23. On a souvent glosé (par exemple Lewuillon, 1975, 547-550 ; Arbabe, 2017, 230-233), à mon avis bien inutilement, sur le passage dans lequel César mentionne pour la première fois le vergobret (I, 16) où les manuscrits disent « *in his Diviciaco et Lisco, qui summo magistratui praeerant* ». L'usage du pluriel (*praeerant*) est évidemment totalement contradictoire avec les informations du proconsul sur l'unicité de la magistrature suprême des Éduens (VII, 32-33) ; il est donc logique de corriger ce pluriel, qui vient spontanément sous la plume d'un copiste après deux noms propres comme antécédents, en singulier (*praeerat*), comme le font pratiquement tous les éditeurs.

24. *RIG* IV, 195 ; 226 ; Delestrée et Hollard, 2021, 75 ; 80.

25. Reddé, 2022, 295.

26. Jullian, 1993, 226-235.

si normatif et dont l'organisation reposait sur des bases et des traditions totalement différentes ? Ces mots en eux-mêmes, quand César les utilise, ne renvoient à aucune fonction spécifique au sein des multiples systèmes de pouvoir de la Gaule, divergents d'une cité à l'autre, de sorte qu'évoquer à leur propos, comme le faisait S. Lewuillon, une ébauche de *cursus honorum*[27] paraît proprement erroné[28]. Naturellement, tout lecteur latin comprenait immédiatement un terme comme *praefectus* quand il était employé pour désigner celui qui commandait la cavalerie d'une cité gauloise, mais cela ne signifie nullement qu'on avait affaire ici à une « magistrature » régulière, au sein d'un système ordonné, permanent, hiérarchisé et soumis à des élections de nature libre et démocratique, comme l'étaient – du moins en théorie – les charges civiques de République romaine. On peut certes tenter d'esquisser une typologie institutionnelle des régimes que nous présente le proconsul au fil du texte[29], mais en restituer le fonctionnement à partir de notions aussi vagues que celles dont use César relève à mon sens d'une surinterprétation excessive.

On doit en outre être attentif à ne pas projeter sur l'époque de l'Indépendance des réalités connues par des sources postérieures à la conquête, comme celle de ce « magistrat » monétaire qu'était l'arcantodan, connu par des émissions des Lexovii de Normandie et des Meldes du Bassin parisien[30]. Avec des arguments différents et au terme d'études indépendantes menant à des conclusions distinctes, S. Lewuillon, L. Lamoine puis J.-M. Pailler ont tenté de restituer l'existence d'une « magistrature » gauloise dévolue au contrôle des métaux précieux et des frappes[31]. Mais, s'il est bien entendu, compte tenu de la forme celtique du mot, que l'arcantodan remonte à une époque plus ancienne que ces quelques émissions meldes et lexoviennes datables des années 40 à 20/10 av. J.-C., la fonction exercée n'est pas claire. Sa restitution repose, dans un cas[32], sur l'analyse de la questure municipale d'époque romaine, une position en elle-même fort contestable[33], dans l'autre[34], sur l'existence d'une régulation des marchés des métaux à la fin du second âge du Fer, une hypothèse que n'atteste aucune source. Reprenant ce dossier complexe, St. Martin en a démonté les ambiguïtés et les fausses pistes, montrant de manière convaincante qu'il s'agissait là d'une magistrature civique, probablement limitée dans le temps, à un moment où la municipalisation d'époque romaine se mettait en place[35]. Le terme même de « magistrature » appliquée à cette fonction monétaire peut se contester, au moins dans l'acception classique du terme qui, dans le vocabulaire politique romain, supposait une élection.

---

27. « La carrière des honneurs », donc la liste des fonctions officielles exercées, selon une progression hiérarchique.
28. Lewuillon, 1975, 543.
29. Arbabe, 2017, 216-260.
30. *RIG* IV, n° 108, 191 ; n° 240, 374-376 ; n° 262, 406-407 ; n°s 263, 408-409. Pour les variantes du mot, composé de deux racines, *arcanto-*, qui se réfère à l'argent (latin *argentum*), et *dan*, qui semble indiquer une magistrature, voir Delamarre, 2003, 53-54 et 135-136.
31. Lewuillon, 2004 ; Lamoine, 2009 ; Pailler, 2015.
32. Lamoine, 2009.
33. Comme l'a rappelé à juste titre Raepsaet-Charlier, 2011.
34. Pailler, 2015.
35. Martin, 2015.

Que dire, dans ces conditions, du *senatus* (sénat) de différents peuples de Gaule dont la mention apparaît sous la plume de César, chez les Éduens (*BG* I, 31 ; VII, 32, 33, 55), les Rèmes (*BG* II, 5), les Nerviens (*BG* II, 28), les Vénètes (*BG* III, 16), les Aulerques (*BG* III, 17), les Lexoviens (*BG* III, 17), les Sénons (*BG* V, 54), les Bellovaques (*BG* VIII, 21)[36] ? Le terme désigne normalement, en latin, une assemblée de type aristocratique et il paraît tout à fait normal d'observer son existence dans la *Gallia Comata*, à la fin de l'âge du Fer. Il représente en effet le conseil des Grands, ceux qui comptent par leur richesse et leur puissance et donc encadrent l'ensemble des décisions politiques, que ce soient celles du *rex* ou des « magistrats », dans le cas de régimes ayant aboli la royauté. C'est ainsi qu'on peut supposer que c'est le Sénat éduen qui procédait au choix du vergobret, si on comprend correctement le récit du proconsul à propos des deux compétiteurs rivaux qu'étaient Cotos et Convictolitavis (*BG* VII, 33). Mais peut-on aller plus loin et définir les modalités de « recrutement » des sénateurs, comme le propose E. Arbabe, qui suggère un multiple de 100, sur une base territoriale[37] ? Son raisonnement, fondé sur l'épisode nervien de 57 (*BG* II, 28) est le suivant : la défaite a réduit la *gens* nervienne à presque rien : de 600 sénateurs, ils étaient descendus à trois, de 60 000 hommes en état de porter les armes, il en restait à peine 500. E. Arbabe suppose que la *civitas* était formée de six *pagi* qui auraient été les Ceutrons, les Grudii, les Lévaques, les Pleumoxii, les Gedumnes (*BG* V, 39). « Au nombre de six cents pour soixante mille combattants, écrit E. Arbabe pour définir les sénateurs, ce pourrait être des chefs de districts territoriaux ayant levé chacun une centaine d'hommes. Les Nerviens étant composés de six *pagi*, cela permettrait une division militaire tactique simple des sénateurs[38]. »

De mon point de vue, ce raisonnement ne tient pas. Outre qu'il n'est dit nulle part que les peuples cités (Ceutrons et autres) sont des divisions territoriales de la cité nervienne – César (*BG* V, 39) précise en revanche qu'il s'agit de peuples qui lui sont soumis (*sub eorum imperio sunt*) – c'est accorder un bien grand crédit aux proclamations de victoire dans les *Commentaires* et aux chiffres des pertes énoncées par le vainqueur. On verra ainsi ces mêmes Nerviens, réduits à néant en 57, participer de nouveau aux opérations de 57 contre Q. Cicéron en 54, puis figurer dans la liste de l'armée de secours réclamée par Vercingétorix au moment d'Alésia (*BG* VII, 75). Comment, à partir de données aussi incertaines, conclure à un schéma de cent sénateurs par *pagus* et à l'organisation territoriale des *civitates* gauloises ? Mieux vaut considérer que la réalité des Sénats gaulois nous échappe assez largement.

La question controversée des assemblées populaires

Autre question traditionnelle mais controversée, y avait-il des assemblées de la Gaule ? La question a été reprise récemment par E. Arbabe qui la met d'emblée au cœur de son

36. Arbabe, 2017, 206.
37. Arbabe, 2017, 208-209.
38. Arbabe, 2017, 209. Il faut ajouter les Nerviens eux-mêmes pour arriver au nombre de six *pagi*, ce qui n'est pas l'aspect le plus convaincant du raisonnement.

étude puisque son premier chapitre, clef de voûte de sa réflexion, s'intitule « L'unité gauloise : de la Gaule indépendante à la Gaule romaine »[39]. Une telle position revient effectivement à postuler l'existence d'institutions collectives antérieures à la conquête. Mais sur quelles sources se fonde-t-on ?

La première occurrence d'un *concilium totius Galliae* apparaît dès le début de la guerre, après la victoire de César sur les Helvètes (*BG* I, 30). Dans ce moment euphorique qui justifie *a posteriori* l'intervention des légions, des délégués de presque toute la Gaule, les premiers personnages des différentes cités, viennent trouver le proconsul (*totius fere Galliae legati, principes civitatum, ad Caesarem gratulatum convenerunt*). C'est un hommage au vainqueur qu'on vient saluer, et on trouvera de telles scènes dans l'art triomphal romain, jusque sur la colonne trajane[40]. Ces mêmes délégués lui demandent ensuite la permission (*liceret*) d'organiser une assemblée générale de toute la Gaule à un jour fixé d'avance, car ils avaient à se mettre d'accord entre eux pour lui exprimer leurs requêtes (*Petierunt ut sibi concilium totius Galliae in diem certam indicere idque Caesaris voluntate facere liceret ; sese habere quasdam res quas ex communi consensu ab eo petere vellent*). Comme preuve d'indépendance nationale, on peut faire mieux ! Rien ne dit, par conséquent, qu'une telle assemblée ait existé avant l'intervention romaine. Que César trouve, à cette occasion, le moyen de se glorifier de sa politique auprès du Sénat (romain) et manifeste ainsi l'éclat de sa victoire, est aussi plus que probable (fig. 38).

On n'a pas d'autre mention de ce *concilium totius Galliae* avant 52, ce qui est un peu surprenant s'il s'était agi d'une assemblée régulière et traditionnelle, instituée bien avant le conflit. Avant Alésia, en revanche, ce sont les Éduens qui, voulant le commandement suprême de la lutte armée, demandent à Vercingétorix de venir à Bibracte et convoquent une assemblée de toute la Gaule (*totius Galliae concilium Bibracte indicitur*). C'est là que, contrairement aux espoirs des Éduens, Vercingétorix est nommé chef suprême (*imperator*), après un vote unanime, auquel les alliés de Rome (Rèmes et Lingons) ainsi que les Trévires, trop éloignés ne prirent pas part (*BG* VII, 63). Il n'est pas sans intérêt, à cette occasion, de relever le vocabulaire césarien, manifestement péjoratif : la décision a en effet été prise par une foule (*multitudo*), réunie là en masse (*conveniunt undique frequentes*), alors qu'il y avait conflit entre cités sur le choix du commandement (*re in controversiam deducta*). Les Éduens en sortiront d'ailleurs tête basse, regrettant déjà les anciennes bontés de César (c'est lui qui le dit, bien sûr). La tonalité de ce passage est très clairement polémique, l'auteur des *Commentaires* faisant nettement comprendre à ses lecteurs romains les aspects tordus de cette décision prise par une foule, une situation haïssable car révolutionnaire pour un Romain de ce temps. On est évidemment là en pleine propagande. Quoi qu'il en soit, rien ne nous dit évidemment que cette assemblée, réunie dans des circonstances compréhensibles mais exceptionnelles, relevait d'une institution régulière et ancienne. L'événement n'est de toute manière pas comparable à la situation de 58.

---

39. Arbabe, 2017.
40. Voir par exemple la scène 263 dans Stefan, 2015.

Fig. 38. – Des notables daces viennent saluer Trajan. Colonne trajane, Cichorius scène LXXIII. (Photo Wikicommons, domaine public.)

Ce n'est pas tout. En 53, alors qu'Indutiomarus soulevait les Trévires, sollicitait les Germains, s'associait à Ambiorix et tentait de soulever les Nerviens, les Atuatuques et les Ménapes – on apprend avec plaisir, au passage, la résurrection des Atuatuques, officiellement anéantis depuis 57 – César marche sur les Nerviens avant la fin de l'hiver et obtient leur soumission, peu ou prou sans combat (*BG* VI, 3). Puis il convoque aux premiers jours du printemps, à Lutèce, une assemblée de la Gaule (*concilium Galliae*), selon la règle qu'il avait lui-même instituée (*ut instituerat*). Tous y vinrent, sauf les Sénons, les Carnutes et les Trévires, marquant ainsi le début d'une révolte ouverte (*BG* VI, 3).

Concilium totius Galliae, concilium Galliae : pour E. Arbabe, il s'agit là de deux assemblées différentes, la seconde ne concernant que les peuples de Celtique, sans les Belges et il conteste la confusion des deux, traditionnelle dans l'historiographie de la Gaule[41]. Mais pour arriver à les distinguer, il faut écarter les Belges de la seconde, ce que le texte des *Commentaires* ne dit nullement : les Nerviens ont été matés au préalable (donc ils ont bien participé à l'assemblée) alors que les Trévires, qui font partie des peuples belges eux aussi, refusent de se rendre à la convocation de César. Car là est bien la clé de ce passage : c'est le proconsul qui prend l'initiative de réunir les peuples qu'il estime avoir

41. Arbabe, 2017, 90.

sous son autorité, comme l'aurait fait d'ailleurs n'importe quel autre magistrat romain à sa place[42]. Ce faisant, il montre au Sénat de Rome, pour lequel il écrit, que la Gaule est désormais dans une phase de provincialisation, même si c'est peut-être, une fois de plus, une manière de rehausser et de justifier son action face à des ennemis de l'intérieur de plus en plus menaçants. Le dernier épisode de cette année 53 est d'ailleurs éclairant : c'est à Reims, chez ses alliés rèmes (des Belges !), que César réunit encore une fois, avant la fin de la campagne, une nouvelle assemblée de la Gaule (*concilium Galliae*), pour juger Acco, responsable de la révolte des Sénons et des Carnutes, afin de le mettre à mort, bannissant les autres conjurés (*BG* VI, 44).

Reste la question d'un *concilium commune Belgarum* (*BG* II, 4, 4) : lors de la campagne de 57 qui voit la coalition des peuples belges contre Rome, César apprend de la bouche des Rèmes, ses nouveaux alliés, la force des contingents adverses promis, pour cette guerre, lors d'une assemblée commune des Belges (*in communi Belgarum consilio ad id bellum pollicitus*). Si l'on suit bien le texte latin, au demeurant très clair, l'expression *ad id bellum* (« pour cette guerre ») est fondamentale car elle fait de ce *concilium* non un événement récurrent, institutionnel, bien antérieur à la conquête comme le voudrait E. Arbabe, mais une réunion *ad hoc*, liée aux opérations militaires, ce qui est le bon sens même dans le cas d'un conflit qui mobilise différentes forces alliées[43].

La question du *concilium armatum*, évoqué lors de la grande révolte trévire de 54 (*BG* V, 56) relève en revanche d'une pratique particulière, ancrée dans les traditions[44]. Il s'agit, selon César, de la mobilisation des hommes en âge de porter les armes (*puberes*) et de leur concentration sur le lieu de concentration des troupes et de formation des unités, un processus ordinaire au commencement d'une guerre, commun à tous les peuples gaulois (*Hoc more Gallorum est initium belli*). C'est à cette occasion que le chef suprême de l'armée prend ses décisions opérationnelles, sans doute après concertation avec les autres chefs : Indutiomare déclare ainsi ennemi public son gendre et adversaire Cingetorix, resté allié des Romains, confisque ses biens ; il annonce ensuite ses plans de campagne, donnant ses ordres en conséquence.

Il est donc vain, à mon sens, de vouloir construire avec ces différents épisodes d'assemblées gauloises, dont on voit bien qu'ils correspondent tous à des circonstances particulières, un système de gouvernement régulier à l'échelle de tout le pays ou de communautés entières, antérieurement à la guerre des Gaules. Rien ne conduit à imaginer qu'il s'agit là des prémices d'une nation en formation, comme l'ont répété tant d'historiens, de N. Fustel de Coulanges à Ch. Goudineau[45]. Que différents peuples gaulois aient pu coordonner leurs politiques au cours de rencontres communes, notamment pour sceller des alliances et déclarer des guerres tombe naturellement sous le sens ; mais on ne saurait aller beaucoup plus loin. On doit en revanche observer que, sinon dans tous les cas, du moins dans un bon nombre d'entre eux, c'est le proconsul romain qui a

42. Barrandon et Hurlet, 2009 ; Bérenger, 2014.
43. Arbabe, 2017, 84-85.
44. Deyber, 2009, 98-99.
45. Goudineau, 2001, 245.

réuni ces assemblées, ou les a autorisées, comme celle de 58, signifiant ainsi à tous son *imperium* et son *auctoritas*. Ces deux mots latins essentiels désignent, le premier, son pouvoir militaire dans sa province, le second son autorité et sa prééminence politique au nom de Rome, ce qui lui conférait en même temps le pouvoir de rendre la justice et de trancher les litiges entre cités[46].

46. Barrandon et Hurlet, 2009. On ne saurait objecter que la *Gallia Comata* n'était pas alors une province formellement constituée et qu'il n'y avait pas de loi provinciale car le pouvoir de César, comme celui de tout autre promagistrat, s'étendait à toute action nécessaire aux intérêts de Rome.

La société

Décrire la société gauloise à l'époque de la guerre des Gaules constitue une gageure[1]. César, en effet, ne s'est guère soucié, au début des *Commentaires*, d'en dresser un tableau cohérent et il ne la peint ensuite que par touches successives, au fil de son récit ; il faut attendre l'excursus du livre VI, dans lequel le proconsul oppose Gaulois et Germains, pour trouver quelque information plus globale. Mais, ce passage, on le sait, continue de susciter une grande perplexité chez les commentateurs les plus avertis, qui s'interrogent sur sa fonction, à cette place, et sur la qualité des informations qu'il fournit. On a parfois suspecté, sans qu'on puisse évidemment le prouver de manière formelle, que le proconsul empruntait une partie de son propos à Poseidonios, mais comme ce même développement n'est guère partagé par Diodore de Sicile et Strabon, qui s'inspiraient souvent directement du géographe d'Apamée, l'argument reste très incertain sans que les sources de cette ethnographie d'occasion en deviennent plus claires. Peut-être faut-il voir dans l'insertion de ce passage la volonté politique de justifier le fait que le conquérant bornait alors son action au Rhin, après sa deuxième traversée du fleuve, opposant la « barbarie » germanique, qui ne méritait pas d'être conquise, à l'état plus avancé et plus « civilisé » de la Gaule qui pouvait être assimilée[2]. Les difficultés militaires très réelles de cette année 53, à un moment où la sécurité même des légions était menacée, peuvent expliquer l'insertion apparemment incongrue de cette description de la société à ce moment du récit, ce qui ne contribue pas nécessairement à sa crédibilité[3].

La plèbe

Dans cet excursus, la plèbe n'apparaît que très sommairement et elle ne compte manifestement pour rien, n'étant pas consultée (*nullo adhibetur consilio*), signe indubitable d'une absence de démocratie politique qui ne surprend guère (*BG* VI, 13). César utilise ailleurs, pour décrire cette plèbe, de termes classiques et péjoratifs dans la bouche d'un aristocrate romain, même appartenant au parti « populaire ». Il l'assimile en

1. Le Bohec, 2009.
2. Schadee, 2017.
3. Rambaud, 1966, 324-328.

effet à une foule désordonnée, dangereuse parce qu'émotive, composée de gens de peu, de prolétaires prêts à tout. On le voit chaque fois qu'elle intervient dans le cours des événements, par exemple en 56, lorsque les *Eburovices* et les *Lexovii* se joignent à Viridorix (*BG* III, 17) : « Une multitude (*multitudo*) considérable était venue de tous les coins de la Gaule, gens sans aveu et malfaiteurs (*perditorum hominum latronumque*) que l'espoir du butin et l'amour de la guerre (*spes praedandi studiumque bellandi*) enlevaient à l'agriculture et aux travaux journaliers ». Les mêmes termes sont appliqués à la révolte des Trévires d'Indutiomaros, en 54 (*BG* V, 55), puisque celui-ci fait des promesses aux exilés et condamnés de la Gaule entière (*exules damnatosque*). Enfin Vercingétorix, chassé de Gergovie au début 52 (*BG* VII, 4), lève ses partisans dans les campagnes auprès des miséreux et des gens sans aveu (*in agris habet delectum egentium ac perditorum*). Hirtius utilisera le même vocabulaire pour qualifier les troupes de Lucterios marchant sur la province romaine (*BG* VIII, 30)[4]. Nous sommes là devant un procédé classique de la propagande romaine qui disqualifiait régulièrement ses adversaires. Bien entendu, la pertinence de ce propos est plus que douteuse mais ceci ne nous autorise pas pour autant à identifier l'existence d'assemblées populaires régulièrement constituées et réunies, comme le suppose E. Arbabe[5]. Pourtant l'assentiment du peuple, son acclamation pouvaient s'avérer indispensables dans les grandes circonstances, ce qui est bien différent d'un pouvoir fondé sur une pratique institutionnelle. Strabon IV, 4, 3 semble porter témoignage d'une telle ratification lors de la nomination d'un chef pour conduire une guerre, mais l'époque à laquelle il se réfère reste floue, d'autant que l'information du Géographe grec est largement empruntée à Poseidonios.

Druides et *equites*

Deux catégories sociales comptaient, selon César, les druides et les chevaliers (*BG* VI, 13). On parle ici de « catégories » et non de « classes », pour traduire l'expression *genera sunt duo*, car il n'y a pas, *a priori*, de raison de les distinguer socialement l'une de l'autre. On ne saurait non plus parler d'« ordres », car on ignore tout de leur organisation collective, sinon que les druides reconnaissaient la primauté d'un chef suprême et tenaient des assises annuelles dans le pays des Carnutes. Or, et c'est un paradoxe, ces druides n'apparaissent nulle part dans le récit proprement dit de la guerre, sauf quand il s'agit de ce personnage central qu'était Diviciacos au sein du peuple éduen. On ne les voit à aucun moment intervenir dans la marche des événements et le proconsul ne fait jamais allusion à une quelconque opposition de nature religieuse à son action[6]. Pourtant, ce sont eux, écrit César, qui tranchent les conflits entre états (*BG* VI, 13), même s'ils sont dispensés de la guerre à proprement parler (*BG* VI, 14). Cette description est d'autant plus paradoxale qu'un homme comme ce Diviciacos, qui apparaît essentiellement dans les deux premiers

4. Ces exemples ont déjà été relevés par Rambaud, 1966, 325.
5. Arbabe, 2017, 204-205.
6. On laisse ici de côté la question embrouillée du *gutuater* évoqué par Hirtius (*BG* VIII, 38). Ce *gutuater* aurait été responsable de la rébellion des Carnutes en 51 mais nous ne savons pas s'il s'agit là d'un individu (hypothèse de Goudineau, 2003) ou d'un prêtre, comme le pense Le Bohec, 2001a.

livres des *Commentaires* et dont nous savons par Cicéron qu'il était lui-même druide (*Div.* I, 41), jouait un rôle politique majeur chez les Éduens : non seulement il était venu à Rome en ambassadeur pour solliciter en vain l'intervention de Rome contre les Germains, sans doute en 61 (*BG* I, 31), mais il était, d'après le récit césarien, le personnage le plus influent de sa cité au début du conflit, sans pour autant être vergobret[7]. C'est d'ailleurs à ce titre qu'il mena apparemment la campagne militaire des Éduens contre les Bellovaques en 57 (*BG* II, 10), après avoir accompagné l'armée romaine contre Arioviste, peut-être déjà à la tête des troupes éduennes (*BG* I, 41). On est donc très surpris de cette description du rôle des druides que fait César dans l'excursus du livre VI, car elle semble, au premier abord, contredire celle qu'il fait de Diviciacos. Mais le rôle d'interprète du monde divin qu'il leur reconnaît et leur fonction dans l'exécution des sacrifices publics ne les distingue peut-être pas tellement des magistrats-prêtres romains, chargés eux aussi de la divination et de l'exécution des rites nécessaires à la paix avec les dieux (*BG* VI, 13)[8].

Quant aux chevaliers, la seconde catégorie sociale qui comptait, le proconsul l'expédie en un paragraphe, leur conférant seulement un rôle militaire. C'est en fait leur degré de noblesse, leur richesse et leur puissance sociale à la tête d'un nombre plus ou moins important de clients et d'ambact(e)s[9] qui permettait d'évaluer la puissance de chacun (*BG* VI, 15).

Les Grands

Le terme latin d'*equites*, qui assimile cette noblesse gauloise aux chevaliers romains de la fin de la République, n'apparaît d'ailleurs guère dans le reste du texte. Les interlocuteurs privilégiés de César pendant le conflit, ce sont les *principes*, les « premiers[10] » personnages des cités, ceux avec qui il discute et s'allie, quand il ne doit pas les combattre. Vercingétorix sera évidemment l'un d'eux. Mais le parangon de ces « Grands » personnages, c'est Orgétorix l'Helvète, l'homme de beaucoup le plus distingué par la naissance et la fortune ; il avait d'ailleurs caressé l'idée de devenir roi (*BG* I, 2). C'est lui qui mène la noblesse (*nobilitas*) et persuade sa cité d'émigrer[11], s'abouche avec l'Éduen Dumnorix et le Séquane Casticos (*BG* II, 3). Accusé de brigue, il comparaît chargé de chaînes mais entouré de sa *familia*, c'est-à-dire de ses parents et alliés mais aussi de ses dépendants[12], au nombre considérable de 10 000 hommes[13]. Vinrent aussi tous ses clients (*clientes*)[14] et ceux à qui il avait prêté de l'argent (*obaerati*) (*BG* I, 4). L'autre personnage qu'il convient d'évoquer est

---

7. Je souscris sur ce point à l'analyse d'Arbabe, 2017, 188.
8. Faut-il rappeler ici que César était lui-même le « pontife suprême » de la religion romaine ? On ne doit évidemment pas reconnaître dans ces druides les membres d'un « clergé » distinct, séparé de la société laïque, contrairement à la vision anachronique de Harmand, 1984.
9. Sur ce terme, voir ci-dessous.
10. C'est le sens du mot *princeps*.
11. La traduction de Constans (Les Belles Lettres) ajoute « et ses concitoyens » pour traduire *civitas*, ce qui est un faux-sens manifeste car le terme suppose que le peuple ait été consulté, ce qui n'est évidemment pas le cas.
12. Tous ceux qui lui sont liés économiquement et socialement.
13. Même si le chiffre peut avoir été exagéré par César, il n'en traduit pas moins une puissance sociale et une richesse hors du commun.
14. Au sens latin du terme, ceux qui ont une obligation envers lui, parce qu'il leur a rendu service.

son compère Dumnorix, le frère de Diviciacos : ce dernier était lié à Orgétorix l'Helvète, dont il avait épousé la fille, et il disposait d'un grand entregent (*gratia*) chez les Séquanes, en raison de ses largesses (*BG* I, 9). Mû lui aussi par l'ambition de devenir roi, il tâchait de se créer un réseau d'alliances dans toutes les cités voisines. Sa puissance reposait à la fois sur la démagogie dont il faisait preuve auprès de la plèbe et lui valait une popularité certaine, mais aussi sur la perception des impôts (*vectigalia*) et des droits de douane (*portoria*). Lui-même issu d'une très grande famille, il avait noué d'autres alliances matrimoniales chez les Bituriges en y mariant sa mère, et ce réseau familial s'étendait à d'autres cités grâce à sa sœur et diverses parentes (*BG* I, 18). On voit là l'importance de ces liens aristocratiques qui transcendaient à travers toute la Gaule l'appartenance à une cité particulière ; cette puissance était évidemment assise sur des fortunes personnelles considérables qui permettaient de se constituer et de maintenir un important réseau clientélaire. Par ces quelques mots, César en dit beaucoup plus que dans l'excursus du livre VI, décrivant ainsi une société gauloise dominée par la puissance économique et sociale de quelques grands aristocrates, non par celle d'institutions politiques régulièrement élues.

Ce sont sans doute les émissions monétaires de ce temps qui révèlent le mieux cette puissance des Grands. La période de la guerre des Gaules voit en effet apparaître des légendes qui individualisent le nom de quelques personnages de premier plan ; ceci implique probablement que les frappes se faisaient en leur nom, sans doute aussi sur leur trésor personnel, à titre de largesses pour leurs dépendants. On voit ainsi apparaître sur les pièces en circulation quelques noms historiques célèbres cités dans les *Commentaires*[15] : Vercingétorix (fig. 39), évidemment, mais aussi Commios l'Atrébate, les Éduens Dumnorix et Litaviccus, Duratius le Picton (fig. 40) fidèle à Rome (*BG* VIII, 26-27), Epasnactus l'Arverne (*BG* VIII, 44 ; fig. 41) qui avait trahi Luctérios le Cadurque (*BG* VIII, 32), probablement Tasgetius le Carnute (*BG* V, 25), voire Vercassivellaunos, le cousin de Vercingétorix[16]. Leur datation est, pour certaines d'entre elles, assurée par leur présence dans les fouilles, anciennes et récentes, menées autour d'Alésia[17]. Mais cette liste pourrait être complétée par des aristocrates dont César ne mentionne pas le nom, comme les Arvernes Epomeduos, Adcanaundos et Pictilos, le Séquane Togirix (fig. 42), dont les monnaies d'argent sont fréquentes dans les fouilles autour d'Alise-Sainte-Reine, ainsi que l'Éduen probable Vepotal (fig. 43) ou Vérotal[18] ou le Séquane (?) Q. Sam (fig. 44)[19], d'autres encore comme Adietuanus le Sotiate (mais il s'agit d'un roi), cité par César (*BG* III, 28) dont les émissions (*RIG* IV, 233) sont absentes d'Alésia. Le fait important est que ces frappes monétaires, à l'époque de la guerre des Gaules, ne sont pas issues de pouvoirs émetteurs civiques, à l'échelle des cités, mais plus vraisemblablement de grands aristocrates exprimant ainsi leur richesse et leur pouvoir[20].

---

15. Pour les émissions Arvernes, voir Nieto-Pelletier, 2013, 130-131.
16. Colbert de Beaulieu, 1962 ; Colbert de Beaulieu et Fischer, 1998, 25 ; Nieto-Pelletier, 2004 ; 2017.
17. Fischer et Gruel, 2001.
18. Delestrée et Hollard, 2021, 79.
19. Martin, 2015, 74-78.
20. Martin, 2015, 115-117 ; Delestrée et Hollard, 2021, 76-77. On ne parlera pas ici de l'évolution de ces frappes après la conquête. L'identification des portraits, comme celui de Vercingétorix notamment, reste pourtant problématique, si

Fig. 39. – Statère d'or de Vercingétorix « à l'amphore ».
Au droit, tête à g. VERCINGETORIX ; sous le cheval, au revers, est représentée une amphore vinaire.
BnF : http://catalogue.bnf.fr/ark:/12148/cb448023461. En ligne sur Gallica.

Fig. 40. – Monnaie d'argent attribuée aux Pictons. Au droit tête à g. DVRAT ;
au revers cheval courant à d. IVLIOS. Type BN 4482.
(http://catalogue.bnf.fr/ark:/12148/cb44803085b). En ligne sur Gallica.

La puissance politique de cette haute noblesse gauloise réside, on l'a vu à propos d'Orgétorix, dans le réseau d'obligés qu'elle était capable d'entretenir[21] ; César décrivait l'ensemble de ces relations sociales avec des mots empruntés au vocabulaire latin de son

---

l'on en croit Nieto-Pelletier, 2012. Toutes les hypothèses sur la ressemblance entre l'image numismatique et le portrait réel du chef arverne sortent considérablement affaiblies de sa démonstration.

21. Baray, 2022.

Fig. 41. – Monnaie d'argent attribuée aux Arvernes, imitation d'un denier romain de la gens Platoria. Au droit, tête à d., EPAD (Epasnactus) ; au revers, guerrier debout, tenant de la main d. une enseigne militaire, de la main g. un bouclier et une épée. Casque à terre = *RIG* IV, 161. http://catalogue.bnf.fr/ark:/12148/cb44802466x. En ligne sur Gallica.

Fig. 42. – Monnaie d'argent attribuée aux Séquanes. Au droit, tête à d. TOGIRIX ; au revers, cheval, courant à g. http://catalogue.bnf.fr/ark:/12148/cb448041370. En ligne sur Gallica.

temps, les seuls dont il disposait et que ses lecteurs romains étaient capables de comprendre : *equites, nobiles/nobilitas, clientes*... La réalité était sans doute plus complexe et diverse mais il n'était pas nécessaire de la peindre en détail pour en faire percevoir le sens général. Un mot a toutefois fait couler beaucoup d'encre chez les historiens contemporains, car il est rarissime, celui d'« ambacte[22] ». César l'emploie une fois, on l'a vu, dans

22. Probablement gaulois (Delamarre, 2003, sv).

Fig. 43. – Revers d'une monnaie d'argent figurant un guerrier en armes et portant une enseigne dans la main droite. VEPOTAL. Type *RIG* IV, 300. (Cliché F. Lontcho.)

l'excursus du livre VI, sans préciser son sens, qui devait donc être plus clair que nous ne le pensons pour ses lecteurs romains. La définition qu'en donne le lexicographe Festus (4, 20) ne laisse pas d'intriguer : il s'agirait, en langue gauloise, d'un esclave (*servus*), mais le Grammairien ajoute : « *id est, circumactus dicitur* », c'est-à-dire « qui gravite autour »[23]. Plutôt que le sens d'« esclave », *stricto sensu*, on préfère généralement reconnaître là une catégorie de dépendants, puisque ces « ambactes » figurent dans une phrase qui les associe aux « clients », tout en les citant avant eux et en les distinguant (*ut quisque... plurimos circum se ambactos clientesque habet*). L'idée d'esclavage pour dettes, bien connu ailleurs dans le monde méditerranéen archaïque et à Rome même, est en effet bien présente dans tout l'excursus, puisqu'elle concerne aussi la plèbe, dont les membres sont réduits « presque au rang d'esclaves ». La plupart, continue César, quand ils se voient accablés de dettes ou écrasés par l'impôt (*magnitudine tributorum*) ou en butte à l'injustice de

Fig. 44. – Monnaie d'argent, attribuée aux Séquanes. Type Q.DOCI SAM F. Type *RIG* IV, 228. Au droit, tête casquée à g. Q.DOCI ; au revers, cheval « à la crinière perlée » ; au-dessus DOCI, en dessous [S]AMF. http://catalogue.bnf.fr/ark:/12148/cb44804053z. En ligne sur Gallica.

23. *Ambi-amb-* existe pourtant en latin comme premier élément d'un mot composé, sur le modèle du grec ἀμφι, et *ambigo* a pour premier sens « pousser de part et d'autre » (A. Ernout, A. Meillet, *Dictionnaire étymologique de la langue latine*, Paris, éd. 2001).

plus puissants qu'eux, se donnent comme des esclaves à des nobles (*sese in servitutem dicant nobilibus*). Ceux-ci ont sur eux des droits semblables à des maîtres sur leurs esclaves » (*BG* VI, 13). Reste que ce passage de l'excursus laisse un doute sur son actualité au moment même de la guerre des Gaules et qu'on se demande toujours s'il ne se réfère pas à une époque plus ancienne[24]. Comme l'ont fait remarquer à juste titre A. Testart et L. Baray, la sujétion politique et sociale qu'implique ici le vocabulaire césarien n'indique pas nécessairement une condition juridique semblable à celle de l'esclavage que connaissait l'Italie à la même époque[25]. Il faut donc probablement distinguer plusieurs types de dépendants, tous situés dans un rapport privé avec leur chef/patron/maître[26] :

— les esclaves *stricto sensu*, sans doute des prises de guerre dans la majorité des cas ;
— les débiteurs (*obaerati*) qui restent juridiquement libres mais sont *de facto* soumis à leurs patrons ;
— les clients, un terme latin qui désigne sans doute, pour les lecteurs de César, tous ceux qui ont une obligation envers un patron puissant. Il s'agit là d'une notion d'hommage plus sociale qu'économique, probablement applicable, comme à Rome, à plusieurs niveaux de la société, et qui pouvait être héréditaire[27] ;
— les ambactes, dans lesquels L. Baray veut reconnaître, probablement à juste titre, une forme de compagnonnage guerrier[28].

Deux exemples viennent illustrer les rapports de dépendance personnelle dans le domaine militaire et l'importance qu'y jouaient les valeurs d'honneur et de fidélité (*fides*) dans le cadre d'un contrat moral : 1 – celui de Litavicus se réfugiant dans Gergovie avec tous ses clients, car « selon la coutume des Gaulois, il est impie (*nefas*), même si la situation est sans issue, d'abandonner ses patrons » (*BG* VII, 40) ; 2 – celui des six cents hommes d'élite (« soldures ») d'Adiatuanos, chez les Sotiates :

> « La condition de ces personnages est la suivante, écrit César : celui à qui ils ont voué leur amitié (*amicitia*) doit partager avec eux tous les biens de la vie ; mais, s'il périt de mort violente, ils doivent ou subir en même temps le même sort, ou se tuer eux-mêmes. Et, de mémoire d'homme il ne s'est encore vu personne qui refusât de mourir quand avait péri l'ami auquel il s'était dévoué » (*BG* III, 22).

Pour parler des grands aristocrates de la Tène finale, S. Lewuillon employait, à tort selon moi, le terme de « seigneurs féodaux », un concept en soi anachronique, ou de « seigneurs de la guerre », ce qui n'est d'ailleurs pas la même chose[29] ; le savant belge tentait, à cette occasion, de montrer que leur richesse reposait sur la possession du bétail et non sur celle de la terre, considérant que celle-ci, liée au développement de l'agriculture,

---

24. Daubigney, 1979 ; 1985 ; Baray, 2022.
25. Testart et Baray, 2007.
26. Baray, 2022, 265-266.
27. Un patron peut être lui-même client d'un patron plus puissant ; la famille d'un client se doit de poursuivre l'hommage au patron ou à ses héritiers au-delà des générations.
28. Baray, 2022, 301 emploie aussi le terme de « guerriers domestiques ».
29. Lewuillon, 1975, 537 ; 539. Le terme de féodalité revient à plusieurs reprises dans cet article.

était l'apanage d'une nouvelle classe sociale qu'il appelait les « sénatoriaux ». Cette grille de lecture marxisante, qui tentait de plaquer sur la réalité gauloise des concepts anachroniques opposant noblesse et bourgeoisie, ne résiste plus aujourd'hui à l'examen, d'autant que l'existence d'une classe de « sénatoriaux » n'est guère perceptible dans le texte de César. Dans les faits, rien, dans l'état actuel des connaissances, ne nous renseigne sur le régime de la terre et les relations de dépendance économique et sociale qui en résultaient inévitablement entre les différents acteurs de la production agropastorale, principale source de la richesse[30].

À cette analyse, on préférera une lecture plus anthropologique en considérant, avec St. Verger, que César décrit ici une « société segmentaire », c'est-à-dire une société divisée sur plusieurs niveaux en composantes similaires, qui entretiennent entre elles, selon les cas, des rapports d'hostilité ou d'alliance[31]. César affirme qu'« en Gaule, c'est non seulement dans toutes les cités (*civitates*), dans tous les *pagi*, tous les territoires (“*partes*”), mais presque dans chaque demeure (*domus*) qu'on rencontre des partis rivaux (*factiones*). Les chefs (*principes*) de ces partis rivaux sont ceux qui sont considérés comme ayant la plus grande autorité (*auctoritas*). C'est à leur volonté (*arbitrium*) et à leur sentence qu'on s'en remet pour l'ensemble des affaires et des résolutions. C'est là une pratique instituée depuis très longtemps, elle vise à assurer qu'un homme issu de la plèbe ne manque de secours contre un puissant[32] ». On rapporte généralement ce jugement – qui lui aussi figure dans l'excursus – à l'éternel esprit de querelle des Gaulois, véritable poncif de l'historiographie qu'on use aujourd'hui encore jusqu'à la corde pour évoquer l'incapacité des partis politiques contemporains à s'entendre, ce qui constitue un véritable contresens. Mieux vaudrait voir dans ce passage, selon St. Verger, la description d'une « société segmentaire », formée d'une multiplicité de groupes emboîtés qui rivalisaient entre eux mais dont les conflits étaient régulés, à chaque niveau, par les *principes* qui jouissaient d'une autorité particulière, fondée sur le lignage, le prestige, la puissance matérielle ou plusieurs de ces éléments à la fois[33]. De là des conflits d'intérêts et d'honneur entre ces Grands, qui devaient protection à leurs dépendants et rivalisaient entre eux pour manifester en ces occasions leur supériorité. Cet impératif aristocratique se manifestait de diverses manières : par la mise en scène publique de leurs capacités (l'art de la parole au conseil, le courage à la guerre) ; par la générosité dans les largesses dues à leurs obligés, avec des distributions d'argent ou des banquets somptueux où le vin coulait en abondance[34]. De tels comportements pouvaient aller jusqu'au meurtre, comme on le voit dans l'épisode du Carnute Tasgetios (*BG* V, 25). Une telle société était donc caractérisée par une redéfinition constante de la hiérarchie effective entre les grands personnages, dont la vie était en permanence dominée par la surenchère dans le prestige et le risque personnel. On peut citer à ce propos un passage des *Deipnosophistes* d'Athénée (IV,

30. On n'entrera pas ici dans le débat ancien et quasiment insoluble relatif à la nature (privée ou publique) de la propriété, mais on peut renvoyer à la mise au point de Malrain, 2023, 106-115.
31. Verger, 2009.
32. César, *BG* VI, 11, 2-4 ; traduction personnelle.
33. Je reprends dans ce passage ce que j'ai déjà écrit dans Reddé, 2022, 255.
34. Poux, 2004.

154 a-c) qui traduit bien ces comportements : « Autrefois... lorsqu'on servait un arrière-train, le plus important prenait le gigot ; si quelqu'un s'y opposait, ils se levaient et se battaient en duel à mort. »

Résistance ou collaboration ? Le faux débat

Cette clé de lecture d'une société complexe explique en partie les relations des aristocrates Gaulois envers César, faites d'alliances successives et de trahisons, qui ne s'interprètent pas nécessairement en termes de « résistance » ou de « soumission » à Rome, comme on le pense généralement depuis l'interprétation nationaliste qu'en a proposée C. Jullian et que trop d'historiens ont suivie depuis lors. La logique de ces comportements ne ressortit pas aux règles ordinaires des relations entre états ou aux rapports entre les différents pouvoirs régulés dans un cadre institutionnel. Un bon exemple en est fourni par le conflit entre Convictolitavis et Cotos pour l'élection à la charge du vergobret éduen, chacun des deux prétendants mobilisant à son profit une ligue d'égale puissance. « Toute la cité est en armes, le sénat est divisé, le peuple est divisé, c'est clientèle contre clientèle. Si le conflit dure, ce sera une moitié de la cité contre l'autre » (*BG* VII, 32). Guerre civile ? Oui, bien sûr, mais d'abord guerre d'ambitions entre deux clans, fondée sur le ressort de l'honneur, que César règle par son arbitrage parce qu'il est alors l'homme le plus puissant de Gaule et le « patron », au sens latin du terme, d'aristocrates qui sont ses obligés avant d'être ceux de Rome, même quand ils s'opposent entre eux[35]. Dans ce cas précis, la lecture « nationaliste » des événements – parti proromain *vs* parti antiromain constitue un véritable contresens. Un second épisode exemplatif est celui de Vercingétorix, opposé à son oncle Gobannitio (*BG* VII, 4). Le fils de Celtil convoqua en effet ses clients pour soulever ses compatriotes, mais il en fut empêché par son oncle et les autres grands personnages (*principes*) avant d'être chassé de Gergovie. En l'occurrence, ces premiers partisans s'opposaient à la clientèle ordinaire de la famille de Vercingétorix que dominait le chef du patrilignage, Gobannitio. Il s'agit là des antagonismes ordinaires d'une société clivée dont les ressorts répondaient à des solidarités de groupes rivaux plus qu'à des positions politiques ou des différences sociales. C'est pourquoi la grille marxiste[36] n'est guère opérante en ces matières, mais la lecture purement institutionnelle[37] ne l'est pas davantage.

On soulignera enfin que ce que le proconsul nous indique de la société gauloise est extrêmement fragmentaire et inégal en qualité : César ne nous apprend en effet pas grand-chose du sud-ouest du pays, qu'il n'a guère parcouru avant l'année 51, et ce qu'il nous dit de l'Armorique et de ses marges constitue peu de choses. L'essentiel des événements, en effet, se concentre chez les Éduens et leurs voisins, ou chez les Belges. Ce n'est qu'en 52 que les opérations se déplacent chez les Bituriges et les Arvernes. Or les différentes cités

---

35. Wolters, 1990, 81.
36. Lewuillon, 1975.
37. Arbabe, 2017.

gauloises présentaient des formes d'organisation étatiques hétérogènes, on l'a vu à partir de quelques exemples. Rien ne nous dit que leur système social était partout identique[38] ; l'uniformité du vocabulaire latin employé par César rend leur compréhension d'autant plus complexe que les sociétés de la fin de l'âge du Fer étaient multiples et ne répondaient pas nécessairement à un modèle unique, fortement hiérarchisé[39].

38. Fernández-Götz, 2014.
39. Moore, 2018.

La pénétration romaine en Gaule chevelue avant la guerre

« L'âge du vin »

On connaît le passage fameux de Diodore de Sicile (V, 26) qui, écrivant au début de l'époque augustéenne, affirmait que les Gaulois échangeaient une jarre de vin (οἴνου κεράμιον) contre un esclave. Mais si les estimations quantitatives des archéologues conduisant à penser que 70 millions d'amphores ont été vendues en Gaule sont justes, il y a peu de chance pour que l'affirmation de Diodore soit exacte, du moins pour l'époque qui nous concerne ici. Elles se rapportent plus probablement à des temps beaucoup plus anciens, quand le vin était encore rare et coûteux, objet de dons luxueux aux princes Celtes qui, en échange, offraient le contre-don précieux d'un esclave. De fait, à la veille de la guerre césarienne, le commerce du vin italien était devenu fort courant dans le pays, et pas seulement dans le Midi[1]. Les études les plus récentes, même si l'état des connaissances évolue rapidement, laissent en effet penser que c'est l'ensemble de la *Gallia Comata* qui a été touché par ces trafics. À preuve de ce qu'on avance ici, deux cartes de diffusion montrent l'ubiquité du phénomène. La première (fig. 45) illustre la répartition des amphores républicaines Dressel 1[2], qui ont circulé jusqu'au milieu des années 10 av. J.-C., puisqu'on en retrouve encore quelques rares exemplaires dans le camp militaire augustéen de Dangstetten (fondé en 15 av. J.-C.) mais plus du tout dans celui d'Oberaden (installé en 11 av. J.-C.)[3]. La seconde (fig. 46) offre l'image détaillée de ce même conteneur Dr. 1 dans la péninsule armoricaine où, à côté de grosses concentrations comme celle du site aristocratique de Paule, on constate une diffusion capillaire à l'intérieur des terres depuis les sites côtiers[4]. La confrontation de ces deux cartes permet de conclure que le commerce des vins italiens touchait toutes les régions, sans doute avec plus d'intensité dans le Midi ou dans la vallée de la Saône, mais les rares vides que l'on observe sont probablement dus à des lacunes de la recherche. En tout état

---

1. Poux, 2004.
2. Les amphores romaines ont d'abord été classées par H. Dressel, qui en a proposé une typologie qui figure au *CIL* XV. Les Dressel 1 (ou Dr. 1) sont caractéristiques de l'époque républicaine mais circulent encore jusqu'au début de l'époque augustéenne. Pour une distinction entre Dressel 1A et 1B, voir la fig. 47.
3. Ehmig, 2013.
4. Menez, 2021, 236.

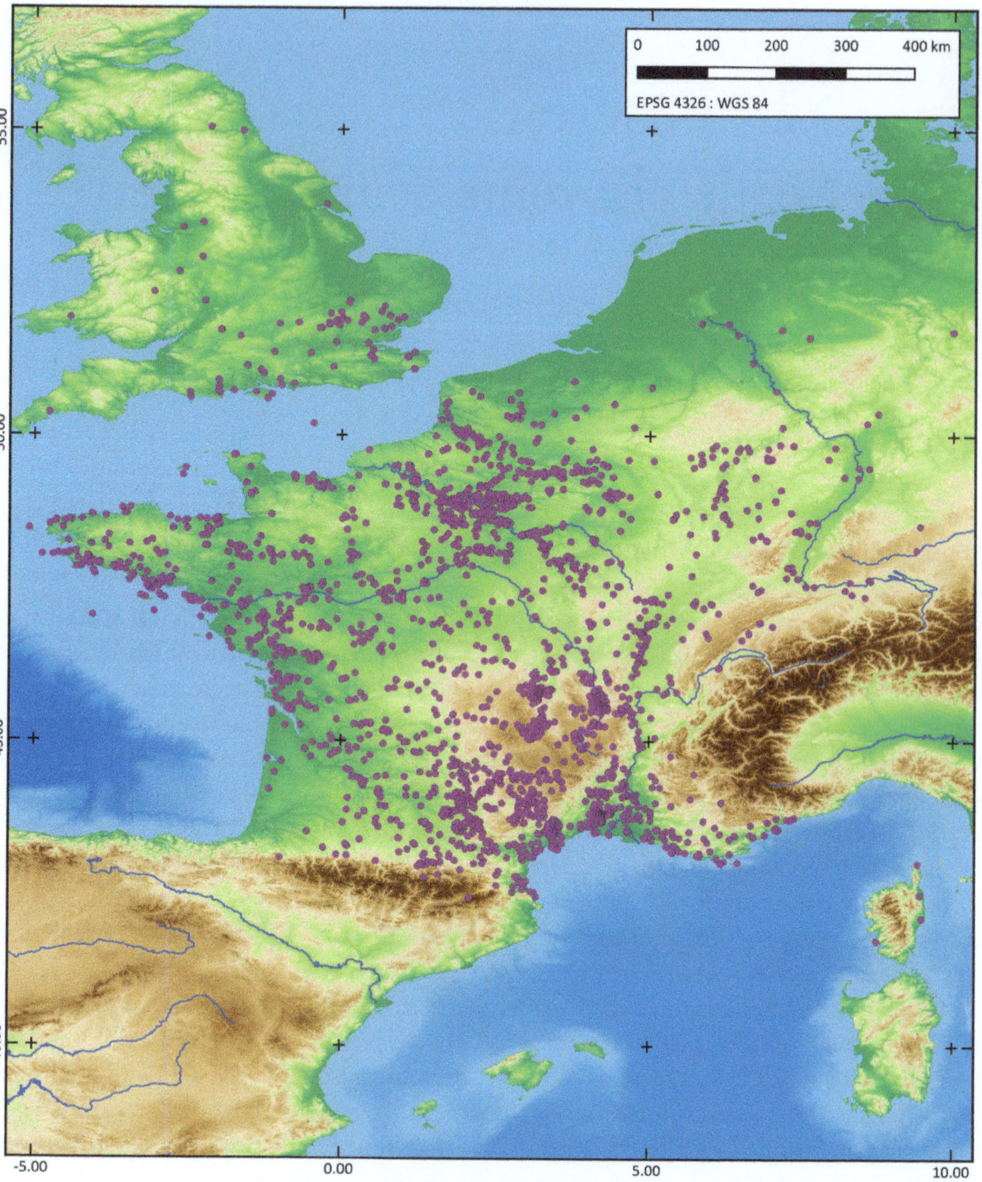

Fig. 45. – La diffusion des amphores vinaires en Gaule, du milieu du IIe siècle av. J.-C. à l'époque augustéenne (données F. Olmer ; SIG. M. Thivet, inédit, avec l'aimable autorisation de l'auteur).

de cause, l'affirmation de César (*BG* II, 15) selon laquelle les Nerviens n'accueillaient pas les marchands et méprisaient le vin ne se vérifie pas vraiment sur le terrain[5]. Sans doute s'agit-il une fois de plus, comme nombre d'informations ethnographiques, d'un emprunt à une source ancienne. F. Olmer fait justement remarquer l'importance

5. Olmer, 2018, 460.

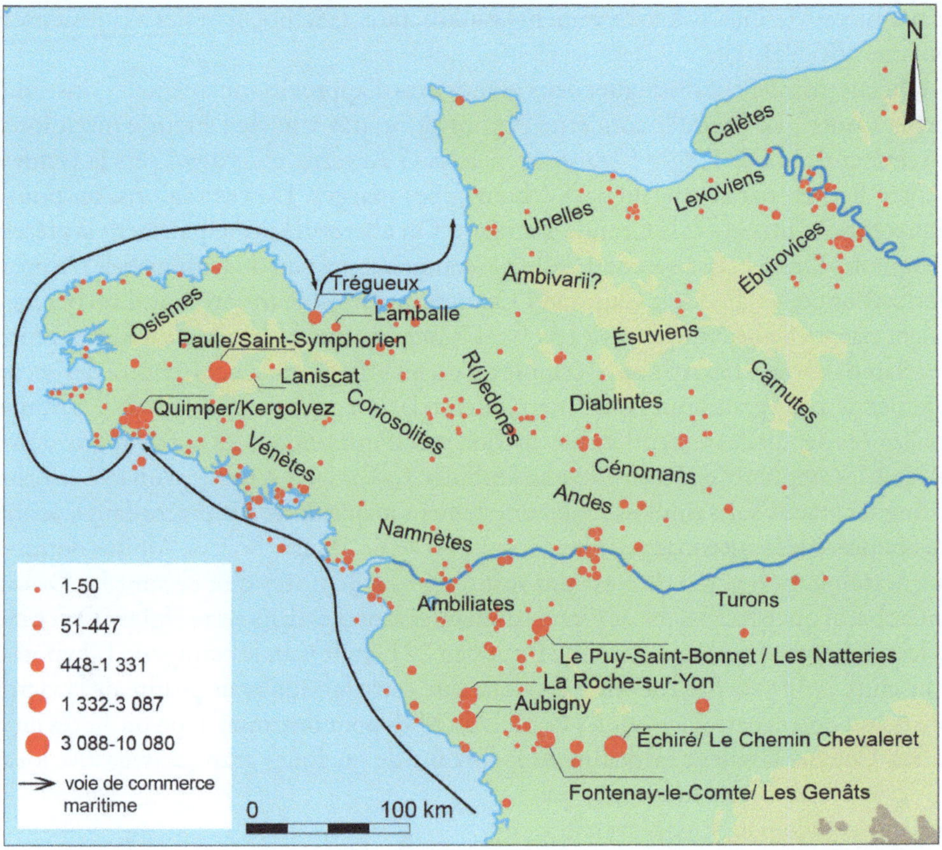

Fig. 46. – Carte des amphores vinaires italiennes découvertes dans la péninsule armoricaine (reproduit d'après Reddé, 2023, 15).

des établissements agricoles dans cette diffusion et pas seulement celle des agglomérations ouvertes et des oppida, ce qui implique que nous avons bien affaire à des pratiques commerciales et plus seulement à des dons aristocratiques lors de grands banquets collectifs, comme on l'a longtemps supposé. Ces trafics sont d'ailleurs accompagnés par la vente d'autres produits comme la céramique ou la vaisselle métallique[6] mais aussi par celle d'une quantité d'autres marchandises comme l'alun des îles Lipari, les lingots de verre, les colorants, dont le bleu égyptien, un produit coûteux[7]. Bien sûr, les volumes commercialisés ne sont pas comparables à ce qu'ils seront plus tard sous l'Empire, mais on constate que la Gaule du Nord, à la veille de la conquête, n'était plus un pays à l'écart des grands circuits du commerce méditerranéen. En témoigne la présence récurrente de nombreux marchands (*mercatores*) italiens dans le texte césarien, par exemple au début de l'année 52 à Cenabum. Ceux-ci, selon un processus classique, étaient toujours

6. Olmer *et al.*, 2013.
7. Olmer, 2018.

les premières victimes des soulèvements gaulois, tant ils semblaient liés à la pénétration romaine (*BG* VII, 3)[8].

On sait maintenant distinguer deux grands axes d'approvisionnement des vins italiens vers la Gaule[9]. Le premier concerne l'exportation des vins de l'Étrurie méridionale, notamment ceux de l'*Ager Cosanus*, vers le pays Arverne mais aussi vers la Gaule du Centre-Est, en particulier le pays éduen et ses marges. De ces régions, on pouvait gagner le nord du pays et la Grande-Bretagne. On observe là principalement la présence d'amphores Dressel 1B. Le second traduit le commerce des vins du Latium et de Campanie vers Narbonne, la vallée de la Garonne, l'Ouest et la péninsule armoricaine. Les conteneurs étaient essentiellement des Dressel 1A (fig. 47). Bien que tout ne soit sans doute pas encore très clair dans cette répartition, il semble qu'on ait affaire, en l'occurrence, à des accords commerciaux de grande ampleur, mettant en relation directe des zones de distribution privilégiées depuis des secteurs de production spécifiques, non à des trafics opportunistes. En effet, les amphores de l'*ager Cosanus* (Albinia, La Feniglia, Cosa), qu'on sait désormais distinguer grâce à leurs timbres, étaient nettement majoritaires à Bibracte dans les années qui ont précédé la guerre des Gaules. Du côté Arverne, les amphores d'Albinia dominent très nettement (fig. 48). Il n'est pas inintéressant de noter que ce sont les Domitii Ahenobarbi qui possédaient de grands domaines viticoles dans cette région. Or, comme on le sait, le proconsul vainqueur de Bituit, en 121, était issu de cette *gens*. L'hypothèse séduisante proposée par F. Olmer est donc que cette famille avait profité de la victoire romaine et de son patronage sur les Gaulois du Midi pour organiser à son profit ces juteux trafics. Ceux-ci faisaient évidemment la fortune de quelques grandes dynasties locales qui servaient d'intermédiaires. C'est ainsi que certaines monnaies arvernes, dont celles de Vercingétorix lui-même, portent au revers, sous le cheval, le beau symbole d'une petite amphore vinaire italienne (fig. 39) (*RIG* IV, 302)... Mais ce mercantilisme ne s'arrêtait pas aux portes des Arvernes ou des Éduens : de là, on pouvait évidemment réexporter vers le Nord, ce qui générait d'autres profits.

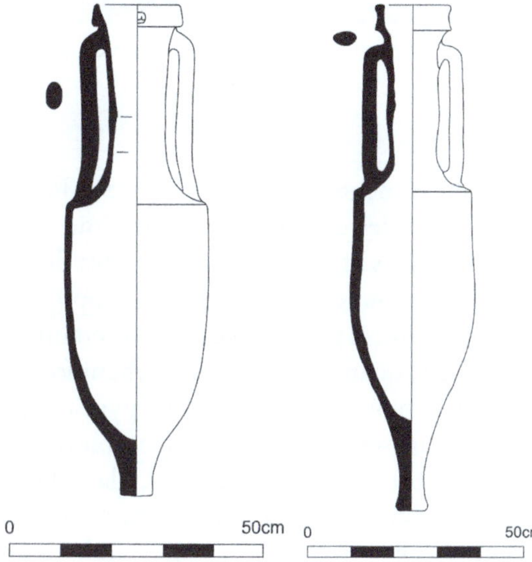

Fig. 47. – Amphores vinaires Dressel 1A, à g. ; 1B, à d.

On soupçonne donc assez aisément, grâce à ces informations encore très lacunaires que nous fournit l'archéologie la plus récente, les conflits d'intérêt économique qui pouvaient exister entre Arvernes et Éduens, et qui n'étaient sans doute pas tous liés

8. Olmer, 2008.
9. Olmer, 2010 ; Olmer *et al.*, 2013.

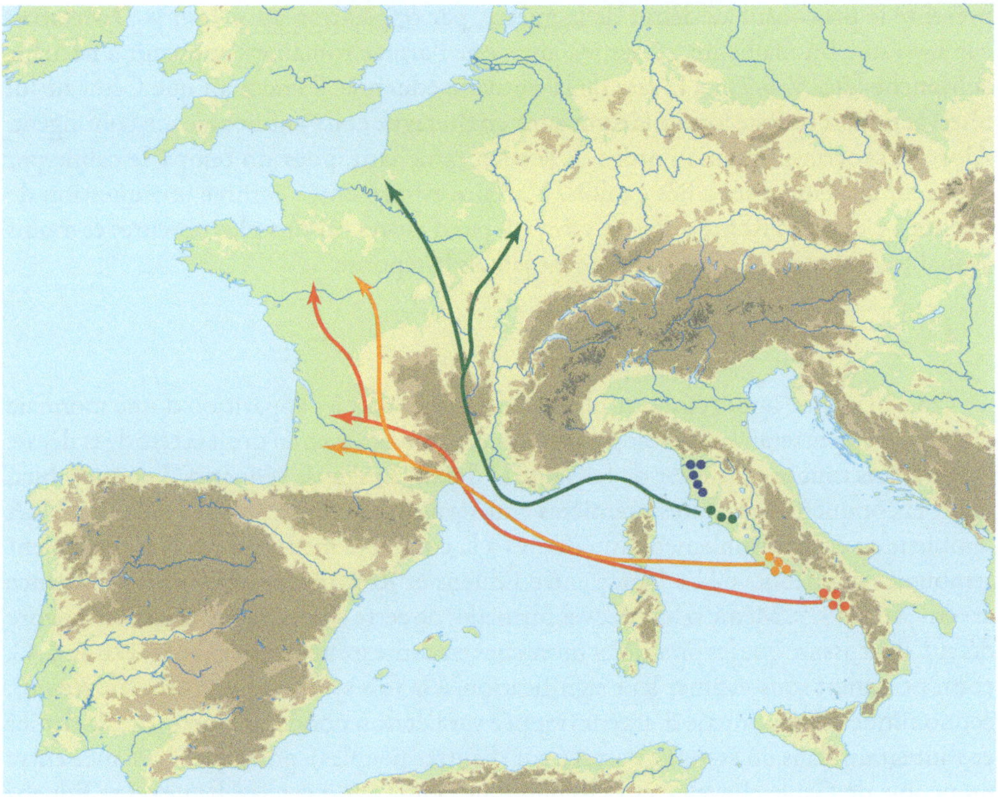

Fig. 48. – Principaux courants d'exportation des amphores vinaires Dr. 1 au Iᵉʳ s. av. J.-C. (carte simplifiée, d'après Olmer *et al.*, 2013 ; fond de carte *Frontiers of the Roman Empire*).

à la quête de l'« hégémonie » politique, comme on le croit depuis C. Jullian, mais au moins autant à celle des bénéfices que procuraient ces juteux trafics (*BG* I, 31)[10]. À l'arrivée de César en Gaule, c'étaient les Éduens qui dominaient, nous dit ce dernier (*BG* VI, 12). La puissance d'un Dumnorix, qui contrôlait les *portoria* et les *vectigalia*, termes du vocabulaire fiscal romain, résidait probablement dans sa mainmise sur les échanges commerciaux avec l'Italie (*BG* I, 18). Mais on peut aussi se demander si ces rivalités entre peuples gaulois n'avaient pas leur traduction à Rome même, entre grandes familles. Après tout, L. Domitius Ahenobarbus, le descendant du vainqueur de 121, n'était-il pas un des principaux opposants de César au Sénat ? Rivalités personnelles, haines ancestrales, intérêts économiques, conflits politiques, tout opposait ces hommes pourtant issus de la même caste et le choix des motifs d'inimitié était large, bien que les sources antiques ne nous en disent rien. Il y avait en effet beaucoup de sesterces en jeu, dans cette guerre de conquête, car qui contrôlait la Gaule pouvait aussi recomposer les réseaux d'influence et les avantages financiers qui leur étaient liés... Le « méchant » Dumnorix que nous

10. Arbabe, 2017, 38-45.

présente le proconsul au début de la guerre, par opposition au « bon » Diviciacos, eut ainsi une fin malheureuse, en 54, alors que l'armée romaine s'apprêtait à franchir la Manche (*BG* V, 6-7) : à la tête de la cavalerie éduenne, il craignait que César ne lui réservât un sort funeste lors de la campagne en Bretagne et il s'enfuit avec son contingent. Alors, le proconsul donna l'ordre de le tuer, ramenant, pour un temps, le calme par la terreur au sein de ses alliés gaulois. L'affaire est présentée comme une question de fidélité à César et à Rome ; mais n'y avait-il pas d'autres raisons plus obscures et moins avouables ? Nous n'aurons évidemment jamais la réponse.

Le « denier gaulois »

On a déjà dit l'importance qu'il convient d'accorder à l'apparition d'une monnaie d'argent frappée selon la métrologie du quinaire romain, avec au droit la tête de la déesse Roma, dans tout le centre-est de la Gaule (Éduens, Lingons, Séquanes, Leuques) bien avant la conquête. Les toutes premières émissions à la légende ΚΑΛΕΤΕΔΟΥ SVLA semblent en effet sensiblement antérieures à la conquête même du Midi et pourraient témoigner des débuts de l'alliance entre Éduens et Romains pour contrer l'influence arverne (fig. 49)[11]. Même si les preuves formelles de cette chronologie haute font encore défaut, il est assuré que les premières monnaies en contexte apparaissent vers 120 av. J.-C. et on ne saurait sous-estimer leur signification, à la fois symbolique (la tête de *Roma*), économique (une monnaie d'argent frappée sur l'étalon pondéral d'un quart de denier et s'intégrant dans un système partagé par d'autres peuples), politique (l'alliance entre un peuple de Gaule chevelue et la République, à une époque aussi haute). Les Éduens

Fig. 49. – Monnaie d'argent attribuée aux Lingons ou aux Éduens, de type ΚΑΛΕΤΕΔΟΥ SVLA (*RIG* IV, n° 91). Au droit, tête casquée de *Roma*, X dans le champ ; au revers, cheval à d., ΚΑΛΕΤΕΔΟΥ SVLA, en sens rétrograde.

11. Martin, 2015, 69-70.

devenaient ainsi, *de facto*, le cheval de Troie du Sénat à l'intérieur de la *Comata*. D'autres peuples, notamment les Trévires, eurent probablement un lien spécial avec Rome, dès cette époque aussi. Ainsi la monnaie Scheers 56a porte-t-elle aussi le portrait de *Roma* casquée, dessinée d'après un prototype de C. Servilius, frappé en 136 av. J.-C. Comme le rappelle St. Martin[12], les Trévires furent d'ailleurs favorables à César au début de la guerre. On mentionnera encore la série monétaire Q.DOCI/Q.DOCI SAM F, fréquente sur des monnaies d'argent du centre-est de la Gaule, avec la tête casquée au droit (fig. 44). On peut supposer qu'il s'agit d'émissions séquanes, compte tenu de leur abondance sur ce territoire, et le libellé de la légende, très romaine, attire l'attention. Ces monnaies sont très nombreuses dans les fossés d'Alésia, ce qui implique qu'elles circulaient avant la guerre ou pendant celle-ci[13]. Au total, les liens diplomatiques de Rome avec l'est de la Gaule semblent avoir été relativement bien développés dès avant la conquête. On a d'ailleurs rappelé plus haut que Catamantaloédis, roi des Séquanes, avait reçu le titre d'ami du peuple romain (*BG* I, 3).

Mais il y a plus. F. Olmer a fait observer en effet l'impressionnante concentration d'amphores vinaires de l'ager Cosanus dans la vallée de la Saône, mais aussi vers Besançon, c'est-à-dire dans la zone du « denier gaulois »[14]. De là, il était sans doute aisé de redistribuer la marchandise jusque chez les Trévires, comme en porte témoignage la riche tombe aristocratique de Clemency[15]. Influence diplomatique et intérêts commerciaux étaient intimement liés, évidemment.

12. Martin, 2015, 73.
13. Martin, 2015, 74-78.
14. Olmer, 2008.
15. Metzler, 1991.

Un pays en crise avant la guerre des Gaules ?

Les campagnes

Le développement remarquable de la Gaule durant La Tène moyenne semble avoir connu une crise vers la fin du IIe siècle et au début du Ier siècle avant notre ère, sans qu'on en identifie bien la cause pour l'instant, d'autant que le phénomène touche l'ensemble du monde celtique et pas seulement la *Comata*. On a parfois mis en cause l'instabilité générée par l'invasion des Cimbres et des Teutons, sans que le lien direct puisse être encore bien établi[1]. Des études régionales précises mettant en évidence les phénomènes de continuité et de rupture seraient nécessaires pour établir au cas par cas un diagnostic plus précis, comme celle qui a été menée sur la moyenne vallée du Rhône et le Massif central[2]. L'indicateur le plus visible de cette décroissance réside sans doute dans l'inversion de la courbe des établissements ruraux, jusqu'alors en hausse, et dont on perçoit une baisse sensible et continue jusqu'à la conquête et au-delà (fig. 15). Il ne s'agit donc pas des conséquences directes du conflit césarien. F. Malrain évoque à cette occasion une « rupture franche », mettant en évidence le fait que la fraction d'établissements les plus riches est divisée par deux voire par trois, alors que les classes les plus modestes réunissent au Ier siècle 84 % des occurrences[3].

Pour expliquer cette phase d'apparente déprise, plusieurs explications ont récemment été avancées : celle d'une forme d'exode rural vers des agglomérations en expansion[4] ou une possible concentration foncière au profit des établissements de plus fort statut. Un tel exemple se rencontre sur le site de Brebières dans le Pas-de-Calais, où sont installés à la Tène C différents petits établissements ruraux à l'intérieur d'un système parcellaire qui reste stable jusqu'à l'époque romaine mais où l'on observe une progressive concentration qui ne laisse plus place, au début de l'Empire, qu'à un seul[5]. Les exemples bien documentés de ce type d'évolution restent toutefois trop rares pour qu'on puisse généraliser les conclusions à partir du seul cas de Brebières.

---

1. Guichard, 2023.
2. Deberge *et al.*, 2023.
3. Malrain et Lorho, 2018, 467.
4. Malrain et Lorho, 2018.
5. Lacalmontie, 2016 ; Fichtl, 2018.

On observe un autre phénomène, insuffisamment pris en compte par les historiens, car il repose sur une information empruntée aux sciences de la nature : l'évolution climatique interannuelle, telle qu'elle nous est transmise par la dendrochronologie. La croissance des arbres constitue en effet un formidable enregistreur de la variation des précipitations et des températures, notamment lorsqu'un échantillon suffisant de mesures, effectuées sur un grand nombre d'individus correctement dispersés géographiquement, permet de croiser les données acquises et de restituer le climat à un instant T. Or c'est bien le cas pour la Gaule du Nord, à l'époque qui nous intéresse ici, puisque les données disponibles sont très abondantes[6]. Elles ont permis à Chr. Petit de proposer le diagramme de la fig. 50, sans doute extensible à une bonne partie de la *Gallia Comata*. On y observe, à partir des années 90/70 av. J.-C., une baisse globale des températures et des précipitations qui culminera au moment de la mort de César. Cette péjoration climatique se traduit par une réduction significative du potentiel agricole, particulièrement dans les dernières années de la guerre des Gaules et les années suivantes[7]. La situation ne se rétablira que sous Tibère, laissant place alors à la longue période très favorable du Haut Empire. La fig. 51 montre que les plus mauvaises années, caractérisées par un signal dendrochronologique défavorable, se situent en 92-91, 85, 83, 76, 69, 63, 54, 53. Cela n'exclut pas quelques bonnes années de reprise, encore assez nombreuses : 100, 98, 89, 87, 84, 82, 75, 71, 65, 60, 59, 52, 50, mais la courbe est globalement descendante[8].

Ces données climatiques ne suffisent peut-être pas, à elles seules, à expliquer la baisse du nombre des établissements ruraux révélée par l'archéologie préventive, mais on ne peut s'empêcher de comparer les différentes informations disponibles, établies à l'aide d'indicateurs totalement indépendants les uns des autres. Elles invitent à postuler l'existence d'une crise générale de la production agricole en Gaule du Nord, dans la première moitié du Ier siècle avant notre ère, survenue dans le contexte d'une péjoration climatique, après les invasions cimbro-teutoniques. Les rares indications météorologiques du texte césarien doivent, dans ces conditions, être prises au sérieux. En 58, le proconsul se plaignait des Éduens, qui ne lui livraient pas le blé nécessaire au ravitaillement des légions (*BG* I, 16) :

« À cause du froid – la Gaule, comme on l'a dit précédemment, est un pays septentrional – non seulement les moissons n'étaient pas mûres mais le fourrage aussi manquait », écrivait-il à cette occasion. En 56, la situation était de nouveau difficile au moment où Crassus le Jeune prenait ses quartiers d'hiver chez les Andes (Anjou), car le blé manquait dans cette région, signe évident de mauvaises récoltes (*BG* III, 7). L'année la plus difficile fut 54. César rentrait alors de sa seconde expédition en Bretagne et se trouvait à Samarobriva (*BG* V, 24).

« Comme cette année la récolte de blé, en raison de la sécheresse, était maigre, il fut contraint d'organiser l'hivernage de ses troupes autrement que les années précédentes, en distribuant les légions dans un plus grand nombre de cités », à savoir une chez les Morins, une chez les Nerviens, une chez les *Esuvii*, une chez les Rèmes, trois autres

6. Durost *et al.*, 2008 ; Büntgen 2011.
7. Petit *et al.*, 2018, 75-80.
8. Durost *et al.*, 2008.

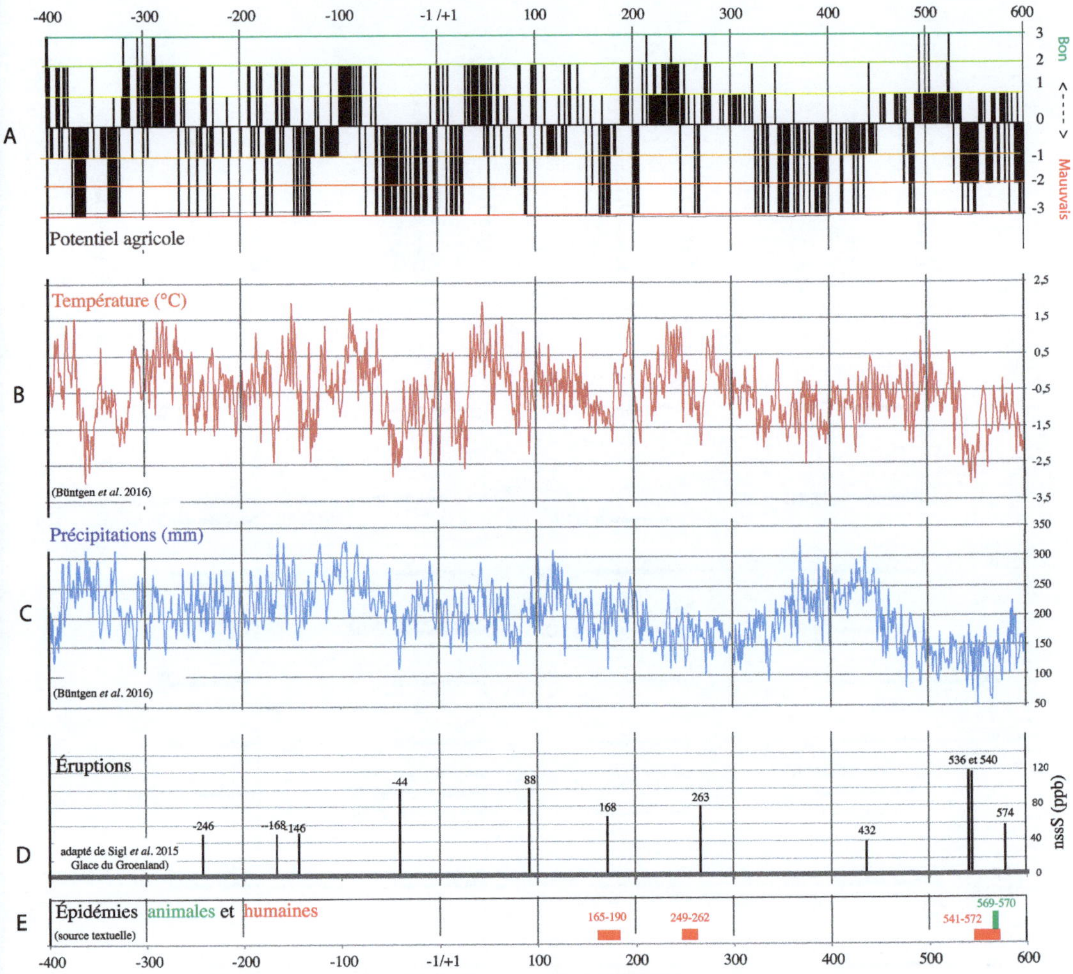

Fig. 50. – Fluctuations des conditions environnementales durant la période 400 av. J.-C. à 600 ap. J.-C.
A : variabilité interannuelle du potentiel de production agricole dans le Bassin parisien, après déduction des (B) anomalies de température (mois de juin-juillet-août) et des (C) précipitations (mois d'avril-mai-juin) entre 400 av. J.-C. et 600 ap. J.-C. D : périodes durant lesquelles sont repérées dans les glaces du Groenland des éruptions ayant eu une influence probable sur le climat de l'hémisphère nord (Sigl *et al.*, 2015).
E : périodes durant laquelle des crises d'épidémies animales et humaines sont mentionnées dans les sources textuelles. Carte Petit *et al.*, 2018, fig. 27.

chez des Belges non nommés, dont nous verrons qu'il peut s'agir des Bellovaques[9], une dernière et cinq cohortes chez les Éburons. « Semblable distribution des légions devait, pensait-il, lui permettre de remédier très aisément à la pénurie de blé. » On sait, par la suite des événements, qu'elle se révéla désastreuse mais ce qui devait s'apparenter alors à une faute de commandement s'explique parfaitement dans le contexte climatique

9. *Infra*, p. 202.

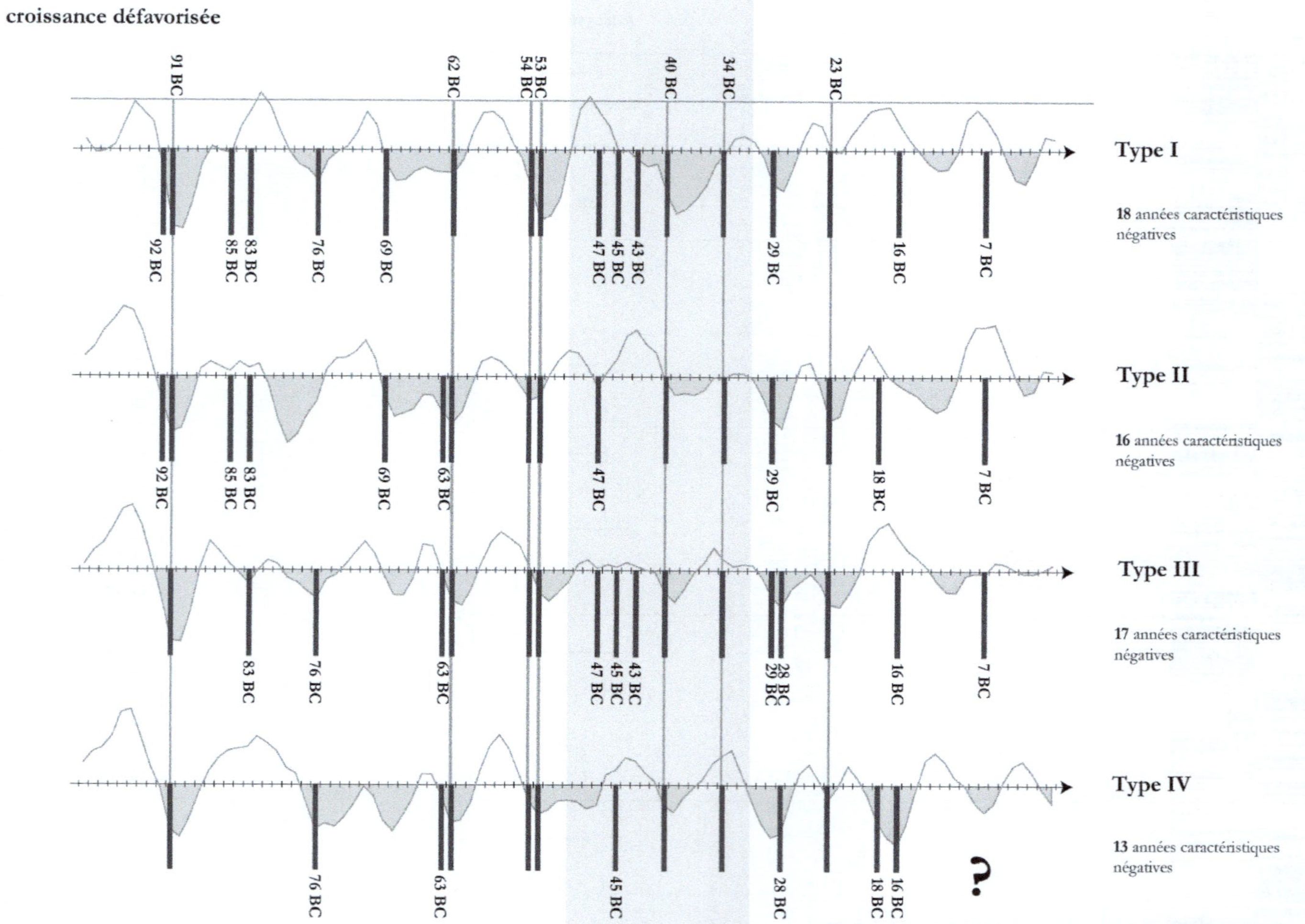

© Durost S., Rossignol B., Lambert G.N., Bernard V., 2008-9

Fig. 51. – Types de croissance et années caractéristiques négatives de la croissance des arbres dans la Gaule Chevelue, au Iᵉʳ siècle av. J.-C. Les années négatives figurent en grisé, les années positives sont en blanc, au-dessus. Les types de croissance correspondent à des modèles climatiques qui peuvent varier régionalement. Celles qui sont communes à tous les types participent du signal global. On constate que les dernières années du conflit correspondent à une péioration (Durost *et al.* 2008, fig. 9).

de cette période, au cours de laquelle les exigences logistiques de l'armée césarienne entraient en conflit avec la pénurie due à une météorologie défavorable. Les difficultés frumentaires de 54 venaient donc aggraver la crise politique et militaire que traversait alors la Gaule, renforçant encore le mécontentement de ses habitants, une année avant le soulèvement général de 52. Ce même été, Cicéron, dans une lettre à son frère Quintus, se plaignait de la chaleur excessive et de l'extrême sécheresse à Rome (Cic. *Corr.* CXLV), après un hiver particulièrement froid (Cic. *Corr.* CXXXII)[10].

Le nouveau danger germanique

Les synthèses les plus récentes sur la fin de l'âge du Fer dans l'est de la Gaule montrent une situation régionalement très contrastée[11]. Les territoires proprement « celtiques », pour reprendre le vocabulaire césarien, notamment chez les Éduens ou les Lingons, conservaient un dynamisme économique certain, qu'on retrouve aussi dans le sud de la Belgique (Atrébates, Bellovaques, Nerviens, Ambiens, Viromanduens, Suessions, Rèmes). La zone rhénane offrait en revanche un faciès moins homogène : alors que, chez les Trévires, l'ouest, avec le Titelberg, ne semblait pas connaître de déclin, les oppida de l'est, notamment le Donnersberg, connaissaient une sorte de crise économique. Chez les Médiomatriques, le « Fossé des Pandours », qui domine la plaine d'Alsace, semble avoir été abandonné vers 70/60 av. J.-C. On peut faire la même remarque à propos de l'oppidum d'Altenburg-Rheinau[12]. Que cette déprise soit due à des facteurs internes est possible ; mais elle ne peut pas ne pas être mise en perspective avec l'émergence du danger suève dans les années 60 av. J.-C. Les troupes d'Arioviste ont en effet profité de ce vide relatif pour s'installer dans la vallée du Rhin et jusqu'au sud de la plaine d'Alsace, menaçant évidemment les cités voisines, Helvètes, Séquanes et Rauraques, Éduens notamment. Le texte césarien fait d'ailleurs écho à plusieurs reprises, dans le livre I, à cette situation nouvelle, déstabilisatrice pour toute la région et, par extension, pour toute la Gaule jusque dans la province romaine. Comme on l'a rappelé plus haut, ce nouvel état des choses était bien connu dans les cercles sénatoriaux de Rome. La reconnaissance des titres de *rex* et d'*amicus* en faveur d'Arioviste, prise par le Sénat sur proposition du consul Caius Iulius Caesar en 59, un an avant le déclenchement de la guerre en Gaule, témoigne de la conscience qu'on avait alors de la menace : dans le vocabulaire diplomatique de ce temps, cela équivalait à la reconnaissance d'un état de fait – l'avancée germanique – en échange, naturellement, d'un coup d'arrêt porté à cette expansion qui commençait à menacer les intérêts de la République en Gaule et rappelait trop le danger couru, un demi-siècle plus tôt, lors de l'invasion des Cimbres et des Teutons.

---

10. On ne rapporte plus ces événements climatiques à une éruption volcanique majeure, hypothèse brillante qu'avaient suggérée Rossignol et Durost, 2007, mais que le rajeunissement de la chronologie des carottes glaciaires (7 ans) conduit désormais à mettre en relation avec les événements survenus au moment de la mort de César (Sigl, 2015).
11. Hornung, 2016, 446-460 ; 2024b ; Reddé, 2017, 2018, *passim*.
12. Situé à cheval sur la frontière germano-suisse, à l'ouest du lac de Constance.

Il convient de rappeler à cette occasion combien les territoires des différentes cités de toute cette région étaient instables. Ils avaient d'ailleurs beaucoup évolué depuis le début du Iᵉʳ siècle av. J.-C. Stephan Fichtl a proposé, dans un article suggestif, une traduction cartographique de ces changements, dus à la fois à la poussée germanique et aux rivalités entre peuples voisins[13]. En s'appuyant sur toutes les sources littéraires disponibles, essentiellement César et Strabon, il propose de restituer l'évolution suivante :

— vers 120 av. J.-C., donc avant les invasions cimbro-teutoniques, les Helvètes étaient installés dans le sud-ouest de l'Allemagne actuelle, au nord du Rhin, dans son parcours Bâle-Constance ; les Séquanes, pour leur part, auraient occupé tout le plateau suisse, futur territoire des Helvètes (fig. 52) ;

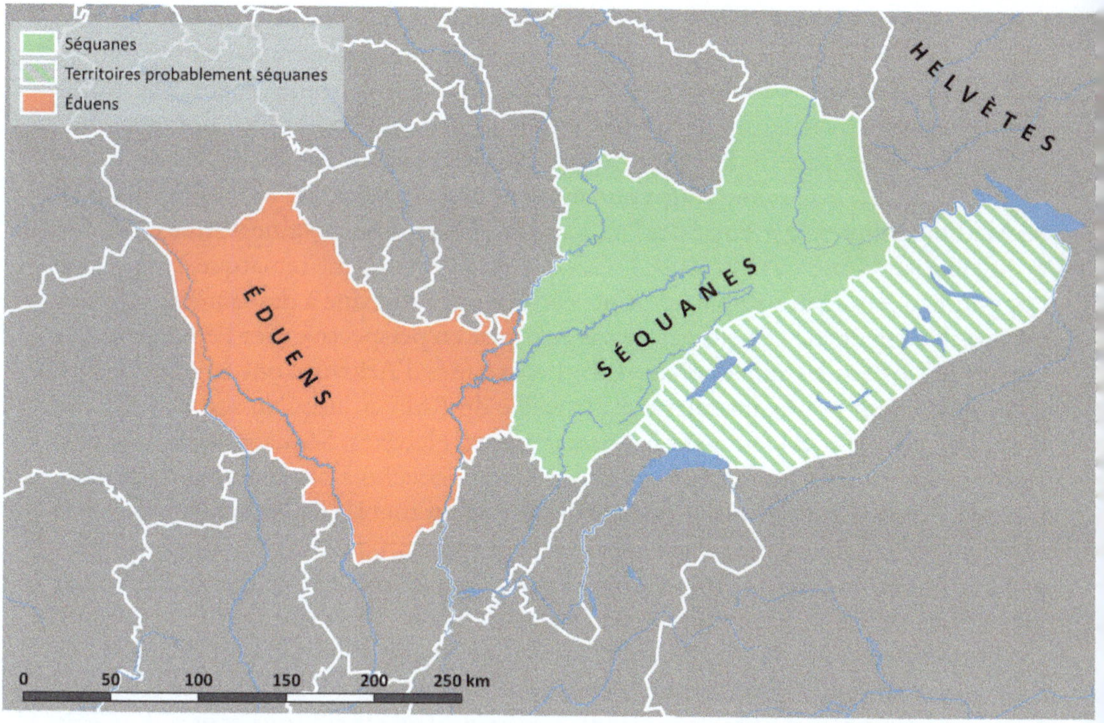

Fig. 52. – Les peuples du centre-est de la Gaule vers 120 av. J.-C. (Fichtl, 2009).

— vers 90 av. J.-C., après la défaite des Cimbres et des Teutons, les Helvètes occupaient le plateau suisse, tandis que le sud-ouest de l'Allemagne devenait, de fait, peu densément occupé. Les Séquanes et leurs clients Rauraques avaient dû se replier à l'ouest du Jura (fig. 53) ;

13. Fichtl, 2009.

— vers 60 av. J.-C., au moment de la poussée d'Arioviste, appelé par les Séquanes pour lutter contre les Éduens, c'est le territoire rauraque qui était occupé par les Germains (sans préjuger de ce qui se passait plus au nord). Dans le même temps, les Séquanes avaient poussé leur domination vers l'ouest, au détriment des Éduens, récupérant ainsi leurs clients (Blanovii, Brannovices, Ambivarètes) qu'on situe aux abords de la Saône[14] (fig. 54).

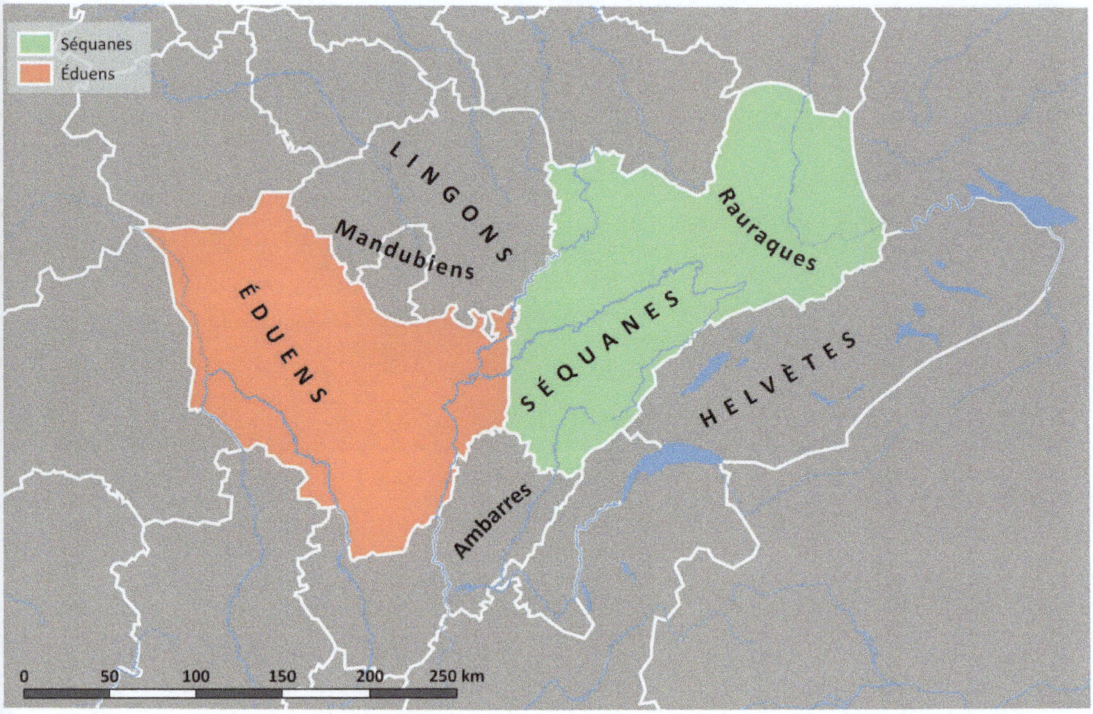

Fig. 53. – Les peuples du centre-est de la Gaule vers 90 av. J.-C. (Fichtl, 2009).

C. Jullian avait qualifié de « complot national » l'alliance forgée entre l'Helvète Orgetorix, l'Éduen Dumnorix et le Séquane Casticos, destinée, selon lui, à unir la Gaule sous le pouvoir de leur triumvirat[15]. On en est assez loin, en réalité ! Ces antagonismes guerriers entre cités voisines et rivales, aiguisées par le danger suève, constituent bien évidemment le contexte géostratégique et historique dans lequel s'est déclenchée la guerre des Gaules.

---

14. Je ne reprends pas ici l'analyse détaillée des sources littéraires qui conduisent l'auteur à cette restitution, déjà amorcée dans Fichtl, 2000, me contentant de renvoyer à ces articles. Ces questions ont aussi fait l'objet d'une bonne étude de Müller et Frei Stolba, 1999 qui diffèrent quelque peu de cette reconstitution. Sur la question difficile des clients des Éduens, voir Chr. Peyre, dans Goudineau et Peyre, 1993, 147-148.

15. Jullian, 1993, 487.

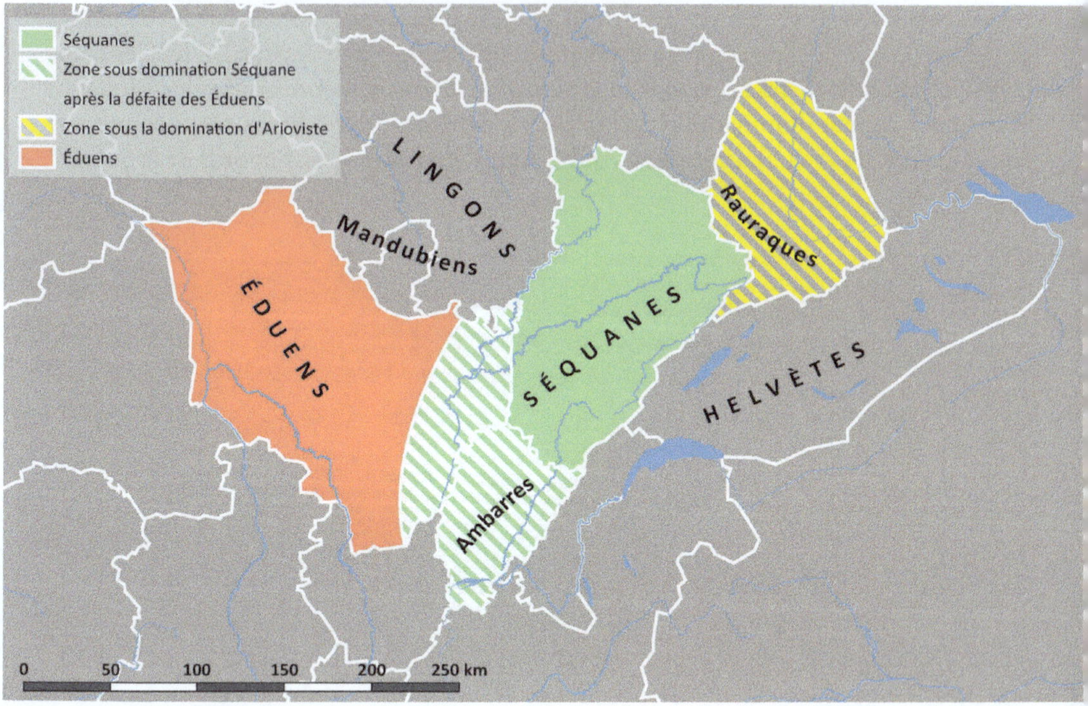

Fig. 54. – Les peuples du centre-est de la Gaule vers 60 av. J.-C. (Fichtl, 2009).

Une ténébreuse affaire : la migration helvète

Je l'ai rappelé plus haut, les troubles en Gaule transalpine et la menace allobroge sont antérieurs de plusieurs années à la guerre césarienne puisque, dès 63 et la conjuration de Catilina, Cicéron y faisait allusion. En 61 encore, ces mêmes Allobroges se révoltaient une fois de plus. La même année, dans la *Comata* encore indépendante, les Suèves d'Arioviste battaient les Éduens à la bataille de Magetobriga, malgré l'ambassade de Divitiacos, venu à Rome demander l'aide du Sénat au nom de la vieille alliance[16]. Ce fut en pure perte, mais il est très évident qu'on connaissait bien, dans les cercles dirigeants au moins, la situation interne de la Gaule à ce moment-là et les menaces qui pesaient sur la paix. Nos sources, antérieures au témoignage césarien, sont sur tous ces points irréfutables ; elles donnent donc une crédibilité certaine aux propos de César sur le projet Helvète de migration, qui remontait d'ailleurs au consulat de M. Messala et de M. Piso, c'est-à-dire à l'année 61 av. J.-C. (*BG* I, 3). La menace germanique a pu jouer un rôle dans ce projet, à la suite de la déroute éduenne. La suite est en revanche plus confuse et a souvent fait l'objet de commentaires contradictoires, certains historiens refusant

16. Sur les sources, voir *supra*, p. 22.

même toute crédibilité au récit césarien[17]. Plusieurs éléments du dossier méritent d'être rappelés :

— César était encore à Rome au moment où les Helvètes se mirent en route (*BG* I, 7) ; trois de ses légions étaient concentrées à Aquilée, au fin fond de l'Adriatique, sans doute en prévision d'une conquête de l'Illyrie, qui faisait partie de sa *provincia*[18]. Le proconsul n'a donc pas provoqué le déclenchement de la guerre, même s'il a pu saisir le prétexte qui s'offrait à lui.

— C'est après avoir rencontré l'ambassade des Helvètes puis stoppé leur première tentative qu'on lui aurait appris que les migrants avaient l'intention de gagner le pays des Santons, à l'autre bout du pays (*BG* I, 10) :

« On rapporte à César que les Helvètes se proposent de gagner, par les territoires des Séquanes et des Éduens, celui des Santons, qui n'est pas loin de celui des Tolosates. »

Ce « on-dit » sent bien davantage le prétexte et la propagande, d'autant qu'il existe une autre version de l'affaire, rapportée par Cassius Dion (38, 31)[19] : c'est au pied des Alpes que les Helvètes auraient eu l'intention de s'établir, ce qui change toute la dimension de l'affaire mais ne la rend pas moins grave, car on était là dans la province romaine. L'historien grec suit sans doute ici une tradition anticésarienne qui mettait en doute la bonne foi du proconsul ; il écrit en effet (38, 31) :

« César n'avait pas rencontré d'hostilité en Gaule où tout était parfaitement calme ; cependant la paix n'y fut pas durable et un premier conflit qui s'était déclaré contre lui, sans qu'il le voulût fut suivi d'un autre qui lui permit, comme il le désirait par-dessus tout, de soumettre complètement le pays par la guerre et de tout régler. »

Ce récit invite à lire autrement le texte de César, ou du moins d'en suspecter la sincérité, sans que sa fiabilité puisse être totalement assurée, car elle vient d'une source hostile au proconsul. Il prouve à tout le moins que le débat sur les causes de la guerre existait à Rome même. Bien qu'on ait tenté de valider la destination saintongeaise avec des arguments archéologiques somme toute très minces, la question doit rester ouverte[20].

— L'archéologie, dans cette affaire, laisse aussi planer le doute sur la volonté des Helvètes d'incendier leurs oppida et leurs *vici*. L'épisode est mentionné, il est vrai, à la fois par César et par Dion Cassius mais aucune fouille n'a jamais pu mettre en évidence un tel épisode de destruction massive[21].

— Les chiffres des combattants helvètes donnés par César sont nettement plus élevés que ceux d'Orose, historien tardif et souvent peu fiable, il est vrai[22]. Mais il est bien possible que le nombre de migrants effectifs – et donc de combattants – ait pu

17. Walser, 1998.
18. Le terme désigne de façon constante la mission confiée à un magistrat (ou promagistrat) et pas seulement un territoire provincial déjà soumis à Rome.
19. Πρὸς ταῖς Ἄλπεσι που κατοικισθῆναι.
20. Hiernard, 1999. Les auteurs de l'édition bilingue du texte de Cassius Dion considèrent que l'historien grec commet ici une erreur, car ils se fient au texte de César. Mais c'est évidemment admettre implicitement que César ne saurait mentir...
21. Kaenel, 2012.
22. *Supra*, p. 41.

être inférieur au chiffre théorique fourni par le proconsul après la bataille de Bibracte. Une fois de plus, il est difficile de démêler le vrai du faux dans ce dossier.

— G. Walser a proposé, contrairement à la tradition historique représentée au premier chef par Th. Mommsen, de considérer que l'expédition helvète n'était pas une migration massive de la population mais une expédition de mercenariat contre Arioviste[23]. César l'aurait su, mais aurait créé la légende d'une volonté de conquête en Gaule même, pour justifier son intervention. Une telle hypothèse présente différents avantages, notamment celui d'être compatible avec l'archéologie qui ne « voit » pas la destruction généralisée des oppida et des habitats helvètes. Mais le proconsul pouvait-il complètement travestir des faits dont tant de soldats et d'officiers romains avaient été témoins ? La thèse radicale de G. Walser, qui conteste même la concentration des troupes à Genève, va sans doute trop loin dans la relecture des *Commentaires*.

— Le témoignage de César sur le déroulement des événements est toutefois relativisé par ceux d'Appien (*Celt.* I, 3) et de Plutarque (*Caes.* 18, 2) qui attribuent à Labienus la victoire contre les Tigurins au passage de la Saône, sans doute en suivant ici une tradition anticésarienne qui n'est en revanche pas suivie par Cassius Dion (38, 32). On voit ici combien nos informations sur cette ténébreuse affaire sont incertaines.

De cette discussion complexe, on doit conclure que nier complètement la migration helvète n'est sans doute justifié par aucune source. Que les Gaulois aient voulu gagner la Saintonge est en revanche fort incertain, sinon improbable ; qu'ils aient objectivement menacé la province romaine n'est en revanche pas douteux. César, sans avoir lui-même provoqué directement un conflit qui, sans doute, le surprit, tenait là un formidable prétexte pour ses ambitions. La guerre des Gaules aurait bien lieu.

23. Walser, 1998, 82.

Troisième partie

LA GUERRE

Le temps et l'espace de la guerre

Le récit césarien de la guerre est ordonné année par année, avec suffisamment de détails pour que le déroulement des événements militaires n'offre en général pas de vraie difficulté pour comprendre l'enchaînement des faits. En revanche le vainqueur ne précise presque jamais la chronologie exacte de ses campagnes. Les dates calendaires sont en effet largement absentes du texte des *Commentaires*, sauf au tout début du conflit[1], de sorte que l'on s'en est presque toujours tenu à des estimations vagues des grands épisodes de la conquête, en les indiquant par saisons. Napoléon III et les savants qui l'entouraient se sont contentés, en partant de la narration elle-même, de proposer des calculs d'itinéraires et le temps nécessaire pour les accomplir mais sans établir un véritable calendrier. Ces hommes étaient d'ailleurs pour la plupart des militaires qui connaissaient par expérience les conditions de déplacement d'une armée en campagne, ce qui fait que les restitutions proposées dans l'*Histoire de Jules César* méritent toujours d'être considérées, même quand on ne les suit pas[2]. T. Rice Holmes a aussi beaucoup disserté de ces questions, sans jamais se risquer non plus à proposer une chronologie précise des opérations[3].

D'autres savants ont été tentés d'aller plus loin. C. Jullian situait ainsi l'épisode du siège d'Alésia en septembre car les opérations semblent s'être terminées avant la mauvaise saison[4]. Il supposait donc que la bataille finale avait eu lieu au moment de la pleine lune, probablement celle du 25-26 septembre plutôt que celle du 27 août[5]. J. Carcopino a donc avancé la date du 27 septembre pour la fin des combats, en invoquant l'autorité de Jullian[6]. A. Deyber a récemment dressé un calendrier de cette même campagne en s'appuyant largement sur

---

1. Hirtius en donne une autre au début du livre VIII, qui concerne la fin de l'année 52.
2. *L'Histoire de Jules César* a été publiée, on le sait, en 1865-1866. Il en existe plusieurs formats (F°, 4°, 8°). L'ouvrage a été édité de manière anonyme, mais on sait que l'auteur en est Napoléon III lui-même. L'empereur se piquait d'histoire, parfois avec bonheur, mais il s'appuyait aussi sur l'avis des savants les plus éminents de son temps, dont E. Renan, F. de Saulcy et W. Fröhner qui lui apportaient leur érudition. Nous ignorons la part exacte des uns et des autres dans la rédaction de l'*Histoire de Jules César* mais celle-ci ne fait pas de doute. La bibliographie sur ce sujet est loin d'être négligeable ; on se contentera de citer ici le *Colloque Napoléon III et l'archéologie. Une politique archéologique nationale sous le Second Empire, 14-15 octobre 2000*, Compiègne, Bulletin de la Société historique de Compiègne, 2001.
3. Holmes, 1909 ; 1911, 2ᵉ éd.
4. Jullian, 1993, 610 et note 66.
5. Jullian, 1993, 1128, note 242.
6. Carcopino, 1935.

l'ouvrage de J. Carcopino et sur l'existence d'une éclipse de lune bien datée du point de vue astronomique dans la nuit du 25-26 septembre[7]. Comme on le voit, c'est surtout la reddition du chef gaulois qui a suscité, en France du moins, d'abondants commentaires.

Ces différentes propositions sont fondées de manière aussi raisonnable que possible sur ce que l'on peut inférer du récit césarien mais elles restent très spéculatives. Récemment, toutefois, K. Raaflaub et J. T. Ramsey ont tenté une reconstitution beaucoup plus précise, publiée dans la revue en ligne *Histos*[8]. Les auteurs se sont fondés, pour ce faire, sur une étude d'itinéraires à l'aide d'un outil informatique de mesure de distances sur le fond de carte du *Barrington Atlas of the Greek and Roman World*[9], en tenant compte des temps de marche probables. Les dates clés sont fournies essentiellement par la correspondance de Cicéron, notamment les lettres à Quintus quand celui-ci était légat de César, ou par des événements extérieurs connus, comme par exemple les nuits de pleine lune ou d'autres événements astronomiques qu'on peut restituer et dater de manière précise. Cette chronologie – qui comprend aussi le *Bellum Civile* – intègre les plus récentes corrections apportées au calendrier julien et propose donc des dates astronomiques actualisées[10]. On n'entrera pas ici dans le détail complexe de la démonstration qui reste nécessairement spéculative puisqu'elle repose sur la restitution d'itinéraires qui ne sont pas toujours assurés par le texte césarien ; la méthode fournit toutefois une série de propositions crédibles dont le lecteur peut aisément juger en consultant en ligne le texte de ces articles, beaucoup trop longs pour être reproduits et discutés en détail dans cet ouvrage. On se contentera donc de fournir ici un tableau simplifié des principaux événements militaires de la guerre suivant cette nouvelle chronologie[11]. Mais il est utile de l'illustrer par des cartes qui indiquent la géographie des différentes campagnes militaires qui n'ont pas affecté tout le pays en même temps[12].

---

7. Deyber, 2018 ; Deyber et Romeuf, 2019.
8. Voir histos.org, tome 11, 2017. L'étude est publiée en deux parties, p. 1-74 et 162-217 (tableaux).
9. Disponible sur Antiquity À-la-carte (Ancient World Mapping Center) ou le GIS de awmc.unc.edu
10. Voir sur ce point www.tulliana.eu/ephemerides/calendario/cal070agiuliano.htm de N. Marinone. On ne doit pas confondre le calendrier julien, réformé par César en 46 (donc après la guerre des Gaules), et le « calendrier julien proleptique » (PJC), construction moderne entièrement artificielle nécessitée par les recalages effectués plus tard sous Auguste. Les auteurs en donnent la clé (p. 164, note 3), que nous traduisons ici : « Le PJC prend comme point de référence fixe l'année 4 de notre ère, année durant laquelle le calendrier julien a été stabilisé grâce à une correction effectuée par l'empereur Auguste. En 8 av. J.-C., il a mis fin à l'insertion erronée de jours bissextiles tous les trois ans au lieu de tous les quatre ans (Suet. *Aug.* 31.2, avec la date fournie par Censorinus, *DN* 22.16). Cette pratique, sur une période de trente-six ans, avait entraîné une accumulation de douze jours intercalaires au lieu de neuf. Pour corriger l'erreur, nos sources littéraires affirment que les douze années suivantes se sont écoulées sans l'ajout de jours intercalaires (Pline, *HN* XVIII.211 ; Solinus 1.45-7 ; Macrob. *Sat.* 1.14.14). En réalité, ce qui s'est passé, c'est que l'intercalation a repris douze ans après la découverte de l'erreur (Bennett, 2004, 165-166). Le PJC fournit aux historiens un calendrier en harmonie avec l'année "astronomique" qui permet de comparer les dates du calendrier civil romain. Pour la période des campagnes de César (58-45 av. J.-C.), les dates juliennes sont particulièrement pertinentes pour les années 49-46 av. J.-C., lorsque le défaut d'intercaler des jours après 52 jusqu'à la réforme du calendrier par César en 46 a provoqué un écart de plus en plus important entre les dates du calendrier romain et les dates "astronomiques", année après année. » On doit souligner au passage que ces corrections rendent obsolète la chronologie ancienne de Le Verrier utilisée par Napoléon III et E. Stoffel ; on en trouve les tables exposées dans l'*Histoire de Jules César*.
11. On n'a conservé ici que les dates calendaires assurées dans la colonne de gauche. Seules nous importent en effet les dates juliennes (PJC) d'après les calculs effectués par Raaflaub et Ramsay, *art. cit.* Les dates précisément assurées sont indiquées en gras. Pour le détail des autres événements, on se reportera aux tableaux originaux de Raaflaub et Ramsay et à leur argumentation.
12. Les flèches indiquent le sens général des grandes offensives sans pour autant entrer dans les controverses possibles sur les itinéraires effectivement suivis. On n'a pas représenté l'année 50 pour laquelle les opérations proprement dites sont mal détaillées par le récit d'Hirtius.

Année 58 (fig. 55)

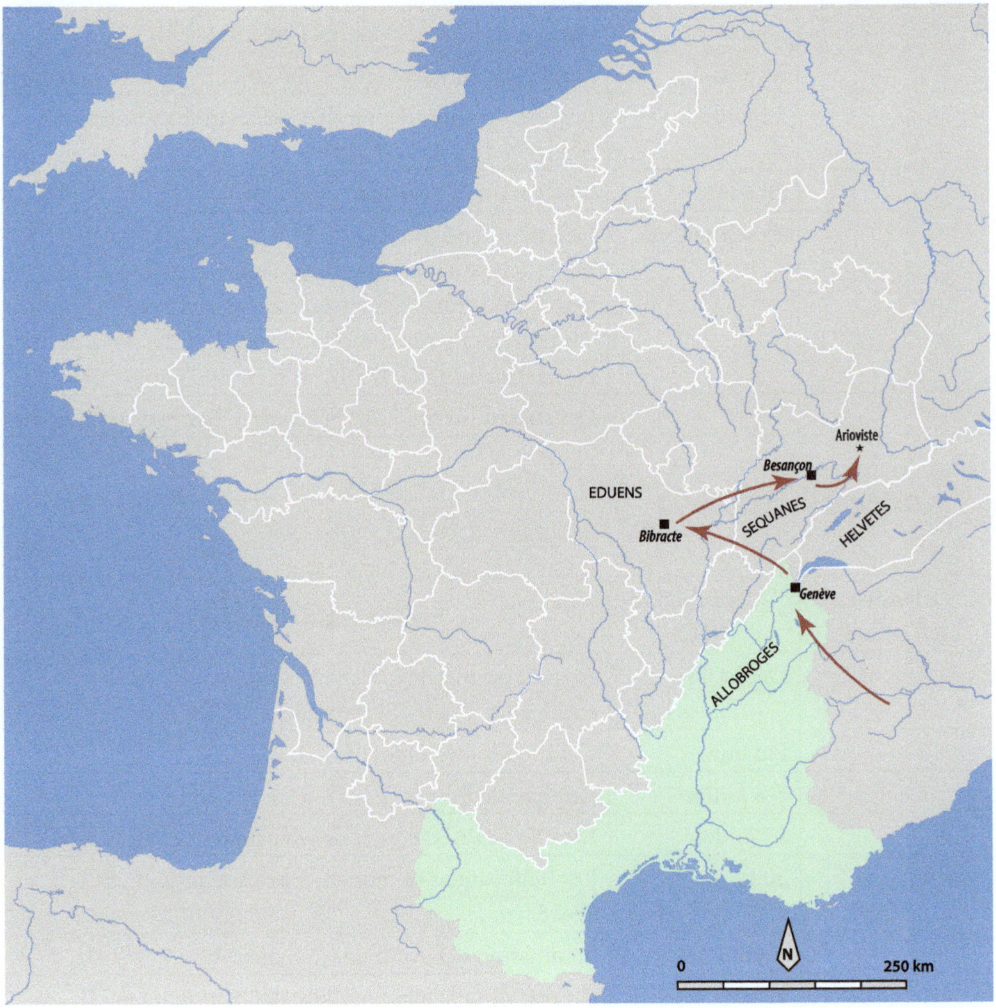

Fig. 55. – Mouvements militaires de l'année 58 (DAO M. Reddé).

Calendrier civil romain	Date julienne (PJC)	Événement/source
a.d. V Kal. Apr. = 28 mars	25 mars	Date fixée par les Helvètes pour se retrouver près de Genève avant la migration (*BG* I, 6, 4).
Ides d'avril (13 avril)	10 avril	Rendez-vous fixé par César aux Helvètes pour recevoir sa réponse (*BG* I, 7, 6). Cette réponse est négative (*BG* I, 8, 4). Ces deux dates sont les seuls repères calendaires exprimés par César dans tous les *Commentaires*.

Calendrier civil romain	**Date julienne (PJC)**	**Événement/source**
	4 juin	Passage de la Saône par les Tigurins (*BG* I, 12).
	24 juin	Bataille de Bibracte (*BG* I, 24-26).
	12 juillet	Les chefs gaulois demandent à César de soumettre Arioviste (*BG* I, 31-33).
	20 août	César arrive à Besançon (*BG* I, 38).
	15 septembre	Défaite d'Arioviste (*BG* I, 51). La date est fournie par la suite du récit qui prouve que l'événement eut lieu avant la nouvelle lune du 25 sept./18 sept. (PJC), contrairement aux prescriptions de l'oracle des femmes des Germains (*BG*, I, 50).
		Quartiers d'hiver chez les Séquanes. César part en Cisalpine.

Année 57 (fig. 56)

Calendrier civil romain	**Date julienne (PJC)**	**Événement/source**
	Début juin	Arrivée tardive de César à Besançon « dès qu'on commence à faire du fourrage » (*BG* II, 2).
	Fin juin	César chez les Rèmes (*BG* II, 3).
	7-8 juillet	Attaque de Bibrax (*BG* II, 6-7).
	17 juillet	Bataille de l'Aisne, près de Mauchamps (*BG* II, 9-10).
	30 juillet	Les Bellovaques se rendent à Bratuspantium (*BG* II, 13-15)
	4 août	Soumission des Ambiens (à Samarobiva ?) (*BG* II, 15).
	13 août	Bataille de la Sambre, défaite des Nerviens (*BG* II, 19-27).
	22 août-mi septembre	Siège de l'oppidum des Atuatuques (*BG* II, 29 *sqq*.).
		Quartiers d'hiver chez les Carnutes, les Andes, les Turons et en Belgique (*BG* II, 30). César en Cisalpine.
	18 octobre	Servius Galba à Octodurus (Martigny) avec la 12e légion (*BG* III, 1).
	3 novembre	Victoire de Galba contre les Sédunes et les Véragres (*BG* III, 2-6). Galba rentre hiverner chez les Allobroges.

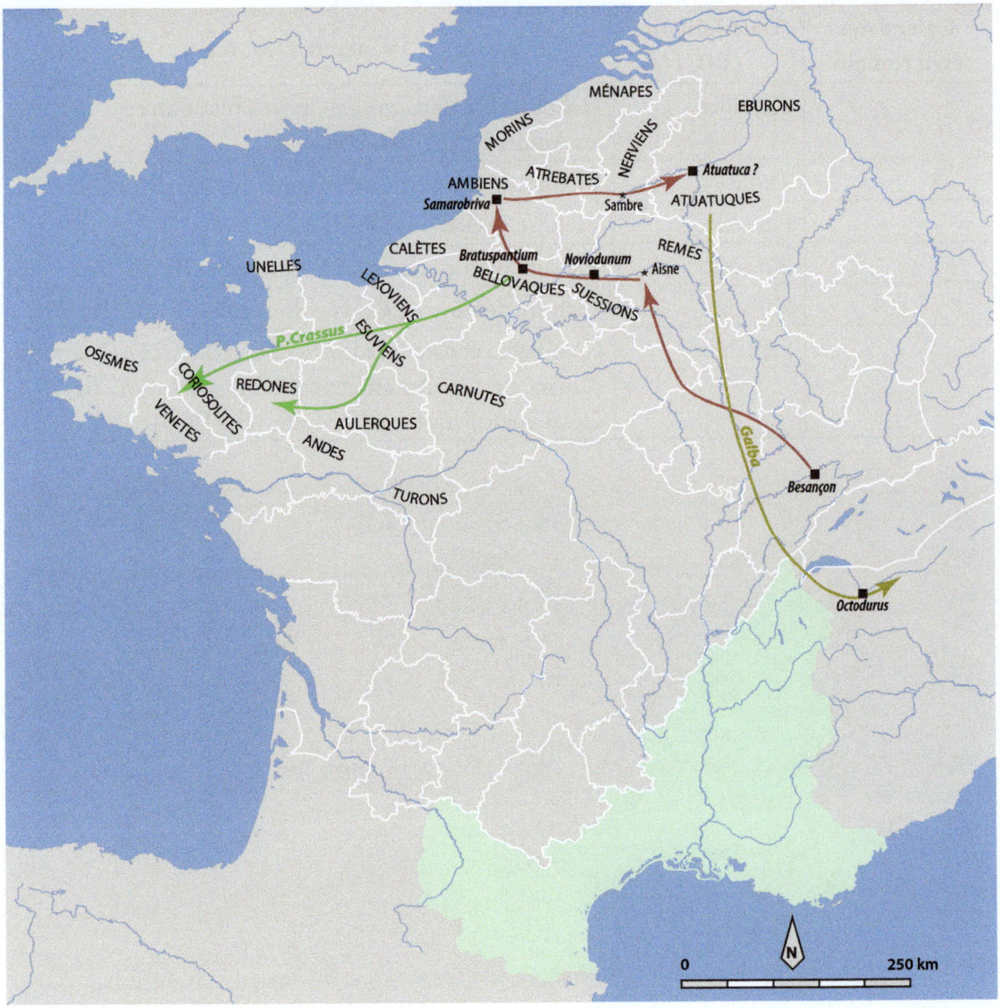

Fig. 56. – Mouvements militaires de l'année 57 (DAO M. Reddé).

Année 56 (fig. 57)

Calendrier civil romain	Date julienne (PJC)	Événement/source
	25 mars	Rencontre de Lucques et renouvellement du triumvirat.
	10 mai	Départ tardif de César pour la Gaule (*BG* III, 9, 2), car il a été retenu par les négociations (Raaflaub et Ramsay, *art. cit.*, 24-26).
	4 juin	César rejoint l'armée quelque part dans l'Ouest, peut-être chez les Namnètes (*BG* III, 9).
	26 juin	Arrivée de Q. Titurius Sabinus chez les Unelles (*BG* III, 17).

Calendrier civil romain	Date julienne (PJC)	Événement/source
	22 juillet	Début de la campagne de Crassus fils contre les Aquitains (*BG* III, 20).
	7 août	Victoire de Crassus dans le siège de Sotium (*BG* III, 21-22).
	Fin août	Victoire de Sabinus (*BG* III, 18).
	Fin août	Victoire navale contre les Vénètes (*BG* III, 14-16).
	Fin août	Victoire décisive de Crassus en Aquitaine (*BG* III, 27).
	Septembre	Campagne contre les Morins (*BG* III, 28-29). Quartiers d'hiver chez les Aulerques et les Lexoviens (*BG* III, 29). César passe l'hiver en Cisalpine (*BG* IV, 6).

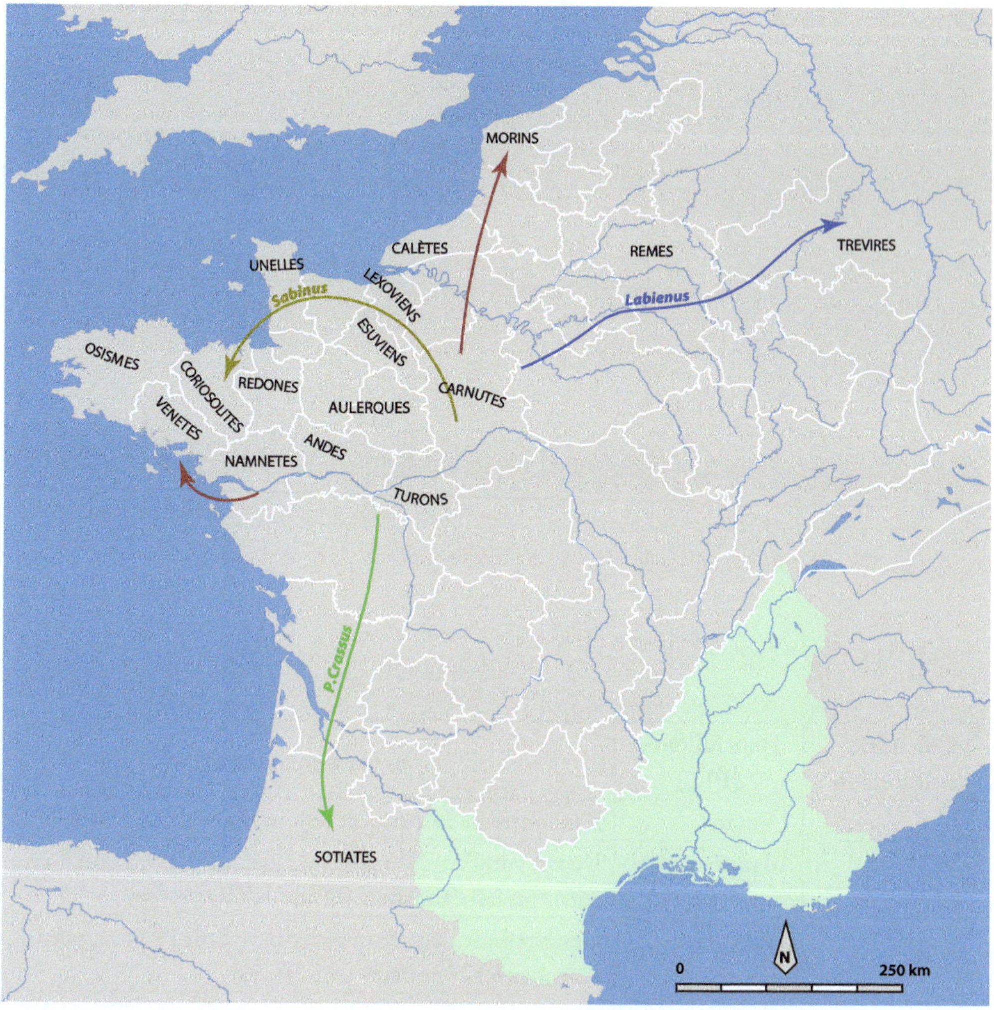

Fig. 57. – Mouvements militaires de l'année 56 (DAO M. Reddé).

Année 55 (fig. 58)

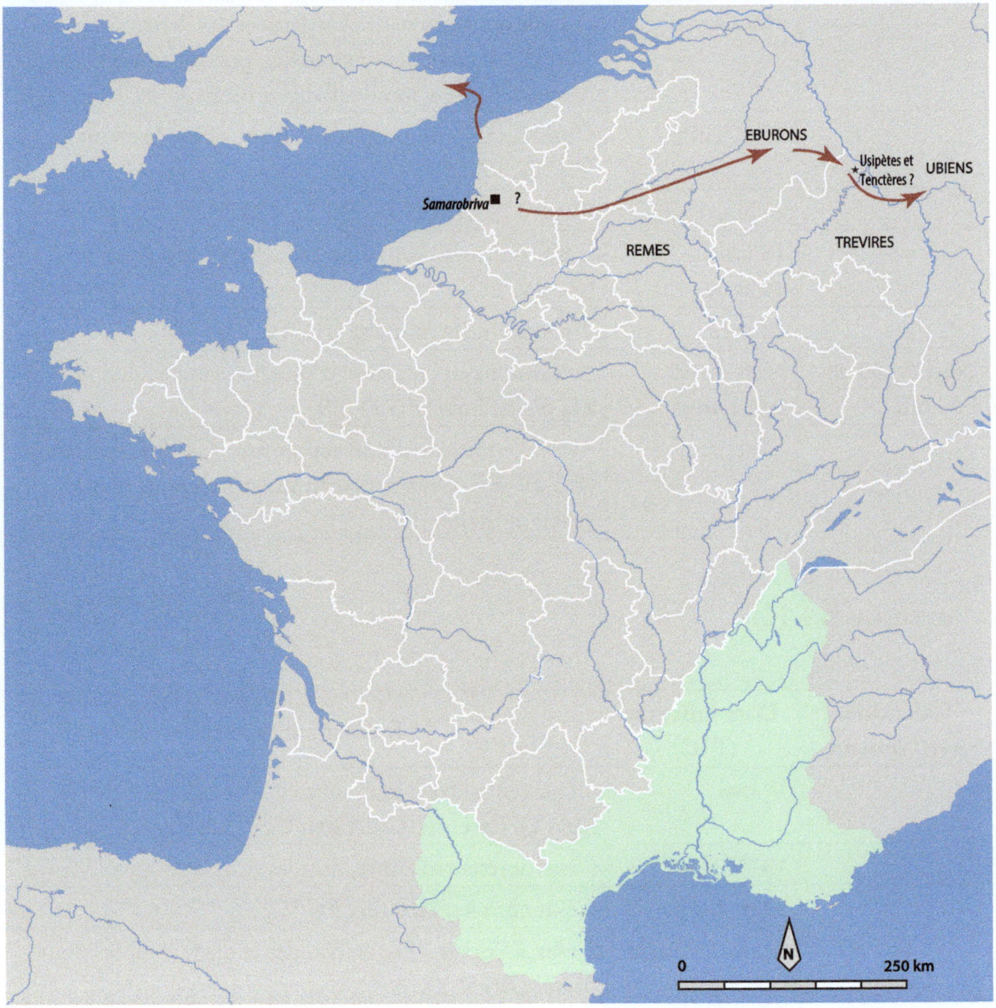

Fig. 58. – Mouvements militaires de l'année 55 (DAO M. Reddé).

Calendrier civil romain	Date julienne (PJC)	Événement/source
	7 avril	César quitte la Cisalpine plus tôt que d'habitude (*BG* IV, 6).
	16 mai	Début de la marche de César sur le Rhin, depuis Samarobriva ? (*BG* IV, 7).
	6-9 juin	César rencontre les envoyés Germains mais continue d'avancer. Il se trouve sans doute sur le territoire des Éburons et des Condruses (*BG* IV, 6-9).

Calendrier civil romain	Date julienne (PJC)	Événement/source
	10 juin	Bataille et massacre des Usipètes et des Tenctères (*BG* IV, 12-15). Ce combat aurait eu lieu près du confluent Moselle/Rhin, selon Raaflaub et Ramsay, *art. cit.*, 31-2).
	17-27 juin	Construction du pont sur le Rhin, achevée en dix jours (*BG* IV, 17-18).
	27 juin-15 juillet	César à l'est du Rhin (*BG* IV, 18-19).
	18 juillet-18 août	César quitte la Germanie et gagne Portus Itius (*BG* IV, 21).
	23 août	Traversée de la Manche (*BG* IV, 23).
Nuit du 30 au 31 août	**Nuit du 30 au 31 août**	Désastre naval en raison d'une forte marée due à la pleine lune (*BG* IV, 29).
	14 septembre	Avant l'équinoxe du **26 septembre**, César se rembarque (*BG* IV, 36). Quartiers d'hiver en Belgique. César rentre en Italie.

Année 54 (fig. 59)

Calendrier civil romain	Date julienne (PJC)	Événement/source
	1er mai	César rencontre à Plaisance (Piacenza) son nouveau légat Q. Cicéron (Cic. *Corr.* CXXXVII).
	13-21 mai	César, de retour à l'armée, visite les quartiers d'hiver (*BG* V, 2).
	22 mai *sqq.*	César chez les Trévires (*BG* V, 2).
	8 juin-1er juillet	César, à Portus Itius, attend des vents favorables pour passer (*BG* V, 7).
	4-5 juillet	Traversée et débarquement en Bretagne.
10 août	17 juillet	Lettre (perdue) envoyée de Bretagne par Q. Cicéron, à laquelle répond son frère (Cic. *Corr.* CXLIV). Cet échange est essentiel pour caler la chronologie des événements de l'été 54 (cf. Raaflaub et Ramsay, *op. cit.*, 39-42).
	17 juillet-30 août	Campagne contre Cassivellaunus (*BG* V, 18-22).
Fin octobre	**30 août**	Lettres de César et Quintus à Cicéron annonçant leur retour (Cic. *Corr.* CLII).
	Avant 26 septembre	Retour en Gaule avant l'équinoxe du 26 septembre (*BG* V, 23).

Calendrier civil romain	Date julienne (PJC)	Événement/source
	8-9 octobre	Attaque du camp de Sabinus et Cotta (*BG* V, 26-37). Massacre de 15 cohortes (*BG* V, 32).
	18 octobre-6 novembre	Attaque du camp de Cicéron (*BG* V, 39-45).
	6-7 novembre	César au camp de Cicéron (*BG* V, 52).
	Mi-novembre	César hiverne à Samarobriva avec 3 légions

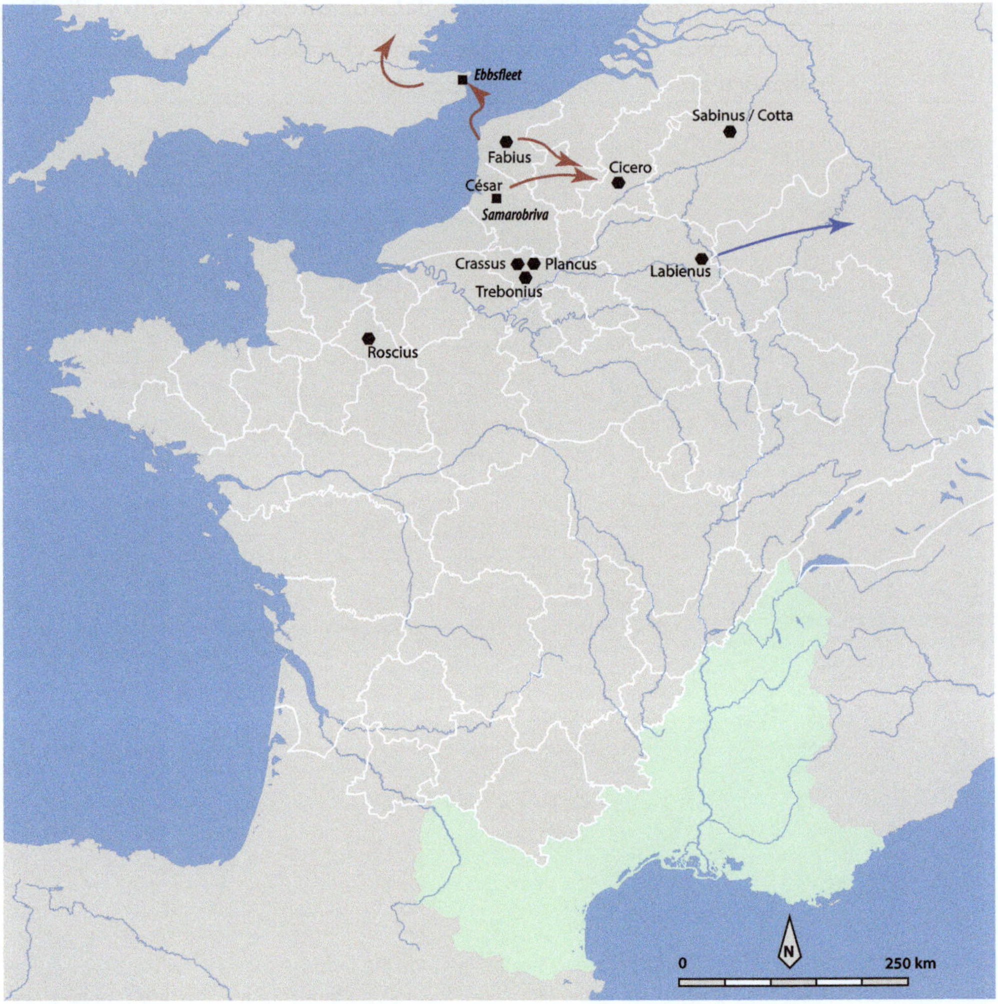

Fig. 59. – Mouvements militaires de l'année 54 (DAO M. Reddé).

Année 53 (fig. 60)

Calendrier civil romain	Date julienne (PJC)	Événement/source
	Fin février-mars	Raid chez les Nerviens (*BG* VI, 3).
	24 mai	Victoire de Labienus contre les Trévires (*BG* VI, 7-8).
	Fin juin-fin juillet	César passe de nouveau le Rhin puis rentre en Gaule (*BG* VI, 9).
	Début août	Reprise de la guerre contre Ambiorix (*BG* VI, 29).
	24 août-mi septembre	Attaque du camp de Cicéron, retour de César (*BG* VI, 35-41).
	Fin septembre-début octobre	César ramène l'armée chez les Rèmes, fait exécuter Acco et rentre en Italie.

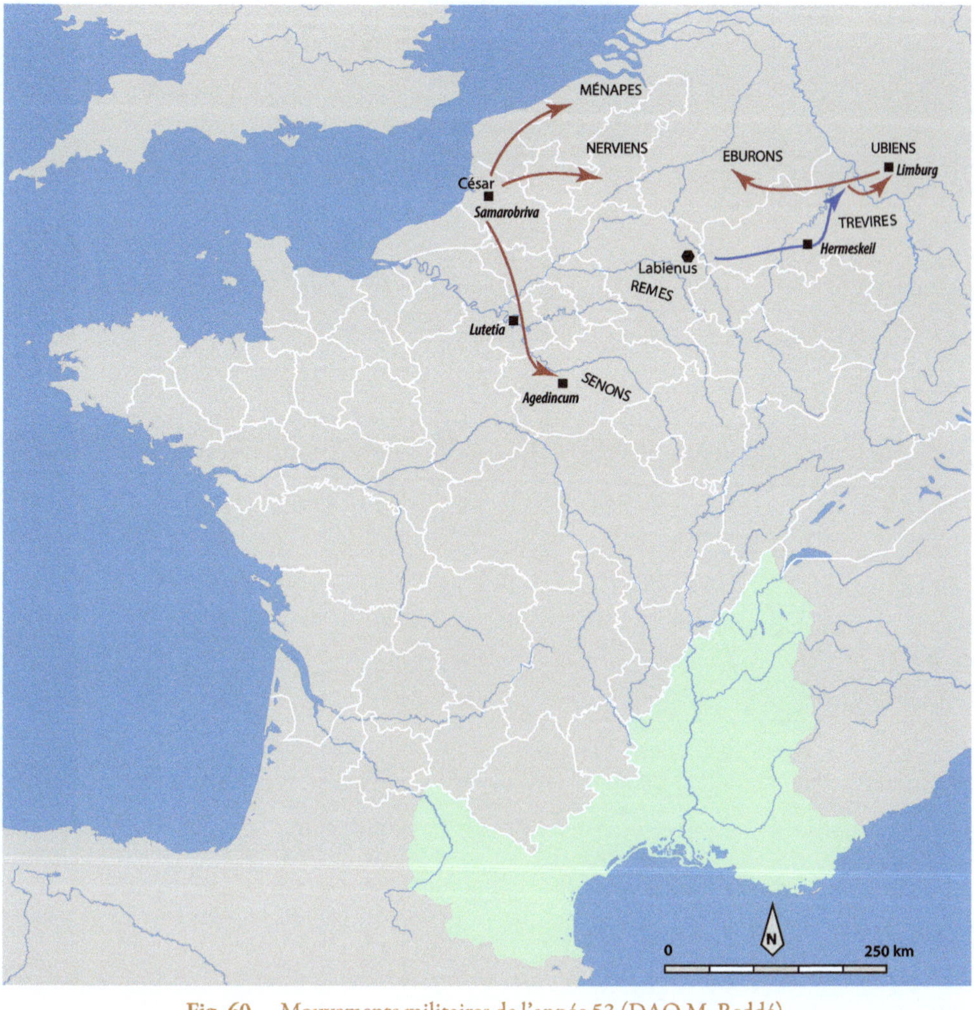

Fig. 60. – Mouvements militaires de l'année 53 (DAO M. Reddé).

Année 52 (fig. 61)

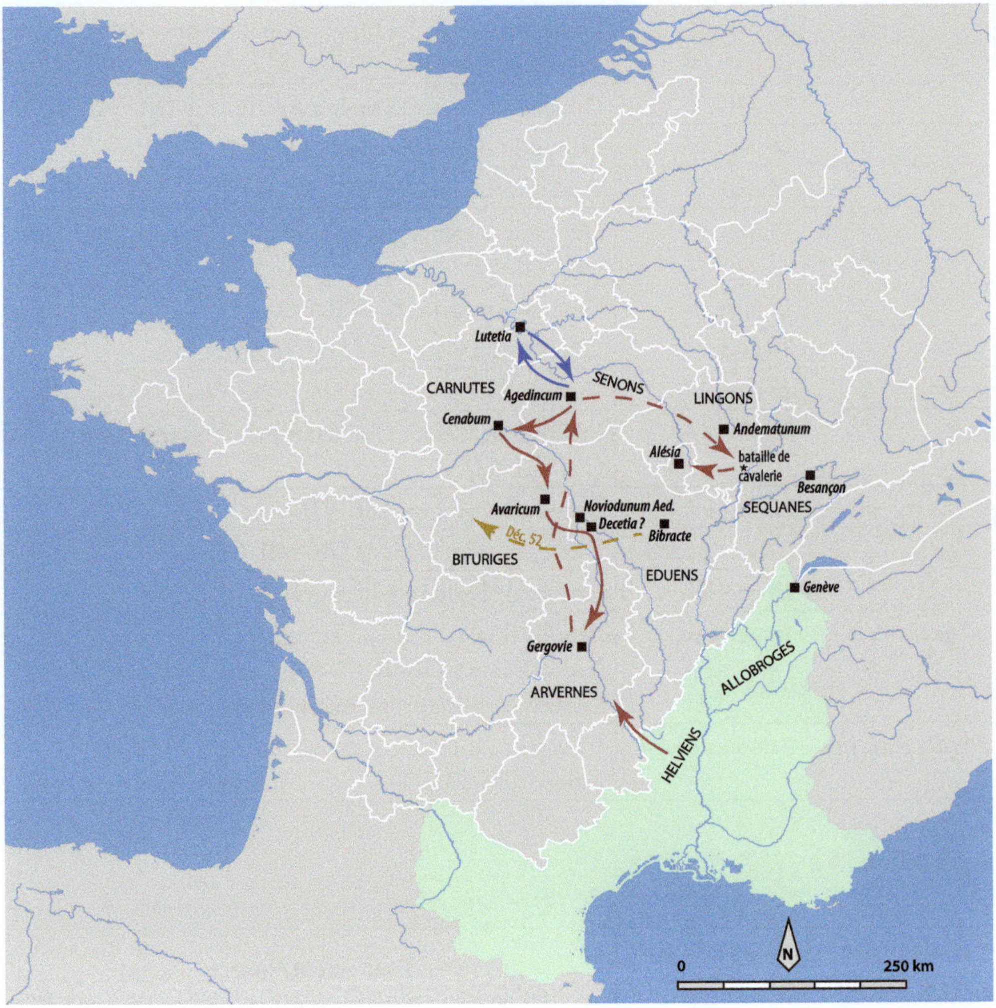

Fig. 61. – Mouvements militaires de l'année 52
(DAO M. Reddé).

Calendrier civil romain	Date julienne (PJC)	Événement/source
	9 janvier	Massacre des marchands de Cenabum (*BG* VII, 3).
Jour intercalaire	5 février	Pompée élu consul unique (Asc. 36C).
	9 février	César quitte Ravenne pour Narbonne (*BG* VII, 7).
	5 mars	César franchit les Cévennes, puis retourne chez les Helviens au bout de deux jours (*BG* VII, 8).

Calendrier civil romain	Date julienne (PJC)	Événement/source
	29 mars	César arrive chez les Lingons où il retrouve deux légions (*BG* VII, 9).
	9 avril	Concentration de l'armée à Agedincum (*BG* VII, 10).
	26 avril	Début du siège d'Avaricum (*BG* VII, 17-28).
	25 mai	Prise d'Avaricum (*BG* VII, 27-28).
	7 juin	Début de la campagne de Labienus contre les Parisiens (*BG* VII, 34).
	18 juin	César à Gergovie (*BG* VII, 36).
	20 juillet	César quitte Gergovie (*BG* VII, 53).
	28-29 juillet	Victoire de Labienus à Lutèce (*BG* VII, 60).
	5 août	Jonction de César et Labienus près d'Agedincum (*BG* VII, 62).
	Fin août	Bataille de cavalerie (*BG* VII, 66).
	Début septembre	Début du siège d'Alésia (*BG* VII, 68).
	13 octobre	Arrivée de l'armée de secours (*BG* VII, 79).
12 nov.	18 octobre	Bataille finale d'Alésia. Vercingétorix se rend le lendemain (*BG* VII, 83-89). César à Bibracte. Le récit césarien proprement dit s'arrête là.
Pridie Kal. Ian	3 décembre	Campagne d'hiver contre les Bituriges avec deux légions (*BG* VIII, 2).

Année 51 (fig. 62)

Calendrier civil romain	Date julienne (PJC)	Événement/source
	11 janvier	Retour de César à Bibracte après 40 jours (*BG* VIII, 4).
	29 janvier	Campagne d'hiver contre les Carnutes après dix-huit jours (*BG* VIII, 4-5).
	22 mars-début mai	Campagne contre les Bellovaques (*BG* VIII, 7-23).
	Mai	Campagnes multiples contre les Éburons, les peuples de l'Atlantique, les Pictons, les Trévires, les Andes, les Carnutes, les Armoricains (*BG* VIII, 24-31).
	Début juin	Drappes et Lucterius à Uxellodunum (*BG* VIII, 32). Début du siège.
	Juillet	César à Uxellodunum. Capitulation fin juillet (*BG* VIII, 43).

Calendrier civil romain	Date julienne (PJC)	Événement/source
	Juillet ?	Victoire de Labienus chez les Trévires (*BG* VIII, 45).
	Août	Soumission de l'Aquitaine (*BG* VIII, 46).
	Septembre	Les légions gagnent leurs quartiers d'hiver (4 chez les Belges, 2 chez les Éduens, 2 chez les Turons, 2 chez les Lémovices). César hiverne à Nemetocenna (*BG* VIII, 46).

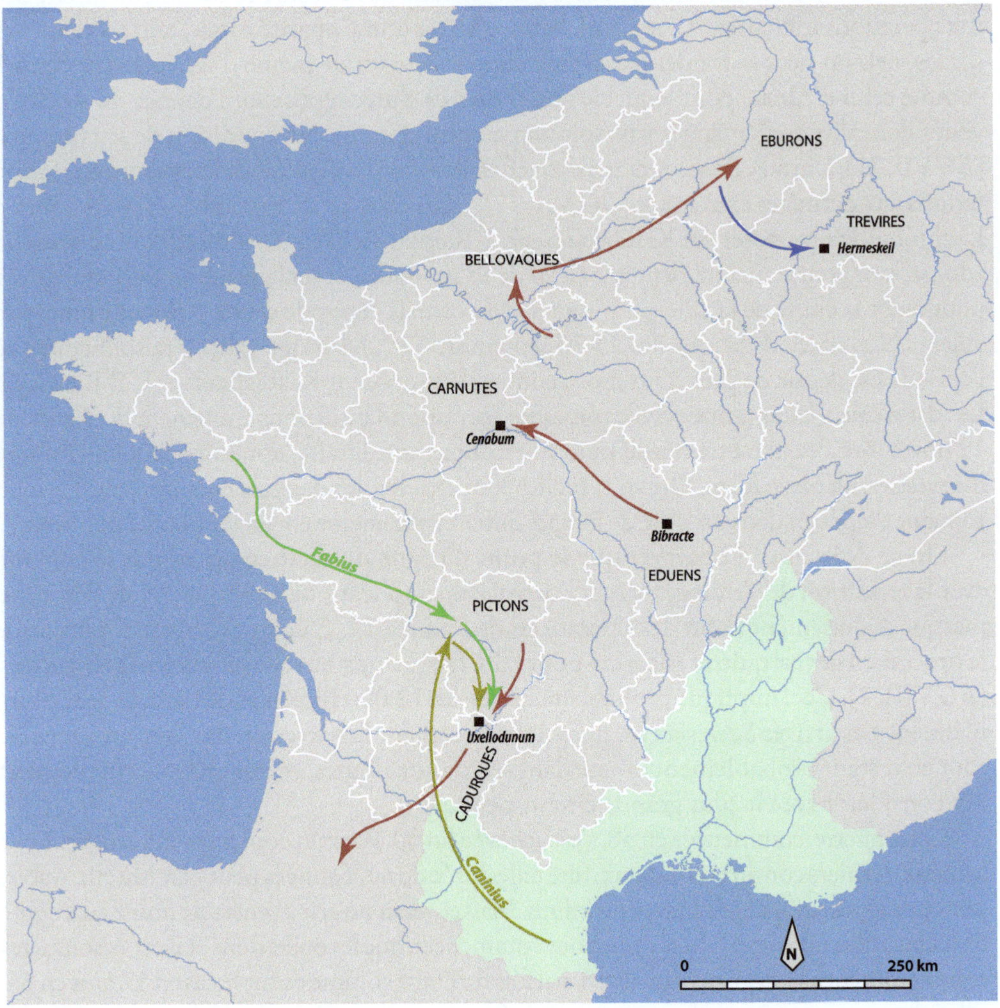

Fig. 62. – Mouvements militaires de l'année 51 (DAO M. Reddé).

Le cadre chronologique fourni par l'étude de K. Raaflaub et J. T. Ramsay ne manque pas d'intérêt, même s'il peut, bien entendu, être contesté car sa grande précision repose, on l'a rappelé, sur des calculs d'itinéraires plausibles mais pas nécessairement assurés, ni même parfois solidement argumentés : les auteurs, par exemple, ne disent rien sur le chemin suivi par César vers le territoire Sénon après Gergovie alors que les possibilités sont nombreuses, les opinions très diverses comme l'avait montré en son temps T. Rice Holmes[13]. En outre, la logique du raisonnement implique que chaque hypothèse chronologique serve d'assiette à la suivante, ce qui est toujours périlleux. Néanmoins, et à condition de la considérer effectivement comme spéculative, la chronologie proposée n'est pas sans mérite. Elle propose un cadre de réflexion, montrant toute l'incertitude qui entoure le déroulement effectif des opérations militaires. À cet égard, l'année 56 est d'une opacité totale, tant les éléments sur lesquels on peut se fonder paraissent vagues. Il en est de même d'un épisode essentiel comme celui d'Alésia, pour lequel le seul indice de durée repose sur l'énoncé du stock de vivres dont dispose Vercingétorix, soit un peu plus d'un mois à condition de se rationner (*BG* VII, 71). L'armée de secours arriva en effet alors que les Gaulois de l'oppidum en étaient réduits aux dernières extrémités (*BG* VII, 77). Mais était-ce en septembre ou en octobre ? La chronologie proposée par K. Raaflaub et J. T. Ramsay vient contredire celle qui est souvent admise, sans preuve aucune, depuis le *César* de J. Carcopino, et sur laquelle on se fonde parfois pour dater la chute de la ville, en y joignant désormais l'épisode d'une éclipse de lune, par ailleurs bien datée de la nuit des 25-26 septembre 52[14]. Mais que vaut ce raisonnement si l'épisode est décalé de près d'un mois, comme le proposent K. Raaflaub et J. T. Ramsay ? Les dates calendaires (année civile romaine) correspondantes nous emmènent d'ailleurs au 12 novembre, ce qui est très tardif pour une campagne militaire, notamment quand il s'agit d'investir une place forte. On voit, si elles sont exactes, les dangers encourus par l'armée romaine empêtrée dans un siège de longue durée et elle-même encerclée à l'orée de l'hiver[15].

On se doit aussi d'observer que le point d'orgue du récit césarien, qui se conclut avec la reddition de Vercingétorix et l'octroi des supplications publiques par le Sénat, ne marque aucunement la fin des opérations de l'année 52. Quelques semaines plus tard, le proconsul devait quitter Bibracte pour faire face à une nouvelle rébellion des Bituriges (*BG* VIII, 2). Ceci implique probablement que les 12 000 Bituriges de l'armée de secours n'étaient pas arrivés à Alésia : on perçoit ici comment la narration des faits est agencée, tout en restant probablement exacte dans ses grandes lignes, ce qui invite naturellement à la considérer avec la plus grande circonspection.

Cette guerre, commencée en 58, s'est achevée fin 50. Pour un contemporain, marqué par les deux derniers conflits mondiaux, une telle durée de neuf années peut paraître effroyable, source de dévastations et de massacres infinis. Mais ce serait noircir à l'envi une réalité sans doute beaucoup plus nuancée. Observons, pour commencer, que les opérations étaient saisonnières et ne commençaient qu'au printemps, parfois fort tard comme ce fut le cas en 57 puis en 54. Elles se terminaient normalement tôt, dès la fin septembre et, à cet égard, les années 54 et 52

13. Holmes, 1911, 785-790.
14. Deyber et Romeuf, 2019, 107.
15. On y reviendra plus loin.

font figure d'exception. De fait, dans les premières années du conflit, le proconsul pouvait rentrer passer l'hiver en Italie du Nord, moins pour des motifs de confort personnel (ce n'était pas son genre) que pour des raisons politiques qui l'obligeaient à s'occuper des affaires romaines, essentielles à ses yeux, d'autant que ses adversaires s'activaient en son absence. Depuis Ravenne, où il hivernait le plus souvent, il lui était facile de communiquer avec Rome et on pouvait venir le consulter, comme le fit Crassus en 56 (Cicéron, *Corr.* CLIX). Cette saisonnalité de la guerre était normale à cette époque. On pouvait certes mener des expéditions en hiver, comme le firent Galba en 57 et César lui-même en 52, mais c'étaient des raids de courte durée plus que des campagnes proprement dites.

La seconde observation qu'on peut avancer concerne la géographie du conflit. La lecture des cartes, année par année, montre que les opérations n'ont jamais concerné la totalité du territoire gaulois, mais seulement une partie de celui-ci, même en 52. À cet égard, on peut aisément suspecter que les deux dernières années, 51 et 50, furent les pires pour la population civile, soumise alors à des mesures de « pacification » généralisées à presque tout le territoire. Mais la campagne de 58 n'avait concerné que le centre-est de la Gaule, sans provoquer sans doute beaucoup de dégâts collatéraux. Par la suite, elles touchèrent surtout le nord du pays, notamment la Belgique, en 57, 55, 54 et 53. L'ouest ne fut véritablement concerné qu'en 56, car les opérations de P. Crassus en 57 ne furent sans doute qu'une reconnaissance. Le centre-ouest et l'Aquitaine furent au total très peu concernés par le conflit, avant 52. Il en va de même pour les Arvernes et, même après Alésia, les *Commentaires* ne font guère allusion à une punition particulière de cette cité, épargnée comme celle des Éduens qui s'était pourtant détachée de l'alliance avec le Sénat. D'autres peuples comme les Santons, les Médiomatriques ou les Leuques semblent être restés largement en dehors du conflit ; les alliés des Romains, Éduens (jusqu'à Gergovie), Rèmes ou Lingons, voire Séquanes, n'ont guère connu de dévastations sur leur sol, même si la guerre aux côtés de César a dû avoir son prix, notamment en termes de fournitures, de ravitaillement, d'hommes. En revanche, et tout en prenant en compte les exagérations rhétoriques du proconsul, ce sont les Atuatuques et les Éburons ou, dans une moindre mesure, les autres peuples belges et les Trévires, qui ont dû le plus pâtir des dévastations et des massacres commis par les légions sur leur sol et contre leur population.

Cette géographie différenciée du conflit montre que la guerre a touché la Gaule de manière très inégale selon les régions. Elle laisse aussi supposer une connaissance très variable du territoire, de sa société, de ses institutions. Que pouvait bien savoir en réalité César des Namnètes, des Osismes, des Lémovices et surtout des peuples aquitains, chez qui il ne s'était jamais rendu avant 51 (*BG* VIII, 46) ? Ce que le proconsul en connaissait devait être principalement le fruit des renseignements que lui fournissaient ses alliés gaulois. La marche des légions à travers une grande partie de ce vaste pays, l'ouest notamment, s'apparentait le plus souvent à une *exploratio* à travers des territoires inconnus, c'est-à-dire à une reconnaissance armée, comme celle de P. Crassus en 57[16]. D'une certaine manière, l'information que nous livre César dans les *Commentaires* reflète cet état inégal de sa propre information, plus assurée pour le centre-est de la Gaule, depuis longtemps en

16. Sur la notion d'*exploratio*, voir Austin et Rankov, 1998.

relation avec Rome, que pour le reste du pays. Mais il n'est sans doute pas inutile, à ce propos, de rappeler que, pour s'entretenir avec un homme comme le druide Diviciacos, qui était pourtant venu à Rome plaider la cause de son peuple devant le Sénat, César avait besoin du truchement d'un interprète (*BG* I, 19)[17]. Un épisode similaire est attesté en 54, lorsque Q. Titurius dut envoyer Cn. Pompée, probablement un Gaulois du Midi, pour négocier avec Ambiorix (*BG* V, 36).

De fait, le proconsul et son armée ignoraient probablement tout de la géographie du pays qu'ils allaient conquérir au moment où ils y pénétrèrent, en 58, pour venir au secours des Éduens. Mais, comme l'a fait remarquer à juste titre R. Talbert[18], César ne procédait pas autrement en cette occasion que tous les généraux romains, plongeant dans l'inconnu à la tête de milliers d'hommes, sans cartes ni moyens de se repérer autres que par le truchement de leurs guides locaux. Dans le cas de la *Gallia Comata* on connaissait assurément les secteurs proches de la Transalpine, la vallée du Rhône et sans doute celle de la Saône, ce qui fait que la campagne initiale de 58 contre les Helvètes n'a pas dû poser de problème majeur. Mais au-delà, c'était l'inconnu, et c'est pourquoi on voit Diviciacos lui-même se charger de définir l'itinéraire de l'armée romaine en marche contre Arioviste (*BG* I, 41). Il dut en aller de la même manière pour les campagnes suivantes, comme on le voit lors du passage des légions sur la rive droite du Rhin : ce sont alors les Ubiens qui renseignèrent le proconsul sur les voies d'accès vers le pays Trévire pour éviter une embuscade (*BG* VI, 9). Cette ignorance effective de la géographie d'un pays inconnu qu'on parcourait comme des explorateurs provoquait évidemment de grandes frayeurs chez les soldats ; on le voit aux plaintes qu'ils exprimèrent à Besançon, au moment de partir combattre les Suèves d'Arioviste (*BG* I, 19).

Il y avait pourtant des routes en Gaule, à la fin de l'âge du Fer, et on n'imagine plus aujourd'hui l'armée romaine cheminant à travers des forêts profondes dont on a déjà dit qu'elles n'occupaient plus en ce temps-là que des espaces géographiquement limités, notamment dans les massifs montagneux. On ne saurait d'ailleurs envisager les déplacements très rapides de l'armée romaine ou de César lui-même quand il rejoignit au printemps son armée sans ces itinéraires protohistoriques qui reliaient entre eux les principaux oppida du pays. Même si l'archéologie peine parfois à les identifier matériellement, leur existence est hors de doute. L'épisode déjà mentionné du déplacement des troupes entre Besançon et le lieu de la bataille contre Arioviste est, à cet égard, révélateur : Diviciacos conseilla aux légions un détour de plus de 50 milles pour éviter la difficile traversée du Jura boisé, propice aux embuscades, et rester ainsi en terrain découvert. Ce trajet de six à sept jours de marche continue fut suffisant pour rejoindre la trouée de Belfort ou le sud de l'Alsace, même en faisant un détour significatif d'environ deux journées (*BG* I, 41). Un autre exemple illustre la rapidité des déplacements militaires, qui ne pouvaient se faire que sur des routes bien tracées et stabilisées : lors de la crise de l'hiver 54, César quitta ainsi Samarobriva pour porter secours à Cicéron, avançant de 20 milles dans

---

17. Le nom de ce dernier, C. Valerius Troucillus, indique un Gaulois romanisé, qui disposait de la citoyenneté romaine, peut-être un homme du Midi ou de la Cisalpine.
18. Talbert, 2017.

la journée, soit une trentaine de kilomètres, bien qu'il soit parti à la troisième heure du jour (*BG* V, 47). Crassus, de son côté, cantonné à 25 milles, leva le camp dans la nuit et rejoignit son chef en milieu de matinée (*BG* V, 46-47). Pour aller à cette vitesse, il n'avait évidemment pas cheminé à travers champs. L'existence de ces voies gauloises permettait donc des déplacements rapides (au moins dans les conditions de l'époque). Il est en outre bien clair que l'état-major césarien avait acquis une maîtrise mentale de la géographie, comme le prouvent tous les mouvements de troupes en cet hiver terrible : en demandant à Labienus, qui se trouvait chez les Rèmes à la frontière des Trévires, de venir à sa rencontre pour secourir Cicéron chez les Nerviens (*BG* V, 46), le proconsul montre bien qu'il intégrait complètement la dimension stratégique de l'espace dans lequel il faisait la guerre, alors qu'il ne disposait d'aucune carte précise, au sens moderne du terme. Il est probable, en revanche, que ses *mensores* étaient en mesure d'en dresser des croquis approximatifs, calculés d'après les directions et les temps de marche, comme on l'a très longtemps fait jusqu'à l'aube du XXe siècle, en Afrique[19].

Pourtant, la description liminaire que propose César de la Gaule, dès le début du livre I, donne l'impression d'une maîtrise complète de la géographie de ce pays du Nord, largement méconnu des Romains en 58 av. J.-C.[20]. C'est là une vraie révolution, que le discours de Cicéron sur les Provinces consulaires fait bien ressortir (Cicéron, *Prov.* Cons. 33) : avant cette conquête, explique l'orateur, Rome ne possédait en quelque sorte qu'une voie étroite, celle de la province du Midi ; c'est César qui avait transformé les choses, ouvrant à la République ces terres inconnues de la Gaule profonde qu'il fallait maintenant dominer. C'était en 56 et la situation avait déjà changé par rapport au début du conflit. Il n'est pas sûr, en conséquence, que la description sensationnelle (aux yeux d'un lecteur romain) du début des *Commentaires* ait été composée en 58 ; elle offre en effet une géographie « intellectuelle », conçue comme un tout bien pensé et elle pourrait bien avoir été écrite *a posteriori*. Comme l'avait fait remarquer à juste titre M. Rambaud, il faut en effet distinguer, dans le récit césarien, ce qui ressortit à des concepts différents[21] : l'espace tactique du champ de bataille, l'espace stratégique, acquis sans doute avec l'expérience du temps, comme on le voit à propos des différentes campagnes menées en Belgique et l'espace géographique de la Gaule tout entière, qui pouvait parfois ressortir à des informations extérieures : quand César décrivait les dimensions d'un territoire helvète qu'il n'avait jamais parcouru – 240 milles de longueur, 180 milles de largeur (*BG*, I, 2) –, son information ne pouvait être que le fruit d'une chorographie[22] empruntée.

19. Mon expérience personnelle de l'exploration des vallées désertes de la Syrte (Libye), dans les années 1970, sans carte car elles étaient alors indisponibles pour des raisons de sécurité, et à l'aide seulement du compteur kilométrique de la voiture mais avec un bon guide local, montre qu'on arrive assez vite à maîtriser mentalement l'espace qu'on parcourt dans ces conditions incertaines et inconfortables, comme le faisaient encore les explorateurs du XIXe siècle.
20. Krebs 2006.
21. Rambaud, 1974.
22. Description des lieux, région par région, distincte pour les Anciens de la Géographie, qui envisage globalement l'espace de la terre.

La description que donne le proconsul de la Germanie, un pays qu'il connut à peine malgré ses deux incursions limitées, relève, elle aussi, de ce même exercice ethnographique. Certes, s'aventurer au-delà du Rhin, dans la Germanie profonde ou de l'autre côté de la Manche relevait de l'exploit et devait paraître fabuleux à Rome. Il fallait, pour s'y risquer, une bonne provision d'audace en même temps que des nerfs solides et une tête bien faite, capable de faire face, à l'improviste, à tous les dangers qui se présentaient. César, une fois ces exploits effectués et proclamés à la face de Rome et du Sénat, sut se retirer à temps de ces conquêtes prématurées, et qui eussent été déraisonnables, se posant ainsi en général avisé et prudent[23]. Il n'en reste pas moins que cette géographie que propose César de la Germanie n'est qu'un exercice de composition littéraire fondée sur des informations très partielles et de seconde main, pour l'essentiel. Ce n'est en effet qu'à partir d'Auguste que ce pays fut réellement exploré[24].

23. Krebs, 2006.
24. Timpe, 1995.

La logistique romaine

Longtemps négligée en tant qu'objet d'études académiques, la question de la logistique romaine a connu un fort regain d'intérêt à la fin du XXe siècle ; elle ne cesse depuis lors de produire des études nombreuses dont on ne saurait présenter ici un état exhaustif et contradictoire qui déborderait beaucoup du cadre et des intentions de cet ouvrage[1]. Cette abondance bibliographique masque pourtant mal un fait essentiel : les différents travaux publiés, aussi savants soient-ils, s'appuient essentiellement sur les sources textuelles classiques mais jamais, ou à peu près, sur une archéologie longtemps restée muette, il est vrai, mais aujourd'hui plus prolixe. Ce faisant, ils conduisent parfois à de sérieux travers. L'ouvrage majeur et régulièrement cité de J. P. Roth, par exemple, tend ainsi à retracer le ravitaillement de l'armée romaine en compilant des données très diverses et d'époques différentes, parfois à partir de présupposés contemporains sur les besoins alimentaires du soldat. D'autres restituent une logistique césarienne générale, mêlant les données de la guerre civile à celle des Gaules, alors que ces conflits se sont déroulés dans des contextes écologiques très différents : s'il n'était pas difficile de trouver de l'huile d'olive en Afrique ou *a fortiori* en Grèce, il en allait évidemment tout autrement chez les Belges, ce qui n'allait pas sans conséquence pour le ravitaillement du soldat en campagne. Précisons, naturellement, qu'il ne saurait être question de mélanger ce que les sources nous enseignent sur la logistique militaire dans le cadre d'un conflit où les troupes se déplacent en permanence, et ce qu'elles nous révèlent quand celles-ci sont au repos.

Or si l'archéologie ne nous a longtemps rien appris sur l'alimentation du soldat pendant la guerre des Gaules, la situation a radicalement changé depuis quelques années ; on peut commencer en effet à utiliser les données matérielles qu'elle nous livre à travers

---

1. On se contentera de mentionner quelques publications clés : celle de Roth, 1999, contient l'essentiel des sources historiques disponibles ; celle de Erdkamp, 1998, est plus spécifiquement consacrée aux armées républicaines. Pour cette période, la question a été reprise avec beaucoup de prudence et de sens critique par Cadiou, 2008, dans le cadre de sa thèse sur la conquête de l'Espagne ; l'auteur a été assez largement suivi par Porte, 2017. Sur la logistique césarienne en particulier, on se doit de mentionner l'étude ancienne mais toujours utile de Harmand, 1967, et celle de Labisch, 1975. Plus récemment, Merrow, von Hassel et Starace, 2020, ont voulu prêter à César, de manière pas toujours convaincante, un rôle pionnier et majeur dans la constitution d'un service logistique de l'armée romaine qui aurait été une clé de son succès. On verra le compte rendu très critique qu'en a donné G. Moss dans *Bryn Mawr Classical Review*, 2021.03.19. On ne discutera pas ici des innombrables erreurs factuelles d'un ouvrage dont la perspective apologétique laisse l'historien perplexe.

deux sites essentiels : celui d'Alésia, d'une part et surtout, désormais, celui de Hermeskeil, attribué à la campagne de Labienus chez les Trévires, en 51. On peut confronter en outre ces informations à celles qu'a fournies le camp F de Lautagne, près de Valence, probablement antérieur de quelques années seulement au déclenchement du conflit césarien. Mais on doit aussi prendre en compte les fouilles récentes sur l'oppidum du Titelberg (Luxembourg) qui ont révélé l'existence d'un *emporium* romain installé avant la guerre des Gaules. Ces données nouvelles invitent à remettre en perspective celles des *Commentaires*, comme on va le voir.

Ce que dit le texte des *Commentaires*

Les questions de ravitaillement sont permanentes dans le récit césarien, mais parfois très allusives. Nourrir une masse humaine qui compta probablement jusqu'à une douzaine de légions, sans compter les valets d'armes et au moins une partie des auxiliaires n'était pas une petite affaire, surtout quand les troupes étaient regroupées en un seul corps de bataille, comme ce fut le cas devant Alésia. Même en comptant avec les pertes dues aux combats précédents, l'armée romaine – une quarantaine de milliers d'hommes, au bas mot – avait besoin, à ce moment-là, d'au moins trois à quatre cents quintaux de céréales par jour, soit au moins un millier de tonnes pour la durée minimale d'un mois de siège[2] ! On comprendra sans peine que nourrir cette masse humaine impliquait pour les assiégeants, qui ne transportaient probablement pas avec eux un tel stock au moment d'opérer leur retraite vers le sud, autant de problèmes qu'aux assiégés de l'oppidum, même s'ils étaient plus libres de leurs mouvements, du moins au début. Mais cet aspect des choses est à peine évoqué par le proconsul, sauf de manière sibylline lorsque celui-ci évoque toutes les tâches qu'il devait accomplir en même temps (*BG* VII, 73).

Le ravitaillement direct depuis la Province

Au début de la guerre, pourtant, César avait organisé sa logistique depuis la Transalpine : les *Commentaires* signalent en effet, de manière assez allusive, que des chalands chargés de céréales remontaient la Saône (*BG* I, 16), mais cette possibilité de ravitaillement au cours de la première campagne était due au fait que l'armée n'opérait pas encore très loin de sa base arrière et disposait d'une voie d'eau commode, directement reliée au Rhône. À aucun autre moment, dans la suite du récit, nous ne voyons d'allusion à de tels convois venus du Midi. Au contraire, l'imperator souligne à plusieurs reprises, notamment en 52, qu'aucun secours depuis la province ne pouvait être envisagé, les routes étant évidemment peu sûres au sein d'un pays en pleine révolte où les transports ne pouvaient probablement pas circuler aisément, en toute sécurité (*BG* VII, 65).

---

2. Le calcul, nécessairement très approximatif, s'appuie sur une ration de blé d'environ 850 grammes/homme (données extraites de Roth, 1999, 24, et généralement acceptées), pour une troupe de 40 000 hommes au minimum (en comptant 4 000 hommes valides par légion, sur un effectif théorique de 4 800, à effectifs complets, voire davantage). Le proconsul disposait alors de 10 légions au moins. On ne compte pas ici les auxiliaires, notamment germaniques.

La dépendance envers les alliés

Dès cette première année, d'ailleurs, le système mis en place se révéla inopérant, le proconsul ayant dû s'éloigner de la rivière pour suivre les Helvètes. César dépendit alors de ses alliés éduens, dont il souligna à cette occasion la mauvaise volonté[3]. L'épisode nous révèle au passage que les rations étaient distribuées mensuellement, ce qui implique que chaque soldat recevait environ 25 kilos de céréales d'un seul coup, ce qui alourdissait alors le train.

Cette dépendance vis-à-vis des alliés fut constante dans toute la suite de la guerre : en 57, ce sont les Rèmes qui, se mettant sous la protection de Rome, se déclarèrent prêts à fournir du blé (*BG* II, 3). Les Trinovantes firent de même en 54 (*BG* V, 24). Évidemment, en 52, la mauvaise volonté des Éduens ne fit qu'augmenter : ayant dû fournir des vivres et de l'équipement (*commeatus*) dès le début de la campagne (*BG* VII, 10), ils continuèrent, avec leurs clients Boïens, à se faire tirer l'oreille au moment du siège d'Avaricum (*BG* VII, 17), au point que les légionnaires se retrouvèrent affamés et durent manger de la viande de bétail « réquisitionnée » dans les campagnes, une punition pour les Italiens : « ce fut au point que, pendant de longs jours, les soldats manquèrent de céréales » (*BG* VII, 17)[4]. On voit à travers ce passage que celles-ci constituaient bien l'essentiel de la diète militaire en opérations. Vercingétorix l'avait si bien compris que toute sa stratégie, à ce moment-là, reposa sur l'idée d'interdire aux Romains la possibilité de se ravitailler et de nourrir les animaux nécessaires à leur cavalerie (chevaux) et à leur train (mules essentiellement) en empêchant l'ennemi de fourrager (*pabulatio*) (*BG* VII, 14), une tactique déjà éprouvée par les Bretons (*BG* IV, 30-31).

Le pillage direct

Face à ces difficultés, l'armée romaine procédait comme on le fait toujours en temps de guerre, en pillant les récoltes sur pied quand c'était possible. Différents passages des *Commentaires* attestent cette pratique récurrente : ce fut le cas lors de la première expédition de Bretagne où les soldats moissonnèrent directement les champs (IV, 32). Q. Cicéron, en 53, envoya ses hommes couper le blé dans les alentours proches du camp (VI, 36). Se procurer du fourrage pour les bêtes était aussi une contrainte importante, quand on était en opération, et on vit ainsi César détacher trois légions à cette tâche (*pabulandi causa*, V, 17). De telles corvées logistiques sur le terrain étaient constantes.

Réquisitions et achats : le rôle des négociants romains

Il fallait pourtant bien disposer de ressources plus massives et plus durables, notamment quand on ne pouvait s'approvisionner sur place. Ce fut le cas en 56 lorsque la récolte

---

3. On a vu toutefois, *supra*, p. 112, que cette mauvaise volonté pouvait avoir d'autres causes, notamment une météo défavorable.
4. La traduction des Belles Lettres parle de pain, le latin emploie le mot « *frumentum* », dont nous verrons qu'il n'implique pas nécessairement la fabrication de pain, au moins au sens où nous l'entendons.

s'avéra mauvaise chez les Andécaves, privant ainsi les troupes de ressources locales. On dut alors envoyer des préfets et des tribuns effectuer des réquisitions forcées dans les régions voisines, peut-être contre paiement en argent, mais ce n'est pas certain (*BG* III, 7). César, en revanche, ne fait qu'une allusion subliminale à l'existence d'agents romains chargés, en Gaule même, de lui fournir son ravitaillement céréalier. Le seul épisode connu se situe au début de l'année 52, quand le proconsul rappelle le sort funeste réservé à C. Fufius Cita, un chevalier romain résidant à Cenabum (Orléans) et investi de cette mission (*BG* VII, 3). L'homme, qui devait probablement acheter, stocker et acheminer les grains au profit de l'armée romaine, était sans doute considéré comme un véritable accapareur par les Carnutes et il laissa sa vie dans la révolte qui éclata, donnant le signal du soulèvement général. Celui-ci survint en pleine crise des subsistances, à un moment où la Gaule subissait une série de mauvaises récoltes à la suite des difficultés climatiques survenues les années précédentes[5]. B. Rossignol a d'ailleurs publié à cette occasion une bonne carte montrant la superposition des premières révoltes de 52 et celle des zones fortement défavorisées par une mauvaise météo en 54 et 53 (fig. 63)[6]. La relation paraît évidente et montre l'impact de la conquête césarienne sur les ressources de l'agriculture gauloise, notamment quand les récoltes étaient insuffisantes et qu'il fallait de surcroît nourrir une légion (voire plusieurs) pendant toute une saison. Ce fut le cas notamment dans l'hiver 54-53 où, à cause de la pénurie de grains, César fut contraint de disperser ses troupes dans toute la Belgique, ce qui les rendait évidemment vulnérables tout en augmentant le mécontentement des peuples gaulois concernés (*BG* V, 24).

Nous ne connaissons pas bien la famille de C. Fufius Cita, même si B. Rossignol a suggéré de façon séduisante un apparentement possible avec Q. Fufius Calenus, légat de César qui participa à la répression contre les Carnutes en 51 (*BG* VIII, 38-39) et s'enrichit ensuite considérablement, avant de finir au Sénat, comme bien d'autres *homines novi* de cette génération aventureuse de la « Révolution romaine », chère à Ronald Syme[7]. Cita, pour sa part, agissait sans doute à titre privé plutôt que comme publicain et faisait ses affaires en même temps que celles de l'armée romaine. Son installation dans une ville gauloise ne saurait surprendre car elle est aujourd'hui bien illustrée par le cas de l'*emporium* romain découvert sur l'oppidum trévire du Titelberg, où un établissement marchand était déjà implanté avant même le début de la guerre des Gaules[8]. D'autres de même nature sont attestés par le texte césarien à Chalon-sur-Saône (*BG* VII, 42) et Noviodunum (*BG* VII, 55) et les négociants italiens qui y résidaient, symboles de l'impérialisme romain, furent là aussi victimes du soulèvement de 52. Ce sont probablement les employés, affranchis ou sous-traitants de ces hommes d'affaires qu'on voit installés aux portes des camps, vendant aux soldats ce que l'intendance militaire ne leur fournissait pas (*BG* VI, 37), une pratique déjà ancienne et qui devint constante sous l'Empire[9].

---

5. *Supra*, p. 112-115.
6. Rossignol, 2009.
7. Rossignol et Durost, 2009, 36.
8. Metzler *et al.*, 2018.
9. Cuvigny 2003, 381-38.

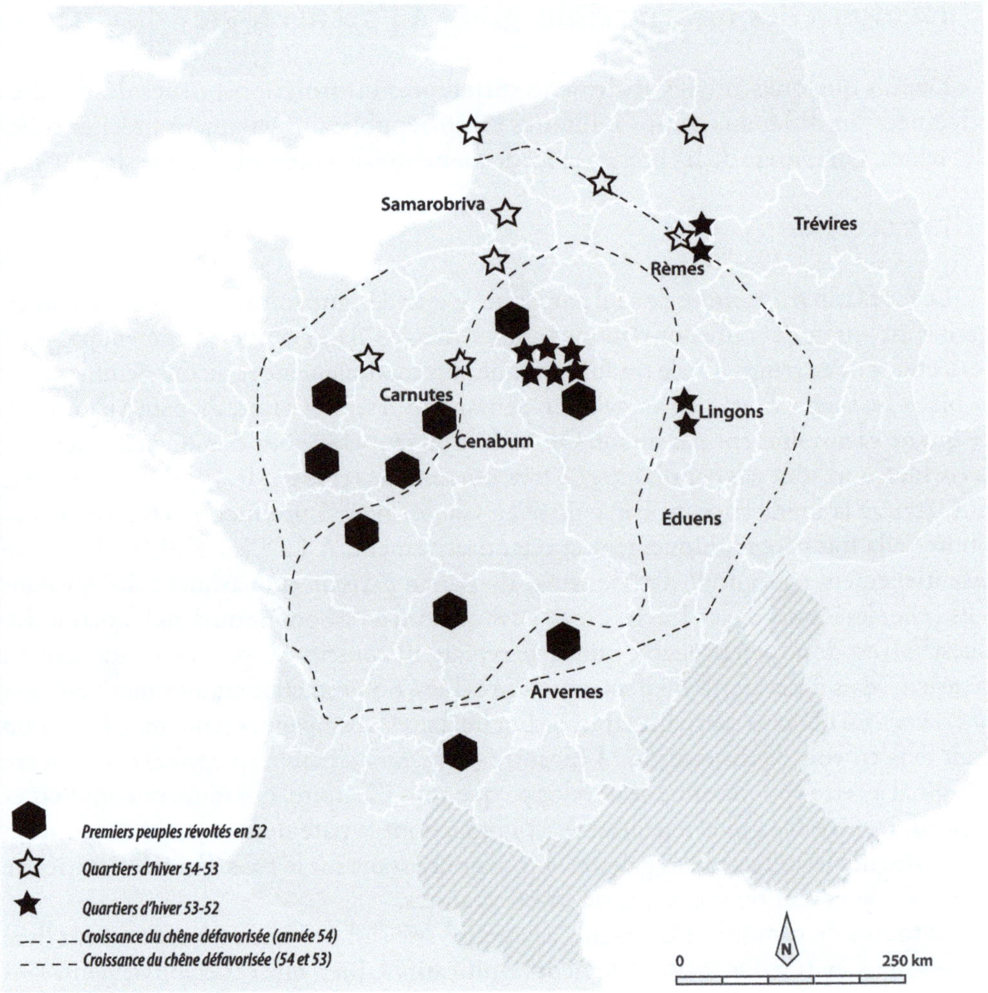

Fig. 63. – Les zones touchées par la révolte de 52 et leur corrélation avec la péjoration climatique des années 53-52 (DAO M. Reddé, d'après Rossignol, 2009).

César, en revanche, ne dit pas le moindre mot d'un autre de ses affidés, pourtant bien connu des historiens, Ventidius Bassus. L'homme, d'après Aulu-Gelle (*Nuits attiques* XV, 4, 3), était en effet pauvre et de basse extraction, à l'inverse de Cita : « il se vit réduit à acheter des mulets et des chariots, qu'il louait à l'État pour le transfert des magistrats partant pour leur province. Ce métier le fit connaître à C. Caesar, qui l'emmena avec lui dans les Gaules. Il sut se distinguer par son activité dans cette province », gagna l'amitié du dictateur, devint ainsi fort riche, atteignit le consulat et « fut le premier qui triompha des Parthes ». L'époque était aux affairistes audacieux !

De nouvelles informations grâce à l'archéologie

Depuis quelques années seulement, différentes informations, issues des fouilles effectuées sur différents camps militaires tardo-républicains, viennent préciser celles des textes. On tentera de les présenter ici de manière raisonnée, plutôt que site par site.

Les céréales

Le mot latin *frumentum*, le seul par lequel César désigne son approvisionnement en grains, est source de confusion dans nos esprits, même s'il ne l'était évidemment pas pour les lecteurs de ce temps. On le traduit presque automatiquement et inconsciemment par « blé » (« bred wheat » en anglais), en pensant qu'il servait à faire du pain à pâte levée, ce qui ne va absolument pas de soi. On se doit de rappeler, pour commencer, que tous les « blés » ne sont pas panifiables. Le *triticum aestivum* (blé tendre), qui est une céréale nue, était, à la fin de l'âge du Fer, cultivé en Gaule, mais sa production en était encore limitée à la fois géographiquement et quantitativement. À La Tène D2b, on la trouve essentiellement concentrée dans le centre du Bassin parisien et quasiment absente dans l'Est, chez les Rèmes ou les Trévires, mais aussi au nord de la Somme ou dans le quart nord-ouest[10]. Il est donc peu probable que cette céréale ait constitué le gros du ravitaillement césarien. Mais il y avait naturellement d'autres blés, notamment l'amidonnier (*triticum diccocum*), un blé vêtu peu panifiable, ordinaire dans les campagnes italiennes. L'engrain était déjà en voie de disparition ; l'épeautre (*triticum aestivum*, sp. *spelta*) était encore marginal à cette époque et ne se développa que sous l'Empire, notamment dans l'est et le nord. La céréale la plus répandue était l'orge, dont la pâte ne lève pas, mais dont on peut faire des bouillies et des galettes. En se nourrissant sur le pays, l'armée césarienne devait évidemment tenir compte de ces contraintes.

La fouille du camp F de Lautagne, à la périphérie sud de Valence, a récemment livré des résultats inattendus mais hautement significatifs[11]. Bien que cet établissement, sans doute prévu pour deux légions, soit probablement antérieur de quelques années à la guerre des Gaules, il livre un précieux témoignage sur l'alimentation réelle du soldat romain, en Gaule, à la fin de la République. Une exploration extensive, mais seulement partielle, avait révélé, à la fin 2016, 119 fours circulaires d'environ 1 à 1,30 mètre de diamètre, surmontés d'une coupole, comme ceux qu'on retrouve fréquemment dans l'Italie romaine et qu'on voit, par exemple, sur les bas-reliefs du tombeau d'Eurysaces, à Rome[12]. Notons, dès maintenant, que la disposition de ces structures de chauffe était probablement déterminée par celle des unités (centuries) qu'elles desservaient et observons qu'on en retrouve de semblables dans l'établissement militaire, probablement césarien, installé sur l'oppidum de la Chaussée-Tirancourt, dans le grand camp de Gergovie et dans celui de Hermeskeil, dont nous allons reparler. Ils nous indiquent une préparation culinaire effectuée sur place

---

10. Lepetz et Zech-Matterne, 2017, 2018.
11. Kielb-Zaaraoui *et al.*, 2022.
12. Les fouilles complémentaires récentes, encore inédites, en ont révélé d'autres.

par chaque groupe de légionnaires. Ils ont surtout livré un grand nombre de céréales calcinées, majoritairement un mélange d'orge vêtue et de blé nu, dans une proportion globale de 60/40 %, variable d'un four à l'autre. Cette observation contrevient à l'idée traditionnelle, qui repose essentiellement sur les textes, selon laquelle l'orge était une ration de punition ou réservée aux situations de pénurie[13]. Il est en outre très clair qu'il ne s'agit pas ici de la nourriture des chevaux (sans quoi on ne la retrouverait pas dans des fours) et que nous avons affaire à une situation généralisée dans tout le camp. La présence de blé nu est normale, s'agissant d'un site de la vallée du Rhône, bien ravitaillé depuis le Midi, ce qui le différencie des campements césariens du nord de la Gaule. Les légionnaires de ce temps préparaient donc probablement des pains à la farine mélangée, sans doute aussi des galettes et du *puls* (bouillie). Nous savons par Pline (*HN* 18, 19, 2) qu'il s'agissait en l'occurrence de la nourriture romaine traditionnelle (fig. 64).

Quant au camp de Hermeskeil, en Palatinat, il est attribué avec beaucoup de vraisemblance à la campagne de Labienus chez les Trévires, en 51[14]. Bien que beaucoup moins largement fouillé que celui de Valence, il a livré lui aussi un spectre céréalier intéressant où prédomine l'orge, notamment dans les prélèvements au sein des structures de chauffe, suivie par l'amidonnier et un peu d'épeautre. On notera aussi la présence en petite quantité de millet, bien répandu dans la Rhénanie de l'âge du Fer, ce qui implique ici la consommation de plantes locales[15]. Il est significatif, à cet égard, que la provenance géologique du matériel de mouture des soldats (meules individuelles pour préparer la farine) reflète les déplacements de la troupe, puisqu'elle révèle des objets majoritairement acquis localement lors des campagnes précédentes et non une logistique régulière organisée depuis le Midi.

Les autres plantes

C'est le site de Hermeskeil qui, là encore, est le plus révélateur, celui de Lautagne n'ayant livré que des plantes carbonisées (ce qui explique l'abondance des céréales) et non des végétaux qui se conservent seulement en milieu humide, de sorte que les maigres résultats du site valencien sont peu significatifs en ce domaine[16]. L'étude archéobotanique sur le camp situé en territoire allemand a en revanche pu mettre en évidence la présence de lentilles et de pois, produits régionalement à cette époque. On note aussi dans le dépotoir celle de framboises et de prunes, sans aucun doute locales, mais aussi de figues, ce qui implique en revanche une origine méridionale. Ces fruits, sans doute séchés, ont probablement fait l'objet d'un trafic marchand, au terme d'un long voyage. En revanche, aucune plante oléagineuse locale n'a été observée.

---

13. La position de Cadiou 2008, 547-548 est toutefois plus prudente et nuancée.
14. Peut-être avec une première phase d'occupation en 53.
15. König, 2024.
16. Il convient de rappeler ici que les éléments organiques ne se conservent pas de manière égale selon les conditions de terrain et d'humidité. Ainsi, les sols acides sont-ils peu propices à la préservation des végétaux et même des ossements. Les blés se retrouvent beaucoup mieux en milieu carbonisé, alors que les milieux humides et anaérobies permettent plus facilement de retrouver les restes de fruits et légumes. Ces spécificités expliquent que l'archéologie ne mette pas au jour de manière indifférenciée tous les restes de matière végétale.

Fig. 64. – Un des fours à pain du camp de Lautagne (d'après Kielb Zaaraoui *et al.*, 2022, fig. 6).

La viande

Les quelques restes fauniques observés à Lautagne, mal conservés en raison de la nature des sols, ne livrent pas beaucoup d'informations sur l'alimentation carnée des légionnaires. Il s'agit principalement de bovins et de caprinés, avec de nombreux indices d'exposition au feu, mais on doit noter l'absence de porcins, pourtant la chair favorite des légionnaires italiens. On peut aussi formuler l'hypothèse de viande en conserve, transportée désossée, ou de préparations charcutières sans ossements, qui ne laissent donc pas de traces archéologiques. C'est un spectre similaire qu'on retrouve dans les fouilles d'Alésia, où l'alimentation carnée est présente mais apparemment réduite, avec une prépondérance du bœuf et des caprinés, alors que la consommation de porc était limitée. Même des chevaux ont été consommés. Dans tous les cas il s'agit de bêtes de réforme, probablement razziées et préparées sur place[17].

L'huile, le vin, les sauces de poisson

L'huile et le vin sont souvent considérés comme des éléments indispensables de la diète du soldat romain. Dans le cas qui nous occupe ici, on dispose des données de Lautagne, d'Alésia, de Hermeskeil. Dans le premier cas, le spectre amphorique est pour l'essentiel composé d'amphores vinaires italiques de type Dressel 1, originaires de Campanie, du sud du Latium et des zones de Cosa et Albinia, en Étrurie, soit 86 % des 96 récipients identifiés (en NMI[18]). Seuls deux individus (2 %) semblent avoir contenu de l'huile italienne, ce qui est peu[19]. Un dernier servait probablement pour des sauces de poisson originaires de Bétique.

Les fouilles d'Alésia n'ont révélé qu'un petit nombre de conteneurs, ce qui s'explique assez bien par le contexte, celui d'une armée en retraite vers le sud, dont le train ne pouvait s'embarrasser de poids excessifs. Néanmoins, il est remarquable que toutes les amphores liées à un contexte du siège, au nombre de 18, appartiennent au type Dressel 1B. Elles transportaient donc du vin et on n'a pas connaissance d'autres types d'emballages, notamment pour l'huile ou les saumures[20]. On notera aussi la découverte, dans les fouilles du camp A, d'un tonnelet, dont on ne sait s'il transportait du vin, de la bière ou d'autres produits[21].

Dans le cas d'Hermeskeil, on retrouve aussi une majorité d'amphores vinaires, avec une prédominance de la zone d'Albinia et de Campanie[22]. Une seule venait d'*Hispania Ulterior*, sans doute pour des saumures, une autre provenait de Léétanie (Catalogne). En revanche, aucun conteneur d'huile n'a été identifié, ce qui peut être comparé aux données observées sur les autres sites étudiés. Bien que le nombre d'individus identifiés

17. Benecke, 2001.
18. = N(ombre) M(inimum) d'I(ndividus).
19. Une Lamboglia 2 et une ovoïde d'Albinia.
20. Barral, 2001.
21. Brouquier-Reddé et Deyber, 2001, inv. n° 181.
22. Tretola Martinez, 2024.

soit là aussi faible (28), c'est la disproportion statistique qui est remarquable. Il est donc probable que cette armée en campagne consommait très peu de vin et que celui-ci était sans doute réservé à la table des officiers. Les besoins en matières grasses pouvaient être sans doute fournis par un recours au marché des huiles locales, non transportées en amphores ; mais on peut imaginer aussi l'usage d'huile d'olive dans des récipients en peau, plus petits que les gros conteneurs, et dont les traces n'ont pas été retrouvées, faute de contextes humides.

Un autre élément important de l'étude d'Hermeskeil est la correspondance de son spectre amphorique avec celui qu'ont livré les fouilles du Titelberg, ce qui invite à penser que le ravitaillement procédait par cette voie, comme on va le voir.

Le comptoir commercial italique du Titelberg

L'oppidum gaulois du Titelberg, qui a fait l'objet de fouilles importantes et étendues, s'avère aujourd'hui comme le site principal des Trévires, au moins pour ce qui concerne la partie occidentale de la cité. Les recherches ont notamment mis en évidence, le long de la rue centrale qui aboutit au centre public monumental, la présence d'un complexe clos dans lequel le matériel romain est particulièrement abondant[23]. Outre un ensemble très significatif de *militaria* romains, qui attestent la présence de soldats, on doit mentionner un lot minimum de 1 300 amphores[24], provenant de toute la Méditerranée occidentale, Italie et Espagne notamment (fig. 65). Les amphores vinaires du type Dressel 1, originaires de la côte tyrrhénienne, y représentent 66 % du corpus, les Dr. 1B dominant largement les Dr. 1A. On relève par ailleurs, dans le reliquat du stock découvert, la présence d'amphores de Lipari (alun), de Brindes (huile), d'Adriatique (huile), de Catalogne (vin), de sauces de poisson (Bétique). L'étude préliminaire actuellement disponible ne permet toutefois pas une ventilation chronologique fine du corpus. L'importation de céramiques italiennes doit en outre être relevée, ainsi que celle d'une faune particulièrement abondante au sein de laquelle prédomine le porc pour la période de La Tène D[25], ce qui est notable. Pour l'essentiel, il s'agit de viande de boucherie, certains dépôts étant caractéristiques de pratiques charcutières.

La fouille a révélé quatre phases : une première période couvrant environ les années 100 à 70 av. J.-C., et qui correspond sans doute à un habitat ; une seconde, qui nous intéresse particulièrement puisqu'elle commence vers 70 et se termine vers 50-45, correspondant déjà au facies que nous décrivons (fig. 66). On y observe la présence d'un complexe bâti sur sablières basses[26] autour d'une cour centrale d'une quarantaine de mètres de long. On remarquera en particulier la présence de silos dans l'aile nord-ouest. Les deux autres phases sont postérieures à la guerre des Gaules.

---

23. Metzler *et al.*, 2018.
24. État dressé en 2017.
25. Vers 130/120 av. J.-C. jusque vers 40-30 av. J.-C.
26. Poutre posée à ras du sol et servant à supporter les éléments d'une paroi à pans de bois.

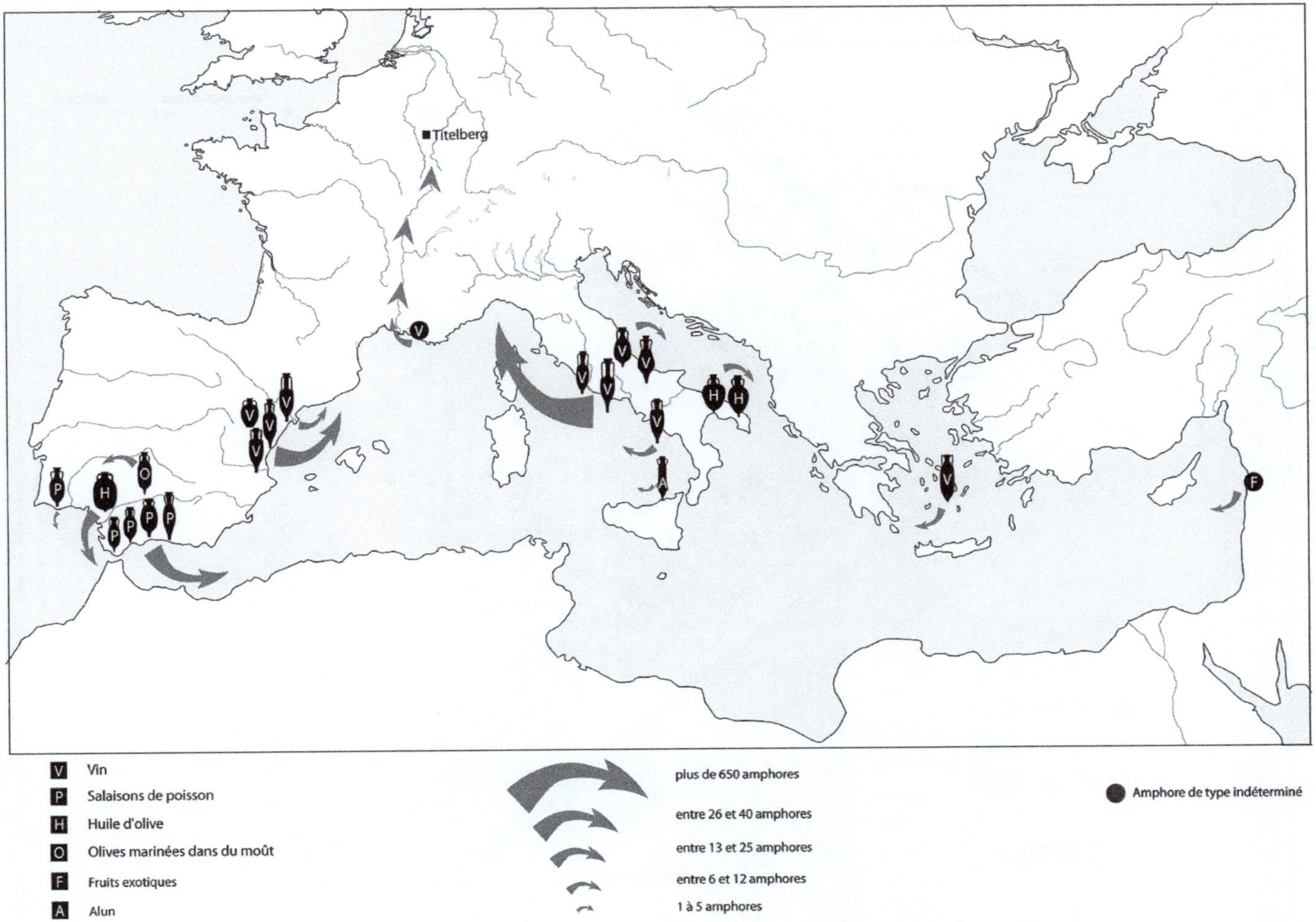

Fig. 65. – Les courants d'exportation des amphores de l'établissement commercial du Titelberg, toutes périodes confondues (Metzler *et al.*, 2018, 190).

Fig. 66. – L'établissement commercial du Titelberg, phase 2 (vers 70/50-45 av. J.-C.). (d'après Metzler *et al.*, 2018, 184).

Il ne fait guère de doute que nous avons affaire ici à un établissement commercial qui importait sur l'oppidum et dans toute la région les produits du monde méditerranéen, et ce depuis une période antérieure au conflit. L'activité semble avoir duré pendant toutes les années de la guerre et au-delà, peut-être protégée par une petite garnison romaine mais aussi par les bonnes relations de cette partie du pays Trévire avec Rome, quand d'autres entités de la cité, à l'est, y étaient en revanche hostiles[27]. Pour l'heure, cet exemple constitue un véritable unicum archéologique, mais on ne voit guère de raison pour considérer qu'il s'agit là d'une exception trévire. De tels *emporia* devaient exister dans la plupart des oppida, servant de comptoirs aux commerçants italiens qui s'implantaient en Gaule.

L'image qui ressort de la logistique césarienne est donc composite. Il apparaît tout d'abord bien clairement que, sauf au tout début du conflit, elle n'a guère fait appel à des convois organisés et réguliers venus du sud. Dès 58, d'ailleurs, le proconsul a dû s'appuyer sur ses alliés gaulois, notamment éduens, puis rèmes et sans doute aussi lingons pour nourrir ses troupes. Il s'agissait là d'un axe essentiel pour les opérations romaines, d'une base arrière à la fois politique, stratégique et logistique sans laquelle la guerre ne pouvait être menée. Ailleurs, on faisait flèche de tout bois : réquisitions, pillage, razzias, comme toujours. Mais on ne pouvait se contenter de tels expédients, compte tenu de l'énormité des besoins d'une armée de plus en plus grosse ; César a donc utilisé les services d'intermédiaires romains pour assurer ses fournitures en les « achetant » localement, au besoin par la contrainte. Nous connaissons deux de ces individus, C. Fufius Cita et Ventidius Bassus. Mais il y avait aussi en Gaule, notamment sur les oppida, tout un réseau de marchands italiens restés anonymes auquel les *Commentaires* font parfois allusion et dont la fouille du Titelberg vient aujourd'hui attester la matérialité.

Les céréales constituaient sans aucun doute l'essentiel du ravitaillement nécessaire aux troupes mais il ne s'agissait pas seulement de froment. On voit aujourd'hui, grâce aux fouilles de Lautagne en particulier, que les soldats de ce temps consommaient autant d'orge que de blé, fabriquant ainsi des pains de farine mixte mais surtout des galettes et du *puls*. Les compléments végétaux étaient fournis localement, la viande étant sans doute assez rare mais peut être rendue « invisible » sur les sites militaires proprement dits si la boucherie n'y était pas directement pratiquée et si les soldats utilisaient des préparations charcutières locales, conservées en pots fermés. Le matériel céramique retrouvé au sein des contextes romains d'Alésia, presque toujours de type indigène, invite à cette conclusion[28]. Quant aux fournitures d'origine méditerranéenne conservées en amphores, vin, huile, sauces de poisson, elles sont présentes mais en relativement petite quantité et devaient donc être réservées aux officiers, sauf si des conteneurs en bois (tonnelets) ou en peau échappent à l'investigation archéologique et faussent la représentation que nous nous faisons. En tout état de cause, il est vraisemblable que ces fournitures passaient par le réseau marchand italien, déjà solidement implanté en Gaule.

---

27. *Supra*, p. 68.
28. Barral, 2001.

Enfin, on ne doit pas oublier l'importance du prélèvement opéré par l'armée césarienne sur les ressources agricoles d'un pays qui traversait alors une crise des subsistances, en raison d'une série de difficultés climatiques, encore accentuées dans les dernières années du conflit. Les contraintes militaires, avec leur cortège d'exactions, venaient ici accroître les causes de mécontentement inhérentes à toute guerre d'agression et à ce qui s'apparentait parfois à une véritable occupation étrangère.

L'armement et les modes de combat

La publication des armes et des *militaria*[1] d'Alésia, en 2001, a relancé la recherche sur une thématique ancienne mais quelque peu bloquée jusque-là par l'absence de nouveaux contextes archéologiques bien datés de l'époque de la guerre des Gaules[2]. Ceci explique sans doute que les travaux antérieurs consacrés à l'art romain de la guerre réservent une part congrue à l'examen direct du matériel. Ainsi, dans son remarquable ouvrage de 1996 intitulé *The Roman Army at War*, qui reste, aujourd'hui encore, l'ouvrage de référence sur ce sujet, en raison de son intelligence des sources historiques, Adrian Goldsworthy n'avait pu tenir compte des nouvelles réflexions suscitées par l'évolution des recherches archéologiques qui ont suivi sa publication[3]. Sans vouloir entrer dans des débats très techniques sur la typologie des artefacts mis au jour ni sur leur place dans l'évolution de l'armement romain ou celtique, des thèmes qui ont suscité une copieuse littérature érudite dont on ne saurait rendre compte dans ces quelques pages, on se doit de rappeler les questions essentielles issues des fouilles menées ces dernières années non seulement à Alésia, mais aussi à Gergovie, à Uxellodunum et à Hermeskeil, en confrontant entre eux ces différents ensembles contemporains, tous marqués par un épisode particulier de la guerre des Gaules[4].

---

1. Ce mot est une invention moderne d'archéologues pour désigner l'ensemble de l'équipement et du fourniment militaire romain.
2. Sievers, 2001 ; Brouquier-Reddé et Deyber, 2001.
3. Goldsworthy, 1996.
4. Dans son analyse du matériel d'Alésia, Suzanne Sievers s'était, entre autres choses, demandé si la récolte des armes provenant de ce site permettait de bien discriminer les objets appartenant à l'armée gauloise et ceux qui ressortissent à l'équipement militaire romain. Peut-on, en outre, en se fondant sur leur typologie, caractériser des modes de combat spécifiques à chacun des adversaires ? Cette approche a été poursuivie par plusieurs chercheurs dont il faut mentionner ici les publications, en se limitant à l'essentiel. On citera tout d'abord l'important colloque organisé en 2002 à Bibracte par Matthieu Poux qui a proposé une réflexion de synthèse fondamentale sur l'armement tardo-républicain en contexte gaulois (Poux, 2008). Alain Deyber, dans sa thèse sur la guerre dans le monde celtique, a naturellement consacré un copieux chapitre à cette question, mais celui-ci n'est pas centré sur le conflit césarien lui-même (Deyber, 2009). Ce travail a été suivi par la publication monumentale de Lionel Pernet sur les auxiliaires gaulois des IIe et Ier siècles av. J.-C., appuyée sur un examen archéologique direct du matériel concerné et des différents contextes, funéraires, cultuels, militaires, voire des sites d'habitat dont il est issu (Pernet, 2010). Cette dernière étude a clairement montré la difficulté d'identifier, en l'état actuel de nos connaissances, ce qui ressortit à l'équipement des auxiliaires des légions ou à leurs adversaires gaulois, au moins pour certains types d'armes retrouvées sur les champs de bataille ou dans les cantonnements des troupes.

Les ensembles issus des contextes militaires césariens

Il est indispensable de bien comprendre pourquoi les différents ensembles archéologiques mis au jour ne reflètent que partiellement la panoplie des armes utilisées dans chaque camp, ce qui, pour le non-spécialiste, n'est pas toujours bien évident. Les batailles livrées à Alésia, Gergovie, Uxellodunum constituent en effet des cas d'espèce distincts, qui présentent chacun un « paysage de conflit » spécifique, qu'on ne retrouve évidemment pas dans le cas du probable camp de Labienus à Hermeskeil ou dans celui de Lautagne, de peu antérieur à la guerre des Gaules. Analyser le type de combat que reflète chaque ensemble de matériel militaire est donc essentiel.

Alésia

Commençons par le contexte de référence, Alésia. On peut le caractériser à la fois comme un dispositif de siège, associant des camps romains et des ouvrages d'investissement, mais aussi comme un champ de bataille où des combats sporadiques et localisés ont eu lieu pendant plusieurs semaines (fig. 67). Quatre épisodes majeurs ont en outre ponctué cette suite d'affrontements, si l'on suit le texte des *Commentaires*. Le premier se situe au début de la séquence, avec une rencontre de cavalerie dans la plaine, perdue par Vercingétorix (*BG* VII, 70). Le second marque le début de la bataille finale ; il s'agit de nouveau d'un combat de cavalerie dans la plaine, cette fois entre l'armée de secours et les forces romaines, qui restèrent victorieuses (*BG* VII, 80). Le surlendemain eut lieu un troisième épisode qui se traduisit par un assaut en tenaille des lignes de César, mené à la fois depuis l'oppidum et depuis l'extérieur (*BG* VII, 81-82). Les assaillants furent une nouvelle fois repoussés. Le quatrième et ultime affrontement eut lieu le jour suivant et fut, selon le proconsul, généralisé à tout le site, l'armée gauloise attaquant de toute part (*BG* VII, 83-88). Toutefois, le texte montre bien que Labienus, sur la montagne de Bussy, n'a pas été lui-même sérieusement menacé, puisqu'il est resté libre de ses mouvements et a pu venir porter secours aux légions de C. Antistius Reginus et C. Caninius Rebilus, les plus exposées. De même César, sur les hauteurs de Flavigny, pouvait observer la situation, diriger la bataille et descendre dans la plaine pour venir en aide aux positions romaines en difficulté. C'est donc à l'ouest du dispositif et au pied du Réa, comme l'avait bien vu Napoléon III, qu'eut lieu l'ultime rencontre et le choc essentiel. Les renseignements offerts par le texte des *Commentaires* sont sur ce point irremplaçables.

Ce bref rappel était nécessaire pour comprendre les spécificités de cet épisode militaire long et complexe qui a généré des pertes différenciées et localisées en matière d'armement : assez faibles autour des points les moins menacés (hauteurs de Flavigny et de Bussy), sans doute nombreuses en plaine mais dans un secteur où l'urbanisation moderne a fait disparaître toute trace du champ de bataille antique, importantes au pied du Réa, un secteur resté agricole où l'archéologie a pu mener de nombreuses recherches. Ajoutons que, dans cette zone, où la percée gauloise n'a pu être réalisée, ce ne sont évidemment pas les armes ou les monnaies perdues par l'armée de secours qu'on retrouve, comme je l'avais

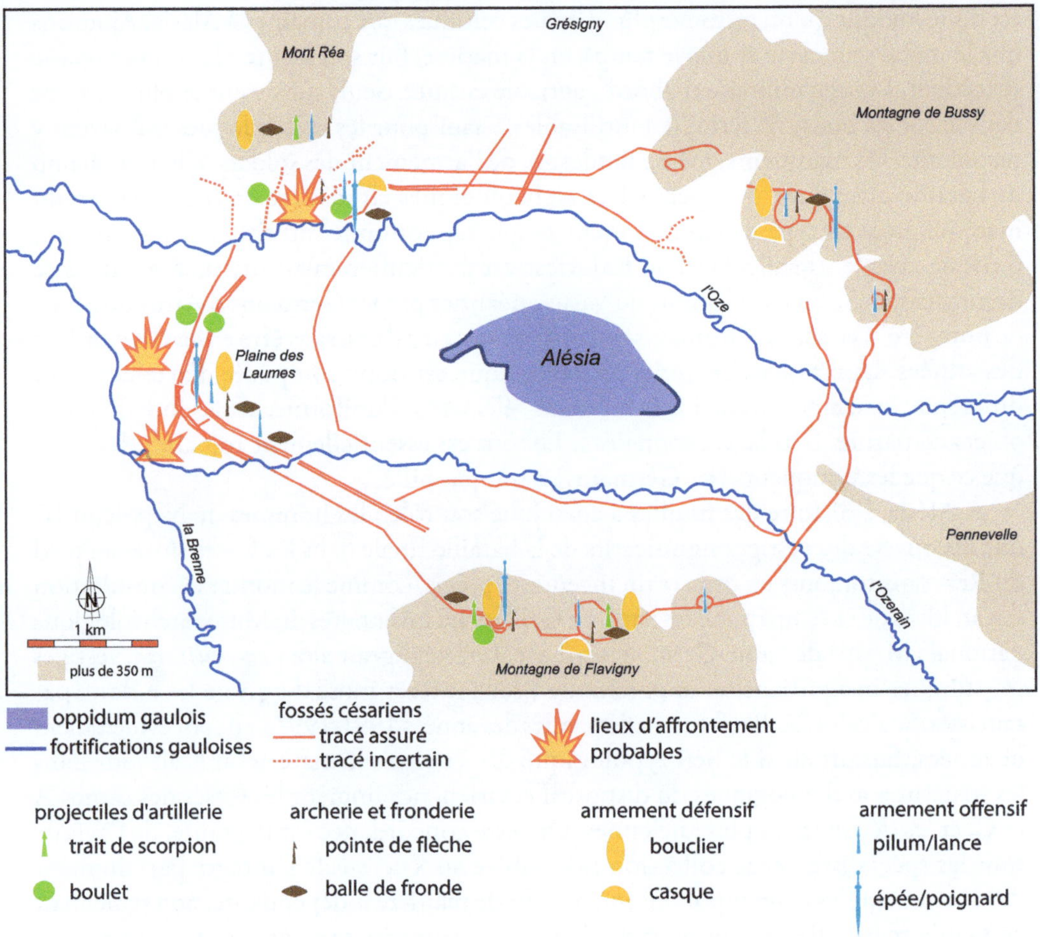

Fig. 67. – Principales concentrations d'armes découvertes à Alésia (Deberge *et al.*, 2014, 44).

déjà démontré[5], mais celles des soldats de Vercingétorix, ce qui ruine l'idée ancienne, défendue par J.-B. Colbert de Beaulieu, selon laquelle la numismatique refléterait ici la composition des troupes venues à la rescousse du chef arverne, sous la conduite de Vercassivellaunos[6]. À cette première constatation il faut ajouter d'autres considérations.

La première est qu'un champ de bataille ne conserve pas dans son sol un échantillon représentatif de toutes les armes utilisées durant les combats[7] : celles qui n'ont pas été perdues ou mises définitivement hors d'usage ont évidemment été récupérées par les vainqueurs, restés maîtres du terrain. Cela donne lieu, en l'occurrence, à un tri sélectif dont le produit n'est pas représentatif des panoplies utilisées par les uns et les autres. Il

5. Reddé, 2001, 6.
6. Colbert de Beaulieu, 1955.
7. Rost, 2008.

est donc logique qu'on retrouve plus d'armes celtiques que romaines à Alésia. Ajoutons que le métal se recycle et que le temps, en la matière, fait son œuvre : les ramassages se succèdent, à usage militaire d'abord[8], agricole ensuite. Seuls subsistent le plus souvent dans le sol les bouts de ferraille inutilisables... sauf pour les archéologues qui savent y reconnaître les marqueurs, même modestes, de l'armement des soldats. Chaque champ de bataille offre donc des spécificités archéologiques en matière de conservation du matériel, liées au type de combat mené et à la taphonomie[9] du site. La comparaison d'Alésia avec le site allemand de Kalkriese est particulièrement instructive : dans ce dernier cas, qui a vu trois légions de Varus anéanties par les Germains d'Arminius, en 9 de notre ère[10], ce sont les Romains qui ont été mis en pièces, sans être ensevelis pendant des années. La masse du matériel archéologique est donc composée d'artefacts tout différents : ossements humains et animaux, éléments d'uniforme, armes individuelles, objets de parure, outillage, monnaies... Le tout est essentiellement romain[11]. Ne reste que ce que les vainqueurs (les Germains) n'ont pas pillé.

À Alésia, l'histoire des fouilles a aussi joué son rôle : les hommes de Napoléon III ont découvert des vestiges significatifs de la bataille finale dans les fossés situés au pied du Réa, sans toujours en dresser un inventaire précis, comme le montre la consultation des archives de ce temps publiées par J. Le Gall[12] et les inventaires du Musée archéologique national (MAN) de Saint-Germain-en-Laye. On négligeait alors les *militaria*, vestiges métalliques insignifiants et apparemment sans intérêt muséal ; on ne les a donc pas ramassés. Seules les fouilles franco-allemandes des années 1991-1997 s'en sont évidemment occupées, faisant ainsi le lien typologique direct entre le matériel mis au jour dans les structures archéologiques du dispositif césarien, notamment les fossés des camps A et C, et les découvertes plus anciennes. Or cette concordance est flagrante, de l'avis de tous les spécialistes, et la collection rassemblée au XIXe siècle s'intègre parfaitement dans les ensembles contemporains mis au jour de manière indépendante, non seulement en Gaule mais ailleurs. On peut d'ailleurs s'en convaincre aisément en compulsant les planches de la publication scientifique où elles sont rassemblées[13]. La datation, bien calée, le mélange d'armes romaines et gauloises dans les mêmes contextes, celui aussi des monnaies des deux camps interdisent absolument le soupçon de forgerie ou celui d'une datation très postérieure à l'épisode césarien, comme on l'a quelquefois prétendu, en toute ignorance de cette question très technique.

Ces différentes considérations expliquent la composition particulière d'un lot d'armes qui forment une collection de référence en soi, compte tenu de leur contexte chronologique

---

8. Un bon exemple pourrait être fourni par la lame 176 de l'inventaire d'Alésia, forgée à partir d'un fer de lance récupéré (Sievers, 2001, 151 et 176).
9. Taphonomie : le mot appartient au vocabulaire des archéologues et désigne le processus d'ensevelissement des vestiges, qui diffère d'un site à l'autre. Sur cet aspect du champ de bataille, voir la bonne description de Deyber, 2008.
10. La datation généralement proposée est celle de 9 ap. J.-C. et est reliée à la défaite de Varus. Toutefois, certains proposent une datation un peu plus tardive, mais la question est complexe et il n'est pas nécessaire de se lancer ici dans cette controverse.
11. Harnecker, 2008.
12. Le Gall, 1989.
13. Reddé et von Schnurbein, 2001-2, pl. 40-116.

précis. Ce sont en effet les traits (*tela*) qui dominent car leur pointe de métal, fichée dans le sol, a été soit perdue soit négligée lors des récupérations postérieures aux combats : on dispose ainsi d'un nombre impressionnant de fers provenant de missiles divers (*pila*, javelines/javelots de différents types[14], flèches, pointes de traits). On y ajoutera les balles de fronde et les boulets de pierre ; ces derniers figurent en petit nombre car ils ont été souvent lancés bien au-delà des secteurs effectivement fouillés et leur découverte est le fruit du hasard. La collection de lances est, elle aussi, significative ; les épées conservées sont pour l'essentiel gauloises, les armes de poing romaines ayant été récupérées par les vainqueurs, ce qui explique qu'on ne ramasse pratiquement pas de glaives ni de poignards légionnaires. On trouve peu de casques, pièce d'armement coûteuse et aisément réutilisable. Seul un petit nombre d'*umbones* de boucliers ont été mis au jour[15], alors que des fragments d'orles, souvent négligés lors des fouilles du XIXe siècle, apparaissent en beaucoup plus grand nombre[16]. On ajoutera des artefacts liés directement au système défensif romain, comme les *tribuli*[17] ou un exceptionnel morceau de tente en cuir[18]. Innombrables sont les clous de *caligae* des légionnaires, qui n'ont véritablement été identifiés qu'à l'occasion de ces campagnes de fouilles d'Alésia et sont devenus, depuis lors, un fossile directeur de la présence militaire romaine sur un site archéologique[19].

Certaines pièces révèlent une identité évidente, dans la mesure où elles correspondent à des types bien connus de la panoplie respective des légionnaires ou des combattants gaulois, d'autres non[20]. Mais l'appartenance d'un objet à l'équipement ordinaire des Celtes n'implique pas pour autant qu'il provienne des troupes de Vercingétorix. L'*exercitus* républicain avait en effet à son service des *auxilia externa* équipés avec leurs armes traditionnelles que les soldats ont pu perdre, ici ou là, mais aussi des alliés au sein des peuples de Gaule[21]. César avait-il encore à son service de tels contingents lors de la bataille finale d'Alésia ? Il ne le précise pas mais le fait même qu'il ait dû faire appel à des cavaliers germaniques en dit long sur l'état de ses alliances à ce moment du conflit. On ne peut toutefois exclure des recrutements effectués auprès des peuples de Transalpine ou de Cisalpine. L'attribution à l'un ou l'autre des deux partis en présence n'est donc pas toujours évidente. Ainsi les *umbones* de boucliers retrouvés[22] sont-ils clairement celtiques

---

14. On verra plus loin quelle distinction il y a lieu de faire entre *pila* et javelines.
15. L'*umbo* est la pièce centrale en métal sur la face extérieure du bouclier.
16. Il s'agit de la bordure métallique du bouclier, une feuille de métal assez mince qui se corrode facilement et se conserve assez mal. Les fourreaux comprenaient aussi un orle métallique mais on ne sait pas toujours bien les distinguer des orles de bouclier, sinon par la taille.
17. Sievers, 2001. Le *tribulus* est une épine à trois pointes de fer formant tripode de manière que l'une d'entre elles soit toujours dressée vers le haut, une fois l'objet posé à terre (cf. fig. 68, en bas à d.).
18. Van Driel-Murray, 2001.
19. Brouquier-Reddé et Deyber, 2001.
20. Dans les lignes qui suivent, les numéros entre parenthèses renvoient au catalogue d'inventaire des armes et de l'équipement militaire de la publication d'Alésia (Reddé et von Schnurbein, 2001-2, 211-241 et 295-327). Les exemplaires les plus caractéristiques sont reproduits fig. 68 et 69, avec le numéro correspondant.
21. Pernet, 2010. Les *auxilia externa* sont des troupes auxiliaires recrutées hors d'Italie, qui ne se confondent donc pas avec les *socii* (alliés) italiens d'époque républicaine. Notons toutefois qu'à l'époque de César, les recrues italiennes étaient intégrées dans les légions. Il n'y avait donc plus de *socii* au sens propre.
22. Inv. 25-47.

(fig. 69, n°s 49 et 32), alors qu'on peut hésiter sur l'attribution des orles, qui peuvent provenir des deux camps[23]. Le seul poignard (*pugio*) retrouvé est évidemment romain[24], ainsi qu'une probable garde de glaive (fig. 68, n°s 182 et 163)[25], alors que les épées longues à lame droite et pointe arrondie[26] sont indubitablement celtiques (fig. 69, n°s 139-142). Un seul *pilum* à languette rivetée sur la hampe de bois (« *broad tanged* » pilum) a été mis au jour[27], mais différents *pila* à tige fixée par une douille (« *socketed pila* ») ont pu être identifiés, notamment un exemplaire retrouvé intact dans une fouille du *castellum* 11, en 1991 (fig. 68, n° 359). La collection comprend aussi des *pila* à soie fixée sur la hampe de bois par des rivets et une virole[28]. Ces armes de jet sont évidemment romaines, alors que de nombreux fers de lance destinés à frapper d'estoc sont au contraire d'origine celtique : c'est le cas, en particulier, de ceux qui portent un décor à l'eau-forte[29], des fers échancrés allongés et des fers à nervure médiane (fig. 69, n°s 196-213)[30]. Les balles de fronde métalliques[31] appartenaient en principe aux auxiliaires (baléares ou numides) de l'armée de César et on rappellera à ce propos que deux d'entre elles, marquées au nom de T. Labienus, ont été retrouvées en prospection sur le camp C (fig. 70). Il n'est pas exclu, en revanche, que les Gaulois aient utilisé des projectiles de pierre, notamment des galets. Les fouilles ont en outre livré différents carreaux de fer à section quadrangulaire (fig. 68, n° 567)[32], dont deux proviennent des fouilles récentes du camp A : il s'agit, en l'occurrence, de traits de scorpion, des machines d'artillerie typiques des légions. Les fossés du camp A avaient aussi révélé deux boulets de pierre[33] pesant respectivement 4,625 et 7,565 kilos. (fig. 71). D'autres, mis au jour durant les fouilles de Napoléon III, sont conservés au Musée archéologique de Saint-Germain, mais leur provenance exacte n'est pas connue.

Il existe en revanche à Alésia toute une catégorie d'artefacts pour lesquels le doute est permis : s'agit-il d'équipements romains ou celtiques ? Les combattants gaulois disposaient eux aussi, bien évidemment, d'armes de jet, comme l'illustre l'épisode célèbre des deux centurions Pullo et Vorenus lors de l'assaut mené sur le camp de Cicéron, en 54 (*BG* V, 44) : se lançant à corps perdu dans la mêlée, le premier vit son bouclier traversé par un *verutum* qui se ficha dans son baudrier (*balteus*). Mais à quoi ressemblait un tel « javelot » et peut-on le reconnaître au sein du matériel archéologique d'Alésia ? La même incertitude règne aussi sur l'identification de la *matara* ou de la *tragula*, des traits lancés par les Helvètes lors de bataille de Bibracte mais dont nous ne savons à quoi ils ressemblaient précisément (*BG* I, 26). Il en va de même des *gaesa* qui équipaient

23. Inv. 50-92.
24. Inv. 182.
25. Inv. 163.
26. Inv. 132-149.
27. Découvert lors des fouilles du XIXe siècle, il a été « perdu » au MAN et n'est connu que par un dessin de Verchère de Reffye, reproduit par Sievers, 2001, fig. 11a. Les expressions « *broad tanged* » pilum ou « *socketed pila* » renvoient à la typologie de Connolly, 2001-2002.
28. Sievers, 2001, pl. 73.
29. C'était en effet une spécialité celtique.
30. Inv. 187-202.
31. Inv. 724-752. Keppie 2023.
32. Inv. 567-574.
33. Inv. 785-786.

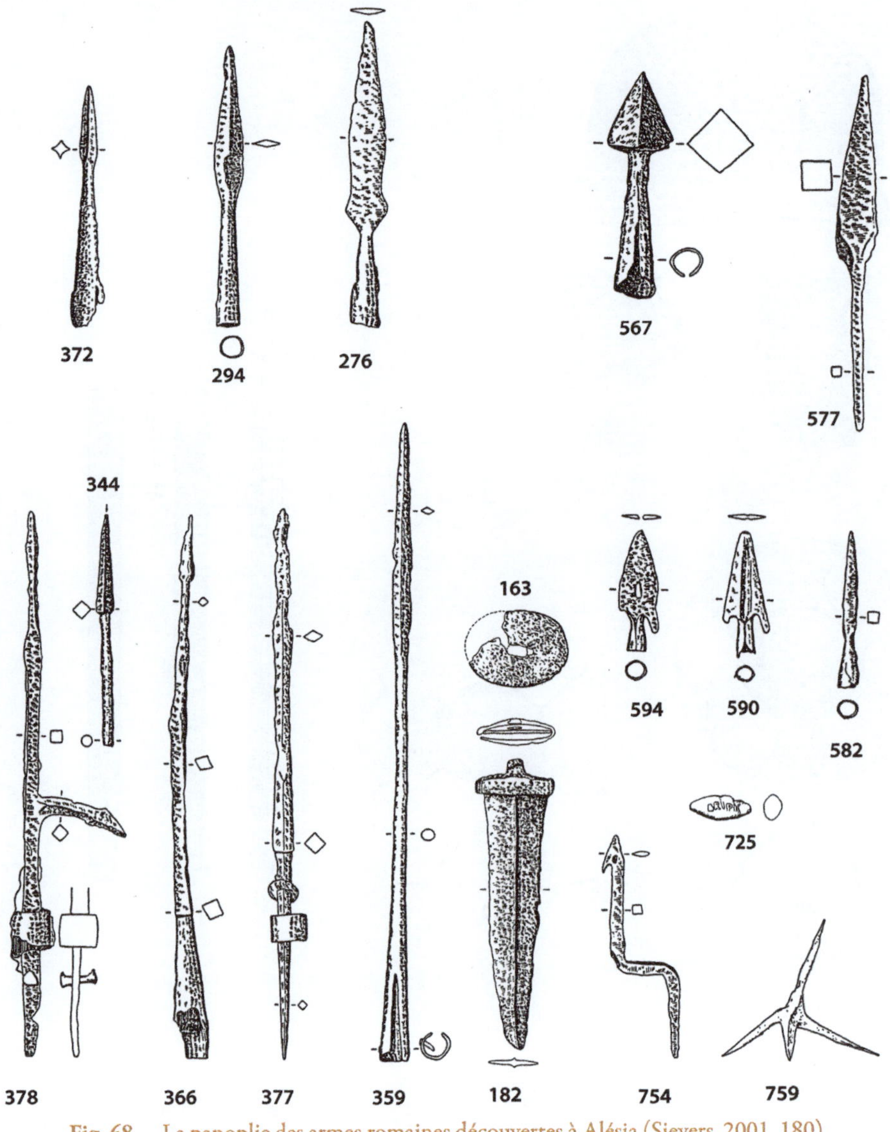

Fig. 68. – La panoplie des armes romaines découvertes à Alésia (Sievers, 2001, 180).

les peuples du Valais lors de l'assaut contre le camp de Galba, en 57 (*BG* III, 4). Il s'agit là, pour nous, de mots latins dont la matérialité précise échappe encore, pour l'heure, à notre sagacité. On doit à ce propos citer un cas désormais célèbre, mis en évidence par une fouille récente sur la contrevallation de Grésigny, au pied du mont Réa[34]. À cet endroit le fossé extérieur était protégé par une série de trous de loup (*lilia*) ; dans l'un d'eux a été piégé un fer de javelot, de forme foliacée, prolongé par une douille

34. Joly et Barral, 2001, 436-440.

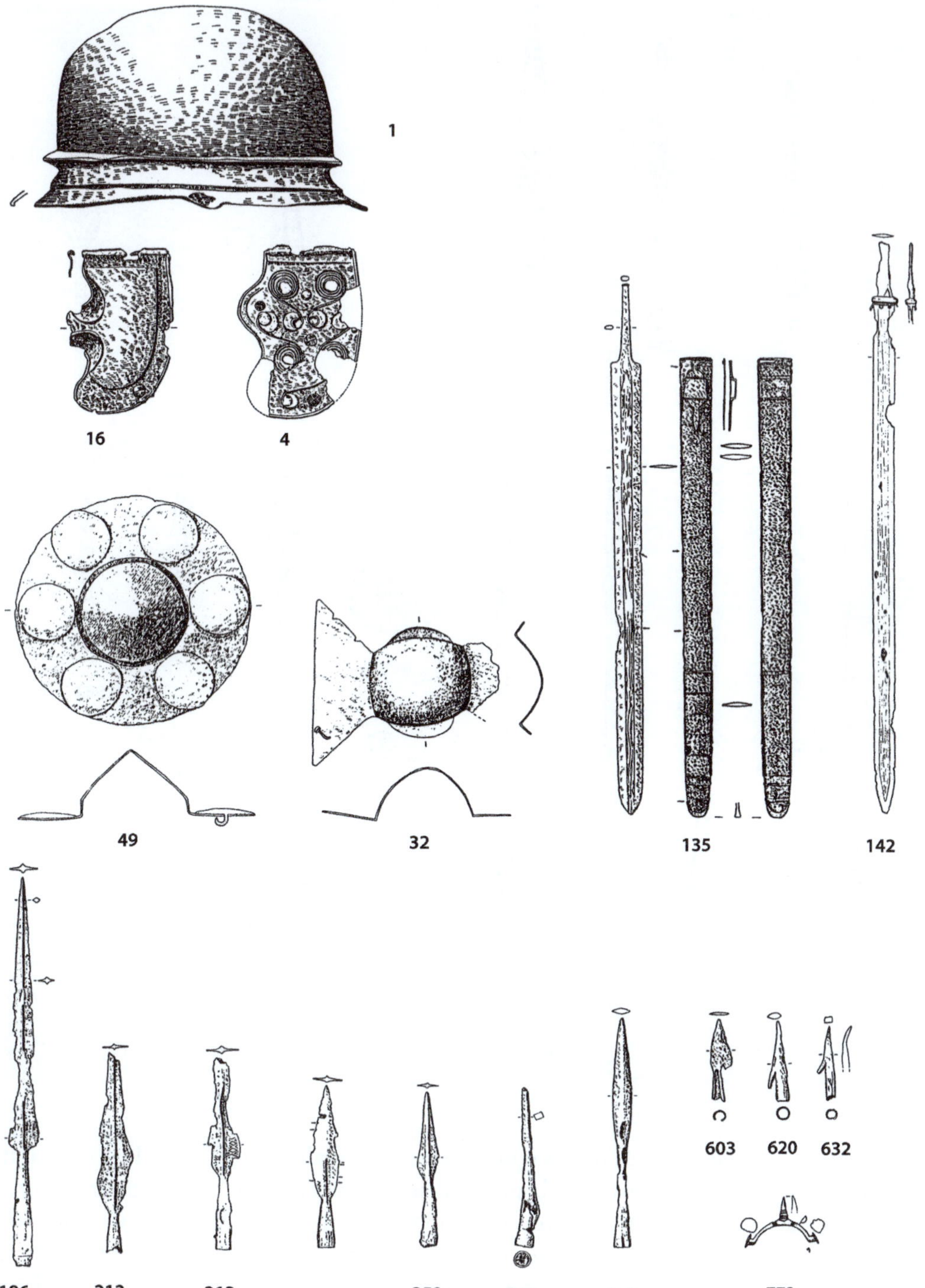

Fig. 69. – La panoplie des armes gauloises découvertes à Alésia (Sievers, 2001, 181).

qui permettait l'emmanchement (fig. 72)[35]. Cet objet s'insère dans une longue série bien connue à Alésia, mais qu'on retrouve dans de multiples contextes extérieurs, aussi bien celtiques que romains, voire germaniques. Il s'agit d'une arme de jet, peut-être lancée à l'aide d'une courroie (*amentum*) pour en augmenter la portée[36]. S. Sievers y reconnaissait volontiers une arme celtique, mais l'attribution à un camp précis reste incertaine. La question des flèches peut être posée de manière identique. Les *Commentaires* précisent que Vercingétorix avait renforcé son recrutement en archers après Avaricum (*BG* VII, 32) mais cela n'implique pas que toutes les pointes de flèche d'Alésia doivent être attribuées à l'armée gauloise car les légions disposaient aussi d'*auxilia externa* spécialisés ou de troupes alliées pratiquant le même mode de combat. Une certaine hésitation peut se faire jour pour les rares pièces de casques retrouvées car on sait que la panoplie des deux adversaires était sur ce point très voisine (fig. 69, n° 1). Quant aux pièces de bouclier retrouvées, elles invitent elles aussi à une certaine prudence : si les *umbones* sont bien gaulois (fig. 69 n°s 49 et 32), en règle générale, les orles ne sont pas attribuables à l'un ou l'autre des adversaires. Remarquons au passage qu'aucun indice ne nous permet de décider de l'existence, dès cette époque, du *scutum* rectangulaire en forme de tuile qu'on connaît à partir de l'époque augustéenne, de sorte qu'on suppose le plus souvent que le bouclier ovale était toujours en usage dans l'armée césarienne.

En revanche, les armes germaniques caractéristiques sont peu nombreuses à Alésia. Tout au plus peut-on citer un *umbo* de bouclier muni d'un ergot saillant au centre[37] et quelques rivets, sans que ces attributions aux alliés de César soient absolument certaines. L'explication réside peut-être dans le fait que, lors de la bataille finale, la cavalerie est intervenue sur les arrières de l'armée de secours pour la prendre à revers (*BG* VII, 88). Mais c'était dans une zone où elle pouvait manœuvrer, donc à l'extérieur des lignes et hors des emprises fouillées au XIXe siècle. Il en avait déjà été de même lors des batailles précédentes.

Les armes d'Alésia reflètent-elles les modes de combat sur ce site célèbre ? La question avait déjà été posée par S. Sievers, sans pouvoir être véritablement résolue du fait que la panoplie retrouvée (romaine notamment) est incomplète et que les circonstances de la découverte orientent principalement sur la bataille finale, au pied du Réa. On est donc loin, à ce moment, de l'ordre de bataille « classique » des légionnaires en rase campagne. Le proconsul décrit en effet, après la seconde rencontre de cavalerie, deux attaques successives contre ses lignes, comme on l'a rappelé. À ce moment, ce sont les troupes de César qui étaient assiégées et prises entre deux feux car Vercingétorix effectuait chaque fois une sortie. Le premier épisode est narré de la manière suivante (*BG* VII, 81-82)[38] :

---

35. Inv. 292.
36. Sievers, 2001, 161-162 et pl. 63-66.
37. Inv. 48.
38. On utilise ici la traduction de Le Gall *et al.*, 1973, parfois modifiée, en ne citant que les passages nécessaires au présent commentaire.

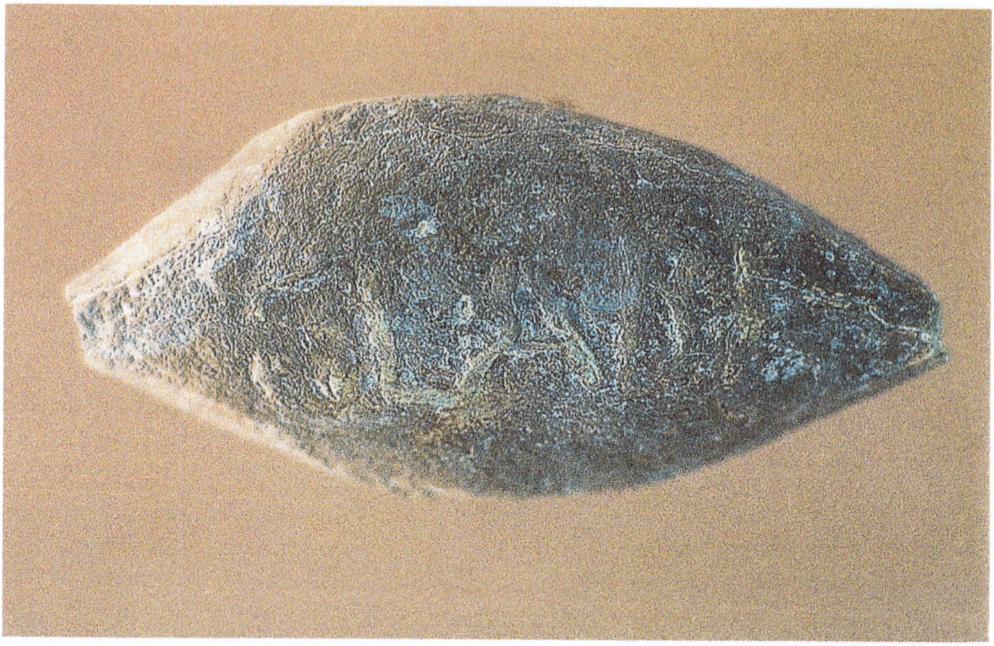

Fig. 70. – Balle de fronde découverte sur le camp C d'Alésia, avec la légende T. LABI (photo M. Reddé).

Fig. 71. – Boulet de pierre découvert près de la porte nord du camp A d'Alésia, dans le fossé (photo M. Reddé).

Fig. 72. – Pointe de lance découverte dans un des pièges romains au pied du mont Réa (Alésia) (photo Ph. Barral).

« Les Gaulois laissèrent passer un jour[39] durant lesquels ils fabriquèrent un grand nombre de claies (*crates*), d'échelles (*scalae*), de harpons (*harpagones*) ; puis, au milieu de la nuit, en silence, ils sortent de leur camp et abordent nos retranchements (*munitiones*) de la plaine[40]. Ils poussent une clameur soudaine, pour avertir de leur approche les Gaulois investis dans la place ; ils se mettent à jeter leurs claies[41], à se servir de frondes (*fundae*), de flèches (*sagittae*), de pierres (*lapides*) pour débusquer nos défenseurs du rempart et à mener les autres opérations d'un assaut. En même temps, entendant la clameur, Vercingétorix fait sonner la trompette et conduit ses hommes hors de la place. Les nôtres prennent aux fortifications le poste qui, les jours précédents, avait été assigné à chacun ; avec des frondes (*fundae*), des *librilla*[42], des épieux (*sudes*) qu'ils avaient placés sur le retranchement, ils effraient et repoussent les Gaulois. L'obscurité empêchant de voir devant soi, nombreux sont de part et d'autre les blessés. Les machines (*tormenta*) font pleuvoir les traits (*tela*)... Tant que les Gaulois étaient assez loin du retranchement, la multitude de leurs projectiles (*tela*) leur assurait l'avantage ; mais, lorsqu'ils furent plus près, ils s'accrochaient soudain aux aiguillons (*stimuli*), ou bien, tombant dans les trous (*scrobes*) ils s'y empalaient, ou bien du haut du rempart et des tours les javelots de siège (*pila muralia*) les transperçaient mortellement »...

---

39. Après la rencontre entre les deux cavaleries.
40. Il s'agit donc de la circonvallation dans la plaine des Laumes, face à la montagne de Mussy.
41. Pour passer sur les pièges romains qui minent le sol.
42. On revient plus loin sur le terme.

Les Gaulois furent alors obligés de battre en retraite et l'affrontement final est raconté de la manière suivante (*BG* VII, 85-88) :

> « On peine surtout vers les retranchements d'en haut[43] où Vercassivellaunos a été envoyé, comme nous l'avons indiqué. La déclivité de la crête, qui rend la position défavorable, joue un grand rôle. Les uns lancent des traits (*tela*), les autres s'approchent après avoir formé la tortue (*testudine facta*)[44] ; des troupes fraîches relèvent les troupes épuisées. La terre que tous les assaillants jettent dans nos ouvrages permet aux Gaulois de les escalader et recouvre les pièges dissimulés par les Romains dans le sol ; déjà nos hommes manquent d'armes et de forces... Les Gaulois de l'intérieur[45], qui désespéraient de forcer nos défenses de la plaine à cause de leur ampleur, tentent l'escalade des pentes[46] ; ils y apportent le matériel qu'ils avaient préparé. Sous une grêle de projectiles (*tela*) ils délogent les défenseurs des tours, ils comblent les fossés avec de la terre et des fascines (*crates*), ils ouvrent des brèches dans la palissade (*vallum*) et le parapet (*lorica*) à l'aide de crocs (*falces*)... »

César engage alors des renforts qu'il conduit personnellement et le combat redouble d'intensité : « Nos hommes, renonçant aux javelots (*pila*), en viennent aux glaives (*gladii*) », transformant ainsi l'assaut en corps à corps. C'est le moment que choisit Labienus pour faire une sortie sur l'arrière de l'armée de secours, provoquant sa déroute et décidant du sort de la bataille.

Dans le récit dramatique de ces affrontements, ce sont surtout les projectiles lancés des deux côtés qui sont évoqués et ce n'est qu'à la fin de la bataille qu'on en arrive au corps à corps, signe que la situation était devenue intenable pour les forces romaines. Lors de cet échange, on observe que les Gaulois disposaient bien de frondes, quoique leurs projectiles n'aient pu être identifiés dans le matériel d'Alésia, comme on l'a rappelé[47]. Mais la collection comprend une quantité impressionnante de pointes métalliques dont nous ne savons identifier la provenance, simplement qualifiées par César de *tela*, qu'il s'agisse d'armes celtiques ou romaines. Certains objets restent mystérieux, notamment les *pila muralia*, des traits spécifiques lancés depuis le rempart par les soldats romains et qui se distinguaient sans doute des *pila* classiques. L'expression avait déjà été utilisée par le proconsul au moment de l'attaque du camp de Cicéron pour désigner des pointes forgées sur place (*BG* V, 40) ; Tacite (*Ann.* IV, 51) y fera aussi allusion dans des circonstances semblables[48]. Mais il est difficile de les identifier au milieu des différentes javelines retrouvées à Alésia. On observe pourtant des fers de section quadrangulaire à pointe allongée renforcée[49] qui pourraient

---

43. Sur le Réa, où sont retranchés les légats Antistius Reginus et Caninius Rebilus, dans une position défavorable située à contrepente.
44. Il s'agit en l'occurrence de guerriers gaulois à l'assaut.
45. Les troupes de Vercingétorix.
46. Celles du Réa, par un assaut du bas vers le haut.
47. L'usage de la fronde par les troupes gauloises est attesté à plusieurs reprises dans les *Commentaires*, notamment lorsque Cotta reçoit une balle en plein visage (V, 35). César fait encore allusion à l'habitude d'utiliser des balles de fronde (*glandes*) de terre (*ex argilla*) chauffées à blanc pour propager un incendie sur des toits de chaume lors de l'attaque du camp de Cicéron (*BG* V, 4).
48. Le texte de Tacite implique bien qu'il s'agit d'armes de jet et non d'obstacles fixes, posés au sol, comme on le croit quelquefois.
49. Inv. 365-375.

assez bien convenir à des armes puissantes, mais de courte portée, destinées à repousser un assaut rapproché[50]. Les fers massifs retravaillés, provenant de *pila* (inv. 386-388), pourraient aussi convenir comme armes de jet lourdes. De même, comment distinguer les *sudes*, un terme latin que l'on traduit ordinairement par épieu ? Lors de l'attaque du camp de Cicéron, il s'agissait clairement de hampes de bois durcies au feu, mais il ne peut être exclu que celles-ci aient parfois été ferrées. À cet égard, ce qu'il est convenu d'appeler « talons de lance », et dont on trouve de très nombreux exemplaires à Alésia, pourrait aussi bien avoir servi à renforcer des épieux, sans doute dans les deux camps car cette arme est bien connue aussi dans le monde celtique[51]. S. Sievers avait d'ailleurs remarqué que certains talons portaient des traces de coups[52]. Mais on peut aussi se poser la question pour les quelques « lances à ricasseau » (ou ricasso), des fers longs, allongés et solides, dont trois exemplaires au moins étaient munis d'une espèce de garde du côté de la hampe[53]. Le type des *falces* (« crocs ») destinées à arracher le parapet, d'après le texte de César, n'a pas été mis en évidence[54]. Quant aux *librilla* servant aux défenseurs romains pour repousser l'adversaire depuis le rempart, on peut les interpréter, au vu de l'étymologie du mot, comme des pierres d'une livre (324 grammes) lancées à l'aide d'une lanière de cuir, grâce à une glose de P. Fest. 116, 5[55]. Signalons, à titre de comparaison, l'existence d'amas de galets bien calibrés mais nettement moins lourds (un peu moins de 100 grammes en moyenne) sur le rempart fouillé au Lampourdier et considéré comme un élément de la défense romaine lors de la bataille d'Orange de 105 av. J.-C.[56]. En l'espèce, ces pièces plus légères pouvaient être lancées à la main ou par une fronde[57].

Cette abondance de projectiles de portées diverses avait pour but de tenir l'assaillant le plus loin possible du rempart, comme l'illustre la fig. 73. Mais une fois le glacis défensif traversé, il ne restait plus qu'à se battre au corps à corps, homme contre homme, et là, le nombre, le courage, la force, la fatigue endurée faisaient souvent la différence.

Uxellodunum

Le site du Puy d'Issolud, fouillé par les hommes de Napoléon III, a été de nouveau exploré ces dernières années et son matériel publié de manière exhaustive[58]. L'ensemble du dispositif mis au jour permet de l'assimiler, sans ambiguïté aucune, à l'épisode de la prise d'Uxellodunum, l'oppidum des Cadurques, en 51 (*BG* VIII, 32-44). Le récit d'Hirtius décrit en effet le moment majeur de ce siège, jusque-là infructueux, entrepris par les troupes romaines : l'attaque menée sur le bas de la pente où se trouvait la principale source de ravitaillement en eau des assiégés. Les légionnaires avancèrent à cet endroit

---

50. Connolly, 2001-2002.
51. Inv. 407-566.
52. Sievers, 2001, 168.
53. Inv. 334-336.
54. Il est en revanche bien présent, dans l'armée romaine, à Uxellodunum (*infra*, p. 169).
55. *Librilia appellabantur instrumenta bellica, saxa scilicet ad bracchii crassitudinem in modum flagellorum loris revincta.*
56. Deyber *et al.*, 2018.
57. Les fouilles de Gergovie, *infra*, p. 173, en ont aussi révélé.
58. Girault, 2013.

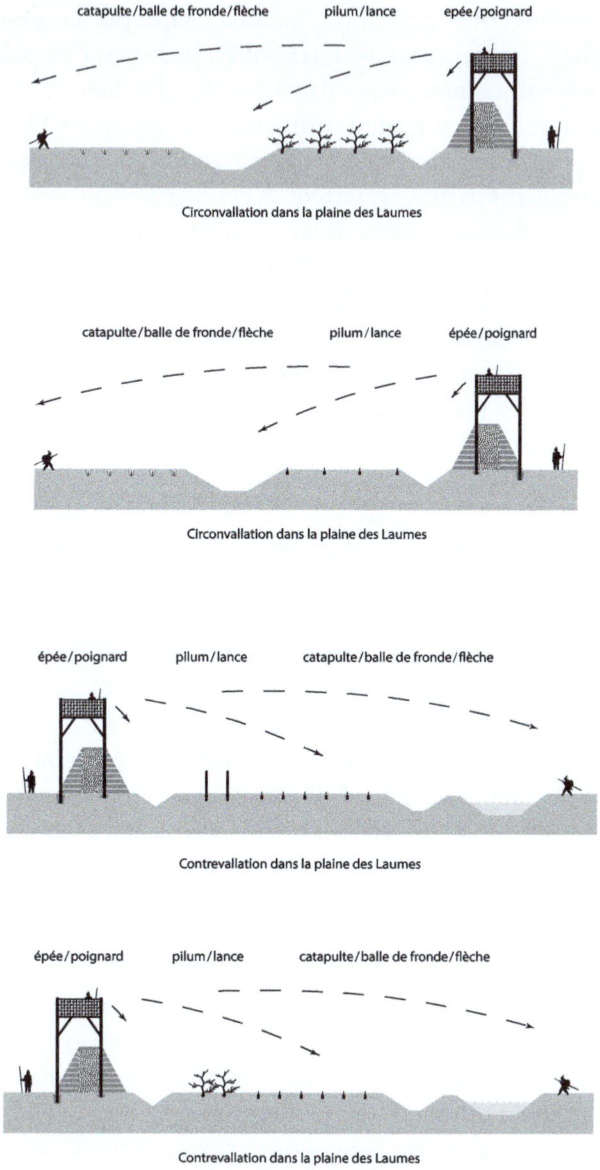

Fig. 73. – La portée et l'utilisation des différentes armes dans le contexte défensif d'Alésia (Reddé et von Schnurbein, 2001, 555).

une machine en forme de tour servant de plate-forme d'artillerie. La grêle de missiles tirés rendit très difficile l'approche des Gaulois qui, malgré un rude combat au corps à corps, durent s'avouer vaincus une fois le griffon de source détourné par les cunicules souterrains qu'avaient creusés leurs adversaires. Les fouilles anciennes et récentes ont confirmé le texte de Hirtius en mettant en évidence ces galeries mais aussi des sols truffés de projectiles. L'essentiel du matériel mis au jour provient essentiellement de ce secteur de l'actuelle Fontaine de Loulié. On peut aisément comprendre que, là aussi, le contexte des combats explique la nature particulière des découvertes archéologiques, constituées principalement d'armes de jet. Celles-ci s'intègrent parfaitement dans la panoplie mise au jour à Alésia, qu'il s'agisse des recherches anciennes ou récentes, ce qui, compte tenu des conditions très différentes des recherches effectuées de manière totalement indépendante sur ces deux sites, renforce la cohérence typo-chronologique de l'ensemble. L'inventaire global comprend 560 pointes de flèches récemment découvertes, qui s'ajoutent aux 702 exemplaires des fouilles impériales. Vingt-huit traits de catapulte sont venus s'ajouter aux 70 des recherches anciennes. Si ces derniers, à tête quadrangulaire et de différents modules, sont incontestablement romains, les flèches peuvent avoir appartenu à l'un ou l'autre des deux adversaires, comme l'a bien souligné M. Poux[59], les Gaulois de l'oppidum s'étant évidemment servi de leurs arcs. Les recherches récentes ont aussi relevé la présence de très nombreux galets de pierre d'un poids variable oscillant entre 100 et 300 grammes, qui peuvent avoir été lancés là encore par les deux partis. On n'a pas, en revanche, retrouvé de balles de fronde en plomb, sauf une dans les fouilles anciennes. À cela viennent s'ajouter différents fers de lance, principalement issus des travaux napoléoniens, mais en bien moins grand nombre qu'à Alésia quoique d'un type identique, ce qui implique sans doute des combats de nature différente. Plusieurs pièces méritent d'être signalées : on citera au moins un probable *pilum* à languette provenant des recherches anciennes[60] ; un grappin qui fait penser à la *falx* décrite par César à propos d'Alésia[61] et qui pourrait aussi bien être celtique que romain ; différents clous de *caligae* ; un *stimulus* du type Alésia. Le contexte numismatique est parfaitement cohérent avec la datation proposée.

Hermeskeil

Les fouilles menées récemment par Sabine Hornung sur le site de Hermeskeil, au sud-est de Trèves, ont mis au jour un camp militaire romain attribué aux campagnes de Labienus contre les Trévires, en 53 et 51[62]. L'étendue limitée des sondages n'a pas permis la découverte d'un matériel très abondant, mais celui-ci n'en est pas moins significatif car il provient d'une base tenue par des légionnaires et leurs éventuels auxiliaires sans être pollué par des armes ennemies.

Les artefacts les plus fréquents sont constitués par les clous de *caligae* dont S. Hornung a proposé une étude très détaillée. Plus exceptionnels paraissent être un fragment de *lorica hamata*, c'est-à-dire de cotte de mailles, mais aussi de possibles écailles de *lorica squamata* (cuirasse à écailles de métal), si l'identification est correcte. Ces détails sont importants car ils renseignent sur l'usage des cuirasses en usage dans l'armée césarienne, ce que les fouilles d'Alésia n'avaient pas permis de faire.

59. Poux, 2008, 362.
60. Girault, 2001, fig. 25, n° 271.
61. Girault, 2001, fig. 68, n° 905.
62. Hornung, 2024.

On notera en particulier que nous n'avons aucune preuve, pour l'instant, de l'usage de la cuirasse segmentée sur les champs de bataille de la guerre des Gaules, alors que celle-ci est bien attestée sur ceux de l'époque augustéenne. Une pointe courte de *pilum* à section quadrangulaire a aussi été mise au jour à Hermeskeil, ainsi qu'un talon de lance de grande taille, dont l'attribution à la panoplie strictement romaine est discutée par S. Hornung. On pourrait penser – simple suggestion – qu'elle provient d'une arme d'hast appartenant à un auxiliaire gaulois. Deux pointes de flèche de type Alésia à barbelure unique ont aussi été mises en évidence. On citera encore une attache d'épée, de tradition celtique, propriété possible, là encore, d'un supplétif. Au total, ce corpus limité est parfaitement cohérent avec le matériel mis au jour à Alésia.

Gergovie

Les questions posées par les pièces d'armement retrouvées à Gergovie sont aussi complexes que celles d'Alésia mais la description plus succincte de César ne permet pas toujours de trancher de manière claire et définitive sur la nature des différents ensembles archéologiques mis au jour depuis maintenant plus d'un quart de siècle et sur leur lien direct avec les combats de 52. Le dossier étant compliqué et ayant fait l'objet d'études multiples et dispersées, une carte est nécessaire pour guider le lecteur. On connaît en effet, dans ce secteur du bassin de Clermont-Ferrand, trois oppida très proches les uns des autres dont le rôle et la chronologie ont été âprement discutés mais qui sont tous datables de la fin de l'âge du Fer (fig. 74)[63]. Le plus important est incontestablement celui de Corent, dont le *floruit* fut atteint dans les décennies précédant la guerre des Gaules[64] ; son système de fortification a récemment été publié[65], ainsi que l'armement qui a été retrouvé sur le plateau[66]. Gondole, plus au nord, semble en revanche se développer après le conflit[67]. Reste Merdogne, identifié depuis les recherches de Napoléon III comme la Gergovie césarienne. La présence des travaux militaires romains dans ce secteur mais aussi toutes les recherches récentes sur cet oppidum ancien, refortifié au milieu du Ier siècle av. J.-C., confirment que c'est bien là qu'eurent lieu les combats décrits dans les *Commentaires*[68]. C'est aussi le plus haut et le mieux défendu naturellement[69]. Y. Deberge et son équipe ont récemment fait le point du dossier des armes retrouvées sur l'ensemble du secteur de la bataille, en distinguant soigneusement les différents contextes archéologiques dont on doit systématiquement se demander s'ils sont bien tous liés à l'épisode césarien (fig. 75)[70].

---

63. On ne parle pas ici des Côtes-de-Clermont, au nord-ouest de l'agglomération de Clermont-Ferrand, longtemps avancé comme étant le site de la Gergovie césarienne et que les recherches récentes ont définitivement discrédité.
64. Poux, 2011 ; Poux et Demierre, 2015.
65. Poux et Cerisay, 2023.
66. Demierre, 2019.
67. Deberge *et al.*, 2009.
68. Deberge et Pertlwieser, 2019.
69. On reviendra plus loin sur la topographie et les défenses de l'oppidum.
70. Deberge *et al.*, 2018 ; Deberge et Pertlwieser, 2019.

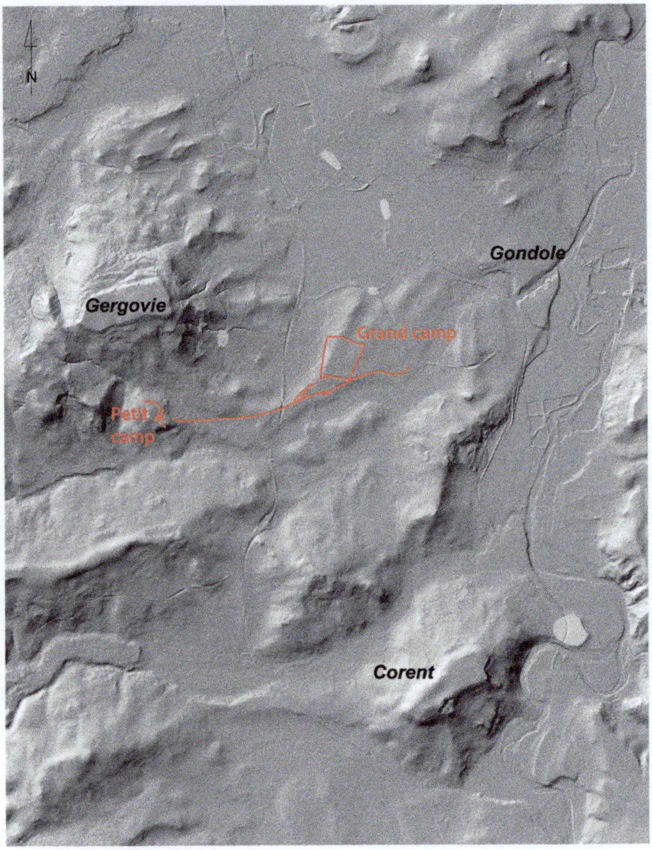

Fig. 74. – Les différents oppida arvernes au sud de Clermont-Ferrand (Deberge *et al.*, 2018, 74).

Les pièces collectées anciennement ou récemment dans les ouvrages militaires romains assurés (« grand camp » et « petit camp » de La Roche Blanche, fossés de liaison entre les deux) sont au total peu nombreux, parce que les fouilles y ont été très limitées au XIXe siècle et que les fouilleurs de Napoléon III n'ont pas eu la chance de trouver un secteur aussi dense que le pied du Réa à Alésia[71]. Les recherches modernes sur ces ouvrages du siège ont de leur côté été réduites à des sondages sur des structures très arasées et déjà fouillées[72]. Du grand camp sont donc issues seulement quatre pointes de flèche à une ou deux barbelures, un orle curviligne de bouclier, un boulet de pierre (1,81 kilo), un clou de *caliga* ; le petit camp a été à peine plus prolixe livrant deux pointes de trait de scorpion, deux boulets en granite (2,4/2,1 kilos) et un en basalte (4,9 kilos), un galet de 87 grammes, un clou de *caliga*. Le musée Déchelette de Roanne conserve par

71. Sur le dispositif césarien proprement dit, voir *infra*, p. 211-219.
72. Deberge *et al.*, 2014.

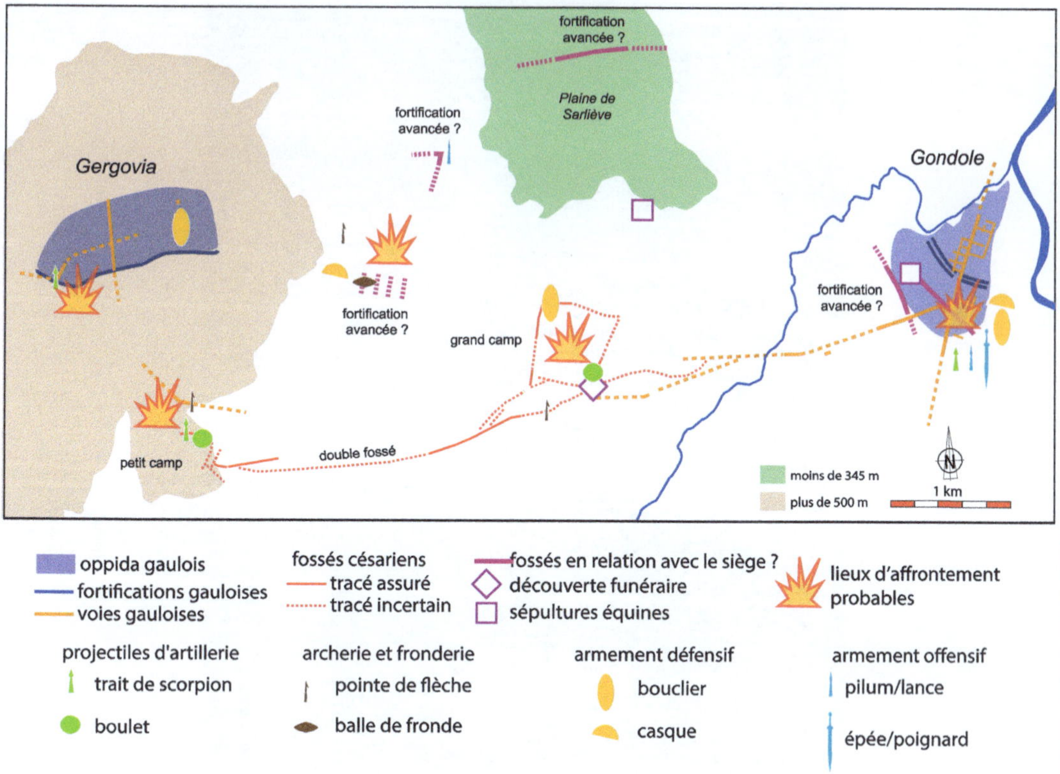

Fig. 75. – Principales concentrations d'armes découvertes à Gergovie (Deberge *et al.*, 2014, 44).

ailleurs des *tribuli* de type Alésia, leur attribution au site de Gergovie restant incertaine. D'autres pointes de flèche à barbelure du type Alésia et deux pointes de trait sont encore conservées au Musée archéologique de Saint-Germain, sans provenance précise assurée. On ne commentera pas davantage cette collection très réduite, sinon pour signaler sa cohérence typologique avec le matériel d'Alise. Pour l'essentiel, il s'agit ici d'artefacts légionnaires, notamment les projectiles d'artillerie.

Le plateau de Gergovie livre en revanche beaucoup de pièces d'armement romaines mais les recherches récentes ont bien montré qu'elles provenaient très souvent de contextes postérieurs au siège, jusqu'à l'époque augustéenne ; cette observation implique sans doute une présence militaire significative sur l'oppidum arverne après la guerre des Gaules, alors que celle-ci semble assez faible à Corent[73]. Des traces probables de l'épisode césarien sont toutefois identifiables du côté de la porte ouest de l'oppidum de Merdogne-Gergovie. C'est le cas, en particulier, d'un trait de scorpion, fiché en terre dans le passage, comme ceux qui ont été découverts sur les sols du Puy d'Issolud[74].

73. Demierre, 2019.
74. Deberge et Pertlwieser, 2019, 300 ; phase 2a, qui correspond ici au milieu du Ier siècle av. J.-C.

S'y ajoutent, dans ce même secteur, un lot de galets (entre 20 et 121 grammes) dont sept pour la même phase 2a, contemporaine du siège, et une écaille possible de *lorica squamata*. Sur les 80 clous de *caligae* retrouvés dans cette fouille, un seul semble provenir de cette période[75].

Le matériel découvert au pied de Gondole (faubourg artisanal) s'avère plus abondant, mais il n'est pas directement lié à un ouvrage militaire romain décrit par le texte césarien de sorte que sa relation chronologique avec l'épisode du siège n'est pas formellement assurée, même si elle est me paraît probable. La fig. 75 montre en effet la présence d'un probable ouvrage défensif au piémont occidental de cet oppidum. Il serait d'ailleurs étrange que César ait laissé à découvert son camp principal exposé à une attaque de revers sur son flanc oriental mais les *Commentaires* n'en disent mot. Les *militaria* découverts dans ce secteur pourraient donc bien être en relation avec l'épisode du siège. Il s'agit d'un casque de type Port[76], qui peut être aussi bien gaulois que romain ou appartenir à un auxiliaire/allié de l'armée césarienne, de deux glaives, de deux éléments de fourreau de glaive, de trois pointes de lance, d'une pointe de flèche massive, d'un possible fer de *pilum*, d'un orle de bouclier, de différents fragments du fourniment militaire ainsi que d'une *dolabra*[77]. L'ensemble est, là encore, parfaitement cohérent avec les pièces découvertes à Alésia.

La composition respective de ces quatre ensembles d'armement différents, mais tous liés aux batailles de la guerre des Gaules – Alésia, Uxellodunum, Hermeskeil, Gergovie – s'explique par l'histoire de la recherche et la taphonomie du matériel mis au jour dans des conditions très différentes d'un site à l'autre, mais aussi par la nature distincte des combats livrés en chaque lieu. Sans qu'on puisse toujours trancher de manière claire à quel camp ils appartenaient, on voit bien qu'il existait une sorte d'équilibre des forces en présence, équipées de manière très voisine. M. Poux, reprenant de manière critique et très détaillée l'ensemble du matériel retrouvé, avait reconstitué la panoplie du légionnaire romain en rassemblant les principaux éléments issus des sites étudiés (fig. 76)[78]. De manière plus populaire, P. Connolly a lui aussi illustré la panoplie des adversaires en présence avec deux reconstitutions graphiques qui gardent aujourd'hui encore tout leur intérêt visuel, même si l'on peut discuter, ici ou là, de la pertinence de certains détails (fig. 77-78)[79]. Ce corpus césarien s'inscrit parfaitement dans une série de sites très proches chronologiquement, fouillés récemment par des équipes différentes, ce qui montre bien la cohérence des ensembles retrouvés avec les armes d'Alésia. Ces découvertes consolident du même coup nos connaissances sur la composition de la panoplie militaire romaine au milieu du Ier siècle av. J.-C. On peut donc comparer aujourd'hui le matériel issu des champs de bataille de la guerre des Gaules avec d'autres

---

75. On laisse ici de côté le secteur fouillé du rempart sud-est qui, du point de vue de la chronologie du matériel, n'est guère décisif, mais on y reviendra ultérieurement pour l'analyse des architectures elles-mêmes.
76. Site suisse de l'âge du Fer final (au débouché nord du lac de Bienne) dont les dépôts d'armes sont similaires à l'ensemble alisien. Le matériel a été publié après celui d'Alésia.
77. Deberge *et al.*, 2018, 79 et fig. 3-4.
78. Poux, 2008, fig. 69.
79. On ne saurait par exemple assurer l'existence du bouclier en tuile du légionnaire de gauche sur la fig. 77.

contextes chronologiquement très proches : celui de Lautagne, très légèrement antérieur au moment césarien ; celui du Titelberg, site d'oppidum mais occupé par une garnison romaine avant, pendant et après le conflit ; celui de Port-en-Bessin-Hupain, légèrement postérieur[80].

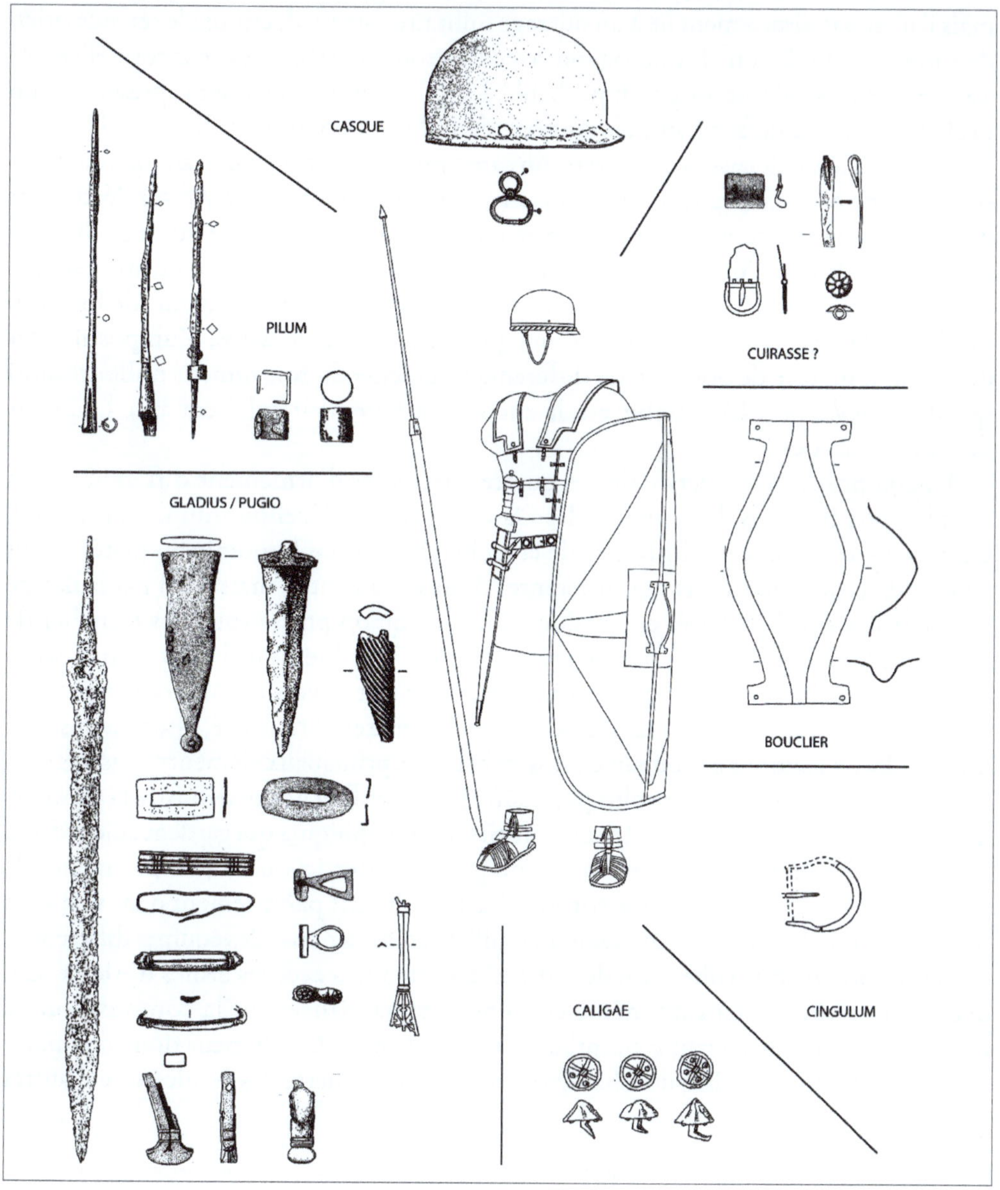

Fig. 76. – La panoplie du légionnaire romain à la fin de la République (Poux, 2008, 410).

80. Reddé, éd. 2018.

Fig. 77. – Uniformes et armes de l'armée césarienne, reconstitués par P. Connolly (dans Reddé, 2003, 195).

Fig. 78. – Soldats gaulois, reconstitution de P. Connolly (d'après Reddé, 2003, 197).

L'armée romaine disposait toutefois d'un avantage spécifique qui n'avait pas d'équivalent chez ses adversaires « barbares », l'artillerie. Elle permettait de tenir l'ennemi à distance, surtout quand elle était couplée à un système complexe de pièges comme à Alésia. On en retrouve l'utilisation lors du premier débarquement de César en Angleterre, effectué sous la protection de machines embarquées qui lancèrent une foule de traits vers la plage, tandis que s'activaient aussi archers et frondeurs (*BG* IV, 25). On peut, à ce propos, se demander quels types de balistes étaient en dotation dans l'*exercitus* césarien. M. Poux, faisant l'inventaire des pointes découvertes en fouille, a noté l'évolution typologique des traits de catapulte en comparant ceux de Vindonissa, d'époque impériale, et ceux des contextes césariens (Uxellodunum, Alésia, Gergovie) où les fers sont moins massifs[81], suggérant ainsi un changement technique dans la seconde moitié du Ier siècle av. J.-C. Mais on pourrait tout aussi bien supposer l'existence de calibres différents liés à des machines plus ou moins lourdes selon les nécessités militaires[82]. Une découverte récente comme la catapulte de Xanten-Wardt, datée du milieu du Ier siècle ap. J.-C., montre que l'armée romaine disposait à cette époque de balistes de taille réduite, dont la reconstitution proposée au moment de la publication faisait même une arme d'épaule[83], comme celles qu'on voit sur la colonne trajane (fig. 79)[84]. Cette interprétation a toutefois été contestée par A. Wilkins, qui y verrait plutôt une arme posée sur pied, mais d'un module plus réduit que les pièces habituelles de trois empans[85] (fig. 80). Quoi qu'il en soit, différents indices laissent penser que ce petit engin d'artillerie a bien eu des antécédents républicains et il est donc raisonnable d'imaginer que l'armée césarienne en était dotée. Dans la mesure où le diamètre de l'orifice de tir est connu sur la machine de Xanten-Wardt et sur celle de Caminreal (Teruel), attribuée aux campagnes sertoriennes, il serait sans doute possible aujourd'hui de reprendre l'étude des traits césariens découverts en Gaule et de calculer par quels types de scorpions ils ont été tirés. La même observation vaut pour les boulets dont les tailles variables correspondent sans doute à différents types de machines.

Fig. 79. – « La baliste de Xanten-Wardt, reconstitution de D. Baatz » (photo H.J. Schalles).

81. Poux, 2008, 354-358.
82. Wilkins, 2024.
83. Schalles, 2010.
84. Stefan, 2015, scène 166.
85. Wilkins, 2024.

Fig. 80. – la baliste de Xanten-Wardt reconstituée selon les indications de A. Wilkins (photo A. Wilkins).

Les pratiques romaines du combat

La discussion autour des armes retrouvées à Alésia nous avait déjà montré la spécificité de cette collection et la difficulté d'identifier précisément les pièces mises au jour, notamment les nombreuses armes de jet révélées par les fouilles. Le texte césarien narre en l'occurrence un épisode bien particulier qui n'est pas celui d'une bataille rangée classique au cours de laquelle deux armées s'affrontent en adoptant leur dispositif habituel. S'agissant des combats au pied du Réa, on ne doit pas oublier que c'étaient les légions qui étaient en position défensive, retranchées derrière les fortifications qu'elles avaient érigées. Il n'est pas exclu que, dans le cas de cet épisode d'un siège qui durait déjà depuis plus d'un mois, une partie de l'armement ait été forgée sur place pour faire face à des conditions de combat spécifique mais on n'en a pas la preuve. Bien que les fouilles d'Alésia fournissent un maillon chronologique essentiel pour notre connaissance de l'armement tardo-républicain, on peut se demander, en l'occurrence, s'il est représentatif des modes de combat pratiqués lors d'une bataille rangée au milieu du Ier siècle av. J.-C. Pour continuer notre analyse, il devient nécessaire d'examiner ce que les textes grecs et latins nous apprennent sur les pratiques mises en œuvre à l'occasion des autres affrontements majeurs de la guerre des Gaules. On retiendra particulièrement plusieurs récits significatifs : celui de la bataille de Bibracte, celui contre Arioviste, en 58, la bataille de l'Aisne et celle de la Sambre, en 57, le massacre de l'armée romaine en

54 et la victoire de Labienus sur les Trévires en 53. Une remarque liminaire s'impose toutefois. Dans sa description de l'affrontement final d'Alésia, César adoptait un double point de vue : le sien, en tant que général commandant les opérations mais aussi celui des combattants. Il accroissait ainsi la force dramatique du récit en montrant la face de la guerre au niveau du simple soldat et en illustrant le péril encouru en même temps que le courage de ses hommes. Mais ce n'est pas le cas le plus fréquent : dans un récit comme celui de la bataille de l'Aisne, par exemple, c'est la vision globale du chef d'armée qui est illustrée par la description de la manœuvre, non le combat tactique ou individuel (*BG* II, 8-11).

Contrairement à ce qu'on pourrait croire, les historiens modernes ont bien de la peine à identifier un mode de combat standard de l'armée romaine, ce qui suscite aujourd'hui encore une très abondante littérature érudite, d'autant que les pratiques militaires ont beaucoup évolué avec le temps, les légions de César n'opérant plus comme celles que décrivait Polybe, un siècle plus tôt, et pas encore comme celles qui affronteront les juifs en 70 ap. J.-C. et dont Flavius Josèphe fournira le récit. On considère souvent que la bataille, du côté romain, commençait par une volée de *pila* destinée à désorganiser la ligne adverse[86] ; puis venait, tout de suite après, une charge rapide qui mettait aux prises des adversaires s'affrontant avec leurs armes de poing[87]. L'impact du choc initial semble donc avoir été essentiel mais il s'agit là, au fond, d'une séquence assez simple, illustrant nécessairement un épisode guerrier d'assez courte durée car on ne peut combattre à l'épée ou au glaive, sous une lourde cuirasse, pendant des heures et des heures sans s'épuiser, se faire blesser ou se faire tuer. Une telle reconstitution, qui s'appuie en effet sur différents textes, est toutefois critiquable si on la considère comme automatique ou répétitive ; on voit d'ailleurs assez mal en quoi elle aurait pu assurer à l'armée romaine une forme de supériorité dans le combat individuel d'infanterie, notamment face aux Gaulois ou aux Germains. L'épée celtique longue n'était en effet pas une arme moins redoutable que le *gladius* plus court des légionnaires puisque, frappant de taille, elle menaçait particulièrement la tête et les épaules de l'adversaire qui devait s'approcher plus près pour toucher.

Différents chercheurs ont tenté de modifier cette reconstitution de la bataille menée par les Romains. Ainsi Alexander Zhmodikov a-t-il attiré l'attention sur l'importance des armes de jet multiples utilisées au début de la rencontre. Selon lui, cette séquence pouvait durer parfois des heures[88]. De ce point de vue, le récit de la bataille contre les Helvètes, au début de la guerre des Gaules (*BG* I, 24-26) offre l'occasion de vérifier

86. Dans une thèse récente et fort bien documentée du point de vue historique, B. Lefebvre (2024) a tenté d'analyser ce qu'il appelle le « combat de loin ». Mais l'auteur mêle dans cette analyse l'emploi de toutes les armes de jet, alors que chacune d'elles répond à une fonction spécifique dans la gestion de la bataille. On ne peut, par exemple, traiter la volée de *pila*, normalement suivie immédiatement de l'assaut avec les armes de poing, sur le même plan que l'usage des flèches et des balles de fronde qui n'impliquent pas les mêmes combattants. On ne saurait donc, à mon avis, traiter à part le combat de loin et ne pas analyser l'ensemble des différentes séquences du combat.

87. Goldsworthy, 1996.

88. Zhmodikov, 2000. Les thèses de A. Zhmodikov ont été reprises mais fortement nuancées par Slavik, 2017, dont on ne rendra pas un compte rendu détaillé ici car l'analyse concerne les modes de combat de l'infanterie lourde avant ce qu'il est convenu d'appeler les réformes mariennes, c'est-à-dire à une époque où existaient encore les vélites, même si la réalité de ces réformes a été sérieusement revue par Cadiou, 2008.

les hypothèses proposées. Occupant une position dominante, les légions furent chargées de bas en haut par les Helvètes constitués en phalange, c'est-à-dire en ordre serré, les boucliers formant tuile pour assurer une meilleure protection collective des corps. Une sévère faute militaire puisque les assaillants subirent alors une volée de *pila* qui disloqua leur formation ; les boucliers gaulois furent assez souvent fixés ensemble par la grêle de traits, de sorte que les attaquants durent s'en débarrasser pour continuer le combat. Mais ils étaient devenus vulnérables au moment de la charge que ne manquèrent pas de mener les légions, dès qu'elles eurent lancé leur grêle de traits. Pour autant, le combat ne cessa pas à ce moment : les « barbares » reculèrent et se reformèrent, recommençant une bataille longue et acharnée qui dura de la 7e heure jusqu'au soir (*Ita ancipiti proelio diu atque acriter pugnatum est*, *BG* I, 26). Dans la nuit, on continuait de se battre autour du retranchement de fortune des Gaulois, situé cette fois en position dominante autour des chariots, et c'étaient alors les Helvètes qui envoyaient une pluie de missiles sur les Romains (*mataras ac tragulas subiciebant*). Ce n'est évidemment pas le seul cas d'un affrontement de longue durée, comme l'a fait remarquer A. Zhmodikov. Durant la guerre civile, près d'Ilerda, les troupes de César durent affronter à contre-pente pendant cinq heures celles d'Afranius (*BC* I, 43-46). Ce n'est qu'une fois que tous les traits (*tela*) eurent été lancés qu'ils dégainèrent dans un assaut désespéré et finalement vainqueur. On voit ici une forme de combat radicalement différente de ce que l'on croit constituer une pratique ordinaire, quasiment automatique.

La volée de *pila* était essentielle pour désorganiser le dispositif adverse en créant un choc qui se voulait décisif. On le voit à l'occasion de la bataille contre Arioviste (*BG* I, 52) : les légionnaires et les Germains s'étant élancés trop vite les uns contre les autres, il n'y avait plus d'espace pour lancer les javelots, ce qui, selon César, conduisit tout de suite à un corps à corps dans lequel le nombre et la force physique jouaient en défaveur des légionnaires, malgré tout vainqueurs grâce à leur bravoure, selon le récit du proconsul[89].

Cette importance de la volée de *pila* est encore bien illustrée par un épisode de la bataille de Pharsale (César, *BC* III, 93) : les légionnaires de César avaient cette fois commencé leur assaut de trop loin pour lancer leurs javelots en atteignant l'adversaire – ce qui montre au passage qu'on effectuait ce tir en courant et que la portée des *pila* était courte, de l'ordre d'une trentaine de mètres – et ils durent faire une pause pour ne pas rater leur cible et arriver hors d'haleine au contact[90]. Au bout d'un instant, les légions césariennes reprirent leur assaut et lancèrent leurs *pila*. À toute vitesse (*celeriter*), selon l'ordre reçu (*ut erat praeceptum a Caesare*), ils tirèrent leurs glaives. A. Zhmodikov veut comprendre qu'une autre tactique était possible ici, qui aurait été de ne pas aller au contact, mais cette interprétation est sans doute erronée. Le mot essentiel de ce passage est ici *celeriter*, qui indique que la vitesse de l'assaut final est fondamentale dans ce mouvement,

---

89. Voir toutefois, *infra*, la version différente de Cassius Dion.

90. *Sed nostri milites dato signo cum infestis pilis procucurrissent atque animum advertissent non concurri a Pompeianis, usu periti ac superioribus pugnis exercitati sua sponte cursum represserunt et ad medium fere spatium constiterunt.* La portée effective maximale est probablement d'une trentaine de mètres, ce qui implique en fait un tir tendu mais puissant, capable de percer le bouclier et d'atteindre le corps de l'ennemi, comme l'ont montré différentes reconstitutions (Connolly, 2001-2002).

afin d'éviter la réplique ennemie. En effet, les Pompéiens ne furent pas désorganisés par la salve reçue mais lançant à leur tour leurs *pila*, ils dégainèrent et firent front.

On remarquera que cet épisode ne survient pas au début de la bataille, mais après de longues heures d'attente immobile, face à face et en ligne, si l'on en croit le récit d'Appien, qui diverge de celui de César sur certains points (*BC* II, 78-79). Selon l'historien grec, c'est Pompée qui donna le premier le signal, car ses auxiliaires devenaient nerveux, n'en pouvant plus de rester ainsi sans bouger, en raison de la peur qui commençait à s'installer dans leurs esprits face au calme des vieilles troupes aguerries qu'ils avaient en face d'eux. Une fois le mouvement commencé, l'avancée des Républicains fut accompagnée par des volées de flèches et de pierres. Les combats sur son aile gauche tournant à son désavantage, Pompée ordonna à ses légionnaires de ne plus avancer et de ne pas lancer leurs javelots tout en tenant leurs adversaires à distance. C'est sans doute à ce moment précis que vient s'insérer l'épisode décrit par César. L'enchaînement des faits est légèrement différent d'un auteur à l'autre mais les deux récits concordent pour expliquer que l'aile droite césarienne, conduite par l'*imperator* lui-même, mit en fuite les auxiliaires pompéiens et vint attaquer les légionnaires de flanc. Appien précise que c'est contre ces hommes immobiles que furent lancés les *pila*, ce qui les désorganisa (*BC* III, 79). Il ajoute au passage que, si cette tactique est prônée comme la meilleure en cas d'encerclement, elle est toutefois condamnée par César dans ses lettres car des hommes immobiles constituent des cibles faciles pour des armes de jet qui pleuvent sur eux. On retrouve là des considérations déjà mises en évidence dans les *Commentaires* au moment du massacre des troupes de Titurius et de Cotta, qui avaient dû former le cercle face aux troupes d'Arioviste en 54 (*BG* V, 35).

Dans tous ces textes, il apparaît assez clairement que les légionnaires ne lancent le *pilum* qu'une seule fois, juste au moment de l'assaut, et qu'ils n'ont pas de munitions en réserve : le *pilum* était donc une arme de rupture, destinée à provoquer un choc violent sur l'adversaire et à désorganiser ses rangs, éventuellement à rendre inopérants ses boucliers. Il s'agissait de disloquer la ligne ennemie, comme on voit Labienus le faire lors de la bataille contre les Trévires, mis immédiatement en déroute par l'assaut brutal des troupes romaines (*BG* VI, 8). Mais l'effet n'était pas toujours atteint : malgré la position avantageuse de ses légions lors de la bataille de Bibracte et la désorganisation initiale de la phalange gauloise, César n'emporta pas d'emblée la décision (*BG* I, 25) et le combat se poursuivit pendant des heures et naturellement pas toujours au corps à corps. Mais aucun récit ne nous informe en l'occurrence sur la manière dont les légions pouvaient, éventuellement, se réapprovisionner en armes de jet lorsque le combat se prolongeait[91]. On constate en revanche que c'est la manœuvre du proconsul qui, à Bibracte, a primé sur le choc initial : les Helvètes s'étant repliés sur une hauteur, les troupes fraîches des Boïens et des Tulingres attaquèrent alors les Romains sur leur flanc droit et ceux-ci durent effectuer une conversion pour se battre sur deux fronts, la troisième ligne faisant face aux nouveaux assaillants (*BG* I, 25). En l'occurrence, l'entraînement des légionnaires dans l'exécution des mouvements collectifs et leur discipline ont constitué des éléments

91. Goldsworthy, 1996, 199.

essentiels du succès. L'épisode révèle en creux le rôle que la troisième ligne de l'*acies triplex*, formation ordinaire de l'armée romaine à cette époque, pouvait jouer en servant de réserve immédiatement disponible[92]. Lors de la bataille contre Arioviste, Crassus envoya les légionnaires de troisième ligne à la rescousse des secteurs en difficulté, ce qui montre bien qu'ils ne participaient pas à la mêlée qui était alors à son comble (*BG* I, 52). À Pharsale, ce fut un élément décisif de la manœuvre, César prélevant une cohorte dans chaque légion pour aller en former une quatrième derrière la xe qui faisait face à la redoutable cavalerie de Pompée (*BC* III, 89). Il est possible qu'en de telles occasions, les soldats de troisième ligne, qui ne participaient pas au choc initial, conservaient leur *pila*, mais les textes disponibles ne sont pas bien explicites sur ce point. Seul Appien, au moment de Pharsale, précise que les légionnaires mis en réserve par César disposaient encore de leurs « lances » – évidemment des *pila* – qu'ils dressèrent pour frapper au visage les Pompéiens[93].

Dans les récits de bataille qu'il offre à ses lecteurs, César évoque parfois les soldats d'infanterie légère, notamment lors de la bataille de la Sambre (*BG* II, 24 : *levisque armaturae pedites*). À une époque où il n'y avait probablement plus de vélites dans l'armée romaine, qu'étaient ces troupes et comment étaient-elles armées[94] ? Dans le passage qu'on vient de citer cette piétaille accompagnait la cavalerie et il est possible qu'il se soit agi de troupes gauloises alliées ou d'auxiliaires levés en Cisalpine ou dans le Midi. On retrouvera un assemblage de même type en 51, lors de la mort de Correos, le chef Bellovaque (*BG* VIII, 17). César, mis au courant d'une embuscade de cavalerie que lui tendait son adversaire, envoya à sa rencontre sa cavalerie avec une troupe d'infanterie auxiliaire armée à la légère (*huic interponit auxilia levis armaturae*). On suppose assez souvent que ces unités, qui n'étaient pas normalement destinées à aller au choc, disposaient de javelots légers, de portée plus longue que les *pila* lourds des légionnaires[95], comme ceux qu'on trouve dans l'assemblage d'Alésia. Mais qu'en savons-nous réellement ?

De même l'appui d'artillerie sur le champ de bataille n'est guère mentionné par César, sauf une fois, à l'occasion de la rencontre qui eut lieu avec l'armée coalisée des Belges, en 57. Le proconsul, en effet, s'était retranché en fermant par un fossé la plaine de confluence entre l'Aisne et un autre petit cours d'eau, édifiant à chaque extrémité de son dispositif une redoute d'artillerie pour protéger ses flancs (*BG* II, 8). Mais, en dehors de ce cas, on ne voit pas l'artillerie intervenir en rase campagne ; sa présence n'est indiquée que lors des épisodes de siège, par exemple à Gergovie pour la défense du camp (*BG* VII, 41) ou à Alésia pour celle des retranchements romains, on l'a vu. Au total, le texte des *Commentaires* ne nous offre pas des récits de bataille qu'on pourrait qualifier de « complets », avec toutes les phases du combat et toutes les armes utilisées. Mais on

---

92. César y fait allusion à plusieurs reprises (*BG* I, 24 ; I, 49 ; I, 52 ; IV, 14). L'*acies duplex* (sur deux lignes) n'est mentionnée qu'une fois lors de la bataille menée par le jeune Crassus contre les Aquitains. Il s'agissait en l'espèce d'étirer sa ligne (*BG* III, 24).
93. Appien *BC* II, 78 : ὀρθοῖς ἄνω τοῖς δόρασιν.
94. Sur le maintien possible de vélites au cours du Ier siècle av. J.-C., voir Gauthier, 2021, pas toujours convaincant.
95. Goldsworthy, 1996, 183.

n'oubliera pas, à ce propos, que le proconsul s'adressait à un public averti puisque tout aristocrate avait un jour commandé et que tout Romain avait été soldat. Il y avait donc des détails sur lesquels il était inutile d'insister, sauf quand le narrateur voulait mettre en évidence tel ou tel aspect de la guerre. C'est ici que l'art littéraire de César prend tout son effet en variant les formes du récit selon les intentions de l'auteur. L'archéologie nous fournit d'autres informations précieuses mais nous ne savons pas toujours comment assembler ces différentes sources, toutes lacunaires.

Il ressort toutefois de la lecture du texte césarien que le sort de la bataille reposait essentiellement non sur une supériorité en matière d'armement, de courage ou de tactique militaire, voire sur le génie du chef, mais sur une discipline de fer acquise à l'entraînement et une cohésion parfaite du dispositif collectif au cours de la manœuvre. À cet égard, la bataille de la Sambre offre un bon exemple des forces et des faiblesses de l'armée romaine (*BG* II, 16-27). En cette affaire, survenue lors de la campagne de 57 contre les Belges et longuement décrite, César s'est manifestement laissé surprendre alors que les légions établissaient le camp près d'un passage de la rivière que la cavalerie avait déjà traversée. L'armée romaine n'était donc pas rangée en ordre de bataille et, malgré toutes les excuses cherchées par le proconsul, la plus grande confusion régnait. La discipline et l'expérience des vieilles troupes sauvèrent la situation car les soldats se regroupèrent spontanément en improvisant de fait des unités de combat qui ne correspondaient pas aux leurs. Seules les deux légions de Labienus, à l'aile gauche, semblent être restées en formations constituées, ce qui leur permit de lancer leurs *pila* et de refouler les Atrébates sur l'autre rive de la Sambre, engageant ensuite le combat à l'épée (*BG* II, 23). L'affaire se poursuivit de l'autre côté de la rivière mais le texte des *Commentaires* ne précise pas sous quelle forme. Était-ce toujours un corps à corps ou les Romains disposaient-ils encore de traits à lancer ? À l'aide droite, en revanche, la panique gagnait et les troupes du proconsul étaient bousculées. Un détail du récit est révélateur : n'étant plus en ordre de bataille mais trop serrés les uns contre les autres, les soldats de la XIIe légion n'avaient pas l'espace individuel nécessaire pour combattre (*BG* II, 25). La VIIe légion, non loin de là, n'était pas en meilleure posture, et il fallut que César regroupe ces deux unités pour leur redonner confiance et faire front. La situation fut sauvée par l'arrivée des troupes de Labienus, vainqueur sur son aile gauche et celles de l'arrière-garde, qui arrivaient avec les bagages. Le contraire de Waterloo, mais on n'en avait pas été loin d'un semblable désastre. Cette chaude affaire illustre en effet en creux l'importance que revêtaient au moment du choc la cohésion du dispositif légionnaire et la force de la discipline qui y régnait normalement, infiniment plus que le mode de combat lui-même, la nature des armes employées ou le génie militaire du chef.

Les pratiques gauloises et germaniques du combat

César, à l'occasion de cette bataille de la Sambre, rend hommage, une fois n'est pas coutume, au courage de ses adversaires, donnant l'impression d'une mêlée sanglante et particulièrement meurtrière (*BG* II, 27). Cette conclusion traduit mal, toutefois, la manière véritable de combattre des Gaulois.

A. Deyber a fait justice de l'opinion, longtemps répandue, selon laquelle les Gaulois attaquaient en masse et sans ordre, en vrais barbares qu'ils auraient été[96]. Mais, à ce propos, on doit noter que la principale source sur laquelle nous pouvons nous appuyer pour décrire leur mode de combat, au milieu du Ier siècle avant notre ère, réside dans les *Commentaires* de César dont les intentions sont parfois complexes et pas nécessairement conditionnées par le souci de décrire objectivement ses ennemis. D'un point de vue méthodologique, on évitera de mêler cette information bien datée avec d'autres qui font référence aux guerres du IIIe siècle entre Rome et les Celtes d'Italie du Nord : les temps étaient différents, l'armement n'était pas le même, les tactiques militaires avaient évolué. L'art de la guerre doit en effet être étudié dans son contexte, et non comme un tout invariable. Mais, si le récit du proconsul offre un témoignage irremplaçable, il n'en laisse pas moins d'incontestables zones d'ombre, ce qui est aussi vrai, on l'a vu, pour les pratiques de l'armée romaine.

On a déjà observé qu'à la bataille de Bibracte, les Gaulois étaient montés à l'assaut « en phalange » (*BG* I, 24), une disposition qui leur fut fatale à cause de l'efficience de la volée de *pila* des légionnaires. Pour l'adopter, le texte des *Commentaires* précise que les troupes helvètes étaient passées d'un ordre très compact (*confertissima acie*), destiné à faire front contre la cavalerie romaine, à la phalange ; la suite du récit montre clairement de quoi il s'agit : les boucliers formaient un tuilage, donc les hommes marchaient flanc contre flanc pour se protéger au maximum, probablement sur plusieurs rangs de profondeur, mais César ne précise pas ce dernier point. Un tel ordre, au moment de l'assaut, implique que tout le monde devait avancer au même pas, ce qui est difficile sur un terrain en pente, nécessairement inégal, et ne peut se faire au pas de charge sous peine de rompre son propre dispositif. C'est en outre un sérieux handicap pour la manœuvre, comme le rappelle A. Deyber, en s'appuyant sur des essais de reconstitution[97]. Il est en effet très difficile, quand on adopte cette formation, de changer de direction ou de faire une conversion sans disloquer la ligne, et presque impossible de se battre à l'épée, faute d'espace entre les combattants. Un tel assaut avait sans doute un réel impact psychologique face à des troupes inexpérimentées qui voyaient arriver une masse humaine devant elles, mais pas forcément une grande efficacité militaire. On est là face à un cas de figure qui montre à la fois la capacité des armées gauloises à adopter un ordre exigeant entraînement et discipline, en même temps qu'une pratique de combat désuète, abandonnée depuis longtemps sur les champs de bataille du monde méditerranéen à l'époque de la guerre des Gaules.

Cet épisode est unique. Les *Commentaires*, en effet, ne décrivent jamais un ordre de bataille immuable et une technique de combat récurrente et standardisée, mais des affrontements multiples et variés qui montrent surtout l'adaptabilité des troupes gauloises à des situations différentes, un art de la guerre consommé fait autant de prudence et d'habileté tactique que de fureur guerrière. Lors de la bataille de l'Aisne, par exemple, on observe que les Belges évitèrent de se lancer à corps perdu dans un choc frontal qui

96. Deyber, 2009.
97. Deyber, 2009, 316-320.

les aurait conduits à traverser une zone marécageuse sous le feu de l'artillerie romaine (*BG* II, 9). Même circonspection en 51, lorsque les Bellovaques tinrent leurs positions tout en refusant le combat face aux légions rassemblées (*BG* VIII, 9 et 15). Ambiorix, en 54, montra une vraie science du combat en évitant de donner directement l'assaut aux troupes de Sabinus et de Cotta, pourtant en retraite et démoralisées mais toujours en bon ordre : en évitant le corps à corps mais en harcelant les légionnaires par des volées de traits, il se maintenait à distance en causant beaucoup de dégâts chez ses adversaires (*BG* V, 34). Là comme ailleurs, le récit du proconsul ne révèle que ce qu'il veut bien dire, tant pour des raisons littéraires – trop de détails techniques auraient tué le texte – que politiques. Il écrit au demeurant pour des lecteurs familiers de ces batailles et qui n'avaient pas besoin d'explications inutiles.

On voit toutefois apparaître au fil du texte des pratiques militaires récurrentes : nous apprenons ainsi, de manière incidente, que la cavalerie gauloise était accompagnée par des fantassins légèrement équipés qui combattaient en son sein (*BG* VII, 18), voire par des archers (*BG* VII, 36). Hirtius nous indique que les Celtes étaient régulièrement munis de chariots qui portaient leurs bagages, même pour de brèves expéditions (*BG* VIII, 14) mais cette pratique pouvait en même temps offrir des retranchements de fortune, comme à la bataille de Bibracte (*BG* I, 24 et 26). On retrouve ces véhicules lors du siège de Bourges (*BG* VII, 18). On découvre au fil du récit que les Gaulois pouvaient ériger des retranchements en rase campagne, à la veille d'une bataille, comme ce fut le cas en 51 contre les Bellovaques (*BG* VIII, 9). Mais les Nerviens se montrèrent aussi capables de construire une circonvallation pour bloquer le camp de Cicéron (*BG* V, 42) et on sait, au demeurant, qu'ils étaient passés maîtres dans l'art de creuser des sapes (*BG* III, 21 et VII, 22). Ils savaient se protéger en formant la tortue (*BG* V, 43).

Dans la description césarienne, on voit les Germains pratiquer des techniques de combat identiques à celles des Gaulois : ainsi, lors de la rencontre avec Arioviste (*BG* I, 52), les « barbares », selon leur habitude (*ex consuetudine sua*) se rangèrent en phalange pour attendre le choc des Romains montant à l'assaut l'épée à la main. En l'occurrence, c'est plutôt la fougue romaine qui est mise en valeur dans ce passage ; elle s'avéra décisive, alors que le roi germain faisait preuve de circonspection, se contentant d'escarmouches de harcèlement grâce à sa cavalerie. Mais que vaut réellement cette description ? On doit la comparer avec celle que nous livre Cassius Dion, beaucoup plus détaillée pour une fois, et qui, tout en suivant globalement le récit de César, vient sans aucun doute d'une source différente[98]. Si l'on en croit ici l'historien grec (38, 49), c'est pour éviter que les Germains n'aient le temps d'achever leur formation et de jeter leurs traits (ἀκόντισις), sur lesquels ils comptaient particulièrement, que les légionnaires se précipitèrent à l'assaut sans jeter eux-mêmes leurs javelots. Ils empêchèrent ainsi les « barbares » de se servir de leurs lances et de leurs épées longues. Mais beaucoup de Germains ne pouvaient pas non plus, dans cette mêlée, se servir de leurs épées courtes et, dans ce furieux corps à corps, ce sont les légionnaires, mieux armés et mieux entraînés qui l'emportèrent : en effet, précise Dion, les glaives romains étaient plus courts encore – donc plus maniables – et

98. Zecchini, 1978.

leur pointe était aciérée (προσβολὰς χαλυβδικὰς ἔχοντα). Mais le récit continue ensuite, alors que celui de César s'arrête à ce point. La bataille continua en effet avec des ennemis regroupés en blocs compacts d'environ 300 hommes, comme retranchés dans des tours. Dans ce combat, les armes de jet romaines ne furent d'aucune utilité ; l'absence de casques des Germains constitua en revanche un facteur de faiblesse contre les assauts renouvelés des légionnaires.

Cette victoire romaine avait pourtant failli mal tourner car, selon Cassius Dion (38, 48), les barbares auraient pu s'emparer des retranchements, sans doute le « petit camp » que César avait fait édifier dans la plaine (*BG* I, 49-50). C'est là un épisode que masque César dans son propre récit. Ce dernier transforme en effet en bataille ordonnée et maîtrisée ce qui ne fut peut-être, si la source de Dion est elle-même fiable, qu'une mêlée assez confuse remportée par les légionnaires grâce à leur bravoure, leur entraînement, leur technique de combat, leur équipement.

Il est intéressant de noter que, selon les témoignages concordants de César (*BG* I, 51) et de Cassius Dion (38, 50), les Germains aussi étaient accompagnés de leurs chariots qui abritaient leurs femmes, leurs enfants et leurs bagages ; ils pouvaient au besoin servir de rempart improvisé. Mais c'est César seul qui, à cette occasion, décrit les pratiques de la cavalerie ennemie (*BG* I, 48). Il vaut la peine de citer en totalité ce passage, pour une fois très détaillé et dont le proconsul cherche à souligner le caractère pittoresque, ce qui n'est pas fréquent :

> « Ils étaient six mille cavaliers et autant de fantassins, les plus agiles et les plus braves de tous : chaque cavalier en avait choisi un sur l'ensemble des troupes, avec la préoccupation de sa sûreté personnelle car ces fantassins étaient leurs compagnons de combat. C'était sur eux qu'ils se repliaient ; ils entraient en ligne si la situation devenait critique ; ils entouraient et protégeaient celui qui, grièvement blessé, était tombé de cheval ; s'il fallait avancer à quelque distance ou faire une retraite rapide, ils avaient, grâce à leur entraînement, une telle agilité qu'en se tenant aux crinières des chevaux ils les suivaient à la course. »

C'est là une pratique bien illustrée par la première bataille avec les Usipètes et les Tenctères, en 55 (*BG* IV, 12). On voit en effet, à cette occasion, une tactique particulière mise en œuvre par les Germains. Chargeant à moins de 800 une force de cavalerie romano-gauloise de 5 000 hommes, ils mirent pied à terre, selon leur coutume, « et frappant les chevaux par-dessous, jetant à bas un très grand nombre de nos hommes, ils mirent les autres en fuite ». La surprise des Gaulois, qui formaient sans doute l'essentiel de la cavalerie romaine à ce moment, montre que ceux-ci ne pratiquaient pas de la même manière et il est bien possible que ce soit là un des secrets de la supériorité des Germains recrutés par César à la fin de la campagne de 52 (*BG* VII, 65). Michael P. Speidel, qui a bien décrit ces pratiques militaires, a justement remarqué que, selon le témoignage de Plutarque (*Crassus* 25, 2), les Germains que César avait donnés à Crassus combattaient ainsi à la bataille de Carrhes, en se glissant sous les chevaux adverses et en les frappant dans le ventre. Arminius n'agira pas autrement face aux troupes de Caecina en 15 ap. J.-C. (Tacite, *Ann.* I, 65). L'art romain de l'époque julio-claudienne a d'ailleurs bien illustré ces pratiques grâce à de nombreuses stèles figurées de Rhénanie mais on les suit jusque dans l'Antiquité tardive et au-delà[99].

L'importance tactique de la cavalerie

Le combat de cavalerie, on le voit, n'était donc pas fait que de charges menées par des cuirassiers lourdement équipés, à la manière des Parthes que décrit Plutarque à l'occasion de la bataille de Carrhes. Pourtant, ce rôle des troupes montées est souvent minoré dans les études sur l'armée romaine, alors qu'il apparaît décisif dans de nombreuses circonstances. A. Deyber a proposé une typologie des missions militaires de la cavalerie gauloise, mais elle peut s'appliquer aussi à celle qui combattait du côté romain : 1 – la recherche du renseignement par la reconnaissance ; 2 – la couverture des mouvements et des replis ; 3 – le combat par les prises de contact, les manœuvres d'enveloppement, de diversion, les poursuites ; 4 – la guerre de mouvement, faite de raids et d'attaques surprises ; 5 – la charge lors d'une bataille pour rompre par le choc la ligne adverse[100].

Commençons par quelques chiffres. Les effectifs de cavalerie ont été de part et d'autre très variables mais c'était le plus souvent affaire de circonstance, du moins si l'on s'en tient aux données des *Commentaires*, généralement invérifiables à l'aide de sources tierces. En 58, au moment de la bataille de Bibracte, César disposait ainsi de 4 000 hommes levés dans la Province, auxquels s'ajoutaient des Éduens et leurs alliés, ce qui implique, en fait, l'effectif d'une légion supplémentaire (*BG* I, 15). C'était une force importante, mais elle fut surprise et défaite par les 500 Helvètes qu'elle rencontra en les poursuivant. Celle d'Arioviste, considérable, se montait à 6 000 hommes (*BG* I, 48). Contre les Usipètes et les Tenctères, le proconsul pouvait aligner 5 000 hommes, qui furent là encore défaits par une force très inférieure de 800 hommes (*BG* IV, 12). Avant son débarquement en Bretagne, il avait de nouveau rassemblé 4 000 cavaliers, dont il laissa la moitié sur le continent (*BG* V, 5). En comparaison, les effectifs de Vercingétorix avant Alésia, soit 15 000 hommes, paraissent colossaux, s'ils sont véridiques (*BG* VII, 64). En dehors des contingents éduens, souvent nommés, ou des Trévires à la bataille de la Sambre, pour lesquels aucun chiffre n'est avancé, César reste le plus souvent allusif sur l'identité ethnique de ses forces de cavalerie. On sait toutefois, par Hirtius, qu'elles étaient constituées de contingents rèmes et lingons (plus d'autres qui ne sont pas nommés) au moment de la campagne de 51 contre les Bellovaques (*BG* VIII, 11). Une telle indication n'est pas sans intérêt car elle jette une lueur sur ce que pouvait être la composition de l'armée césarienne à la fin de l'année précédente, devant Alésia. Bien qu'il n'en dise rien, le proconsul, qui avait fait reposer chez les Lingons ses légions éprouvées par les opérations de l'année 52, pouvait très bien avoir recruté une partie de ses troupes montées chez ses plus fidèles alliés, et pas seulement chez les Germains, bien qu'il ne parle que de ces derniers, devenus déjà célèbres comme on le voit à l'occasion du désastre de Carrhes.

---

99. Speidel, 2004, 133-142.
100. Deyber, 2009, 332-333.

Le texte césarien explicite clairement le rôle tactique dévolu à la cavalerie du chef arverne avant Alésia : ne pas livrer bataille mais couper les communications romaines et empêcher l'ennemi de se ravitailler (*BG* VII, 64). C'était déjà l'objectif de Vercingétorix avant le siège d'Avaricum. On voit d'ailleurs que, tout au long du conflit, les troupes à cheval apparaissent essentiellement dans des escarmouches préliminaires ou des actions de harcèlement, comme le commanda Arioviste en 58 (*BG* I, 48) : il s'agissait de surveiller l'ennemi en suivant ses mouvements, de le démoraliser autant qu'on pouvait, de l'éprouver, de le tester. César n'agissait pas autrement, avant la bataille de l'Aisne (*BG* II, 8) et on retrouvera de telles rencontres de cavalerie, préliminaires à l'affrontement principal, au moment de Gergovie (*BG* VII, 36). En formation de marche, l'*imperator* se faisait précéder par ses cavaliers chargés d'éclairer le terrain, comme avant la bataille de la Sambre (*BG* II, 19) ou celle contre les Bellovaques (*BG* VIII, 7). La mission pouvait être simplement d'accompagner et de protéger les fourrageurs (*BG* V, 18 ; VIII, 17).

Les actions de combat proprement dit sont rarement décrites en détail dans les *Commentaires*, mais il en est une qu'il vaut la peine d'analyser plus précisément (*BG* VIII, 17-19) : en 51, le Bellovaque Correos avait réuni une troupe choisie de 6 000 fantassins et 1 000 cavaliers pour attirer les forces ennemies dans une embuscade sur un terrain où il soupçonnait que celles-ci viendraient fourrager. Prévenue, la cavalerie romaine s'engagea non pas en masse mais escadron par escadron (*turmatim*), de manière à se ménager des réserves. Correos chargea alors les premières unités. « Les nôtres, écrit Hirtius, soutiennent fermement le choc, en évitant de se réunir en un groupe compact, formation qui généralement, dans les combats de cavalerie, quand elle est l'effet de quelque panique, rend redoutable pour la troupe son nombre même. » La suite du récit montre une mêlée au cours de laquelle escadrons montés et infanterie combattent ensemble. Les chocs de cavaleries adverses rangées en ordre de bataille n'étaient donc pas la forme la plus fréquente du combat, même si César en témoigne, on l'a dit, à l'occasion d'Alésia. Il n'était pas non plus usuel de tenter une rupture du front d'infanterie adverse avec une force à cheval, comme l'a opportunément rappelé A. Goldsworthy, surtout s'il s'agissait d'une troupe expérimentée et bien organisée car les animaux refusent spontanément de tels chocs, le plus souvent[101]. Tout au plus une telle charge peut-elle provoquer la panique sur des fantassins novices, une situation qu'on peut alors exploiter mais César ne fait pas état de telles circonstances dans les *Commentaires*. En revanche, face à des unités déjà battues et en fuite, donc en désordre, la cavalerie permettait d'exploiter et de parachever la victoire, comme Labienus le fit contre les Trévires (*BG* VI, 8).

Le cas de la « bataille de cavalerie » avant Alésia

Ce qu'on appelle communément la « bataille de cavalerie » qui a précédé le siège d'Alésia constitue un cas intéressant de distorsion entre le récit césarien (*BG* VII, 66-67) et celui de Cassius Dion (40, 39). Je ne m'intéresse, pour l'heure, qu'à la rencontre proprement dite, sans discuter des autres aspects du dossier, sur lesquels je reviendrai

101. Goldsworthy, 1996, 228-235.

plus loin[102]. Si l'on en croit le texte des *Commentaires*, Vercingétorix s'était posté sur le chemin de l'armée romaine pour l'intercepter dans sa retraite vers le Midi ; ayant partagé sa cavalerie en trois corps, dont l'un barrait la route tandis que les deux autres attaquaient de flanc la colonne en marche, il fut engagé par celle de César qui formait l'avant-garde et était elle-même partagée en trois divisions. Les légions, à leur arrivée, soutinrent les troupes montées qui faiblissaient, avant que les Germains ne contournent les forces de Vercingétorix sur l'aile droite en s'emparant d'une hauteur qu'ils occupaient au terme d'une charge. Dans ce récit, c'est la cavalerie, notamment germanique, qui semble décider du sort de cette bataille, souvent qualifiée de « préliminaire » au siège.

Le récit de Dion, qui repose sur une source anticésarienne[103], apporte des nuances importantes à celui de l'*imperator* : désormais plein de mépris pour celui-ci, en raison de ses échecs antérieurs, Vercingétorix engagea l'armée romaine qui faisait retraite vers le Midi pour secourir les Allobroges. « Comme César, dans ces circonstances, s'était mis en route pour les aider, il le surprit alors qu'il était chez les Séquanes et l'encercla, mais sans lui causer aucun dommage[104]. » Comme à la bataille de la Sambre, l'armée romaine tomba dans une véritable embuscade et se laissa encercler. Elle dut, pour se dégager et sans céder à la panique, fréquente en ce genre de circonstances, rompre le cercle des assaillants (διέρρηξαν τὴν περίσχεσιν) par des attaques sans relâche (ὁρμαῖς ἀπλήστοις), couronnées de succès grâce à la valeur de ses hommes, notamment des Κελτοί (Germains) qui combattaient avec les Romains[105]. Ce ne fut donc pas, selon l'historien grec, une simple bataille préliminaire de cavalerie, mais un engagement majeur, dû à une faute militaire de chacun des deux chefs de guerre. César, de son côté, s'est laissé surprendre dans une attaque menée par Vercingétorix à la tête de toutes ses troupes. Mais ce dernier n'a pas su saisir l'occasion unique qui s'offrait de mettre l'armée romaine en déroute. Pour celle-ci, ce fut un vrai coup de chance dû, une fois de plus, à la bravoure des soldats et à la discipline des légions, capables de se réorganiser et de se surpasser dans une rencontre engageant toutes les unités de l'armée romaine en marche, soit au bas mot une dizaine de légions et la cavalerie. Le chef arverne, pour sa part, engagea sans succès un combat frontal qu'il avait jusque-là voulu éviter. César sut profiter de cet échec des Gaulois, poursuivant jusqu'à Alésia leur armée en déroute (διαφυγόντας). Vercingétorix dut ainsi se replier dans la place forte la plus proche, où les vivres, bien clairement, faisaient défaut pour une si nombreuse armée, comme la suite des événements allait le prouver. On est très loin, dans ce récit, d'une manœuvre stratégique géniale de Vercingétorix pour attirer le proconsul dans un piège mortel. Mais, bien entendu, ces deux récits, l'un pro, l'autre anticésarien, sont tous les deux le reflet des antagonismes internes de la République finissante et de la propagande des deux camps qui s'affrontaient pour le pouvoir à Rome.

---

102. Reddé, 2025a. *Infra*, p. 219-221.

103. Zecchini, 1978.

104. Traduction Les Belles Lettres, modifiée, de *Κἀν τούτῳ ὁρμήσαντα αὐτὸν ὡς καὶ βοηθήσοντά σφισιν, ἀπέλαβεν ἐν Σηκουανοῖς γενόμενον καὶ ἐνεκυκλώσατο, οὐ μέντοι τι εἰργάσατο*. Rappelons que, dans le vocabulaire grec, le terme Κελτοί désigne aussi bien les Germains que les Gaulois. Sur la question des Séquanes, *infra*, p. 219-221 et Reddé, 2025.

105. Sur la peur des soldats au combat, fréquente dans un cas d'embuscade car il faut à la fois faire face et se réorganiser rapidement, voir Le Bohec, 2021, 294.

Les sites archéologiques de la guerre des Gaules (années 58-53). État de la question

La topographie de la guerre des Gaules fut une question fort débattue au XIXe siècle lorsque Napoléon III lança toute une série de recherches nécessaires à son histoire de Jules César, publiée dans les dernières années de son règne[1]. L'empereur avait d'ailleurs institué officiellement à cet effet, le 17 juillet 1858, une « Commission de la topographie des Gaules », composée des meilleurs savants de ce temps, qui survécut au régime jusqu'en 1880. Un colloque tenu à Compiègne en 2000 en a bien illustré le rôle et l'importance historiques[2]. Les discussions érudites se sont poursuivies depuis lors, notamment sous la plume de T. Rice Holmes, dont les commentaires très érudits méritent toujours d'être consultés aujourd'hui[3]. Ces études anciennes, qui ont jeté les bases indispensables à notre connaissance de la guerre des Gaules, sont toutefois largement renouvelées aujourd'hui grâce à une archéologie de terrain active, beaucoup plus performante qu'autrefois. Depuis la publication des nouvelles fouilles franco-allemandes d'Alésia, en 2001, les découvertes n'ont pas manqué et on peut désormais en dresser un inventaire raisonné, nécessairement critique car il reste beaucoup d'hypothèses dans les recherches qui ont été menées[4]. Pour des raisons de commodité, on évoquera d'abord, dans ces quelques pages, tous les sites archéologiques déjà connus ou récemment découverts, réservant l'étude des grands sièges des années 52-51 pour le chapitre suivant.

L'année 58

Les fortifications supposées de Genève contre les Helvètes, en 58

César, mis devant le fait accompli du projet d'émigration helvète, en 58, se rendit rapidement devant Genève, dernière place forte de la province romaine vers le nord (*BG* I, 7). Après avoir reçu une première ambassade des Gaulois, le proconsul se mit à construire, sur une longueur de 19 milles, depuis le Léman jusqu'au Jura, un mur haut

---

1. Napoléon III, 1865-1866.
2. *Napoléon III et l'archéologie*, 2001.
3. Holmes, 1911.
4. Fitzpatrick et Haselgrove, 2019.

de 16 pieds précédé d'un fossé (*BG* I, 8). Voilà donc la rive gauche du Rhône fortifiée de Genève au Pas de l'Écluse. Le colonel Stoffel – un officier suisse – avait cru remarquer, en dessous d'Avully, des mouvements de terrain qu'il interprétait comme les restes du mur césarien et dont Napoléon III produisit une carte dans son *Histoire de Jules César*[5]. L'archéologue cantonal genevois L. Blondel y pratiqua des recherches de terrain en 1945, mettant au jour un fossé, mais sans pouvoir conclure de manière claire à l'identification avec les travaux cités dans les *Commentaires*[6]. Plus récemment, les recherches menées par L. Flutsch ont montré que ce dossier ne reposait sur aucune réalité archéologique et que L. Blondel n'avait en fait observé que des phénomènes naturels[7]. À ce jour, le dossier est vide.

La bataille de Bibracte

Les recherches napoléoniennes, fondées exclusivement sur le texte des *Commentaires*, avaient proposé de localiser la bataille de l'année 58 contre les Helvètes entre les villages de Chides et de Luzy, au sud-est du Mont-Beuvray, correctement identifié avec la Bibracte éduenne[8]. C'est le colonel E. Stoffel qui avait, après la mort de Napoléon III, proposé le site de Montmort plus au sud-ouest, entre Luzy et Toulon-sur-Arroux. Il y avait en effet pratiqué des sondages en 1886 et découvert un fossé qu'il attribuait à l'époque de la bataille sans pouvoir le dater précisément[9]. A. Furger y a repris des fouilles en 1986-1987, retrouvant le fossé de Stoffel, mais sans pouvoir non plus lui attribuer une date ni une destination précises. Bien que l'hypothèse de la localisation de la bataille des Helvètes à cet endroit ne puisse être définitivement écartée, aucune certitude ne peut aujourd'hui être établie[10].

L'année 57

La bataille de l'Aisne

La bataille livrée par César au début de la campagne de 57 contre les forces belges coalisées (*BG* II, 8-11) a été localisée par Napoléon III sur la colline de Mauchamp, dans l'Aisne, où des sondages ont été pratiqués[11]. Aucune recherche de terrain n'y a été menée depuis lors, mais les photographies aériennes permettent malgré tout d'établir aujourd'hui un dossier solide, déjà bien analysé par Christian Peyre[12]. Je reprends ici la description que j'en avais donnée en 2006[13].

---

5. Napoléon III, 1865-1866, pl. II.
6. Blondel, 1945.
7. Flutsch, 1991a.
8. Napoléon III, 1865-1866, pl. 4 et chapiter 4, note 34.
9. Stoffel, 1887, II, 439-441.
10. Flutsch, 1991b ; Furger, 2014. La localisation de la bataille contre Arioviste reste complètement mystérieuse, aucun indice sérieux ne pouvant, à ce jour, être avancé.
11. Napoléon III, 1865-1866, pl. 7 et 8.
12. Peyre, 1979.
13. Reddé, 2006, 225-227.

Le texte césarien décrit, pour une fois, un retranchement caractéristique dans une position topographique très particulière (*BG* II, 5 et 8) :

> « Quand César vit que les Belges avaient fait leur concentration et marchaient vers lui, quand il sut par ses éclaireurs et par les Rèmes qu'ils n'étaient plus bien loin, il fit rapidement passer son armée au nord de l'Aisne, qui est aux confins du pays rémois, et établit là son camp. Grâce à cette disposition, César fortifiait un des côtés de son camp en l'appuyant à la rivière, il mettait à l'abri de l'ennemi ce qu'il laissait derrière lui, il assurait enfin la sécurité des convois que lui enverraient les Rèmes et les autres cités. Un pont franchissait cette rivière. Il y place un poste, et laisse sur la rive gauche son légat Q. Titurius Sabinus avec six cohortes ; il fait protéger le camp par un retranchement de douze pieds de haut, et par un fossé de dix-huit pieds... Il fit creuser en protection, des deux côtés de la colline, un fossé transversal d'environ quatre cents pas, et, à l'extrémité des fossés, il établit des redoutes, où il plaça des balistes, afin que, la ligne de bataille une fois constituée, les ennemis, auxquels le nombre donnait un tel avantage, ne puissent pas envelopper les siens par les versants au cours du combat... Il y avait un marécage de faible étendue entre notre armée et celle des ennemis. »

La position de César est donc claire : une colline sur la rive septentrionale de l'Aisne. Napoléon III et Stoffel firent creuser de longues tranchées à partir de la route de crête qui traverse le site. D'abord infructueuses, les recherches finirent par mettre au jour un ensemble de fossés formant un complexe presque carré de 658 × 655 mètres, aux angles arrondis, avec un pan coupé à l'est, d'une superficie d'environ 42 hectares (fig. 81). Cinq portes, dont deux à l'ouest, permettent d'y accéder. Ces portes sont défendues par des *claviculae* internes. Deux grands fossés, longs d'environ 750 mètres, partent l'un de l'angle nord-ouest du camp vers un petit cours d'eau, la Miette, qu'il rejoint pratiquement ; l'autre part de l'angle sud-est vers l'Aisne, de sorte que la colline de Mauchamp est complètement barrée et qu'une manœuvre de contournement devient impossible. De petits fossés, dont le plan n'est pas clair, barrent transversalement, au nord, l'extrémité du bras septentrional ; ces fossés, peut-être emportés lors d'un changement du cours de l'Aisne, n'ont pas été retrouvés au sud, mais ont été restitués en pointillé sur le plan de Napoléon, qui y voyait la trace de redoutes.

On ne peut que constater une réelle cohérence entre le plan levé par Napoléon et les détails du récit césarien. Ch. Peyre a prouvé de façon convaincante que chacune des indications topographiques données par le proconsul correspondait à la réalité du terrain ; mais, même si l'on conteste telle ou telle interprétation du texte latin, on ne peut manquer d'être frappé par la cohérence du récit et des fouilles sur le point principal : l'existence des longs fossés de chaque côté de la colline. Il est vrai que les redoutes romaines n'ont pas été retrouvées, mais ces *castella*, nécessairement en bois, n'ont dû laisser que des trous de poteau, et on ne savait guère, vers 1860, reconnaître de tels vestiges.

Les photographies aériennes prises par M. Boureux en 1976 puis celles de B. Lambot, plus récentes (fig. 82), confirment incontestablement la matérialité des vestiges, très

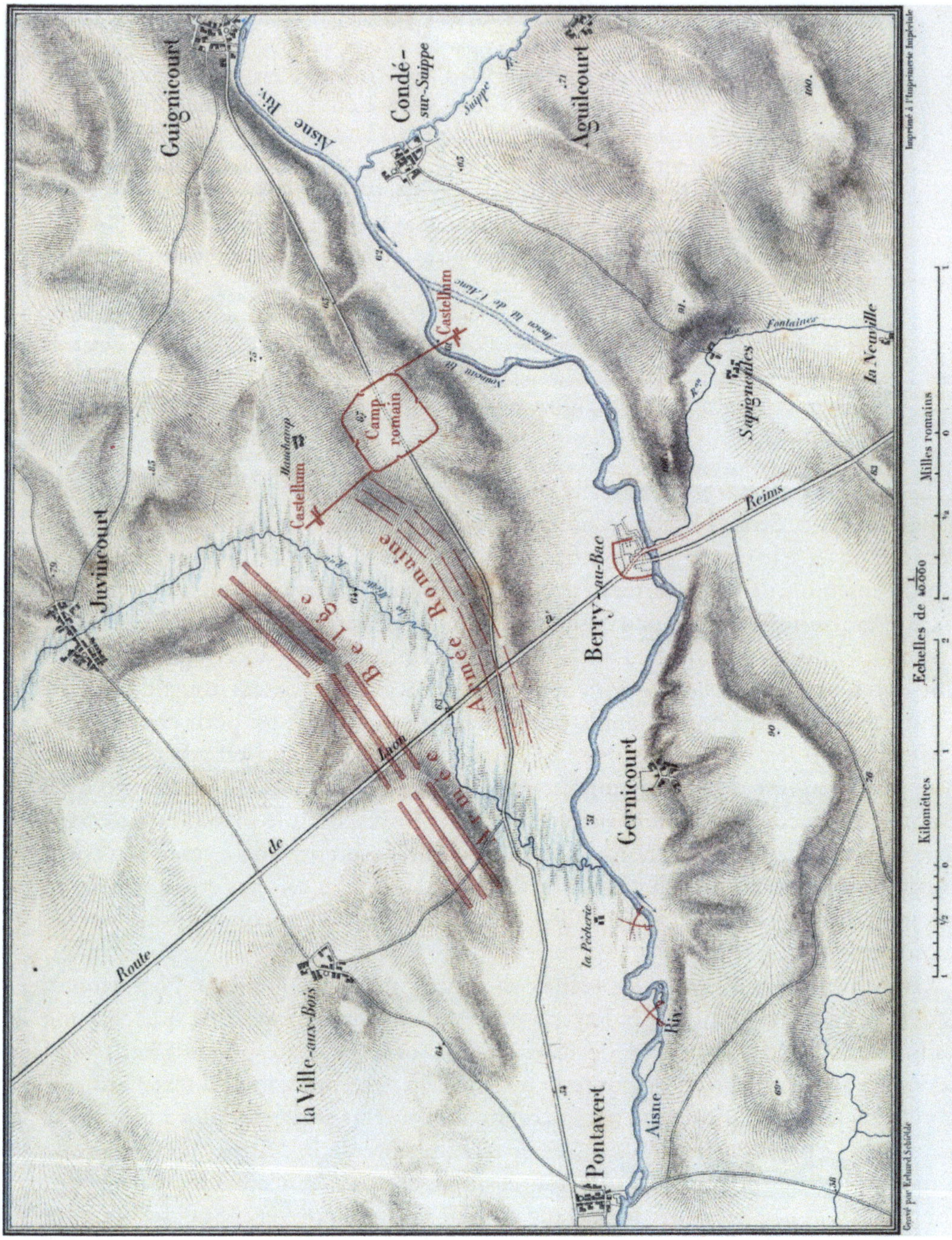

Fig. 81. – Plan de Mauchamp, d'après Napoléon III.

Fig. 82. – Le camp de Mauchamp (angle nord-ouest), vue aérienne de B. Lambot.

perturbés par les tranchées de la Première Guerre mondiale. L'attribution du camp de Mauchamp à l'épisode de la bataille de 57 contre les Belges paraît donc aujourd'hui l'hypothèse la plus solide, d'autant que l'identification de l'oppidum de Bibrax avec le site de Vieux Laon, à 12 kilomètres de Mauchamp, a été confirmée par la découverte – exceptionnelle – d'une monnaie baléare attribuée aux frondeurs auxiliaires de César[14].

La question de l'oppidum des Atuatuques

Napoléon III avait proposé de localiser l'oppidum des Atuatuques à Namur pour des raisons de pure vraisemblance topographique[15]. Plus récemment, d'autres arguments, essentiellement numismatiques, ont conduit à avancer l'hypothèse de Thuin, sur la Sambre, à l'est de Jeumont[16]. Les fouilles limitées qui ont eu lieu à cet endroit ont livré un certain nombre d'éléments peu conclusifs mais le dossier archéologique désormais constitué mérite d'être examiné ici.

On se rappelle les faits : après avoir difficilement vaincu la coalition belge lors de la bataille de la Sambre et reçu la soumission des Nerviens, César se tourna contre les Atuatuques qui arrivaient à la rescousse[17]. Ceux-ci firent alors demi-tour, se réfugiant

---

14. Lambot et Casagrande, 1997.
15. Napoléon III, 1865-1866, chapitre 5 et pl. 10.
16. Roymans et Scheers, 2012.
17. La localisation de la bataille de la Sambre, que Napoléon III supposait immédiatement à l'ouest de Maubeuge, n'a jamais été vérifiée.

dans une place très bien fortifiée par la nature (*BG* II, 29) : « De toutes parts autour d'elle c'étaient de très hautes falaises d'où la vue plongeait, sauf sur un point où s'ouvrait un accès en pente douce qui n'avait pas plus de 200 pieds de large ; un double mur fort élevé défendait cette entrée et ils le couronnèrent alors de pierres d'un grand poids et de poutres taillées en pointe. Ce peuple descendait des Cimbres et des Teutons »... La place fut investie par les Romains qui construisirent une circonvallation de 15 mille pieds[18] de longueur, munie de redoutes (*castella*)[19] ; ils construisirent en même temps une tour mobile destinée à porter des pièces d'artillerie et à s'approcher des murs de l'oppidum. Ce que voyant, les Atuatuques déclarèrent se rendre et jetèrent leurs armes, tout en en conservant secrètement un bon nombre. Ils attaquèrent alors nuitamment les positions romaines mais ils furent vaincus et la place fut enlevée le lendemain par les légionnaires (*BG* II, 33). César les vendit à l'encan.

L'hypothèse de l'identification de cette place forte des Atuatuques avec l'oppidum de Thuin a surgi avec la découverte fortuite dans les années 1980 de trois trésors de statères d'or nerviens, datables du milieu du Iᵉʳ siècle av. J.-C.[20], l'un près du rempart nord-ouest, les deux autres à l'extérieur de la place, vers le sud. Deux concentrations de balles de fronde en plomb sont en outre connues, l'une près de l'entrée, l'autre à l'extérieur, au sud. La fig. 83 donne une idée des lieux et des découvertes : l'enceinte, un rempart massif de terre et de pierres, enserre une superficie de 13 hectares, bien défendue naturellement par la confluence de deux petits cours d'eau. L'accès n'est possible qu'au nord-ouest, ce qui fait de cette disposition topographique un éperon barré. Un tel dispositif n'est pas absolument incompatible avec la description césarienne, sauf sur un point. De premières fouilles menées par P.-P. Bonenfant ont en effet révélé un rempart unique, initialement attribué à Tène D1 b (vers 110-80 av. J.-C.),[21] dont la porte contrôlait un passage large d'environ 60 mètres. Mais cette chronologie a, depuis lors, été revue. Plusieurs sondages menés à l'intérieur de l'oppidum, depuis 2018, n'ont pas permis de mettre en évidence des structures d'occupation mais elles ont livré différents artefacts du néolithique moyen et de nombreux tessons de céramique datables de la fin de l'âge du Fer (LTD2a/b, vers 80-30 av. J.-C.), des statères d'or comparables à ceux des trésors[22], une épée laténienne datable de la seconde moitié du Iᵉʳ siècle av. J.-C., une chaîne-ceinture en alliage cuivreux avec incrustations d'émail rouge, de nombreuses balles de fronde romaines[23]. Les analyses isotopiques menées sur le plomb de ces balles montrent une probable origine espagnole[24]. Il s'agit là assurément du témoignage d'un épisode de bataille qui peut être relié au contexte de la guerre des Gaules ; mais il pourrait tout aussi bien être postérieur de

18. Environ 4,5 kilomètres.
19. Rappelons, à titre de comparaison, que la contrevallation d'Alésia (= la ligne intérieure) faisait 10 milles de tour selon César (*BG* VII, 69), la circonvallation (= ligne extérieure) 14 milles (*BG* VII, 74).
20. De type Scheer 29 I et II (Roymans et Scheers, 2012, 3). Le point sur le dossier numismatique a été fait par Hardy et Paridaens 2024.
21. Mais César parle d'un rempart double. Voir Paridaens *et al.* 2023 pour la synthèse la plus récente sur les fouilles. Scheers 29.
22. Scheers, 29.
23. Paridaens, 2019, 2020 ; 2023.
24. Paridaens *et al.*, 2020.

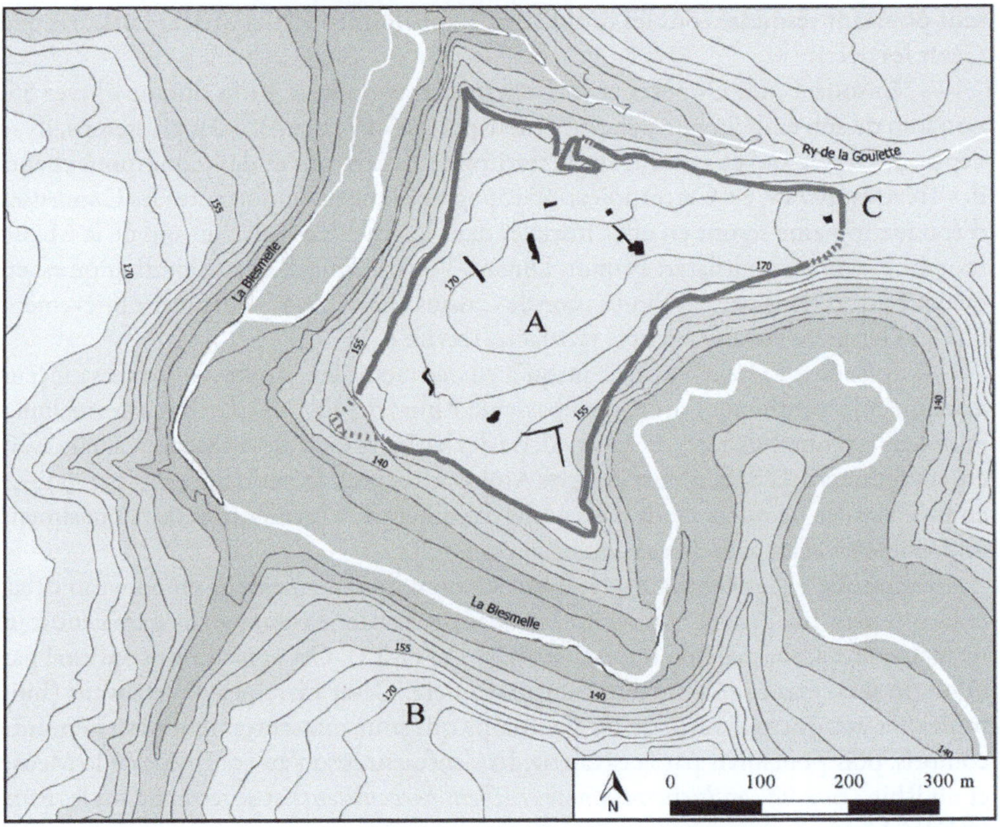

Fig. 83. – L'oppidum de Thuin, plan d'après Paridaens, 2020, 145.

quelques années. La plus grande difficulté d'interprétation et d'identification du site avec l'oppidum des Atuatuques pris d'assaut par César en 57 réside dans le fait que le monnayage est exclusivement nervien[25] et que le site de Thuin se situe à la limite même du territoire nervien. Le dossier des fouilles archéologiques récentes ne plaide en outre pas en faveur de cette identification, dans la mesure où la chronologie semble désormais postérieure à la conquête.

L'année 55[26]

Les événements du début de la campagne 55 sont marqués par deux entreprises successives, la guerre contre les Usipètes et les Tenctères, deux peuples germaniques qui avaient traversé le Rhin, suivie de leur extermination, puis le passage du fleuve par l'armée romaine. Ces deux événements, quoique distincts, sont liés et différentes découvertes archéologiques récentes permettent d'alimenter un dossier complexe,

25. Mais les Atuatuques ne semblent pas avoir battu monnaie.
26. Les sites relatifs aux campagnes de César dans l'Ouest durant l'année 56 ne sont pas documentés.

sans pourtant résoudre tous les problèmes. Rappelons tout d'abord les faits, tels que César les décrit :

— épisode 1 : les Usipètes et les Tenctères traversent le Rhin durant l'hiver 55, non loin de son embouchure, chez les Ménapes (*BG* IV, 1 et 4)[27]. Au printemps, ils se déplacent vers le sud et arrivent sur le territoire des Éburons et des Condruses, clients des Trévires (*BG* IV, 6). Cette indication topographique est importante : les Condruses d'époque romaine seront en effet installés dans l'actuel Condroz, au sud de la Meuse moyenne, dans le quadrilatère Namur/Dinant/Vervoz/Amay[28]. Cette localisation est en quelque sorte confirmée par l'indication de Cassius Dion (39, 47) qui précise brièvement que les Germains envahissaient le territoire Trévire ;

— épisode 2 : César s'avance jusqu'à eux et reçoit leur ambassade, refusant leur *amicitia* et leur intimant l'ordre de repasser le Rhin (*BG* IV, 7-8). Un délai de quelques jours leur est toutefois accordé. La cavalerie des barbares était alors absente, car elle avait été envoyée au-delà de la Meuse chez les Ambivarites pour faire du butin et se ravitailler en blé. Mais ce peuple n'étant pas connu par ailleurs, sa localisation reste quasiment impossible en l'état actuel des connaissances ;

— épisode 3 : les Germains déclarent se soumettre, demandent un nouveau délai, mais rompent finalement la trêve en attaquant la cavalerie romaine. Ils renvoient tout de même une ambassade pour s'excuser (*BG* IV, 11-12). Cet épisode est confirmé par Dion, tout en étant présenté d'une autre manière. César marche alors en avant (huit milles) et attaque par surprise les Germains qui sont massacrés, femmes et enfants compris, puis poursuivis par la cavalerie. Ils s'enfuient jusqu'au confluent de la Meuse et du Rhin (*cum ad confluentem Mosae et Rheni pervenissent*) et se jettent dans les eaux (*BG* IV, 14-15). Les troupes romaines rentrent dans leur camp sans avoir perdu un seul homme, affirme César. Les cavaliers Germains qui n'avaient pas participé à la bataille repassent le Rhin et vont se réfugier chez les Sicambres, en face du secteur actuel de Cologne-Bonn (*BG* IV, 16) ;

— épisode 4 : César décide de passer le Rhin et de construire un pont. Il se dirige alors vers le pays des Sicambres qui vont se cacher dans les forêts (*BG* IV, 17-18).

— épisode 5 : César se retire chez les Ubiens[29] où il passe dix-huit jours avant de rentrer en Gaule, coupant le pont derrière lui (*BG* IV, 19).

Le massacre des Usipètes et des Tenctères

Napoléon III n'avait pas proposé de localisation précise pour ce massacre des Usipètes et des Tenctères mais, considérant l'expression *cum ad confluentem Mosae et Rheni pervenissent*, il situait cette bataille au confluent moderne du Waal et de la Meuse, près de Rossum (Pays-Bas). C'est T. Rice Holmes qui a proposé de corriger *Mosa* en *Mosella*

27. Ce passage permet de situer la localisation des Ménapes, à cheval sur les deux rives du Rhin à cette époque, alors qu'ils seront installés nettement plus à l'ouest à l'époque romaine.
28. Raepsaet et Raepsaet-Charlier, 2011 ; Raepsaet, 2013.
29. Avant leur transfert sur la rive gauche par Agrippa, lors de son second gouvernement de la Gaule, en 20-19 av. J.-C., les Ubiens habitaient sur la rive droite, en face de la région de Coblence et approximativement jusqu'à la hauteur de Bonn.

au terme d'une longue et complexe discussion[30]. Considérant en effet que les Germains avaient déjà atteint le territoire des Condruses et menaçaient les Trévires, que César avait en outre auprès de lui des envoyés ubiens, le savant britannique estimait que la confluence de la Meuse et du Waal était trop éloignée du territoire de ceux-ci, installés alors à l'est du Rhin, autour de l'oppidum du Dünsberg et de la vallée de la Lahn. On sait en outre qu'une partie de ce passage des *Commentaires* a été interpolée par une adjonction géographique d'époque augustéenne qui évoque l'île des Bataves et la réunion de la Meuse et du Rhin. Holmes proposait donc de corriger *Mosa* en *Mosella* et situait le lieu de la bataille près de Coblence, mais sa position n'a guère été suivie.

Cette nouvelle discussion serait assurément sans grand intérêt si Nico Roymans n'avait récemment relié cet épisode de la guerre des Gaules avec les découvertes archéologiques de Kessel-Lith, au confluent du Waal et de la Meuse, près de Rossum. On connaît en effet à cet endroit un important gisement de matériel enfoui dans les alluvions, essentiellement mis au jour lors de l'exploitation de gravières et rarement associé à une stratigraphie cohérente. Les artefacts découverts couvrent un arc de temps important, avec deux pics privilégiés à l'âge du bronze et à La Tène finale[31]. Parmi le matériel de cette dernière période, on doit souligner une série de 23 épées en fer, 18 crochets de ceinture d'origine germanique, quelques *militaria* romains dont un casque et un fragment de *gladius*. Surtout, le gisement comprend 722 fragments de squelette humain, appartenant à au moins 70 individus dont une partie a été datée par radiocarbone de La Tène finale. Nombre de ces ossements révèlent des traces claires de blessure par armes (perforations, coups sur le crâne...). Pour N. Roymans, cet ensemble témoignerait du massacre des Usipètes et des Tenctères[32].

L'hypothèse doit être considérée avec sérieux, sans que la preuve décisive existe pour autant car d'autres explications de ce complexe archéologique paraissent *a priori* possibles : un ensevelissement rituel sur un lieu de déposition dans les eaux, par exemple, ou les vestiges d'une bataille chronologiquement proche mais pas forcément celle de César contre les Usipètes et les Tenctères. La vérification archéologique est sans doute impossible à tout jamais puisque le site est désormais détruit. En tout état de cause, les deux indications topographiques du récit césarien – une bataille entre la Meuse et le Rhin, aux abords du territoire Trévire, et un massacre beaucoup plus au nord, à la confluence des deux fleuves – sont contradictoires. On sait toutefois que l'extermination en masse des Usipètes et des Tenctères, amplifiée par la rumeur, eut un fort retentissement à Rome, excitant les ennemis de César contre lui (Plutarque, *César* 22 ; *Caton*, 51 ; Appien, *Celt.* 18).

L'expédition outre-Rhin

Cet épisode est indissolublement lié au précédent et à la question topographique non résolue du lieu de la bataille contre les Germains. Napoléon III, comprenant que celle-ci avait bien eu lieu près du confluent entre le Waal et la Meuse, retenait une construction

---

30. Holmes, 1911, 691-706.
31. Roymans, 2004, 103-131.
32. Roymans, 2018, 2019.

du fameux pont sur le Rhin là où le fleuve sort du massif hercynien, donc vers Bonn. C'est aussi l'extrémité nord du territoire des Ubiens.

T. Rice Holmes, fort de son hypothèse d'une bataille au nord de Coblence, envisageait une localisation du pont entre Andernach et Coblence. Cette question, comme la précédente, ne peut guère être tranchée à l'aide du texte[33].

En revanche, l'archéologie a récemment mis au jour, près de Limburg a.d. Lahn, donc au sud-est de Coblence, la présence de deux camps militaires. Le camp 1 se présente sous la forme classique d'un rectangle régulier, aux angles arrondis, d'une dizaine d'hectares de superficie (415 × 245 mètres), tout proche d'un village germanique de maisons semi-enterrées (« Grubenhäuser ») datables du milieu du Ier siècle de notre ère. La fortification est essentiellement caractérisée par un fossé en V dont le fond contenait encore une partie des pierres qui constituaient le rempart. Aucune installation interne n'a été observée, ce qui indique sans doute un campement provisoire de courte durée. Le camp a été abandonné sans destruction apparente, mais nivelé. L'établissement civil a ensuite été recouvert par le camp 2, sans doute après un incendie. Cette deuxième fortification est un peu plus petite que la première, avec une superficie de 6,9 hectares, proche de celle du camp C d'Alésia, mais avec une forme polygonale épousant le terrain. On a pu observer plusieurs fours à l'intérieur, vers la courtine orientale (fig. 84).

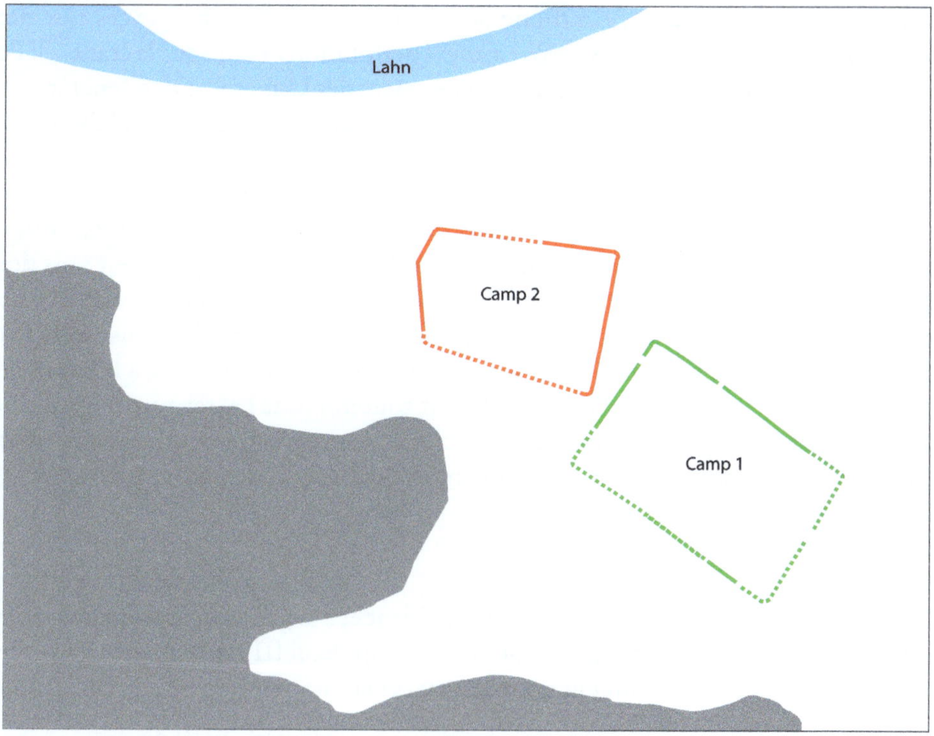

Fig. 84. – Les camps romains de Limburg (Allemagne). Dessin M. Reddé.

33. Holmes, 1911, 710. Sur le pont lui-même et la signification de cet exploit, voir Grandazzi, 2009.

Ces deux ensembles se sont apparemment succédé rapidement et ont eu, l'un et l'autre, une existence très brève. Quelques *militaria* y ont été mis au jour, notamment trois clous de *caligae* semblables à ceux d'Alésa mais aussi un boulet de baliste en pierre. Ce sont ces éléments, très réduits il est vrai, qui conduisent à proposer une relation entre ces deux camps et les deux expéditions de César en Germanie[34]. L'hypothèse fait aujourd'hui autorité mais reste évidemment fragile.

L'année 54

Le second débarquement en Bretagne

César, qui avait fait une première reconnaissance en Bretagne à la fin de l'année précédente, décida une nouvelle expédition au début de l'année 54, racontée au livre V, 5-23. Parti de Portus Itius, un port qui n'est toujours pas localisé avec certitude mais qui se trouve très vraisemblablement à Boulogne[35], il lève l'ancre au coucher du soleil vers la côte du Kent mais est emporté trop loin vers le nord-est par le courant de marée, avant d'être ramené vers l'Île grâce au flux descendant, à peu près à l'endroit qu'il avait reconnu l'été précédent (*BG* V, 8). Ce débarquement se fit sans encombre, hors de la présence ennemie, ce qui permit au proconsul de choisir l'emplacement de son camp.

C'est celui-ci que les archéologues britanniques ont récemment découvert, à Ebbsfleet, dans l'île de Thanet, désormais rattachée à la terre ferme. Les fouilles préventives réalisées à l'occasion d'une liaison routière y ont mis au jour un grand fossé défensif, d'un type inhabituel dans la Bretagne insulaire de cette époque (fig. 85). Large de 5 mètres et profond de 2 mètres, il enferme une superficie d'au moins 20 hectares. La datation est assurée à la fois par la céramique, la numismatique et une série de datations radiocarbone. Les premières couches de remplissage comprennent au moins un *pilum* et des armes probablement gauloises. Les archéologues britanniques identifient ce site comme celui de la base où aurait débarqué l'armée romaine lors de sa seconde traversée[36].

Les *hiberna* de César dans l'hiver 54-53

Rentré en Gaule juste avant l'équinoxe, César tint l'assemblée des Gaulois (*concilium Gallorum*) à Samarobriva (*BG* V, 23-24). La suite du texte (*BG* V, 47) nous apprend que c'est là qu'il était encore lorsqu'il partit au secours de Q. Cicero et il y passa le reste de ce redoutable hiver 54-53.

La localisation de Samarobriva n'a pendant longtemps pas fait de doute ; la place était identifiée avec Amiens, qui porta le même nom à l'époque romaine. Les nombreuses fouilles préventives menées dans cette ville n'ont toutefois jamais mis en évidence l'existence d'un oppidum gaulois à cet endroit. L'agglomération est née en fait autour

34. Schade-Lindig, 2020.
35. Delmaire, 1994, 63.
36. Fitzpatrick 2018, 2019.

Fig. 85. – Fouille du fossé de Thanet (Fitzpatrick, 2018).

du carrefour entre la Somme et la « voie d'Agrippa » ou « voie de l'Océan », après le percement de celle-ci, sans doute après 12 av. J.-C.[37]. C'est à la Chaussée-Tirancourt qu'on localise aujourd'hui la capitale des Ambiens à l'époque de l'Indépendance. Le site, sur la rive droite de la Somme à environ 13 kilomètres à vol d'oiseau du centre d'Amiens, est un éperon barré doté d'un rempart masse qui enclot une superficie d'environ 35 hectares (fig. 23). Un second rempart interne, plus ancien, semble, dans son dernier état, avoir été construit vers la fin du IIe siècle av. J.-C. La porte de l'ensemble principal a été remaniée vers le milieu du Ier siècle av. J.-C., une reconstruction attribuée à l'armée romaine[38]. Une vaste prospection géophysique a révélé l'existence d'une série de fosses ordonnées de manière régulière entre les deux remparts (fig. 86) ; des fouilles limitées ont permis de montrer une série de trous de poteaux, de fosses dépotoirs mais aussi de fours à pain, d'un modèle semblable à celui du camp romain de Valence-Lautagne, daté des années 60 av. J.-C. Le mobilier métallique associé à cet ensemble est par ailleurs caractéristique de la sphère militaire telle qu'on la connaît à l'époque césarienne, notamment dans la zone de la porte mais il n'est pas encore intégralement publié. La série monétaire, caractérisée par un nombre important d'oboles massaliètes (près de 50 % du total), renvoie, elle aussi, à la fois vers une datation du milieu du Ier siècle av. J.-C. et la présence de l'armée romaine ; elle présente beaucoup de points communs avec celle d'Alésia. La composition du corpus céramique et des amphores s'inscrit dans ce contexte. Tous ces éléments ont conduit D. Bayard à identifier cet oppidum gaulois de la Chaussée-Tirancourt avec la Samarobriva des Ambiens et les structures révélées

37. Bayard, 2015.
38. Brunaux *et al.*, 1990.

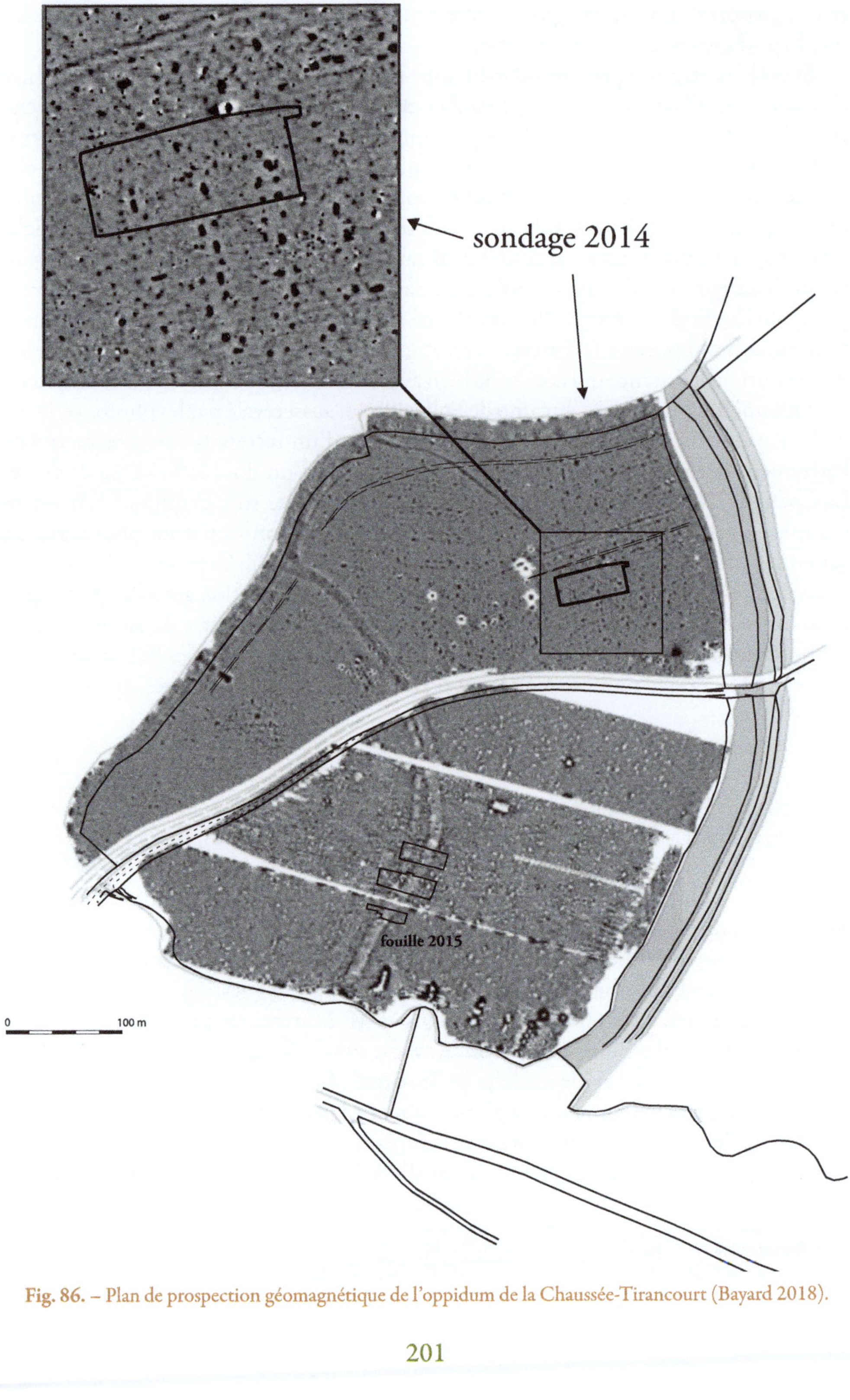

Fig. 86. – Plan de prospection géomagnétique de l'oppidum de la Chaussée-Tirancourt (Bayard 2018).

par la prospection géophysique comme celles des *hiberna* césariens de 54[39]. C'est là une hypothèse extrêmement sérieuse.

Si on la retient, on peut en même temps proposer de localiser les quartiers d'hiver de Crassus. Le fils du triumvir commandait en effet une des légions qui cantonnait chez les Belges (*BG* V, 24). César précise plus loin qu'au moment de courir au secours de Q. Cicero, il envoya un courrier à son questeur (Crassus), dont les quartiers d'hiver, chez les Bellovaques, étaient éloignés de 25 milles, soit 36,8 kilomètres (*BG* V, 46). Or on connaît chez ce peuple, à Vendeuil-Caply, un beau camp romain bien identifiable sur les clichés de R. Agache grâce à son système défensif caractérisé par un *titulum*. Le camp, installé sur une hauteur, englobe une superficie d'une douzaine d'hectares, ce qui peut convenir pour une légion de ce temps. Bien qu'elle ne soit pas datée de manière précise, faute de fouilles suffisantes, cette fortification est implantée à 38,5 kilomètres de La Chaussée-Tirancourt, une distance qui concorde bien avec l'indication de César. On connaît aussi, à 7,5 kilomètres vers le nord, le camp de Folleville, lui aussi révélé par les photos aériennes de R. Agache mais non fouillé. Il s'agit cette fois d'un retranchement rectangulaire légèrement irrégulier d'environ 16 hectares, entouré d'un double fossé. Sa distance à La Chaussée-Tirancourt est, à vol d'oiseau, de 34 kilomètres, soit 23 milles. Un troisième complexe, celui de Breteuil-sur-Noye, est moins bien connu par les photographies aériennes. Situé à moins de 6 kilomètres au nord de Vendeuil-Caply et à 4 kilomètres à l'ouest de Folleville, il n'est pas certain, en l'état de la documentation actuelle, qu'il s'agisse d'un camp romain. R. Agache proposait toutefois de reconnaître dans cet ensemble exceptionnel les trois camps des légions césariennes envoyées chez les Bellovaques dans l'hiver 54[40]. Cette hypothèse mériterait d'être validée par des sondages au sol.

L'année 53

L'année 53 fut marquée, on le sait, par une série de campagnes contre les peuples soulevés, d'abord les Nerviens, les Sénons, les Ménapes (*BG* VI, 3-6), puis les Trévires, sous le commandement de Labienus (*BG* VI, 7-8), la seconde traversée du Rhin (*BG* VI, 9-10), prétexte au célèbre excursus ethnographique du livre VI, la poursuite de l'insaisissable Arioviste et la campagne d'extermination contre les Éburons (*BG* VI, 29-43). Ces différents événements ne sont guère documentés archéologiquement à l'exception possible du second camp de Limburg, en Allemagne, dont il a déjà été question.

Très récemment, toutefois, N. Roymans et M. Martens ont proposé d'identifier le « lieu central » des Éburons, *Aduatuca*, avec le site de Tongeren-Berg (prov. Limburg, Belgique), non loin de la ville actuelle de Tongres[41]. On sait en effet que cette dernière, capitale de la cité à l'époque romaine, ne comprend pas de niveaux protohistoriques et on cherche depuis longtemps à localiser l'emplacement de ce *castellum* – c'est le terme même employé par César, qui ne parle pas d'*oppidum* – où les légats Titurius Sabinus

39. Bayard, 2018.
40. Agache, 1978, 244.
41. Roymans et Mertens 2025.

et Aurunculeius Cotta avaient établi leur camp dans l'hiver 54-53 (*BG* VI, 32). On connaît la suite : ayant imprudemment abandonné leurs retranchements assiégés par les Éburons, ils furent massacrés en route et presque personne n'en réchappa (*BG* V, 32-37). César y réinstalla une partie de ses troupes, avec les bagages de toute l'armée, au début de la campagne de 53, sous le commandement de Q. Cicéron. L'imprudence de ce dernier faillit coûter un nouveau désastre à la garnison romaine qui ne fut sauvée que par le retour de César lui-même (*BG* VI, 35-41).

L'argumentaire de N. Roymans et M. Martens pour localiser le site d'*Aduatuca* à Tongeren-Berg repose principalement sur l'analyse de trouvailles numismatiques malheureusement découvertes hors contexte stratigraphique, notamment lors de prospections au détecteur. On y rencontre notamment des statères d'or de type Scheers 31 et des monnaies d'argent de type Lith « à l'arc en ciel » ou « Regenbogenschüsselchen ». On y ajoutera divers flancs monétaires en or et un nombre significatif de deniers ou de quinaires romains d'époque républicaine. Mais ces espèces, on le sait, ont circulé bien au-delà de cette période de la guerre des Gaules. L'absence de fouilles étendues et de contextes archéologiques bien datés et identifiés oblige à considérer pour l'instant cette séduisante hypothèse de l'*Aduatuca* éburonne à Tongeren-Berg comme une piste de travail pour de futures recherches, non comme un fait archéologique bien établi.

Les grands sièges des années 52-51

À l'exception de la prise de l'oppidum des Atuatuques, en 57 av. J.-C. (*BG* II, 29-33), ce sont essentiellement les événements de l'année 52 qui sont ponctués par des récits de siège : hormis la prise de quelques villes, expédiée sans détails inutiles en quelques phrases (Vellaudunum et Cenabum, *BG* VII, 11 ; Noviodunum, *BG* VII, 12), César raconte en effet de manière circonstanciée plusieurs épisodes militaires marquants, le siège d'Avaricum (Bourges), celui de Gergovie, près de Clermont-Ferrand, celui d'Alésia (Alise-Sainte-Reine), dans l'actuelle Bourgogne. Seuls les deux derniers sont bien documentés archéologiquement. S'y ajoute l'investissement d'Uxellodunum, survenu en 51, et dont le récit est dû à Hirtius, continuateur malhabile de César. Tous ces événements ont fait l'objet d'une grande enquête de terrain menée par l'empereur Napoléon III de 1861 à 1865 que les recherches modernes ont pu reprendre et compléter depuis une trentaine d'années. On y ajoutera désormais le cas d'Hermeskeil, en Allemagne, lieu d'un épisode militaire mal connu en territoire Trévire mais que les fouilles récentes mettent aujourd'hui en évidence. Nous aborderons ces différents cas non pas dans l'ordre chronologique mais selon l'état de nos connaissances. Pour bien comprendre le déroulement de ces épisodes militaires et l'apport personnel de César, il importe au préalable d'en connaître l'arrière-plan technique, fruit d'une longue expérience[1].

L'héritage hellénistique

Le siège d'une place forte fait partie des nécessités de la guerre depuis une époque très reculée. Il peut se mener de manière active, par un assaut, ou de façon passive, par une tactique d'investissement, voire en utilisant successivement l'une et l'autre méthode,

1. Ce chapitre reprend largement, parfois sans modifications, différentes réflexions publiées ailleurs, notamment dans Reddé, von Schnurbein, 2001, 489-506 ; Reddé, 2025a ; Reddé, 2025b. L'ouvrage récent de Levithan, 2013, apporte d'utiles réflexions complémentaires sur l'art du siège, qu'il n'est pas question de développer ici, mais il accorde peu de place aux découvertes archéologiques qui sont pourtant essentielles pour éclairer le propos. Celui, un peu plus ancien, de Campbell, 2006, n'échappe pas au même défaut. L'ouvrage de Davies, 2006, accorde en revanche plus d'intérêt aux approches de terrain récentes, mais son approche pâtit de ne pas replacer l'art de la poliorcétique dans sa longue évolution chronologique. Celui d'Armstrong et Trundle, 2019, offre une sorte de manuel sur l'art des sièges dans l'Antiquité, depuis la période prédynastique en Égypte jusqu'au siège de Rome en 537-538 ap. J.-C., sans pouvoir naturellement entrer dans le détail.

lorsque la première, qui est aussi la plus évidente et la plus immédiate, a échoué. Dès lors qu'une prise de vive force est réputée impossible, le blocus devient en effet la seule méthode utilisable, mais il n'est jamais sans risque : il peut durer très longtemps si la place est bien approvisionnée, et il expose toujours les assiégeants, nécessairement loin de leurs bases, à d'importants problèmes de logistique, souvent aussi graves que ceux des assiégés, ce qui entraîne un état sanitaire d'autant plus déplorable que les soldats couchent dehors. Pour peu que le siège se prolonge pendant l'hiver, les conditions s'aggravent encore. Tous les récits de la *Guerre du Péloponnèse*, au ve siècle avant notre ère, abondent en épisodes de ce type[2] : à Potidée, les stratèges athéniens acceptèrent les propositions des assiégés « parce qu'ils voyaient la misère des troupes en ce lieu exposé aux intempéries et que la cité avait déjà dépensé pour le siège deux mille talents » (Thucydide II, 70, 2) ; à Pylos, « les Athéniens éprouvaient mille difficultés dans leur surveillance, dépourvus qu'ils étaient et de vivres et d'eau » (Thucydide IV, 26, 2). Devant Syracuse, « la maladie les éprouvait, et cela pour deux raisons : on était dans la saison où l'homme a le moins de résistance, et il se trouvait que le lieu où l'on campait était dangereux et malsain. À tous points de vue, enfin, la situation leur apparaissait aussi désespérée que possible » (Thucydide VII, 47, 2). Devant Intercatia, en Espagne, les troupes romaines se retrouvèrent dans un état physique et sanitaire inquiétant (Appien, *Iberica* 54) et le même accident se reproduisit devant Numance (*ibid.*, 78). Polyen de son côté (*Stratagemata* II, 18) souligne les duretés d'un siège pendant l'hiver. C'est d'ailleurs ce que relève aussi César dans son récit des opérations devant Avaricum (*BG* VII, 28). L'autre grand risque, pour les assiégeants, était en outre d'être pris à revers, dans des conditions particulièrement dangereuses, hypothèse fréquemment envisagée et qui les conduisait à se protéger par une ligne de défense extérieure.

La guerre de siège répondait par conséquent à des règles strictes, fondées sur l'expérience, et dont témoignent les nombreux récits qui nous sont parvenus. C'est la raison pour laquelle, d'un texte à l'autre, des épisodes identiques reviennent fréquemment. Mais on ne les mentionne que lorsqu'ils sont nécessaires à la compréhension du récit, ou relèvent d'une technique exceptionnelle, voire d'une ampleur inhabituelle. Les règles étant en effet connues de tous, point n'était besoin de longues descriptions pour faire comprendre au lecteur de quoi il s'agissait, lorsqu'on se trouvait dans une sorte de cas d'école : ainsi Thucydide se contente d'écrire que, devant Platées, les Athéniens « se préparaient à construire le mur d'investissement » (Thucydide II, 77, 1) ou que, parvenus devant Syracuse, ils se mirent immédiatement à construire l'enceinte circulaire, désignée par un simple terme technique impliquant l'encerclement. Beaucoup plus intéressante pour le lecteur étaient la charge dramatique des événements, les grands mouvements du récit, les exploits, l'ingéniosité des uns et des autres, le courage, le désespoir, la stature du chef, tout ce qui, en somme, distingue le récit historique antique d'un traité technique. Dans les *Commentaires* césariens, on comparera la brièveté du passage consacré à la prise de Vellaunodunum, dont César dit seulement : « il décida d'en faire le siège et, en deux jours, il l'encercla » (*BG* VII, XI), à la longueur de l'épisode alisien : d'un côté

2. Garland, 1974.

un non-événement, qu'il ne vaut pas la peine de décrire, et dont tout le monde comprend le terme technique ; de l'autre un haut fait qu'il convient de mettre en scène.

Un bon général commençait par établir tout autour de la place forte qu'il voulait investir une série de camps, établis dans des positions favorables. Mais il faut distinguer entre les camps principaux (*castra*) souvent installés en vis-à-vis, de part et d'autre de la ville, des fortins (*castella*), qui formaient une couronne autour d'elle[3]. Devant Mytilène, les Athéniens ne construisirent dans un premier temps que deux camps principaux (Thucydide III, 6, 1), mais ils y ajoutèrent par la suite une série de fortins le long de la ligne d'investissement, dans des positions stratégiquement fortes (III, 18, 4). Devant Agrigente, lors de la première guerre punique, les Romains usèrent d'un dispositif identique : « les généraux romains divisèrent leurs troupes en deux corps... L'un resta sur les positions qu'on occupait devant la ville, près du sanctuaire d'Asclépios, qui se trouve en dehors de l'enceinte ; l'autre alla également se retrancher aux abords de la place, mais du côté d'Héracleia... Sur le terrain qui s'étendait d'un camp à l'autre, entre les deux fossés, les Romains établirent des postes de garde et, de distance en distance, fortifièrent les endroits qui s'y prêtaient le mieux » (Polybe I, 18). C'est le même schéma tactique qu'on retrouve à Lilybée, en 250 (Polybe I, 42, 8). À Capoue, en 212, ce sont trois camps principaux qui sont édifiés, parce que les forces romaines sont ainsi divisées, mais le dispositif est complété par des *castella* tout autour de la ville (Tite-Live 25, 22, 8). Devant Numance, Scipion installe deux camps, aux deux extrémités de son dispositif, et confie l'un d'eux à son frère Maximus, puis il installe sept fortins formant couronne autour de la ville (Appien, *Iberica* 90). Le vocabulaire n'est pas toujours aussi précis, mais le dispositif est fréquemment répété : ainsi Mithridate entoure-t-il Cyzique de dix « stratopeda », terme qui désigne sans doute à la fois les camps principaux et les postes secondaires (Plutarque, *Lucullus* 9). On pourrait sans peine multiplier les exemples. Chaque secteur était évidemment confié à un contingent particulier, sous la responsabilité d'un officier.

Pendant cette première phase de l'investissement, les communications entre les assiégés et l'extérieur n'étaient pas complètement interrompues. On en profitait pour faire sortir, pendant qu'il était encore temps, les soldats en surnombre et surtout les bouches inutiles (vieillards, femmes et enfants), pour écarter la menace de la disette, comme ce fut le cas notamment à Platées (Thucydide II, 6, 4). Pour se protéger pendant cette période nécessairement périlleuse puisqu'il fallait travailler sous les traits de l'ennemi, les assiégeants édifiaient parfois à la hâte une première ligne d'investissement provisoire, de manière à construire ensuite en toute sûreté la circonvallation définitive en renforçant le système provisoire mis en place : le précepte est donné par Philon de Byzance et sa mise en pratique est rapportée par Xénophon (*Hellenica* 5, 2, 4)[4]. Cette précaution fut prise devant Numance par Scipion, qui commença par construire un fossé et une palissade, avant de passer à la construction de la fortification définitive si l'on en croit Appien, *Iberica* 90.

C'est seulement après ces préliminaires que commençait l'édification de la ligne d'investissement. Celle-ci se dit en grec « periteichizein », action que le latin traduit

3. Schulten, 1927, 19.
4. Garlan, 1974, 316 ; Whitehead, 2016, 111-113.

par *circumvallare, circummunire*. On édifiait cette ligne avec les moyens du bord, c'est-à-dire les matériaux disponibles sur place, le fossé ne servant que de carrière et n'étant pas un élément indispensable de la défense. Le plus souvent un simple mur suffisait, comme celui qu'édifiera plus tard Titus devant Jérusalem (Josèphe, *BJ*, V, 12). La durée des travaux était souvent très brève : aux Épipoles, Denys mit vingt jours pour construire une circonvallation de 5,5 kilomètres avec 60 000 hommes (Diodore XIV, 18). Scipion coupa l'isthme de Carthage en vingt jours, avec une armée de 80 000 hommes. Mais Titus fit beaucoup mieux puisqu'il édifia un mur de 39 stades (environ 7 kilomètres) en trois jours, avec une soixantaine de milliers d'hommes (*loc. cit.*). J'ai déjà cité le cas de Vellaunodunum, investie par César en deux jours, avec six légions. Dans un certain nombre de cas, l'assiégeant devait lui-même protéger ses arrières : ce fut le cas à Agrigente, en 262, où « l'on creusa un fossé du côté intérieur, pour protéger les Romains contre les sorties des assiégés, et un autre du côté extérieur, de façon à envelopper leurs retranchements et à les mettre à l'abri des attaques qui pourraient venir du dehors » (Polybe I, 18). Il en fut de même devant Capoue (Tite-Live 25, 22, 16) ; à Carthage, Scipion protégea ses arrières par des fossés palissadés (Appien, *Punica* 119).

L'épisode d'Alésia s'inscrit évidemment dans ce contexte : les quelques exemples qui viennent d'être cités suffisent en effet à comprendre que tout le dispositif césarien, si souvent célébré comme la marque d'un génie militaire exceptionnel, n'est en réalité que le fruit d'une pratique pluriséculaire, perfectionnée peu à peu, et fréquemment mise en œuvre, non seulement chez les Grecs et les Latins, mais aussi chez les « Barbares » hellénisés, comme le montre le cas du siège de Cyzique par Mithridate. Je n'ai retenu ici que des exemples antérieurs à la fin de la guerre des Gaules. Mais on pourrait aisément montrer que les mêmes schémas tactiques continuèrent d'être utilisés par la suite : Octavien prendra des dispositions identiques à celles d'Alésia lors du siège de Pérouse, en 41 (Appien, *BC* V, 133) ; le cas de Jérusalem, ou *a fortiori* celui de Masada, témoignent de la pérennité de ces pratiques de poliorcétique sous l'Empire.

Avaricum (Bourges)

Le siège d'Avaricum, longuement décrit par César (*BG* VII, 28), constitue l'un des épisodes marquants de la campagne de 52. Comme l'a fort justement montré K. Krebs[5], le texte césarien s'inscrit dans un singulier parallèle avec celui de Thucydide (II, 75-77) qui avait narré la prise de Platées, survenue au début de la guerre du Péloponnèse. Il s'agit là d'un clin d'œil aux lecteurs lettrés qui connaissaient évidemment le célèbre récit de l'historien athénien. L'affaire comprend plusieurs épisodes :

— Il commence par une description sommaire de la position, entourée de marais sur tous les côtés, ce qui interdisait d'encercler la place et impliquait de mener un assaut depuis le seul point, étroit, d'où l'on sortait de l'oppidum (*BG* VII, 17). Pour ce faire, le général romain décide alors d'édifier une terrasse portant deux tours pour mener l'assaut à hauteur du rempart. C'est le même procédé qui sera utilisé plus tard à Masada

5. Krebs, 2016.

ou à Dura Europos, pour ne citer que ces deux exemples bien connus. Dans le même temps, le proconsul décrit ses propres difficultés de ravitaillement.

— Une diversion survient alors car Vercingétorix, qui campe dans les parages, s'approche de la ville, obligeant César à s'interposer, sans finalement que le combat ait lieu (*BG* VII, 18-19). C'est à ce moment que Vercingétorix est accusé de trahison par ses troupes. Les Gaulois décident d'envoyer des renforts dans l'oppidum, sans qu'on sache bien par quel moyen.

— Les *Commentaires* décrivent ensuite l'habileté militaire des Celtes, notamment dans la technique des sapes souterraines, ce qui leur permet de ralentir la progression des troupes romaines (*BG* VII, 22). César en profite pour introduire à ce moment sa célèbre description du *murus gallicus* à poutrage interne (*BG* VII, 23)[6].

— Les Gaulois réussissent à incendier les tours d'assaut mais la réaction des légions et la présence de César au cœur de l'action permettent de limiter les dégâts (*BG* VII, 24).

— Les assiégés, désespérant de la lutte et exhortés par Vercingétorix – qui n'était pas là – décident d'abandonner la ville, puis y renoncent (*BG* VII, 26).

— César fait avancer une tour et lance l'assaut au milieu d'une pluie battante, prenant pied sur la muraille[7] et investissant la ville (*BG* VII, 27). La population est massacrée, la ville prise.

Le texte césarien, assez long et entrecoupé d'épisodes dramatiques divers a été suivi par Cassius Dion (40, 34), dont la narration est beaucoup plus brève. La topographie qu'il décrit a été bien illustrée par la planche 18 de Napoléon III (fig. 87), elle-même corroborée par les études géologiques modernes : Avaricum constitue un éperon barré, bordé à l'ouest et au nord par deux cours d'eau, l'Auron et l'Yèvre dont les vallées étaient fort marécageuses. Le seul accès possible se situe donc au sud-sud-est, à cette différence près que ce plateau est infiniment plus large que ne le décrit César puisqu'il atteint le kilomètre.

Notre connaissance des vestiges archéologiques est toutefois très mince, la ville médiévale puis moderne s'étant largement étendue et ayant oblitéré tous ces secteurs où l'activité préventive est faible. Toutefois la découverte d'un puissant fossé défensif, en haut de la rue Moyenne, attribuable au Iᵉʳ siècle avant J.-C., a permis à Sophie Krausz et Ian Ralston de le mettre en relation avec un rempart massif qui serait semblable à celui de la Chaussée-Tirancourt (fig. 23) et non de type *murus gallicus* (fig. 21). Il pourrait s'agir là du fossé situé à l'extrémité sud de l'axe central de l'oppidum. Comme le soulignent à juste titre les auteurs, de telles fortifications sont beaucoup plus imposantes et difficiles à attaquer que les enceintes gauloises classiques[8]. Ils en concluent que César a dû installer sa rampe d'assaut ailleurs qu'au sud, peut-être à l'est. Ce raisonnement est pertinent mais il reste spéculatif, faute de complément d'information archéologique. On ignore notamment jusqu'où un tel système défensif pouvait s'étendre et quel sens donner à la description césarienne du *murus gallicus* dans ce contexte. Il faut, pour l'heure, réserver notre jugement.

---

6. *Supra*, p. 64-65.
7. Ils s'emparèrent d'une tour, d'après Cassius Dion XL, 34, 4.
8. Krausz et Ralston, 2009.

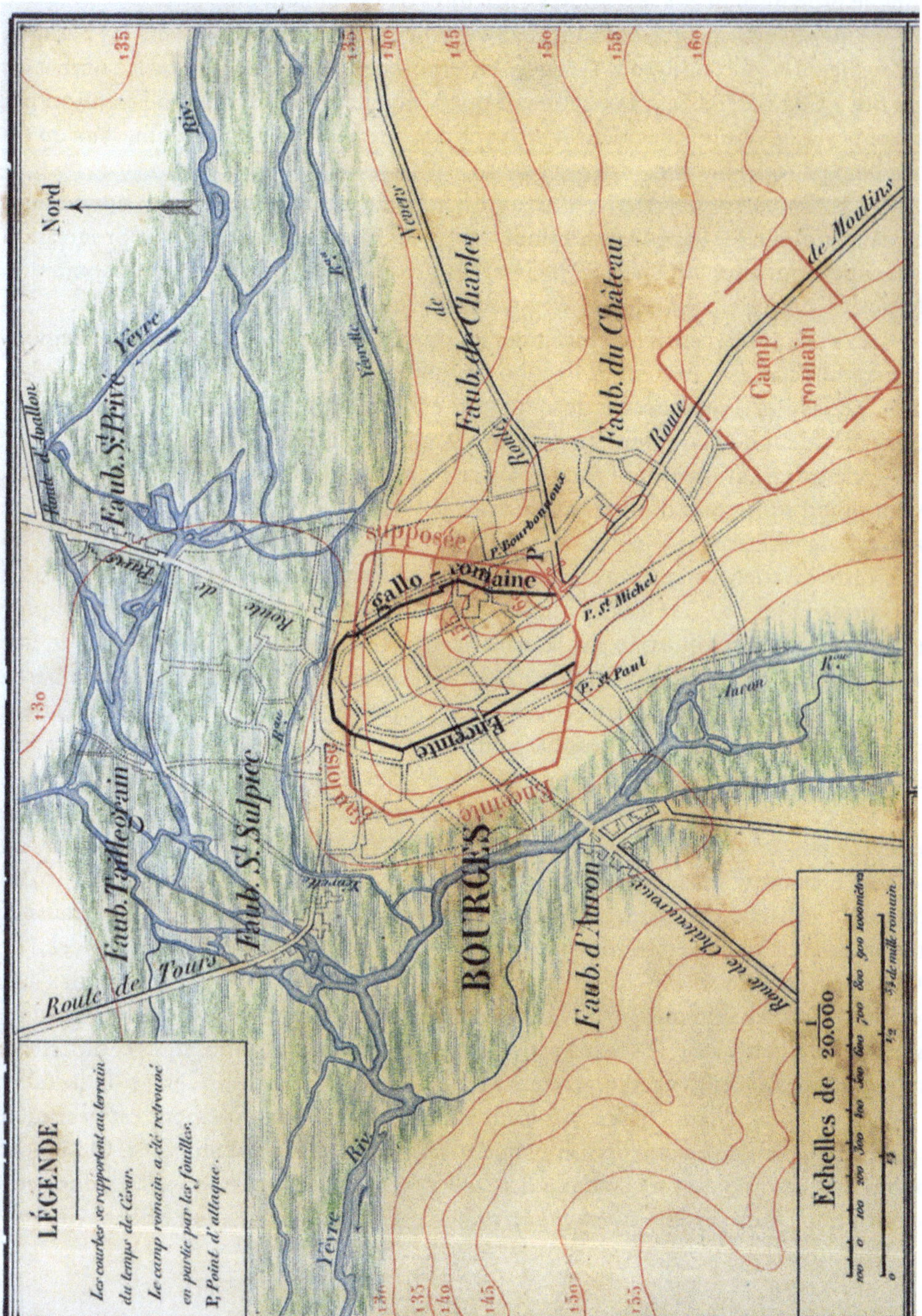

Fig. 87. – Plan de Napoléon III illustrant la topographie d'Avaricum (Napoléon III 1865-1866, pl. 18).

Gergovie

Ayant pris et saccagé Avaricum (Bourges), capitale du puissant peuple des Bituriges, à la fin de l'hiver 52 av. J.-C., César partagea ses troupes en deux : quatre légions iraient avec Labienus guerroyer contre les Sénons (région de Sens) et les *Parisii* (Lutèce/Paris) tandis que les six autres descendraient avec lui jusqu'à Gergovie, capitale des Arvernes (région de Clermont-Ferrand) où s'était retranché Vercingétorix qui voulait éviter la bataille rangée (*BG* VII, 34-35). Suit une description assez vague du site et du dispositif adopté par le général romain : Gergovie, écrit ce dernier, est situé sur une montagne fort haute et d'accès partout difficile, rendant l'assaut direct presque impraticable. Un siège était donc nécessaire. Au fil du texte, on comprend qu'avaient été installés :

— un camp principal, sans doute mis en place dès l'arrivée des troupes romaines ;

— un petit camp établi pour deux légions sur une colline située au pied de la montagne, très bien fortifiée par la nature et isolée de toutes parts ;

— un « double fossé de douze pieds de large », creusé « afin que même des hommes isolés pussent aller d'un retranchement à l'autre à l'abri des surprises de l'ennemi ».

La Gergovie césarienne est, depuis le XVIe siècle, identifiée avec le vaste plateau volcanique de Merdogne (70 hectares ; commune de La Roche Blanche), à quelques kilomètres au sud de Clermont-Ferrand. De nombreuses découvertes archéologiques montrent que ce lieu était effectivement un oppidum occupé vers le milieu du Ier siècle av. J.-C. Les premières recherches méthodiques sur les fortifications césariennes furent l'œuvre de Napoléon III (fig. 88). Ces observations ont ensuite été vérifiées et complétées à différentes reprises, notamment grâce aux récents travaux d'archéologie préventive[9].

L'occupation humaine de ce secteur est complexe, on l'a déjà souligné[10]. Il faut en effet prendre en compte dans notre réflexion sur le siège, la présence de l'oppidum de Gondole (23 hectares), 7 kilomètres à l'est de Gergovie, occupé à La Tène D2, car le grand camp césarien est implanté à peu près à mi-distance entre les deux oppida, ce que le texte du *Bellum Gallicum* ne précise aucunement. Le récit de Dion Cassius (40, 36) est toutefois beaucoup plus explicite que celui des *Commentaires* : toutes les hauteurs (et pas seulement Gergovie) étaient tenues par les troupes gauloises, ce qui implique probablement aussi celles de Gondole, de sorte que le proconsul avait dû camper dans la plaine. Ce dispositif rendait sa situation très incertaine car César était en permanence menacé sur ses arrières. L'occupation du « petit camp », dont il délogea les Gaulois, améliora certes légèrement sa position, mais sans lui apporter aucune supériorité décisive. Sans que l'historien grec, qui suit sans doute ici une source anticésarienne, le dise de manière explicite, le proconsul, sans doute mal renseigné ou trop imprudent, était tombé dans une souricière, d'autant que les Héduens faisaient défection au même moment. Les pertes romaines furent lourdes.

---

9. Deberge *et al.*, 2014, 2018.
10. *Supra*, p. 170-173 et fig. 74.

PLAN DE

Gravé par Erhard Schièble

Kilomètres

1 3/4 1/2 1/4 0

Echell

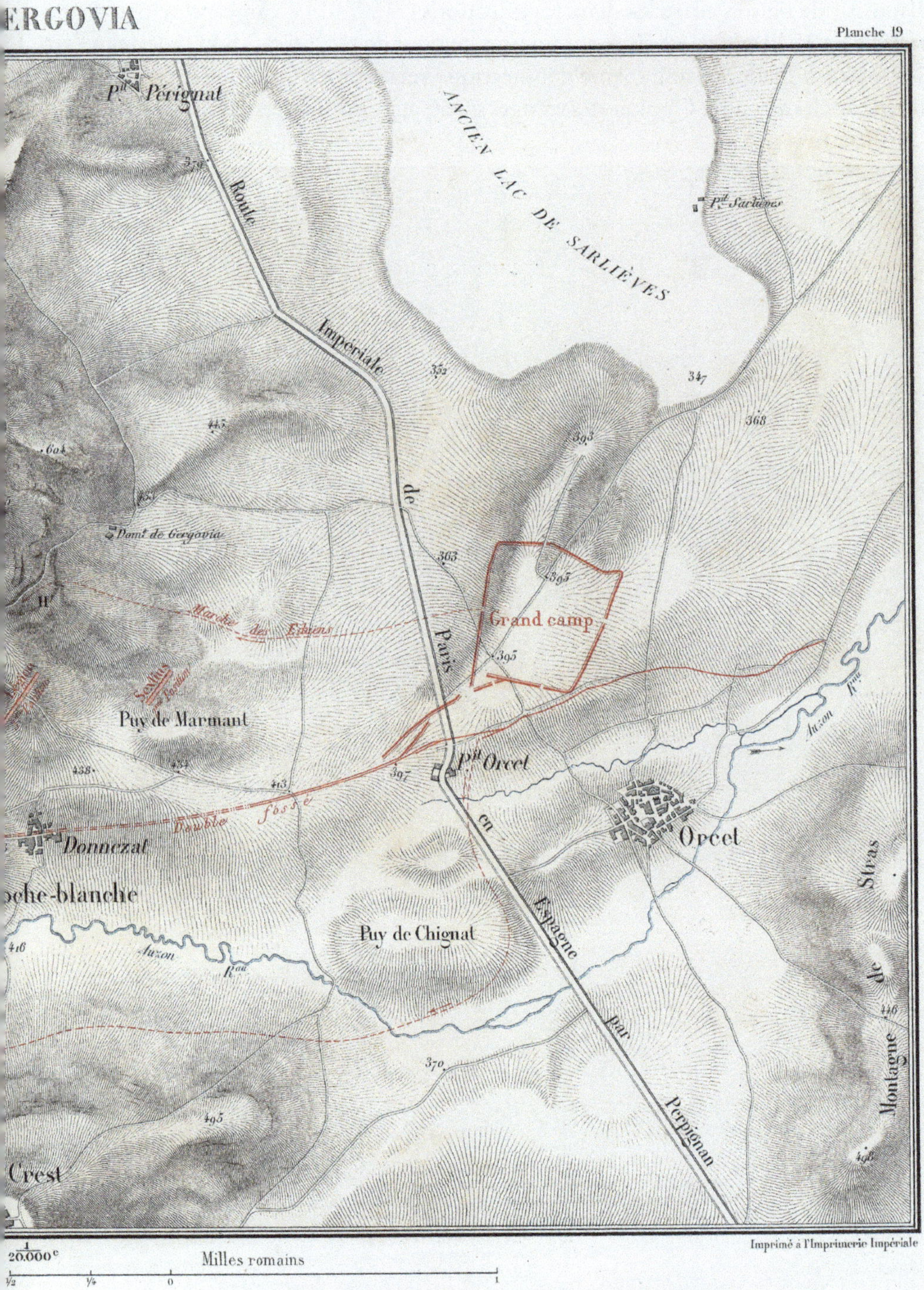

Fig. 88. – Gergovie. Plan de Napoléon III.

Les fouilles de 1862 ont permis de localiser les deux retranchements romains et le dispositif de liaison entre les deux fortifications (fig. 89). Le camp principal, d'une superficie de 35 hectares, est situé sur un bombement de terrain, à 2,5 kilomètres à l'est de l'oppidum. Il adopte une forme géométrique relativement régulière, proche d'un carré, aux angles arrondis. Quoique les vestiges soient aujourd'hui très arasés, les recherches

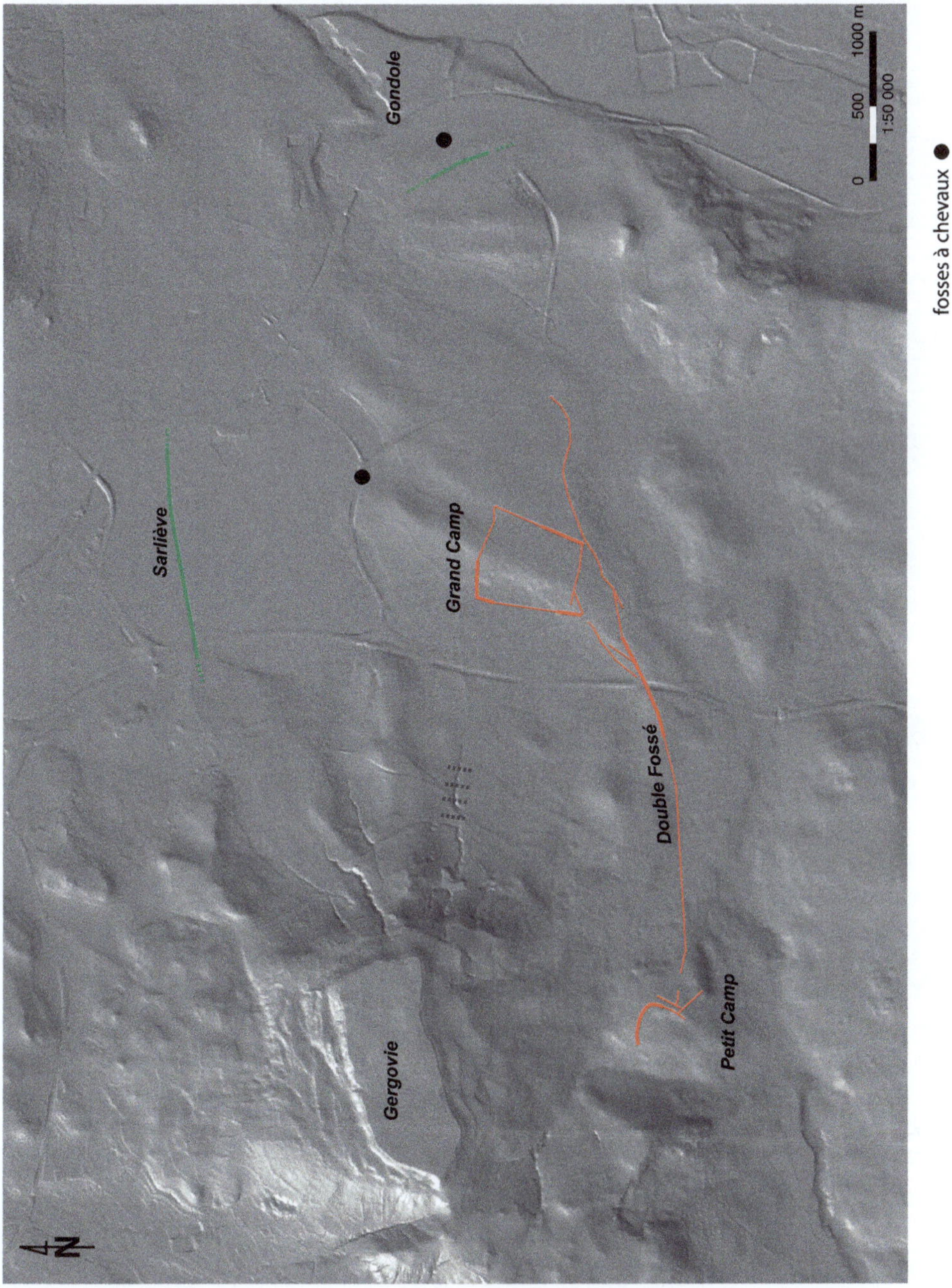

Fig. 89. – Plan des systèmes défensifs connus devant Gergovie (Deberge *et al.*, 2018, 94).

récentes ont confirmé ces informations ; elles montrent aussi l'existence à l'angle sud-est d'un second fossé, jusqu'ici insoupçonné, et la présence de fours culinaires derrière le rempart, au sud.

Le petit camp, d'une superficie d'environ 5,5 hectares, est situé sur la colline de La Roche Blanche, au sud de l'oppidum. Son plan curviligne épouse la topographie ; la ligne de défense est marquée par un fossé retrouvé sur le front nord-est du camp, mais pas au sud et à l'ouest, où la présence d'une falaise le rendait sans doute inutile. Sa largeur peut atteindre 3,5 mètres et sa profondeur 1,8 mètre. La datation et l'usage des lieux par des militaires romains sont attestés par différents objets (traits de catapulte en fer, boulets)[11]. Les prospections géophysiques récentes semblent montrer la présence d'une porte sur le rempart oriental, avec une *clavicula* interne[12].

Le dispositif de liaison entre les deux camps romains a pu aussi être identifié. Son tracé épouse celui d'une ligne de crête qui, de l'angle sud-ouest du camp principal, se prolonge presque jusqu'à la colline de La Roche Blanche. On n'a observé dans tous les cas qu'un seul fossé, souvent fortement tronqué par l'érosion, et non deux, comme l'indique César. Le tronçon le mieux conservé permet d'estimer sa largeur d'origine à 3,5 mètres, pour une profondeur de 1,8 mètre, avec un profil en V et un remplissage dissymétrique qui suggère la présence d'une levée de terre sur son flanc sud.

En outre, les recherches préventives récentes ont mis au jour différents ensembles fossoyés, inconnus jusqu'à maintenant, qu'il faut peut-être mettre en relation avec les événements du siège de 52. On citera, en particulier, un long fossé en V qui traverse d'ouest en est la dépression du bassin de Sarliève, au nord-est de l'oppidum. Cet aménagement, large de 2,5 mètres/3 mètres pour une profondeur conservée de 1 mètre est bordé, sur une partie de son parcours, par une ligne de poteaux régulièrement disposés sur son flanc sud (fig. 90). Ce dispositif pourrait être considéré comme un obstacle protégeant vers le nord les approches du camp romain. Il ressemble en effet beaucoup au type de défenses qu'on connaît à Alésia, mais d'autres chercheurs ont proposé d'y reconnaître un aménagement parcellaire de la plaine agricole. Un autre système situé à 330 mètres du rempart de Gondole associe un long fossé nord-sud en V, large de 2,80 mètres, profond de 1,60 mètre, et une ligne de forts poteaux (1/1,2 mètre de diamètre) implantés sur son flanc occidental. Un tel dispositif semble indiquer la présence d'un système défensif tourné contre l'oppidum (fig. 91). Bien que sa datation précise ne soit pas assurée, il est très tentant de l'attribuer à l'épisode de 52. On ajoutera encore, dans ce même secteur, la présence de six fosses servant de sépultures collectives pour des équidés (chevaux, asiniens, mulets), tous mâles, anatomiquement complets, sans trace d'abattage ou de découpe bouchère (fig. 92). On a souvent proposé de relier ces découvertes au siège césarien, mais l'hypothèse reste incertaine, compte tenu du contexte global de ces découvertes effectuées dans ce secteur proche de l'oppidum et voué aux rites funéraires.

---

11. *Supra*, p. 170-172.
12. Deberge *et al.*, 2018.

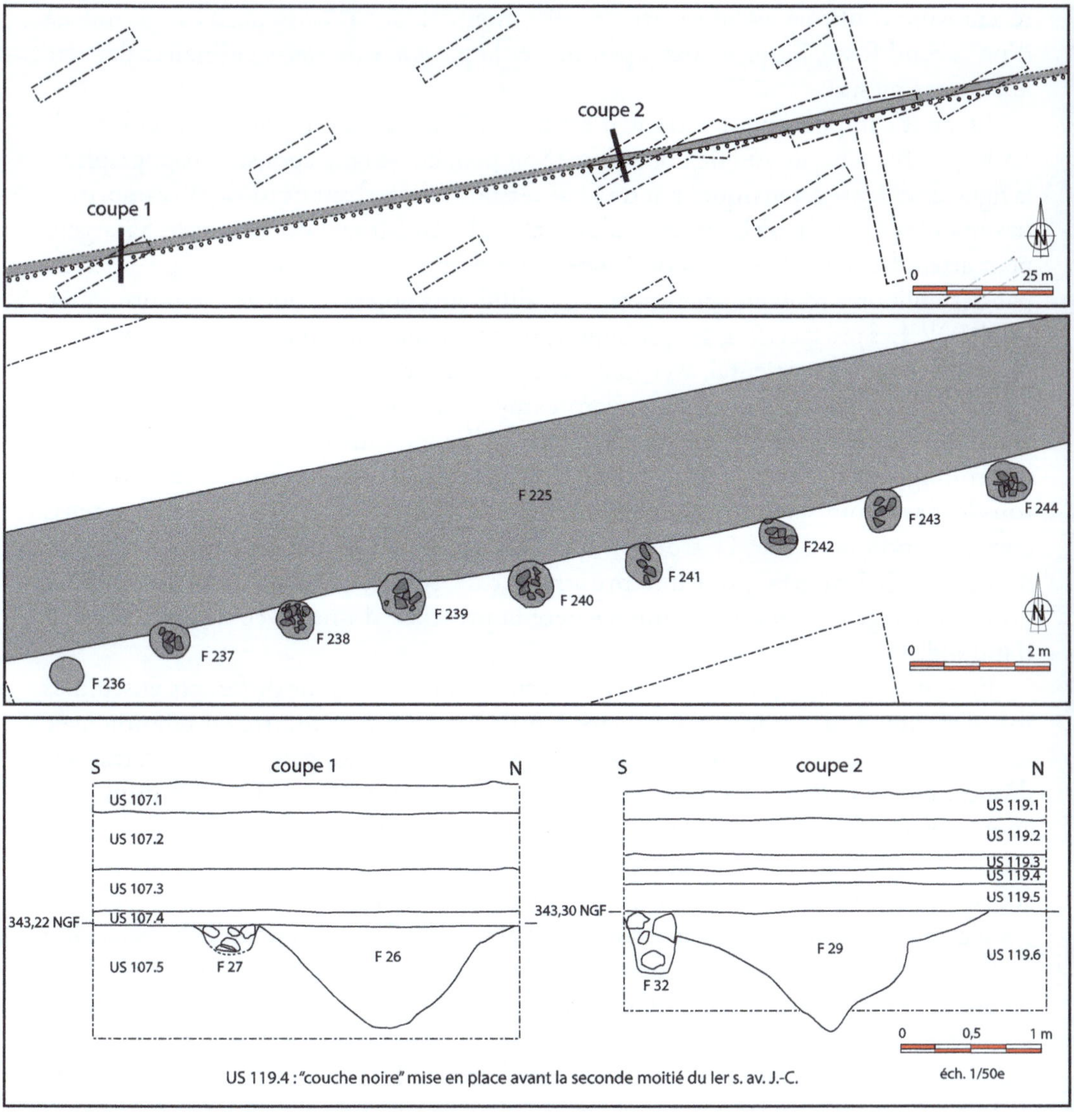

Fig. 90. – Fossé et palissade barrant la plaine, au nord du camp de Gergovie (Deberge *et al.*, 2014, 25).

L'oppidum de Merdogne-Gergovie n'était accessible ni au nord ni à l'est, où les pentes sont trop fortes. On peut en revanche l'atteindre par le sud, ou par l'ouest où il est relié à une série de hauteurs par un petit col. Le réexamen récent du rempart sud-est a montré la présence d'un mur en pierres sèches de 2/2,2 mètres de largeur à double parement interne et externe, contreforté de l'intérieur, à intervalles irréguliers (4 à 12 mètres), par des aboutements perpendiculaires[13]. Il s'agit là d'une technique de tradition hellénistique,

13. Deberge, Pertlwieser, 2019.

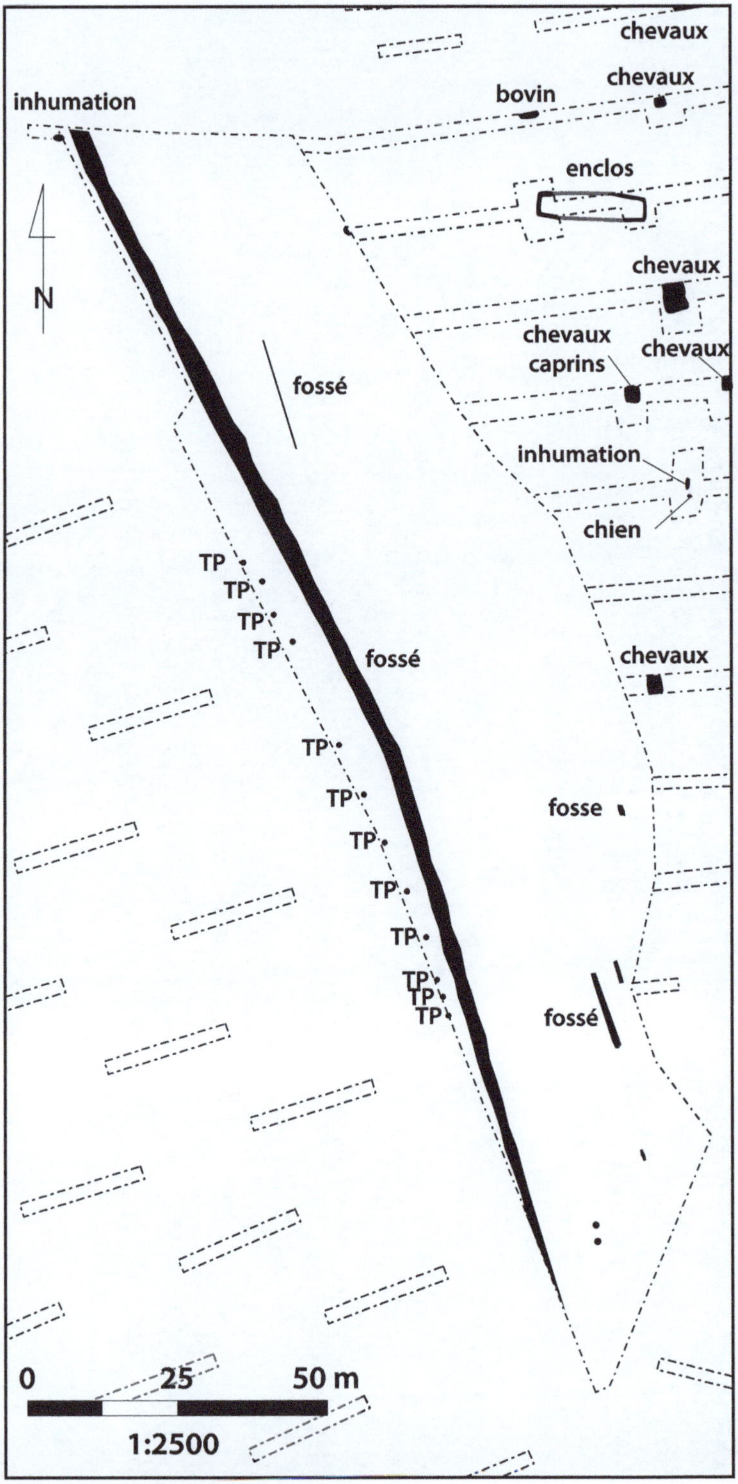

Fig. 91. – Fossé et palissade au pied de l'oppidum de Gondole (Deberge *et al.*, 2018, 976).

Fig. 92. – Sépulture de chevaux au pied de Gondole (fouille Inrap).

inédite en Gaule intérieure[14]. Le rempart proprement dit est en outre précédé, vers l'extérieur, par un avant-mur installé à environ 14 mètres. Tout ce dispositif semble avoir été édifié sur les vestiges de défenses plus anciennes et l'ensemble du matériel associé montre une construction vers la fin de La Tène D2a/début de La Tène D2b, soit un peu avant le début de la guerre des Gaules.

Deux portes sont connues, l'une à l'ouest, l'autre au sud, grâce à des fouilles récentes. Celle de l'ouest, très détruite, semble cohérente chronologiquement avec le rempart décrit ci-dessus. On doit signaler la présence, dans l'une des fosses du passage, d'un trait de catapulte fiché la pointe en bas, et qu'il est évidemment tentant de relier à l'épisode du siège, d'autant qu'il est similaire à des exemplaires d'Alésia et d'Uxellodunum[15]. Les fouilles de la porte sud restent en revanche largement inédites.

Cet ensemble de données invite à poser une nouvelle fois la question de la fiabilité du texte césarien par rapport au terrain, d'une part, et par rapport au récit des combats, d'autre part. On sait l'échec final de l'*imperator* romain, obligé de lever le siège, après un assaut direct infructueux depuis le petit camp qui lui valut des pertes significatives (*BG* VII, 44-51). Mais à aucun moment le proconsul n'évoque l'existence de l'oppidum de Gondole qui plaçait le camp romain entre deux positions ennemies : situation périlleuse qui pourrait expliquer la présence de différents systèmes de barrage, au nord et à l'est du dispositif romain. Dans un tel environnement, l'échec était inévitable, d'autant que la révolte grondait chez les Héduens, devenus des alliés peu fiables. César leva le camp et remonta vers le nord.

La localisation de la bataille de cavalerie avant Alésia

L'emplacement de la « bataille de cavalerie » qui précéda Alésia, et dont nous avons vu que ce fut en réalité une rencontre décisive entre les deux armées, conduisant Vercingétorix à venir s'enfermer dans Alésia, n'est pas localisé avec précision. Cette incertitude a constitué, depuis le milieu du XIXe siècle, le principal argument des opposants à une identification de l'oppidum des Mandubiens sur le mont Auxois, en Bourgogne.

La controverse, faut-il le rappeler, est antérieure au début des fouilles de Napoléon III[16]. Elle trouve sa source dans Cassius Dion (40, 39) qui écrit sans ambiguïté que César se trouvait chez les Séquanes au moment de la rencontre (ἐν Σηκουανοῖς γενόμενον). Le proconsul dit au contraire (*BG* VII, 66), de manière tout aussi claire, qu'il se dirigeait alors chez ce peuple, en parcourant l'extrémité du territoire des Lingons (*cum Caesar in Sequanos per extremos Lingonum iter faceret*). Or Strabon (*Géographie* IV, 3,2) affirme que les Séquanes habitaient en son temps (au début de

14. Moret, 2017.
15. Deberge, Pertlewieser, 2019, 299.
16. Reddé, 2003, 2008.

notre ère) à l'est de la Saône. La question semble insoluble, si on n'abandonne pas une source au profit de l'autre.

J'ai rappelé, à la suite de St. Fichtl[17], combien les frontières entre les Séquanes et les Éduens avaient varié dans le temps[18], ce que montrent les cartes de cette région (fig. 52-54). Au moment de la guerre des Gaules, la situation était disputée. César écrit notamment (*BG* 1, 12, 1) : *Flumen est Arar, quod per fines Haeduorum et Sequanorum in Rhodanum influit*, « Il est une rivière, la Saône, qui traverse le territoire des Héduens et des Séquanes et se jette dans le Rhône. » Le passage, en l'occurrence, ne dit aucunement que la Saône formait frontière entre ces deux peuples à cette époque. Dans le livre VI, 12, le proconsul affirme qu'avant son arrivée en Gaule, les Séquanes, forts de leur alliance avec Arioviste, s'étaient emparés de territoires situés sur leurs frontières occidentales (*partem finitimi agri per vim occupatam possiderent*), ce qui implique sans doute la prise de têtes de pont sur la Saône pour en contrôler la navigation et les péages. César se glorifie d'avoir restauré la situation politique antérieure au profit de ses alliés éduens, sans préciser toutefois si ces enclaves avaient été rendues.

Cette situation concerne, il est vrai, la frontière entre Éduens et Séquanes, pas celle entre ces derniers et les Lingons, plus au nord. Dans ce cas, la plupart des cartes, depuis Auguste Longnon, restituent une frontière à l'ouest de la Saône en s'appuyant sur les données anciennes des diocèses[19]. En l'occurrence, le tracé retenu s'éloigne de la Saône vers l'ouest au nord de Gray. La situation n'en est pas tranchée pour autant : le dépouillement des pouillés des doyennés de Bèze et de Fouvent-le-Bas, réalisé par A. Longnon lui-même, montre que les paroisses du diocèse de Langres s'étendaient jusqu'à la Saône dans les comptes du XIVe siècle. On retrouve la même situation dans un pouillé de 1436[20]. Maurice Chaume, dans son étude fondamentale sur les origines du duché de Bourgogne a bien montré de son côté que le *pagus Attuariorum*, le pays d'Attuyer, qui allait devenir le doyenné de Bèze, s'étendait jusqu'à la Saône dès le VIIIe siècle[21]. Plus au nord, écrit l'auteur, nous ne possédons aucune documentation sur la frontière orientale du doyenné de Fouvent, qui appartenait au diocèse de Langres, tout près de la Saône. La carte du *pagus Attuariorum* dressée par M. Chaume suit un tracé qui s'éloigne de la rivière, mais diffère quelque peu de celui d'A. Longnon. Il est manifestement fondé sur les paroisses attestées du *pagus*, sans qu'on sache bien ce qui se passe plus au nord, sur la rive droite de la Saône, faute de sources. Il y a donc assez peu de chances pour que, dans cette région, la méthode régressive classique qui consiste à remonter le temps en passant de la carte des diocèses à celle des cités romaines, puis de cette dernière à celle des peuples gaulois soit utilisable et fiable. Dans ce secteur, on ne saurait dire si, à l'époque de la conquête, la Saône faisait ou non frontière entre les Lingons et les Séquanes ou si, au contraire, des enclaves séquanes s'étendaient à l'ouest du cours d'eau[22].

17. Fichtl, 2009.
18. Reddé, 2025a.
19. Longnon, 1885.
20. Longnon, 1904, 125 ; 158-159.
21. Chaume, 1925-1937, 899-900.
22. Reddé, 2025a.

On ne saurait donc trancher entre le texte de César et celui de Cassius Dion, dont les divergences peuvent fort bien s'expliquer par des sources d'époque différente. Quoi qu'il en soit, les textes excluent toute possibilité d'une bataille loin de la Saône, par exemple sur l'Armançon, non loin de Montbard, comme on l'a quelquefois proposé. On est là beaucoup trop près d'Alésia (une vingtaine de kilomètres en ligne droite) et beaucoup trop loin du territoire séquane, quelle que soit l'extension qu'on prête à celui-ci. De ce point de vue, l'itinéraire retenu par Napoléon III et qui, de la région de Langres, conduit vers Gray ou Pontailler par la vallée de la Vingeanne offre beaucoup plus de crédibilité : il se situe en effet, aux marges de la cité des Lingons, très près de la Saône et des Séquanes, mais tout près aussi de la frontière avec les Éduens, qui se situe un peu plus au sud.

La difficulté d'une localisation de la « bataille de cavalerie » dans le secteur de la Vingeanne réside toutefois dans la distance qui le sépare d'Alise, soit une bonne soixantaine de kilomètres à vol d'oiseau. On sait en effet que, si une troupe en ordre de marche peut à la rigueur accomplir ce parcours en une seule journée, cela devient extrêmement difficile pour une longue colonne battant en retraite, sans cesse retardée, harcelée de surcroît par l'ennemi qui la suit. Le texte césarien précise d'ailleurs que César, ayant laissé ses bagages sur la colline la plus proche à la garde de deux légions, évidemment pour être plus libre de ses mouvements, suivit Vercingétorix pendant tout le reste de la journée, lui tuant trois mille hommes à l'arrière-garde. Vient alors la phrase décisive qu'il faut citer en latin : *altero die ad Alesiam castra fecit* (*BG* VII, 68). Cette expression a été comprise de différentes manières depuis Napoléon III (1865-1866, 318, note 8). Ce dernier avait en effet contesté dans une note complémentaire la traduction traditionnelle qui consiste à comprendre qu'on parle ici du lendemain de la bataille. Il avait en effet rappelé, fort à propos, ce passage dans lequel Cicéron (*Phil.* 1, 13) évoque une suite de plusieurs jours avant lesquels Antoine avait prononcé devant le Sénat un discours sur la concorde. Dans cette énumération, l'orateur emploie l'expression suivante : *Proximo, altero, tertio, denique reliquis consecutis diebus* pour désigner les jours qui suivirent la séance. D'où il ressort clairement qu'*altero die* désigne le surlendemain et non le lendemain, désigné ici par le mot *proximo*. César, continue la note de Napoléon III, emploie soixante-trois fois l'expression *postero die* pour indiquer le jour d'après, notamment dans le passage qui nous concerne ici puisque Vercingétorix, une fois achevé le conseil de guerre qui précède la « bataille de cavalerie », fait prêter un serment solennel à ses troupes. Le lendemain (*postero die*), il engage le combat (*BG*, VII, 67). Le récit césarien n'utilise en revanche que deux fois l'expression *altero die*, une fois à propos du siège de Vellaudunum (*BG* VII, 11) et une autre fois dans le contexte qui nous concerne ici. Il est donc plus que probable que c'est seulement le surlendemain des combats que César arriva devant Alésia. Ce laps de temps de deux jours pleins et quelques heures était suffisant aux deux armées pour parcourir la distance entre le lieu de l'affrontement et l'oppidum du mont Auxois[23].

23. Reddé, 2025a.

Alésia

Le site d'Alésia, oppidum des Mandubiens, a été identifié par Napoléon III avec le mont Auxois, à une quinzaine de kilomètres au sud-est de Montbard (Côte-d'Or), conformément à une très longue tradition qui remonte à la redécouverte du texte de César par Loup, abbé de Ferrières-en-Gâtinais, entre 841 et 847. À peu près au même moment, en 866, la *Translation et les Miracles de sainte Reine* relate l'exhumation et le transfert de la dépouille de la sainte d'Alise à Flavigny[24]. L'empereur avait donc décidé de pratiquer des fouilles de grande envergure qui se déroulèrent de 1861 à 1865, mettant ainsi en évidence l'essentiel du dispositif césarien. Le toponyme moderne (Alise-Sainte-Reine), une longue inscription en langue gauloise attestant que le lieu, dans l'Antiquité, s'appelait ALISIIA (*CIL* XIII, 2880), des tessères en plomb portant le nom des ALI (SIENSES) sont autant d'indices à l'appui d'une identification que la photographie aérienne et les fouilles modernes (1991-1997) menées par une équipe franco-allemande ont pleinement confirmée[25].

Le dispositif décrit par César

Dans le courant de l'été 52 av. J.-C., César, n'ayant pu vaincre Vercingétorix à Gergovie, remonta vers le nord et fit sa jonction chez les Sénons (région de Sens) avec son principal lieutenant, Labienus, qui avait entre-temps vaincu les Gaulois devant Lutèce. Mais la situation stratégique de l'armée romaine était alors très mauvaise : la province du Midi (la Transalpine) était menacée par la révolte gauloise et Vercingétorix renforçait ses troupes grâce à la défection des Éduens, jusqu'alors alliés de Rome. La retraite de César vers le sud, *via* la vallée de la Saône, était donc bloquée. Le proconsul ayant regroupé et reposé ses dix (?) légions prit donc un chemin indirect, en direction du pays Séquane, à l'est de la Saône, pour rejoindre Genève, porte de la province romaine. Quelque part à l'extrémité du territoire lingon, il fut engagé par les forces gauloises, mais sans succès[26]. Vercingétorix fit retraite pour s'enfermer dans l'oppidum des Mandubiens, Alésia. César le suivit de près et commença l'investissement.

La situation stratégique des belligérants était dès lors inversée. Un comput très spéculatif des événements de l'année 52 place le début de l'événement vers la mi-août, sans qu'on puisse évaluer sérieusement la date de la reddition de Vercingétorix[27]. On doit relever le fait que la capture du chef gaulois ne marqua pas la fin de la guerre, qui dura encore deux années, mais elle constitue le point final du récit césarien proprement

---

24. Buchsenschutz, Schnapp, 1992.
25. Reddé, von Schnurbein, 2001. Les fouilles ont été dirigées conjointement par l'auteur de ces lignes et Siegmar von Schnurbein (Römisch-Germanische Kommission, Francfort/Main). Sur la querelle de l'identification du site, voir Reddé, 2003, 2008.
26. Ci-dessus, p. 220-221.
27. Sur ce point, voir *supra*, p. 133-134 les propositions de Ramsay et Raaflaub.

dit, le plus long de tous les faits marquants de ce conflit, qui valut au proconsul vingt jours d'actions de grâce à Rome, du jamais vu. Il s'agit donc bien, en plein affrontement politique pour le pouvoir à Rome, d'une narration à la gloire du chef romain et la seule source contemporaine disponible, car nous avons perdu les récits anticésariens, qui furent nombreux.

La topographie autant que le dispositif romain d'investissement devant Alésia sont expliqués très précisément par César (*BG* VII, 69-74). Son texte constitue la description d'un siège la plus détaillée de toute la littérature gréco-latine et il vaut la peine d'en citer de larges extraits, tout en le confrontant au plan général (fig. 93) et à la photographie aérienne du site (fig. 94) :

> « 69 – La place d'Alésia proprement dite était au sommet d'une colline escarpée, en sorte qu'elle apparaissait comme inexpugnable autrement que par un blocus. Le pied de cette colline était baigné de deux côtés par deux cours d'eau. En avant de cette place, une plaine s'étendait sur une longueur d'environ trois mille pas. De tous les autres côtés, des hauteurs peu distantes de la place et de même altitude l'entouraient. Au pied du rempart, la partie de la hauteur qui regardait le soleil levant avait été entièrement occupée par des troupes gauloises, qui avaient établi devant elles un fossé et une barricade de pierres sèches haute de six pieds. Les travaux d'investissement que les Romains entreprenaient se développaient sur un périmètre de dix mille pas. Les camps (*castra*) avaient été installés aux endroits favorables, ainsi que vingt-trois fortins (*castella*) ; dans ces fortins, des postes de garde étaient détachés pendant le jour, pour empêcher une sortie soudaine des assiégés ; pendant la nuit ces mêmes fortins étaient tenus par des veilleurs et de fortes garnisons [...] 72 – Renseigné par des déserteurs et des prisonniers, César entreprit différents retranchements que voici : il traça un fossé de vingt pieds, à parois verticales, en sorte que le fond de ce fossé avait une largeur égale à la distance séparant les deux bords. Il établit tous les autres retranchements à quatre cents pieds en arrière de ce fossé ; voici quel était son dessein : parce qu'il lui avait fallu embrasser un si vaste espace et qu'il était difficile de garnir de soldats toute la ligne d'investissement, il empêcherait ainsi les ennemis d'agir par surprise, soit de nuit dans un assaut massif des retranchements, soit de jour en lançant des traits contre nos hommes affectés aux travaux de fortification. Ayant laissé cet intervalle, il traça deux fossés larges de quinze pieds et de même profondeur ; il remplit le fossé intérieur, dans les secteurs qui étaient en plaine et en contrebas, avec de l'eau dérivée de la rivière. En arrière de ces fossés, il éleva un rempart de terre avec une palissade (*aggerem et vallum*), haut de douze pieds. Il y ajouta un parapet et des merlons (*loricam pinnasque*), avec de grandes branches fourchues (*cervi*) qui dépassaient à la jonction des panneaux du parapet et du terrassement, pour ralentir l'escalade ennemie, et il ceintura tout l'ouvrage de tours, qui étaient distantes les unes des autres de quatre-vingts pieds. 73 – Il fallait en même temps chercher des matériaux, assurer les approvisionnements en blé, et travailler à des fortifications si considérables, alors que nos effectifs étaient diminués des troupes qui allaient en corvée assez loin des camps ; et de temps à autre, les Gaulois essayaient d'attaquer nos ouvrages et de faire une sortie très violente hors de la place par plusieurs portes. Aussi César pensa-t-il qu'il fallait encore renforcer ces ouvrages, afin de pouvoir défendre les retranchements avec moins de soldats. On

PLAN I
LÉGENDE
A,B,C Camps d'infanterie, sur les hauteurs.
D Camp de deux légions, attaqué par l'armée de secours.
G,H,I,K Camps de cavalerie, près de l'eau.
1,2,..23 Castella.
m Petit mur (encore existant) pour inonder le fossé de la contrevallation.
f f f Fossé de 20 pieds de large.
P Q R S Camp gaulois.
J.C. Position de César, dernière bataille.
Fossés présumés non retrouvés par les fouilles.
Seigny
Grignon
les Granges
Ménétreux-le-Pitois
Mont Réa
Venarey
L'Epineuse Fme
les Laumes
Plaine des Laumes
Armée gauloise de secours
Mussy-la-Fosse
Massingy-les-Semur
Pouillenay
Préhaut
ALISE-Ste Reine
Route Impériale
Ancienne voie romaine
la Brenne
Riv.
Voie romaine
Circonvallation
Contrevallation
Paris
Dijon
Route de Semur à Dijon
Gravé par Erhard Schièble
Kilomètres
Echelles

Fig. 93. – Plan général du site d'Alésia, d'après Napoléon III.

coupa donc des troncs d'arbres ou des branches très robustes dont les extrémités furent écorcées et taillées en pointe ; puis on traçait des fossés continus profonds de cinq pieds. On y enfonçait ces fourches et on les reliait entre elles par le bas, pour qu'il fût impossible de les arracher ; les branches seules dépassaient. Il y en avait cinq rangées, reliées entre elles et entremêlées ; ceux qui pénétraient dans cette zone s'empalaient aux palis très acérés. On les nommait « cippes » (*cippi*). En avant on creusait, en rangées obliques et formant quinconce, des trous profonds de trois pieds, qui se rétrécissaient peu à peu vers le bas. On y enfonçait des pieux lisses gros comme la cuisse, dont le haut avait été taillé en pointe et durci au feu ; ils ne dépassaient le sol que de quatre doigts ; de plus, pour en assurer la solidité et la fixité, on foulait de la terre au fond de chaque trou sur une hauteur d'un pied ; le reste était recouvert de branchages et de broussailles pour dissimuler le piège. On fit huit rangs de ces sortes de défenses, distants les uns des autres de trois pieds. On appelait cela « lis » (*lilia*) d'après la ressemblance avec la fleur. En avant, des piquets longs d'un pied auxquels des crochets de fer étaient fixés étaient entièrement enfouis dans la terre ; on en plantait partout, à peu de distance les uns des autres ; on les nommait « aiguillons » (*stimuli*). 74 – Quand ces travaux furent achevés, César, en suivant un tracé aussi favorable que possible d'après la nature du terrain, fit, sur quatorze mille pas de tour, des fortifications semblables aux premières, mais tournées en sens contraire, face à un ennemi venant de l'extérieur, pour que même des forces nombreuses, s'il lui arrivait de s'éloigner, ne pussent encercler les garnisons des ouvrages ; pour ne pas être contraint de quitter dangereusement le camp, il ordonne à tous de rassembler du fourrage et du blé pour trente jours... »

Fig. 94. – Vue générale du site d'Alésia (photo aérienne R. Goguey).

Ces travaux une fois achevés, les Gaulois étaient bloqués dans l'oppidum. Vercingétorix renvoya donc sa cavalerie pendant qu'il était encore temps, puis expulsa les bouches inutiles (femmes, enfants, vieillards), désormais prises entre deux feux et condamnées à une mort certaine. Un tel épisode, on l'a déjà dit, est fréquent dans les récits de sièges antiques. La disette régna ensuite sur l'oppidum et les combats ne reprirent qu'avec l'arrivée de l'armée de secours. Après le premier échec d'un assaut combiné, du dedans et du dehors, cherchant à prendre en tenaille les lignes romaines, une partie de l'armée gauloise de secours tenta de tourner les positions adverses par le nord (mont Réa), moins bien défendu. Cette nouvelle tentative d'assaut combiné, quoique très critique pour les légionnaires, s'avéra finalement un échec car les lignes romaines résistèrent[28]. Le lendemain, Vercingétorix fut livré par ses troupes à César.

Le texte césarien présente donc les travaux romains comme un système uniforme, appliqué à l'ensemble du dispositif. Les fouilles menées de 1991 à 1997, tout en permettant d'identifier chacun des types de structures décrits par César, ont pourtant révélé une réalité nettement plus complexe, variable de place en place en fonction de la topographie.

Les lignes

— La contrevallation

La ligne intérieure, appelée « contrevallation[29] » depuis Napoléon III, révèle plusieurs dispositifs différents, qu'ont révélés les fouilles récentes.

Dans la plaine, au sud de l'oppidum, le système défensif s'étend sur environ 26 mètres au-delà du rempart (fig. 95-96) ; on reconnaît successivement, de l'extérieur des défenses romaines vers l'intérieur : un fossé dont le fond est le plus souvent plat, probablement mis en eau, large de 5 à 7 mètres ; un fossé en V, large de 3 à 5 mètres ; un grand glacis d'environ 14 mètres, défendu par six lignes de pièges disposés en quinconce, puis par deux lignes continues qui précèdent un troisième fossé large de 2,50 à 4 mètres. Les pièges en quinconce, disposés selon des intervalles d'environ 1,20 mètre, se présentent sous la forme de petites poches de graviers, larges et profondes de 20-30 centimètres, au centre desquelles on reconnaît à plusieurs reprises la trace d'une tige ligneuse (4-5 centimètres). Par analogie avec le texte de César, on identifie ces obstacles avec les *stimuli*, piquets de bois longs d'un pied dans lesquels on enfonçait une pointe de fer. Les deux lignes devant le fossé 3 se présentent tantôt sous la forme de petites poches de gravier, servant de calage à une tige de bois, tantôt sous la forme de tranchées continues. En se référant au texte de César, et par analogie avec d'autres systèmes défensifs mis en évidence devant Alésia, on identifie ces derniers pièges à des *cippi*. Le troisième type de pièges (*lilia*) que décrit la *Guerre des Gaules* n'apparaît pas à cet endroit du dispositif romain.

---

28. *Supra*, p. 156-167.
29. Le terme correct, conforme à l'usage latin, aurait dû être « circonvallation ». Napoléon III a préféré l'usage de son temps.

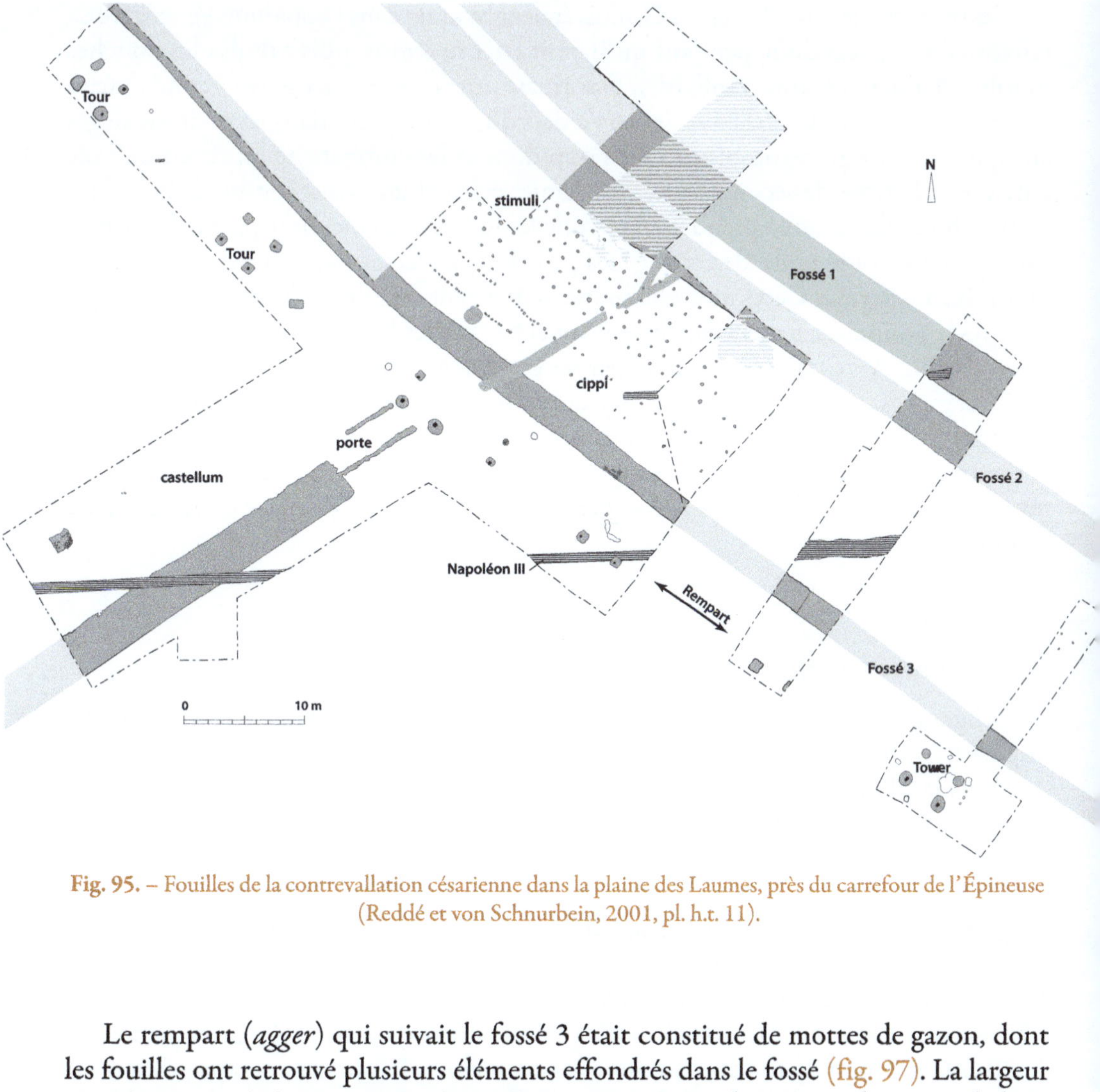

Fig. 95. – Fouilles de la contrevallation césarienne dans la plaine des Laumes, près du carrefour de l'Épineuse (Reddé et von Schnurbein, 2001, pl. h.t. 11).

Le rempart (*agger*) qui suivait le fossé 3 était constitué de mottes de gazon, dont les fouilles ont retrouvé plusieurs éléments effondrés dans le fossé (fig. 97). La largeur peut être estimée à environ 5 mètres. Le rempart était jalonné par des tours de bois d'environ 3 × 3 mètres. Assez fréquemment, les poteaux avant sont moins profondément ancrés que les poteaux arrière ; ils peuvent même être absents dans certains cas. En outre, les poteaux antérieurs sont implantés à 2,5-3 mètres du bord du fossé 3. Ces deux observations permettent de conclure que le front du rempart était construit avec un fruit d'environ 30°, et que les boisements antérieurs, ancrés dans le cœur même du rempart, n'avaient pas besoin d'être aussi solidement fondés que ceux de l'arrière. L'espace qui sépare les tours est, à cet endroit, d'environ 15 mètres (soit 50 pieds).

Aucune porte ouvrant vers l'extérieur n'a été clairement identifiée.

Au pied du mont Réa, le dispositif était tout différent. Le système défensif ne comportait que deux fossés, séparés l'un de l'autre par un glacis d'environ 7,50 mètres. Le fossé extérieur à fond plat, large d'environ 4 mètres, semble avoir été mis en eau.

Fig. 96. – La contrevallation dans la plaine des Laumes, reconstitution de J.-P. Adam (Reddé, 2003, 173).

Fig. 97. – Mottes de gazon rubéfiées par un incendie dans le fossé au pied du rempart de la plaine des Laumes, à Alésia (photo J. Köhler, RGK).

Le glacis était parsemé d'un complexe de petites poches de gravier. Quatre lignes parallèles ont été identifiées. Elles sont semblables à celles qui précèdent le fossé 3 de la contrevallation dans la plaine et assimilées aux *cippi* césariens. *Lilia* et *stimuli* font en revanche défaut. Le fossé intérieur, en V, large d'environ 4 mètres, précède un rempart probablement construit en gazon, bien qu'aucune trace tangible de mottes n'ait été repérée à cet endroit. Les tours semblent identiques à celles de la plaine.

Plus à l'ouest, à l'emplacement du pseudo-camp D, le système défensif se modifie. La contrevallation proprement dite n'est pas connue avec précision, mais les fouilles ont révélé la présence d'un fossé en V, large d'environ 4 mètres, situé très en avant du rempart, et précédé par six lignes parallèles de pièges en forme de tronc de cône, disposés en quinconce sur un espace de 6,20 mètres (fig. 98). Ces défenses, identifiées comme les *lilia* de César, n'étaient toutefois pas pourvues au centre d'une tige de bois, comme le décrit le texte de la *Guerre des Gaules*. À tout le moins aucune trace n'en a-t-elle été retrouvée.

Fig. 98. – Trous de loup (*lilia*) dans la plaine de Grésigny, à Alésia (Reddé et von Schnurbein, 2001, 439).

Dans la vallée de l'Oze, enfin, le système semble de nouveau différent. On observe en effet, dans l'unique sondage qui a été réalisé, un seul fossé en V, large de 3 mètres au moins, précédé par trois petits fossés parallèles, en forme de U, identifiés comme des *cippi*.

— La circonvallation

La ligne de défense édifiée par les Romains pour se protéger des attaques de l'armée gauloise venue secourir Vercingétorix est appelée « circonvallation » depuis Napoléon III.

Dans la plaine des Laumes (fig. 99), on observe successivement, de l'extérieur vers l'intérieur : six rangées de défenses qui sont tantôt des trous de loup (*lilia*), tantôt des *stimuli* identiques à ceux qu'on a déjà décrits, un fossé à fond de cuve large de 5 à 6 mètres, probablement mis en eau, un glacis large d'environ 8 mètres, où les traces d'éventuelles défenses intermédiaires n'étaient que peu ou pas conservées, un second fossé en V large d'environ 4 mètres précédant un rempart probablement en mottes de gazon. Dans l'une des fouilles, la fondation du rempart avait été conservée : il s'agit d'un lit de graviers extraits du sous-sol, assurant à la fois le drainage et la stabilité de l'ensemble (fig. 100). Cette fondation contenait deux traces de boisements parallèles au rempart, à 1,76 mètre (6 pieds) et 3,55 mètres (12 pieds) du bord du fossé. Ces sablières basses permettaient probablement d'ancrer une charpente interne au rempart, destinée à porter le parapet, mais servant aussi de gabarit pour la mise en œuvre et de tirants pour consolider la structure du rempart. Les tours, identiques à celles de la contrevallation, étaient espacées d'environ 17 mètres.

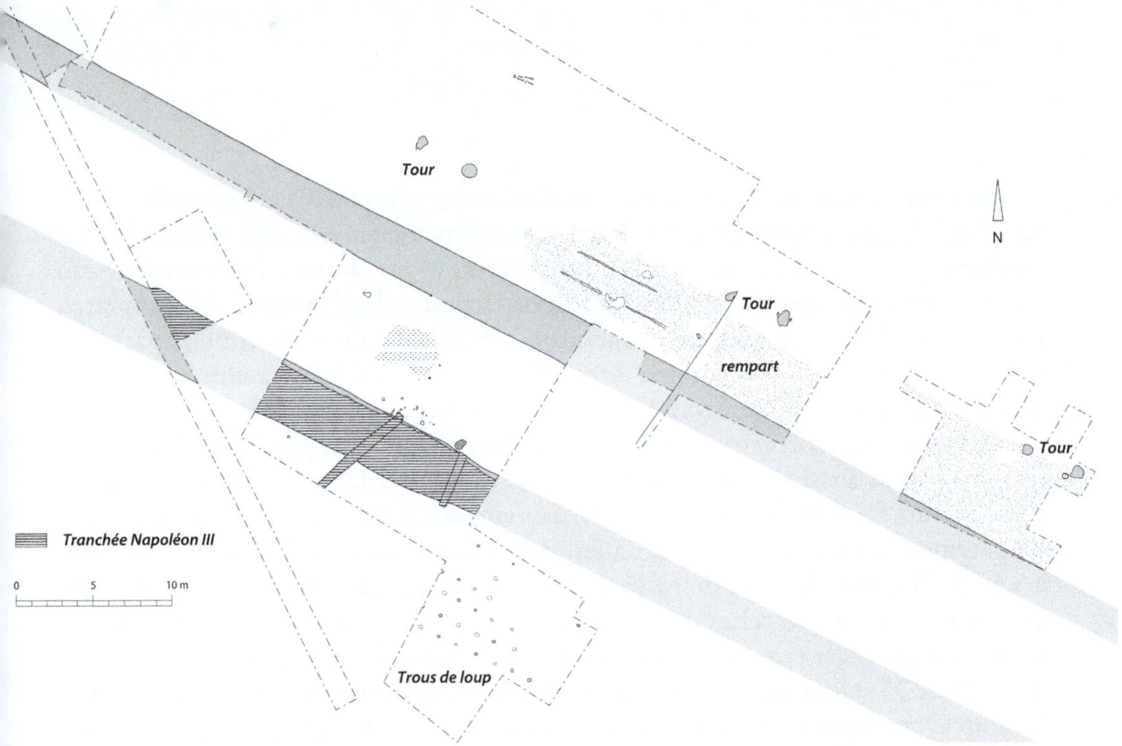

Fig. 99. – La circonvallation dans la plaine des Laumes, à Alésia (Reddé et von Schnurbein, 2001, pl. h.t. 12, simplifiée).

Fig. 100. – Fondation en graviers du rempart de la circonvallation dans la plaine des Laumes, à Alésia. La trace des boisements longitudinaux est bien visible (Reddé et von Schnurbein, 2001, 385).

Sur la montagne de Bussy, la circonvallation ne comprenait en revanche qu'un seul fossé, large d'environ 3,60-4 mètres, mais très peu creusé, et donc probablement inachevé (fig. 101). L'ensemble était protégé vers l'avant, sur une distance d'environ 7 mètres, par quatre petites rigoles en forme de U, profondes d'environ 30 centimètres, larges de 40-50 centimètres. Ces structures, remplies par un cailloutis compact, ont laissé voir, dans un certain nombre de cas, l'emplacement de boisements, disposés de manière à peu près régulière tous les 15-20 centimètres. Le fossé de la circonvallation devait donc être protégé par un buisson de branchages que, grâce à la description de César, mais aussi à celles de Polybe (XVIII, 18, 5-18) et de Tite-Live (33, 5), il est permis d'identifier avec des *cippi*. Le rempart, à cet endroit, était en pierres. Le parement arrière, constitué de dallettes de pierres posées à sec, en a été retrouvé à 5,60-5,75 mètres du bord du fossé, donnant ainsi la largeur de l'*agger*. Deux tours, de même module que celles de la contrevallation des Laumes, ont été retrouvées. L'espacement exact entre deux structures successives n'est pas connu, mais doit se situer entre 35 et 40 mètres. Une seule porte a été mise en évidence, à la jonction entre le camp C (angle nord-est) et la circonvallation (fig. 102). Il s'agit d'une poterne large de 2-2,5 mètres, délimitée de chaque côté par un montant de bois. À la jonction du camp B et de la circonvallation en revanche, le passage était seulement protégé par un double système de *cippi*.

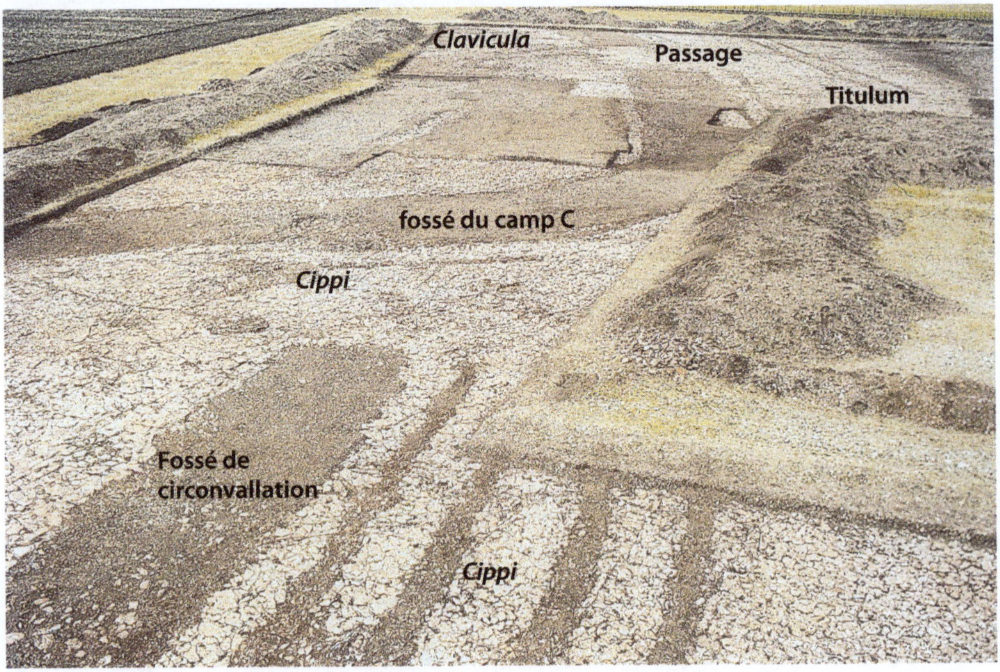

Fig. 101. – Le fossé de circonvallation et les *cippi* (premier plan) sur la montagne de Bussy, près de l'angle du camp C à l'arrière-plan (Reddé, 2003, 183).

Au pied du mont Réa (*i. e.* la montagne nord), la fouille a révélé un dispositif proche de celui que l'on vient de décrire, mais adapté à la géologie locale, de nature alluviale. Le fossé unique, en forme de V, large d'environ 5 mètres, était précédé de deux lignes de *cippi*. Les tours étaient espacées de 16 mètres, les poteaux avant étant implantés à 2,50 mètres du fossé, les poteaux arrière à 5,50 mètres, ce qui permet probablement de restituer un rempart en terre et gazon, avec un fruit d'environ 30° sur chaque front.

La diversité de ces systèmes défensifs est illustrée par la fig. 103.

Les camps

Les fouilles du XIXᵉ siècle avaient mis au jour un certain nombre de structures identifiées comme des camps ou des *castella*. Les recherches modernes ont validé certaines de ces interprétations, mais en rejettent d'autres. Des camps de plaine situés hors des lignes, deux au moins (G et H) sont aujourd'hui totalement détruits et ne peuvent plus être examinés, un autre (K) n'a pas fait l'objet de sondages mais paraît très suspect, le dernier (I) est constitué de toutes pièces par une série de fossés d'époques très différentes et ne doit pas être pris en considération. Il en va de même du camp D, au pied du Réa, pour lequel Napoléon III a associé d'incontestables structures césariennes et des drains modernes.

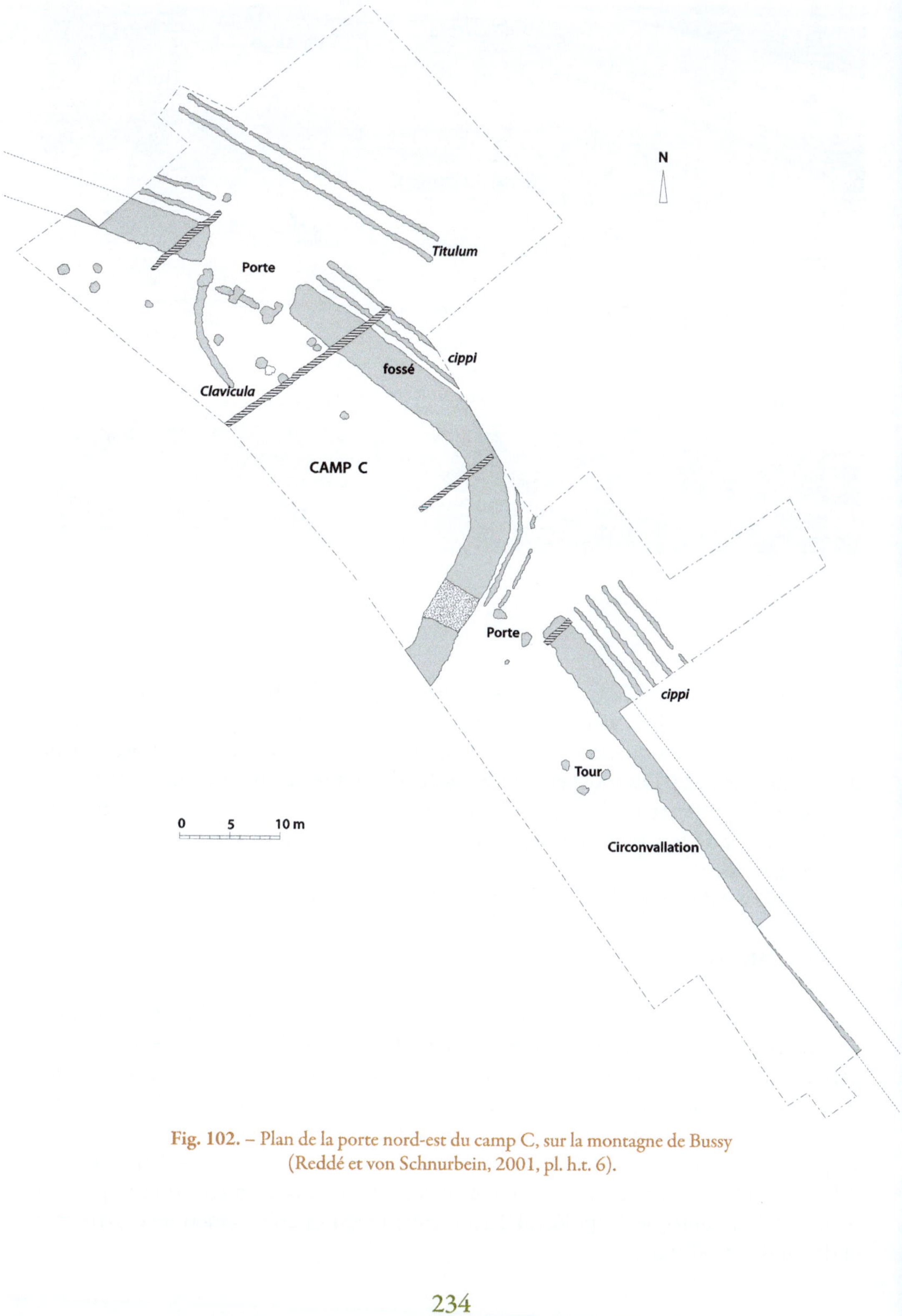

Fig. 102. – Plan de la porte nord-est du camp C, sur la montagne de Bussy (Reddé et von Schnurbein, 2001, pl. h.t. 6).

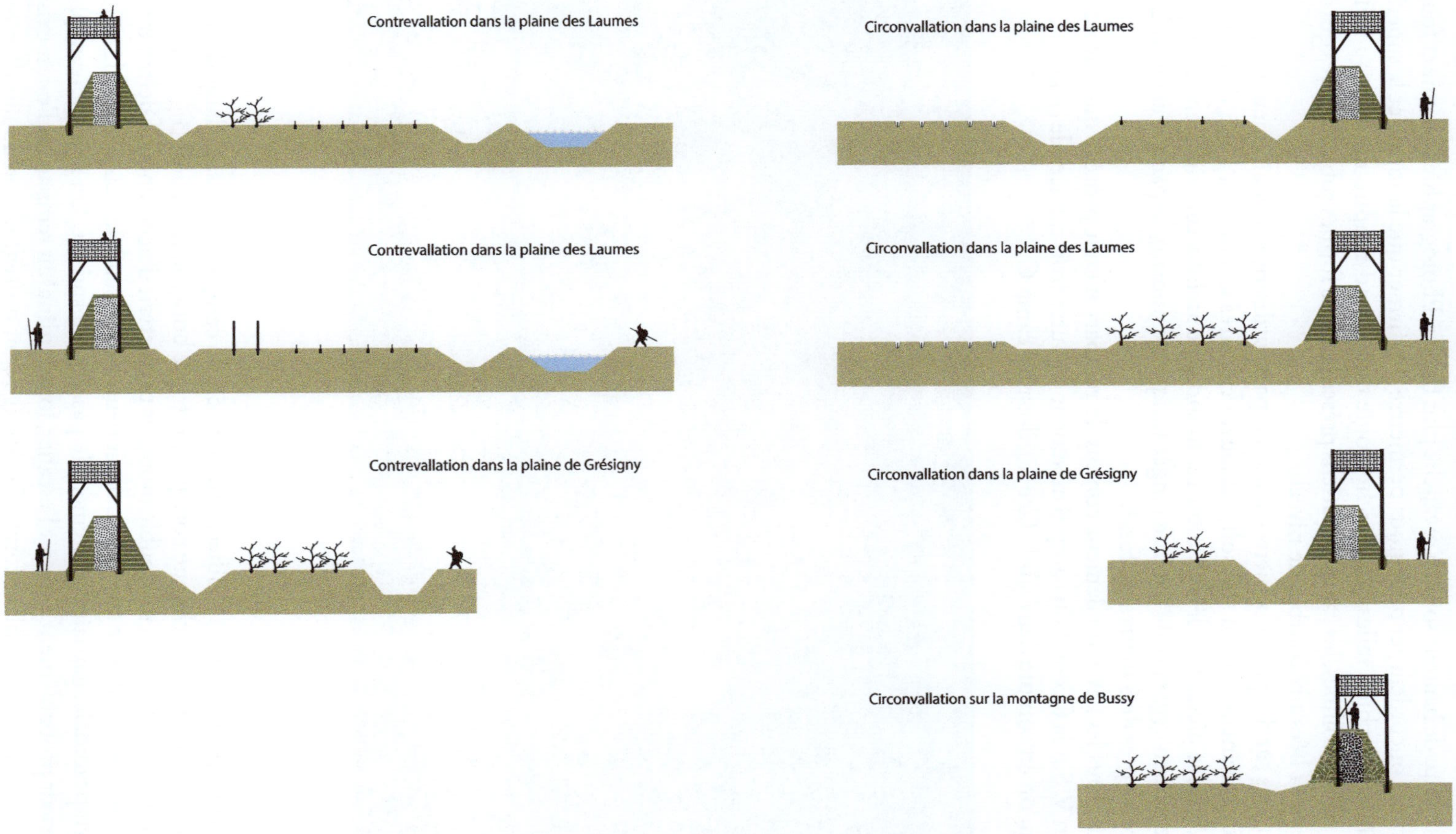

Fig. 103. – Diversité des systèmes défensifs d'Alésia (Reddé et von Schnurbein, 2001, 548-549).

Les camps de hauteur sont en revanche plus fiables. Photographie aérienne et fouilles modernes concordent ici pour nous permettre d'affirmer que la forme et la superficie des camps sont bien telles que l'archéologie du Second Empire nous les a révélées. Placés sur des collines, les camps césariens présentent des formes subcirculaires qui sont étroitement liées aux courbes de niveau.

Installés sur des plateaux pierreux, les remparts utilisent nécessairement le matériau local, directement issu du sol, soit des lauzes calcaires assemblées à sec. Seul celui du camp A, où la pierre fait défaut, montre, au sud, une architecture différente. On y a en effet repéré un *agger* bordé par une rangée unique de poteaux, espacés d'environ 2,50 à 3 mètres, à près de 5 mètres du fossé.

Dans tous les cas actuellement connus, le rempart n'était protégé que par un seul fossé en V. Sur la face sud du camp B existaient en outre trois rangées de *cippi* (fig. 104) alors qu'on en compte deux sur la face nord-est du camp C.

Fig. 104. – La porte sud du camp B (Reddé et von Schnurbein, 2001, 234).

Plusieurs portes ont été fouillées. Au nord-est du camp C, le passage, large d'environ 7 mètres, est délimité de chaque côté par un triple boisement vertical (fig. 102 ; 105). Au centre, vers l'extérieur, un double montant permettait d'accrocher les deux vantaux. Une rainure peu profonde au sol accueillait peut-être un seuil de bois. Une seule tour, de forme trapézoïdale, gardait directement le passage, au sud-est. Un petit poteau, plus à l'est, servait probablement à ancrer l'escalier, longitudinal au rempart. À l'ouest existait en revanche une sorte de plate-forme. Le passage était protégé par un double dispositif :

titulum constitué de deux rangées de *cippi* à 8 mètres devant le fossé, *clavicula* de même structure à l'intérieur de la porte (fig. 106-107).

Fig. 105. – Vue aérienne de la porte nord du camp C d'Alésia, pendant les fouilles (photo R. Goguey).

Fig. 106. – Vue intérieure de la porte nord-est du camp C. Reconstitution P. Connolly (Reddé, 2003, 154).

Fig. 107. – Reconstitution du camp C par P. Connolly (Reddé, 2003, 154).

On trouve un dispositif quelque peu différent sur la porte nord du camp A qui n'est défendue par une tour *stricto sensu* que du côté oriental. Le passage, large d'un peu plus de 4 mètres, est divisé en deux par un montant central. Une petite *clavicula* interne ferme le passage au sud. La porte sud du même camp A était en revanche protégée par un imposant *titulum*.

La dernière porte fouillée, sur la face orientale du camp C, a été en partie détruite par une carrière, de sorte que son architecture ne peut être décrite avec précision, mais elle ressemble à la porte nord du camp A. Elle aussi montre la présence d'une *clavicula* interne.

Les fouilles de la plaine ont en outre mis en évidence la présence d'un système défensif transverse aux lignes, joignant la contrevallation et la circonvallation, et installé postérieurement à celles-ci. Dans les deux cas, il s'agit d'un fossé en V d'environ 4 mètres d'ouverture au niveau d'arasement, suivi d'un rempart en terre et gazon. Aucune tour n'a été repérée le long de ce rempart (fig. 108). On peut reconnaître dans ce dispositif, baptisé « fortin de l'Épineuse », le souci de sécuriser le dangereux et étroit couloir formé

Fig. 108. – Reconstitution par P. Connolly du « fortin de l'Épineuse », entre la contrevallation et la circonvallation, dans la plaine des Laumes (Reddé, 2003, 178).

par les deux lignes d'investissement romaines, en cas de rupture du dispositif défensif sous l'effet d'un assaut gaulois. En créant des sortes de barrage transverses, l'état-major se donnait la possibilité de limiter un désastre potentiel en évitant aux troupes d'être prises à revers. On ignore en revanche le rythme de tels fortins, dont César ne parle pas.

Un texte historique célèbre et sa réalité archéologique

L'ensemble des structures mises au jour devant Alésia montre donc une grande variété architecturale, que ne reflète pas le texte beaucoup plus simplificateur du *Bellum Gallicum* ; celui-ci annonce un système homogène, incompatible avec les réalités du terrain, la diversité topographique, la multiplicité des équipes de construction. Les différents types de défenses décrits par César sont toutefois bien présents au pied du mont Auxois et seul leur agencement montre dans le détail une divergence entre le texte littéraire et le terrain. D'une manière générale, la poliorcétique alisienne, en apparence si particulière, s'inscrit clairement dans une tradition hellénistique de multiplication des obstacles d'approche, avec une alternance de fossés et de glacis armés, notamment en plaine où la topographie défavorise la défense. Cette architecture avait essentiellement pour vocation d'éloigner au maximum l'attaquant du rempart, en l'empêtrant dans des obstacles multiples au moment où il était assailli de projectiles divers. L'importance des armes de jet (flèches, balles de fronde, traits d'artillerie, javelots), dont de nombreux exemplaires ont été retrouvés devant les remparts, est évidente dans ce type de système défensif.

Le dispositif tactique d'Alésia, tel que le décrit César, se déroule en plusieurs temps.

1. Installation des camps (*castra*) sur les hauteurs qui entourent la ville, avec une couronne de fortins (*castella*). Cette première phase de l'investissement est naturellement accompagnée de combats provoqués par les assiégés, avant que le blocus ne soit complet.

2. Construction d'ouvrages provisoires pour protéger les soldats pendant la construction des lignes de blocus.

3. Construction de la ligne d'investissement (« contrevallation »).

4. Construction de la ligne arrière de protection contre l'armée de secours (« circonvallation »).

Ce schéma est absolument le même que celui de Scipion devant Numance, qui partage avec Alésia ce privilège de permettre une confrontation d'un récit littéraire et d'un terrain. N'en est excepté que le dernier épisode, inutile à Numance, puisque Scipion n'était pas menacé sur ses arrières. Un simple regard sur le plan des deux dispositifs permet de se convaincre de la ressemblance des dispositifs (fig. 109). Le parallélisme des textes et des terrains est évident : des topographies très similaires, des schémas tactiques très proches. Le dispositif numantin place aux deux extrémités les deux camps principaux, en vis-à-vis. Le texte césarien ne donne pas la même précision, mais le terrain d'Alise autorise la comparaison. Les deux plus grands camps connus (B et C) étaient en effet implantés sur les deux plus hautes collines, l'une au nord, l'autre au sud du dispositif. Chacun d'eux commandait une partie du dispositif, et il était parfaitement possible de communiquer à vue de l'un à l'autre. Nous savons, grâce à deux balles de fronde épigraphes, que celui du nord était occupé par les troupes de Labienus, principal lieutenant de César. Celui

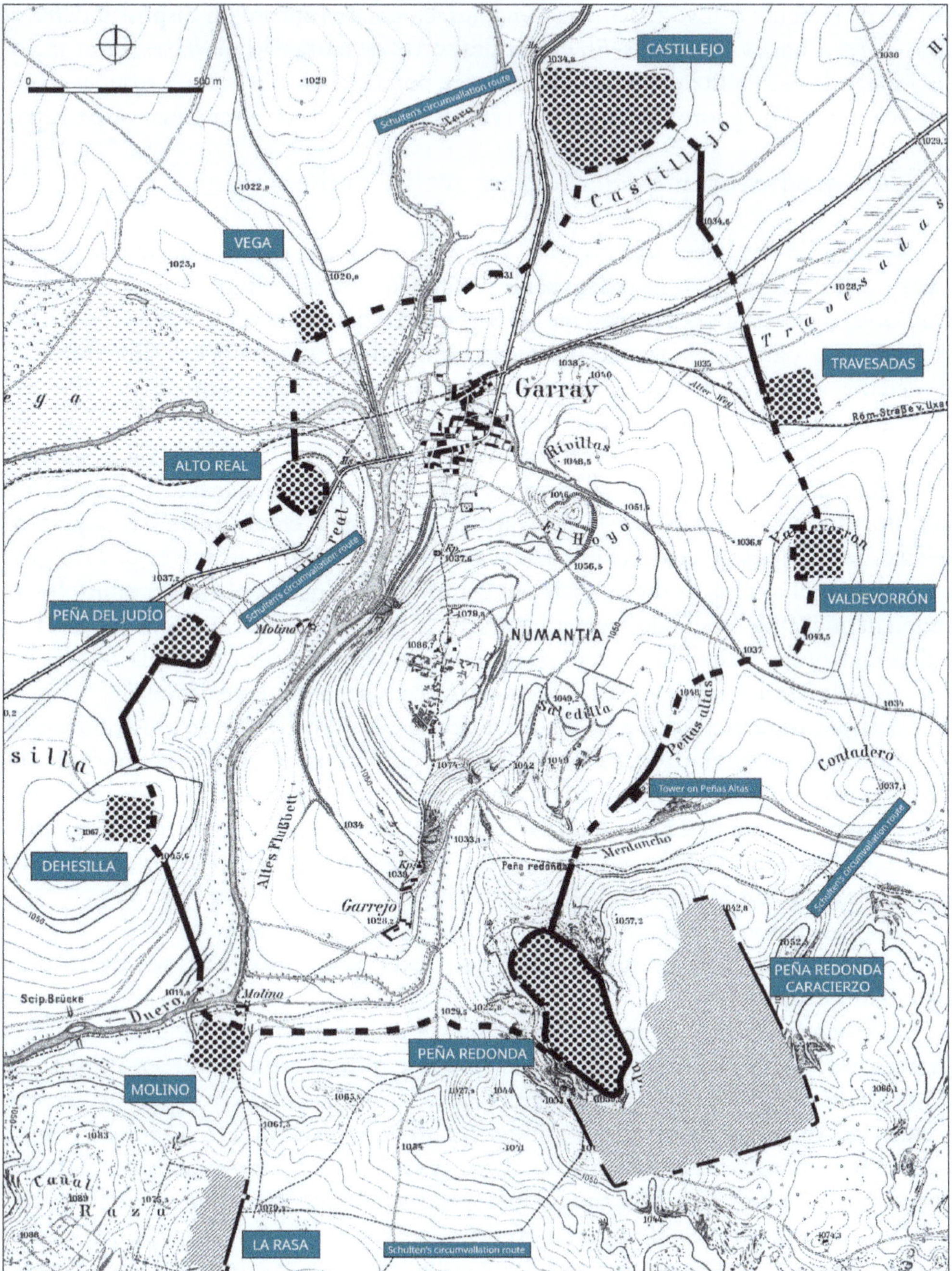

Fig. 109. – Plan du système d'investissement romain autour de Numance, selon A. Schulten (modifié par M. Dobson, GIS based visibility and intervisibility studies of the Roman Republican camps at Numantia and Renieblas near Soria, *MM* 65, 2024, fig. 3).

du sud (B) est un peu plus grand que le premier, et nous nous risquerons à l'attribuer à l'*imperator* lui-même, malgré la tradition napoléonienne qui fait du camp A, pourtant très petit, le quartier général du proconsul.

Reste la question complexe des pièges décrits par César et qui se présentent, selon lui, dans un ordre rigoureux qui place de l'intérieur vers l'extérieur les *cippi*, puis les *lilia*, et enfin les *stimuli*, système que nous n'avons à aucun moment retrouvé complet et dans cet ordre, même si chacun des pièges décrits par César peut être identifié sur le terrain.

La première observation que l'on peut faire est que César n'emploie pas, en décrivant ces obstacles d'approche, des termes techniques précis mais des expressions imagées, empruntées au vocabulaire des soldats. Il suit en revanche les préceptes techniques de ses devanciers. Les théoriciens anciens, bien avant le second siècle avant notre ère, recommandaient en effet de multiplier les fossés, de les espacer et de rehausser les glacis avec la terre extraite des fossés avant de les armer. En témoigne un passage de Philon de Byzance (A 70-74), écrit probablement vers 225 :

> « Au milieu des espaces intermédiaires < entre les fossés >, sur une largeur de vingt-huit coudées, il faut enfoncer des pieux, faire des excavations et planter des paliures, afin que les ennemis n'aient pas la place suffisante pour installer un pétrobole d'un talent s'ils venaient à s'emparer du premier fossé… Quand on creuse les fossés, il faut rejeter les déblais du premier en avant de la muraille, et ceux des autres au milieu des espaces intermédiaires, afin que la palissade soit solidement établie et que les espaces intermédiaires, en s'élevant, assurent la sécurité de l'avant-mur et de la muraille. Il faut disposer en avant du second et du troisième fossé une palissade sans avant-murs, pour éviter de fournir une protection aux ennemis[30]. »

L'usage des palis de branchages était bien connu dans la poliorcétique, dès le début du IIe siècle avant J.-C. au moins, puisque Polybe (XVIII, 18), opposait alors en ces termes les palis grecs aux palis romains :

> « Entre eux existe une grande différence : car les Grecs considèrent que le meilleur palis est celui qui possède autour du fût des ramifications les plus nombreuses et les plus grandes, tandis que, chez les Romains, les palis n'ont que deux ou trois fourchons, quatre tout au plus ; et ils les ont tous disposés sur un même plan, et non dans toutes les directions. Il en résulte que leur transport est tout à fait aisé – un homme porte trois ou quatre d'entre eux liés ensemble – et qu'au moment de leur utilisation ils offrent une sécurité exceptionnelle. Quand les palis grecs sont placés devant le camp, ils sont en premier lieu faciles à arracher : car, puisqu'il n'y en a qu'une seule partie à être retenue et serrée par la terre, alors qu'il y a plusieurs grandes ramifications à s'en détacher, pour peu que deux ou trois hommes se saisissent des ramifications pour tirer le même palis, on l'arrache facilement… C'est tout le contraire chez les Romains : car, en les plantant, ils les entrelacent immédiatement à tel point qu'il est malaisé de distinguer les branches… En conséquence on ne peut ni s'emparer de l'un d'entre eux – faute de pouvoir y mettre la main – tant ils sont serrés et entremêlés (étant donné de surcroît que les branches sont soigneusement appointées), ni, après s'en être emparé, les arracher facilement… »

30. Garland, 1974, 299 ; Whitehead, 2016, 80-81.

Tite-Live (XXXIII, V), racontant la campagne de 197 en Grèce, n'écrivait pas autre chose.

Les deux autres systèmes de pièges décrits par César – *lilia* et *stimuli* – sont encore plus proches des obstacles identifiés lors des fouilles et leur usage est adapté aux besoins topographiques locaux. Il n'est donc pas question de nier l'écart entre les données de terrain et la description césarienne, qui témoigne sans doute autant de la culture littéraire que de la science militaire du proconsul, mais ces différences ne sont pas telles qu'elles puissent introduire un doute sur l'identification d'Alésia.

La superficie des camps

La superficie très faible des camps romains d'Alésia surprend, à première vue. Elle est en effet très inférieure à ce que l'on observe dans les camps d'époque républicaine, mais aussi dans les camps légionnaires du Haut Empire, qui tournent autour d'une vingtaine d'hectares. La même observation pouvant être faite pour le cercle de Scipion devant Numance, on regroupe ici ces données dans un tableau :

Alésia		Numance	
Camp A	2,3 ha	Castillejo bleu	+ 7 ha
Camp B	7,3 ha	Castillejo rouge	+ 7 ha
Camp C	6,9 ha	Castillero noir	+ 7 ha
Castellum 11	0,9 ha	Valdevorron	9 ha
Castellum 15	0,5 ha	Peña Redonda	11,2 ha ?

La superficie cumulée des différents camps d'Alésia connus avoisine les 20 hectares, ce qui est évidemment très faible et incompatible avec la dizaine de légions dont disposait César en 52 av. J.-C. À cela il faut ajouter celle des fortins. César évoque, en effet, la présence de 23 *castella* (*BG* VII, 69), malheureusement pas tous bien identifiés au sol et dont la superficie ne peut être estimée de manière précise. Mais en partant des chiffres qu'on vient de citer dans ce tableau (0,9 hectare/0,5 hectare) on peut estimer leur superficie totale à 12/20 hectares au moins, ce qui, avec les grands camps archéologiquement repérés et connus, offre une superficie d'au moins 30 hectares, ce qui est toujours très insuffisant pour toute l'armée césarienne. Faut-il considérer que nombre d'entre eux n'ont pas été identifiés archéologiquement ? Ce n'est pas certain car une grande part des hauteurs qui entourent Alésia en sont pourvues. En outre, la comparaison avec les campements de l'armée de Scipion est frappante et invite à considérer que ces superficies ne sont pas seulement une conséquence de la topographie locale.

Dans un passage apparemment anodin (*BG* VII, 73), César, qui vient de décrire l'installation des camps et l'aménagement de la contrevallation (la ligne intérieure d'investissement), destinée à bloquer les sorties des assiégés, fournit une donnée tactique essentielle en écrivant ceci :

> « Il fallait en même temps aller chercher du bois, du blé et construire des fortifications si énormes, avec des troupes qui s'amenuisaient à mesure que les travaux les éloignaient du camp. Et il arrivait de temps en temps que les Gaulois tentent un coup contre nos travaux ou essaient de faire une sortie hors de la ville par plusieurs portes, avec une violence incroyable. C'est ce qui poussa César à renforcer encore les travaux, pour pouvoir assurer avec moins de soldats la défense des retranchements. »

Ce passage montre à l'évidence que les dix légions de César n'étaient évidemment pas toutes concentrées dans les camps situés autour de l'oppidum et que les différentes unités avaient reçu des tâches spécifiques, parfois loin du théâtre des opérations, à un moment où la circonvallation – la ligne extérieure, construite dans un second temps – n'existait pas encore. La répartition numérique des soldats n'est pas précisée mais un système défensif efficace suppose évidemment que tout le monde ne dormait pas en même temps. On ne pouvait en effet se contenter la nuit de gardes légères au rempart pour se prémunir d'une attaque surprise : il fallait être près du mur, situé à mi-pente ou dans la plaine, alors que les camps, implantés sur les hauteurs, étaient éloignés. Dans le même temps d'autres troupes campaient sans doute au loin, au moins pendant cette première partie du siège. Quand commença la construction de la ligne extérieure de circonvallation, parfois assez éloignée de la contrevallation, il fallut continuer de garder la ligne déjà achevée, tout en édifiant la seconde. Or ce passage de César fait écho à une information d'Appien, à propos du siège de Numance. L'historien grec indique en effet que Scipion avait lui aussi divisé ses troupes entre garde au rempart, renforts mobiles pour se porter sur tel ou tel point menacé, réserves tactiques (Appien, *Iberica* 92). M. Dobson considère qu'il s'agit d'une rotation quotidienne de 3 × 8 heures pour 10 000 hommes chaque fois, avec une force de 30 000 hommes au total (Dobson, 2022). On pourrait, certes, discuter des chiffres globaux proposés dans ce calcul mais le principe même de la rotation des effectifs paraît vraisemblable. Devant Alésia, le proconsul n'avait pas besoin de loger toutes ses troupes en même temps dans les camps, car elles ne se reposaient sans doute pas toutes au même moment. Les *castra* et les vingt-trois *castella* du texte césarien étaient en revanche nécessaires comme refuges, points de commandement et d'observation, réserve tactique. Il faut donc revenir sur l'idée qu'on puisse apprécier l'effectif de leur garnison à l'aune de ce que nous connaissons des camps permanents du Principat. La remarque vaut aussi pour le camp de Gergovie qui, avec ses 35 hectares, ne pouvait assurément pas abriter les six légions et les alliés de César.

L'intérieur des camps d'Alésia, à la différence de ceux de Numance, n'a pas révélé de traces claires d'installations. Cela peut être dû à la brièveté du siège ; mais ce peut être aussi le résultat de recherches archéologiques trop limitées en superficie. L'exemple du camp F de Lautagne, près de Valence, daté des années 60 av. J.-C., montre en effet que ces camps temporaires, construits pour une campagne d'été, pouvaient contenir un important dispositif interne de fours destinés à la cuisson du pain pour les soldats[31]. Les exemples de Gergovie et de Hermeskeil (*infra*) viennent confirmer cette réalité.

---

31. Kielb-Zaraoui *et al.*, 2022.

La logistique et la longueur des lignes d'investissement

Les travaux romains mis en œuvre autour d'Alésia représentent environ 40 kilomètres linéaires, si on les met bout à bout, ce qui implique un fort impact écologique sur le paysage en même temps qu'un terrassement apparemment irréalisable dans un laps de temps court. Si la totalité du parc forestier exploité paraît difficile à calculer, on a pu estimer à plus de 6 000 arbres l'abattage nécessaire à la seule construction des tours, soit une soixante d'hectares en coupe blanche et à 37 290 mètres cubes le volume des terres excavées[32].

Ces considérations ordinaires demandent toutefois à être relativisées. Avec une dizaine de légions, César disposait en effet (sans compter les valets d'armes) d'une force d'au moins 40 000 légionnaires valides, en état de combattre, en cette fin de campagne de l'année 52, ce qui représente, pour la longueur des lignes à défendre, un effectif considérable d'environ un homme par mètre linéaire, même si le dispositif effectif était évidemment très différent de cette évaluation théorique[33]. Il s'agit là d'une concentration humaine proche de celle de la Première Guerre mondiale. La mise en œuvre du système défensif alisien doit dont être considérée à l'aune de cette observation et ne paraît évidemment pas si exceptionnelle qu'on le croit parfois.

Uxellodunum

L'année suivant la reddition de Vercingétorix, en 51 av. J.-C., vit la continuation d'un soulèvement généralisé de la Gaule, preuve que la victoire d'Alésia n'avait rien réglé. Deux des chefs de la révolte, Drappès et Lucter, s'enfermèrent dans l'oppidum d'Uxellodunum, en pays Cadurque (région de Cahors). C'était une place naturellement fortifiée, que le récit d'Hirtius (*BG* VIII, 32-44) ne permet pas d'identifier aisément. Celui-ci décrit des rochers à pic, impossibles à prendre d'assaut. Le légat Caninius, qui commandait alors les deux légions romaines, établit trois camps sur les hauteurs voisines, avant de construire un retranchement autour de la ville. C'est là un schéma identique à celui d'Alésia, dont le souvenir hantait l'esprit des assiégés. Les chefs gaulois sortirent de la place, qui n'était pas encore totalement investie, pour aller chercher du blé, et établirent un camp extérieur, à moins de 10 000 pas de l'oppidum. Surpris par la cavalerie germanique des Romains, ils furent défaits en bataille rangée. Les troupes romaines furent alors renforcées par celles de C. Fabius, autre légat de César, puis par l'*imperator* lui-même, arrivé avec toute la cavalerie.

Ce dernier posta des archers, des frondeurs et de l'artillerie (*tormenta*) en face de la sortie de l'oppidum pour empêcher les assiégés de se ravitailler en eau dans la rivière qui coulait à cet endroit. Mais il y avait une source qui jaillissait au pied même du rempart et dont il fallait interdire l'accès. César fit donc pousser des mantelets (*vineae*) dans cette direction pour édifier un terrassement de 60 pieds de haut (environ 18 mètres) sur laquelle fut installée une haute tour de dix étages, dominant la source. On pouvait

32. Petit, 2001, 100.
33. Reddé, 2003, 204.

ainsi tirer des projectiles sur les corvées d'eau, tout en creusant des galeries souterraines pour tenter d'arriver au griffon et détourner l'écoulement. L'objectif était de faire mourir de soif les Gaulois. Par une sortie, ceux-ci mirent alors le feu au retranchement romain, tandis que César faisait mine de lancer un assaut généralisé pour faire diversion. Finalement, la source ayant été détournée par les cunicules souterrains, l'eau vint à manquer complètement et les assiégés se rendirent.

La localisation du site, à l'époque de Napoléon III, fut difficile ; l'empereur avait d'abord entrepris des recherches à Luzech avant de se décider pour le site du Puy d'Issolud, un oppidum près de Vayrac, sur la rive droite de la Dordogne (fig. 110-111). Un érudit local y avait en effet récemment découvert des galeries menant à une source, jaillissant au pied de la place forte, et une impressionnante collection d'armes, notamment des pointes de flèches, des traits de catapulte et des fers de lance. La reprise des fouilles par un archéologue bénévole, J.-P. Girault, à partir de 1992, et la publication qui en est issue[34] confirment cette identification, bien que toutes les questions ne soient pas résolues. Nous ignorons encore largement la position des camps et des travaux d'investissement romains. Dans les faits, les différentes fouilles se sont concentrées sur le secteur de la Fontaine de Loulié, au sud-ouest de l'oppidum. Les recherches récentes, assez complexes, ont en effet permis de remettre au jour les anciens cunicules romains, fouillés au XIXᵉ siècle et réexplorés à la fin du XXᵉ, tout en complétant la collection du matériel recueilli. Il s'agit là d'un contexte archéologique difficile, dans le détail duquel il n'est pas question d'entrer ici.

Le stratagème du détournement de la source, tel qu'il est raconté par Hirtius, n'est guère attesté ailleurs dans la littérature antique, mais la méthode générale utilisée est en revanche bien connue des militaires romains et, avant eux, des soldats grecs. Les techniques de sape étaient en effet pratiquées depuis bien des siècles au moment de ce siège d'Uxellodunum : elles sont exposées par Énée le Tacticien, dès le milieu du IVᵉ siècle av. J.-C. (*Poliorcétique* XXXVII, 1-2), puis par Philon de Byzance (*Syntaxe mécanique*, V, C 7)[35]. Elles s'appliquaient essentiellement à l'attaque des remparts. Des sapeurs spécialisés (*cunicularii*) figurent d'ailleurs dans l'office du préfet des ouvriers, si l'on en croit le témoignage de Végèce (II, 10). Le meilleur exemple archéologique qu'on en connaisse est fourni par la mine creusée par les Sassanides sous le rempart de Dura-Europos, dont S. James a montré qu'elle avait été le théâtre d'un combat souterrain à l'arme « chimique », après l'irruption, dans la galerie, d'une contre-sape creusée par les assiégés[36]. Ces techniques empruntées aux mineurs n'étaient d'ailleurs pas l'apanage des Méditerranéens : les assiégés gaulois d'Avaricum, nous dit César (*BG* VII, 22), faisaient s'écrouler le terrassement romain en creusant des sapes.

Le récit d'Hirtius doit donc être pris au sérieux car il s'inscrit fort bien dans un contexte militaire et technique connu par d'autres sources littéraires, tant pour ce qui concerne la conduite générale du siège d'Uxellodunum que pour celle du stratagème qui vint priver les assiégés de leurs ressources en eau et les livrer ainsi à leurs adversaires. Le phénomène

---

34. Girault, 2013.
35. Garlan, 1974, p. 307.
36. James, 2011.

Fig. 110. – Plan d'Uxellodunum, d'après Napoléon III.

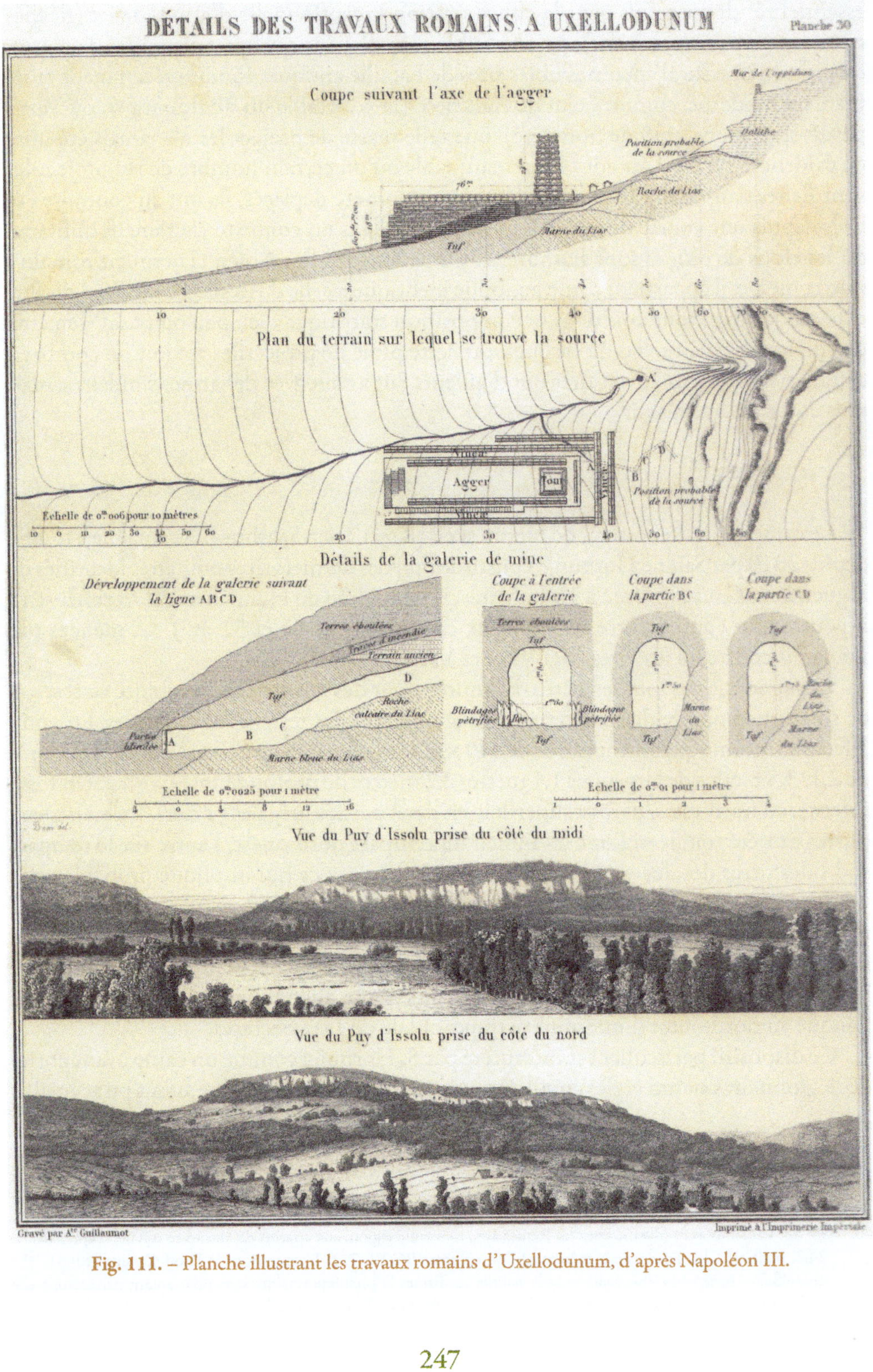

Fig. 111. – Planche illustrant les travaux romains d'Uxellodunum, d'après Napoléon III.

essentiel réside toutefois dans la concentration exceptionnelle d'armes de jet (flèches et carreaux, principalement) sur une faible superficie de quelques centaines de mètres carrés[37]. Même sur d'incontestables sites de bataille antiques fouillés récemment et de manière moderne, comme celui de Kalkriese (la « bataille du Teutoburg », où Varus perdit ses légions, en 9 de notre ère), une telle masse de projectiles n'a jamais été mise en évidence[38]. Il est d'autant plus remarquable qu'un certain nombre de ces projectiles sont fichés dans le sol. Ils ne sauraient donc avoir été déplacés, ils ont au contraire été tirés depuis une courte distance. Ils s'inscrivent dans un contexte clairement militaire, où les clous de *caligae* sont nombreux. Or cet ensemble est bien clairement romain ; mieux même, il appartient à une panoplie identique à celle d'Alésia. Le matériel du Puy d'Issolud diffère toutefois dans sa composition statistique : ici, peu ou pas d'éléments de cuirasse, de glaive, pas de casques, car cette pluie de projectiles traduit un combat à distance, où les deux adversaires ont d'ailleurs fait assaut avec des armes similaires, mais sans corps à corps massif.

Hermeskeil

Le camp militaire romain de Hermeskeil (Kreis Trier-Saarburg, Allemagne), fouillé depuis 2010 par Sabine Hornung, constitue l'un des derniers sites militaires identifiés de la guerre des Gaules[39]. Situé à 5 kilomètres de l'oppidum du Hunnenring (Otzenhausen), il peut, selon l'auteur, être attribué aux campagnes de 53 et 51 av. J.-C. menées par Labienus contre les Trévires (*BG* VI, 7 et VIII, 25 ; 45)[40].

La superficie des fouilles a été très limitée pour des raisons d'accessibilité au terrain, de sorte que nombre de caractéristiques architecturales restent mal connues. Le camp affecte une forme quasiment carrée de 440 × 420 m, soit 19,5 hectares, avec des fossés en V de 2,1/3,5 mètres de largeur et 1,1 mètre/2,2 mètres de profondeur (fig. 112). Un fossé interne, au nord-est, sépare sa superficie en deux parties inégales (1 tiers/2 tiers). Deux portes ont été fouillées, l'une au milieu du rempart nord-ouest, l'autre sur le rempart sud-ouest, très décalée vers l'angle de la fortification, ce qui implique probablement un système de voirie interne en baïonnette. On notera que les boisements n'ont pas été mis en évidence. Il est possible qu'on ait eu affaire à de simples ouvertures (7 mètres au nord-ouest ; 3,3/3,5 mètres au sud-ouest). Les fouilles menées à l'intérieur montrent la présence de différents fours culinaires, sans doute alignés par rangées. Le camp est flanqué au nord-ouest d'une annexe trapézoïdale de 11,2 hectares.

Ce dispositif particulier est interprété par S. Hornung comme un camp ayant abrité des légionnaires au sud et des auxiliaires au nord, tandis que l'annexe aurait pu accueillir

37. *Supra*, p. 167-169.
38. Wilbers-Rost, 2008.
39. Hornung, 2018, 2024.
40. En 53, Labienus avait hiverné chez les Rèmes avec une seule légion, aux confins du territoire trévire, d'après *BG* V, 24,2, mais chez les Trévires eux-mêmes, si l'on en croit *BG* VI, 7, 1. L'expression de Dion Cassius (40, 31, 3) : προενέβαλεν ἐς τὴν τῶν Τρηουήρων χώραν semble confirmer la première version, sans pour autant permettre à elle seule de localiser le camp et le champ de bataille où Labienus affronta les Gaulois.

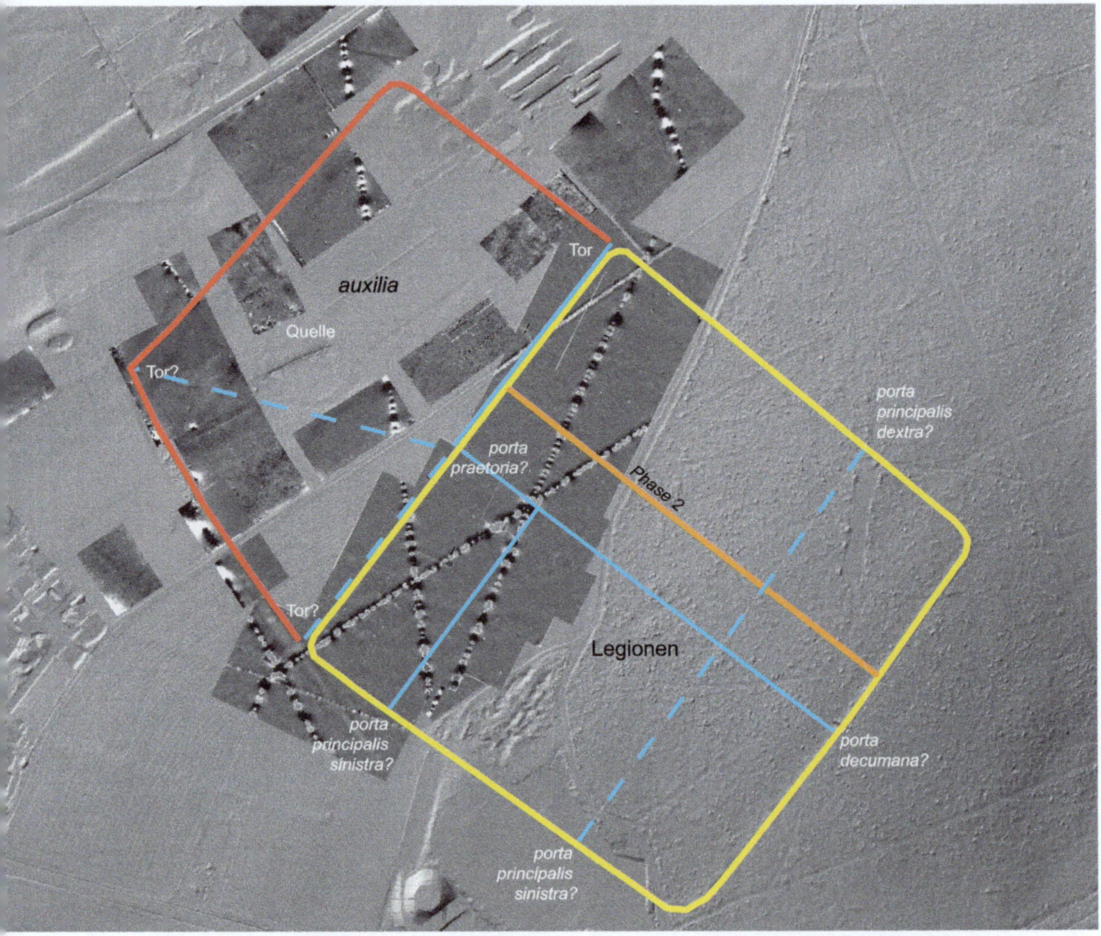

Fig. 112. – Le camp de Hermeskeil (S. Hornung, avec l'aimable autorisation de l'auteur).

des bagages ou des auxiliaires. Il semble qu'il y ait eu deux états successifs, ce qui laisse supposer deux campagnes d'été. La chronologie repose sur un matériel semblable à celui d'Alésia, mais aussi sur une analyse fine de la provenance des roches qui ont servi à la fabrication des meules à bras utilisées par les soldats. Celle-ci correspond en effet aux déplacements géographiques des légionnaires lors de la campagne de 52.

Cette chronologie globale paraît convaincante, en l'état actuel de notre documentation, ainsi que sa relation avec les campagnes de Labienus. Elle laisse toutefois en suspens la question de la fonction de ce camp d'Hermeskeil, si près de l'oppidum du Hunnenring : base pour une campagne d'été contre les Trévires, ou point de départ pour un assaut contre la forteresse gauloise, les deux hypothèses n'étant d'ailleurs pas forcément exclusives l'une de l'autre ?

Bien qu'aucune trace de destruction n'ait été identifiée dans cet oppidum, abandonné vers le milieu du Ier siècle av. J.-C. – mais ce n'est pas non plus le cas à Alésia – l'hypothèse d'une attaque directe doit être considérée et S. Hornung relève à juste titre la similitude entre la position d'Hermeskeil et celle des camps de Renieblas, situés à environ 6 kilomètres de Numance. La présence probable, mais non encore assurée, d'un petit *castellum* romain, de forme circulaire, au lieudit « im unteren Schwarzwald », dominant les ruisseaux qui coulent en contrebas de la place forte trévire rappelle en outre le dispositif tactique de Gergovie (fig. 113). Le « petit camp », en cet endroit avait servi de point d'appui pour

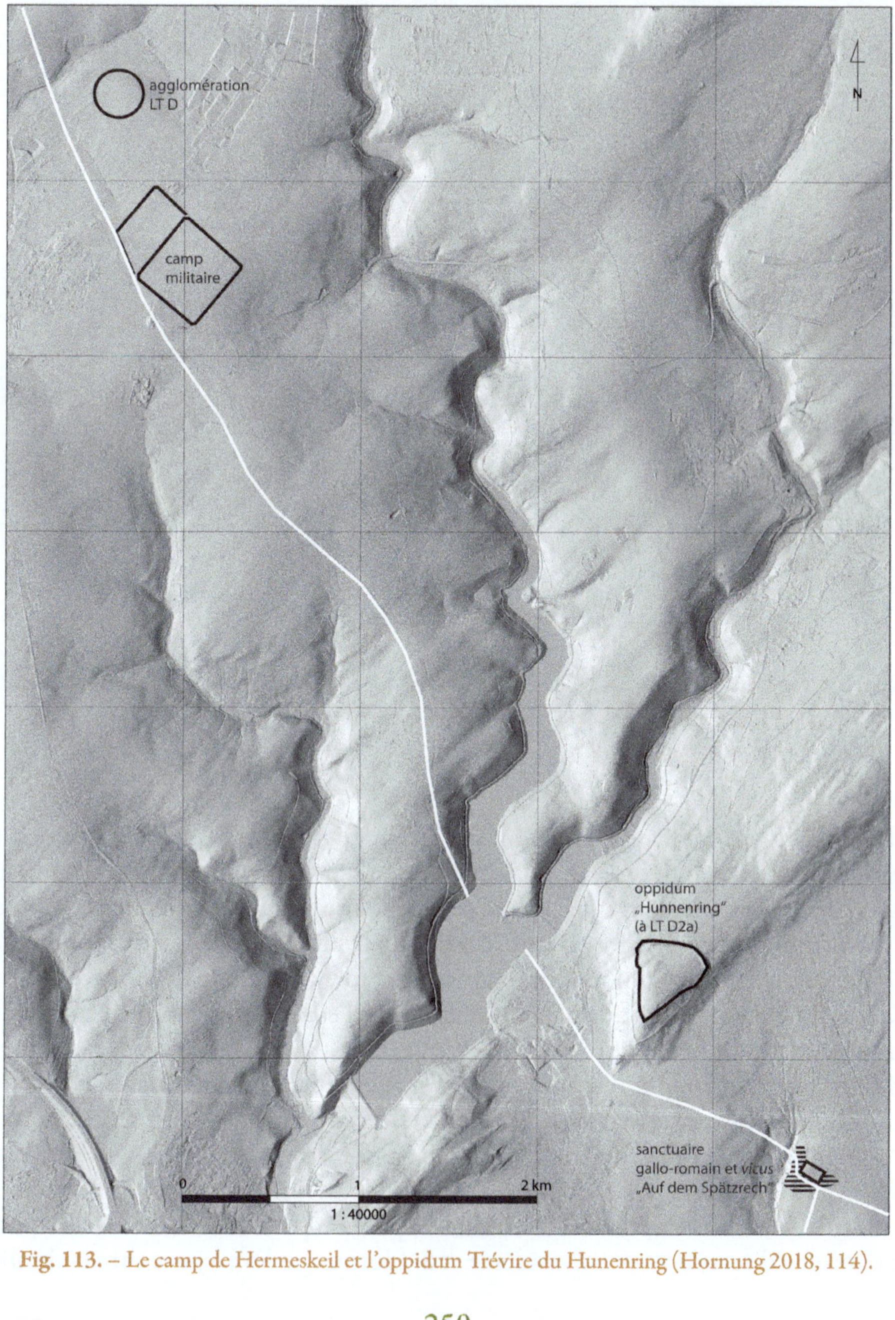

Fig. 113. – Le camp de Hermeskeil et l'oppidum Trévire du Hunenring (Hornung 2018, 114).

le lancement d'un assaut direct contre l'oppidum, comme l'affirme César. C'est aussi le même schéma opérationnel qui sera utilisé lors des opérations menées par l'armée romaine contre l'oppidum de la Espina del Gallego, durant les guerres cantabriques d'Auguste (fig. 114)[41]. À cet endroit, la présence d'un petit camp (El Canton) a pu servir de point de départ à l'attaque directe contre l'oppidum, alors que la position du camp principal (Cilda) ne s'y prêtait pas, en raison de la pente. Si cette hypothèse était exacte, elle montrerait l'existence de schémas tactiques régulièrement utilisés par l'armée romaine[42].

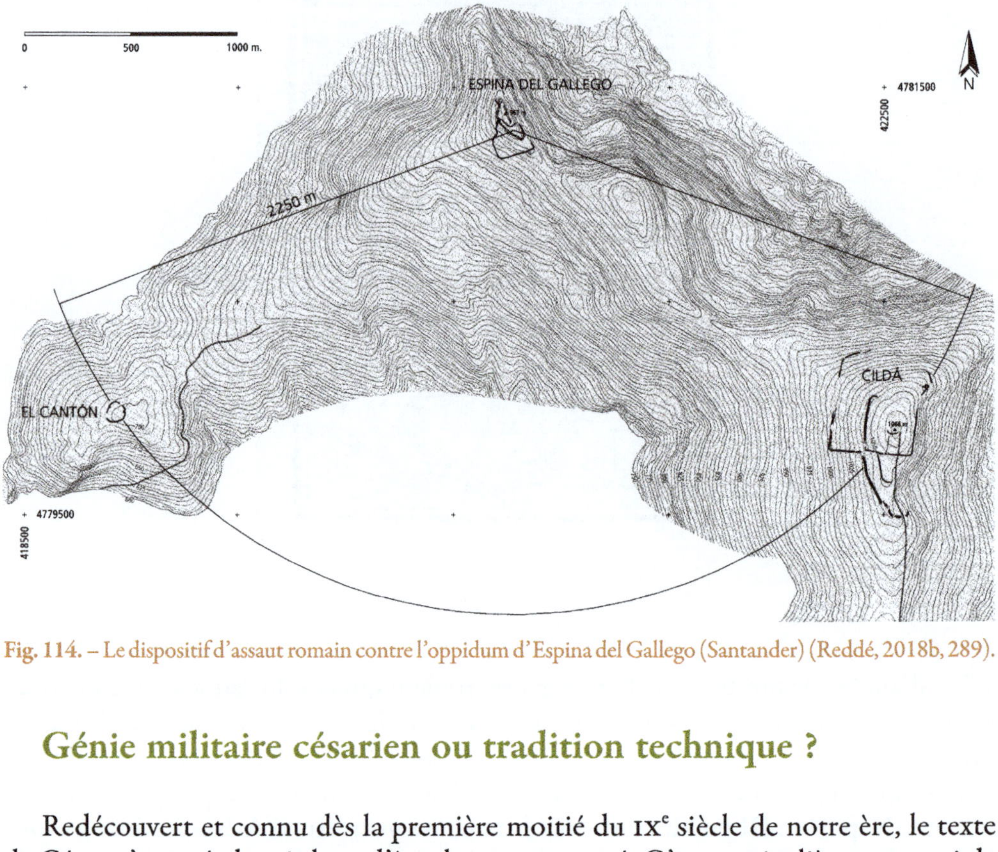

Fig. 114. – Le dispositif d'assaut romain contre l'oppidum d'Espina del Gallego (Santander) (Reddé, 2018b, 289).

Génie militaire césarien ou tradition technique ?

Redécouvert et connu dès la première moitié du IXe siècle de notre ère, le texte de César n'a cessé, depuis lors, d'être lu et commenté. C'est particulièrement vrai de l'épisode alisien, célèbre entre tous et érigé comme exemple du génie militaire césarien. On reconnaît ainsi la description fantasmée des travaux romains autour d'Alise dans les illustrations qui ornaient les premières éditions imprimées de la Renaissance (fig. 115).

41. Peralta Labrador, 2001.

42. On n'évoquera pas ici la question embrouillée des retranchements de César lors de la campagne de César contre les Bellovaques, en 51 (*BG* VIII, 8-23). Napoléon III avait voulu situer cet affrontement autour du mont Saint-Marc, à l'est de Rethondes, dans la forêt de Compiègne (Napoléon III 1865-1866, 205). G. Matherat, en revanche, a prétendu en reconnaître les vestiges du côté de Nointel, près de Clermont de l'Oise, 35 kilomètres plus à l'ouest (Matherat, 1933, 1943). J. Harmand (1959 [1961]) a montré à juste titre combien ce dossier était archéologiquement incertain et mal daté ; aucun élément nouveau n'est venu depuis lors le corroborer ou l'infirmer, de sorte que la question doit rester ouverte.

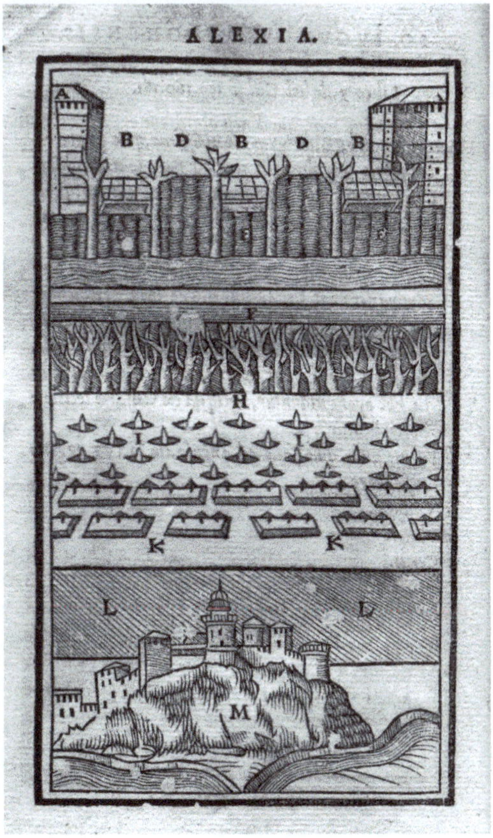

Fig. 115. – Figuration idéale des retranchements de César dans une édition de César datée de 1544 (Reddé, 2003, 68).

C'est d'ailleurs le prestige du chef de guerre romain qui conduisait les théoriciens de cette époque à copier ses leçons en les intégrant dans les schémas tactiques de la guerre moderne, comme le montre, par exemple, la figure 116. La célébrité et le prestige de l'*imperator* écrivain ont été tels que, même face à la réalité archéologique qu'il avait sous les yeux, Napoléon III faisait construire la fameuse maquette d'Alésia destinée à orner le nouveau musée de Saint-Germain-en-Laye d'après le texte du *Bellum Gallicum* et non d'après les données du terrain (fig. 117)[43]. C'est d'ailleurs ainsi que l'on a continué par la suite, même après les fouilles récentes d'Alésia. Celles-ci, loin de faire taire les polémiques sur l'identification du site, les ont au contraire relancées, du moins en France, au motif essentiel que le texte latin ne saurait avoir tort face à la réalité archéologique. Mais, si l'on regarde avec un peu d'attention les écrits techniques grecs des théoriciens qui ont précédé César, on s'aperçoit que le récit césarien reproduit des préceptes bien connus de tous et fondés sur une expérience déjà ancienne. Dans les faits, le conquérant des Gaules a su évidemment s'adapter aux réalités du terrain, aussi bien à Uxellodunum qu'à Alésia,

43. Reddé, 2012.

Fig. 116. – *Stimuli* placés pour faire obstacle à une charge de cavalerie (W. von Senfftenberg, *L'Art de l'artillerie*, 1560-1570, Archives du SHAT).

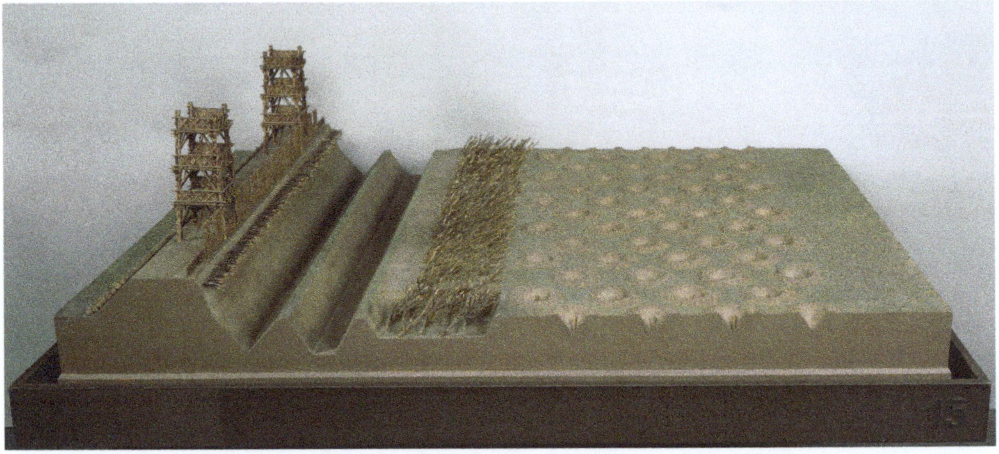

Fig. 117. – La maquette du musée national de Saint-Germain-en-Laye, représentant de manière idéale les retranchements césariens (© GrandPalaisRmn (musée d'Archéologie nationale) / Jean Schormans).

et mettre en application des schémas tactiques auxquels ses troupes étaient rodées. On observe en effet deux cas d'« école militaire » dans le récit du *Bellum Gallicum* : soit on pouvait s'emparer d'une place forte au prix d'un assaut, soit c'était impossible et il fallait alors assiéger la ville qu'on voulait prendre en l'encerclant et en la bloquant. C'est dans la première catégorie que se place Gergovie, dans la seconde que se range Alésia. Mais, dans ce dernier cas, la comparaison avec Numance saute aux yeux, à ceci près que le siège de l'oppidum celtibère avait été fait par Scipion Émilien, le paradigme des grands hommes et des généraux de l'ancien temps, fameux par sa science militaire aussi bien que par son autorité politique au point de servir de modèle au guide que Cicéron venait justement de décrire dans son ouvrage sur la République idéale (*De Republica*), publié deux ans avant Alésia. Ce dernier siège que César raconte si avantageusement pour lui-même n'était-il pas le meilleur moyen de magnifier sa personne et de rehausser son prestige personnel, au moment où ses adversaires politiques tentaient de lui retirer son commandement ? C'était deux ans et demi avant de franchir le Rubicon.

Un personnage césarien, une passion française : Vercingétorix

Aurais-je pu ne pas réserver quelques pages à Vercingétorix dans un ouvrage consacré à la guerre des Gaules, alors que Hachette vient de republier, en 2020, la célèbre monographie de Camille Jullian, qui date de 1901, et que les éditions Phénix en ont fait autant, en 2023, après bien d'autres qu'il serait sans doute trop long et inutile de recenser ? Et je ne compte pas les différentes biographies récentes consacrées au chef gaulois[1]. Il s'agit là d'une passion typiquement française pour le premier héros de « notre histoire nationale », dont Christian Goudineau a bien retracé la genèse et les avatars[2] mais qui, évidemment, biaise le propos purement scientifique tout en étonnant le plus souvent nos voisins européens. Je ne reviendrai pas, ici, sur cette querelle identitaire que j'ai abordée dans d'autres travaux, parfois de manière polémique, car elle n'aurait pas vraiment sa place dans la réflexion que j'ai tenté de mener tout au long de ces pages (fig. 118)[3].

Au fait, comment écrit-on un « Vercingétorix[4] » ? Dans cette « fabrique de la vérité » sur ce personnage historique, pour reprendre l'expression de Laurent Olivier[5], notre principale source est son adversaire, ce qui, d'emblée, brouille l'image du prince celte. Imaginons un instant que l'œuvre de César ait disparu, comme c'est le cas de Tite-Live pour cette même période, qu'aurions-nous comme information ? Essentiellement – car je ne compte guère Velleius Paterculus, Tacite, Florus, Polyen, qui ne nous livrent que des passages très courts, sans grand intérêt pour nous – Plutarque et Cassius Dion qui reprennent l'un et l'autre des sources plus anciennes. On peut se contenter ici d'un exemple pour illustrer le propos, l'irruption du chef gaulois dans le récit des événements de l'année 52 :

— Plutarque, *César* 25 :

> « Mais, dans les régions éloignées, les chefs les plus puissants avaient depuis longtemps jeté et disséminé en secret parmi les peuples les plus belliqueux les germes de la plus grande et de la plus dangereuse des guerres menées en Gaule ; ces germes commençaient alors à

1. Brunaux, 2018 ; Olivier, 2019 ; Le Bohec, 2023 ; Deyber, 2023.
2. Goudineau, 2001.
3. Reddé, 2003 ; Reddé et von Schnurbein, 2008.
4. Je reprends ici, en partie, certaines des pages que j'ai consacrées à cette question dans la préface de Deyber, 2023.
5. Olivier, 2019, 189.

se manifester. La révolte tirait sa vigueur d'une jeunesse nombreuse, rassemblée de toutes parts en armes, de grandes richesses réunies en un trésor commun, de la force des citadelles, de la difficulté d'accès de ces territoires. En outre, on était alors en hiver ; les rivières gelées, les forêts couvertes de neige, les plaines transformées en étangs par les torrents, les chemins rendus indiscernables, ici par l'épaisseur de la neige, là par les marécages et les rivières débordées, de sorte qu'il était bien difficile de trouver sa route, tout semblait absolument empêcher César de rien entreprendre contre les rebelles. Un grand nombre de peuples avaient fait défection ; à leur tête étaient les Arvernes et les Carnutes. Ils avaient choisi, pour diriger la guerre avec l'autorité suprême, Vercingétorix, dont le père, soupçonné d'aspirer à la tyrannie, avait été mis à mort par les Gaulois. »

Fig. 118. – Vercingétorix (en haut au centre) appelant à la défense des Gaules. Tableau de Th. Chassériau. Musée des Beaux-Arts, Clermont-Ferrand (1855).

— Cassius Dion 40, 33 :

> « Sur ces entrefaites, les Gaulois changèrent de nouveau l'état des choses. Les Arvernes se soulevèrent sous la conduite de Vercingétorix, tuant tous les Romains qu'ils trouvèrent dans les villes et dans les campagnes. Ils pénétrèrent ensuite chez les alliés des Romains, montrant des dispositions amicales envers ceux qui s'associaient à leur défection et maltraitant les autres. À cette nouvelle, César revint en Gaule où il apprit que les Arvernes avaient envahi les terres des Bituriges. Il n'essaya pas de les secourir, parce que toute son armée n'était pas encore auprès de lui. En revanche, il se jeta sur le pays des Arvernes et força ceux-ci à rentrer dans leurs foyers ; mais, ne croyant pas avoir assez de forces pour les combattre, il s'éloigna avant leur retour[6]. »

On voit d'emblée que la couleur du récit n'est pas la même chez ces deux auteurs grecs : romancée et pittoresque chez Plutarque, beaucoup plus sobre et sèche, limitée aux faits, chez Cassius Dion. Et maintenant César. Après avoir décrit la conjuration générale de 52, puis le début de la révolte et le massacre de Cenabum, le proconsul introduit son adversaire qui apparaît brusquement à ce moment du récit (VII, 4) :

> « De manière semblable, Vercingétorix, fils de Celtil, un Arverne, convoque ses clients et attise facilement le feu. C'était un homme jeune, parmi les plus puissants du pays, dont le père, tenant la première place (*principatum*)[7] dans toute la Gaule, avait été tué par ses concitoyens, parce qu'il aspirait à la royauté. Quand on connaît son dessein, on court aux armes. Il en est empêché par Gobannitio, son oncle paternel, et les autres chefs qui n'étaient pas d'avis de tenter cette chance. On l'expulse de la ville de Gergovie. Pourtant il ne renonce point et il enrôle dans la campagne une troupe de miséreux et de gens sans foi ni loi. Une fois cette horde rassemblée, il convertit à sa cause tous ceux qu'il rencontre venant de la cité. Il les exhorte à prendre les armes pour la liberté commune et, ayant rassemblé des forces considérables, il chasse de la cité ses adversaires qui l'avaient lui-même expulsé peu de temps auparavant. Les siens l'appellent "roi". Il envoie partout des ambassadeurs, adjurant tous les peuples de rester fidèles à la parole jurée. Rapidement, les Sénons, les *Parisii*, les Pictons, les Cadurques, les Turons, les Aulerques, les Lemovices, les Andes et tous les peuples de l'Océan se joignent à lui. À l'unanimité on lui confie le commandement suprême. Investi de ces pouvoirs, il demande des otages à toutes les cités, ordonne qu'un nombre déterminé de soldats lui soient rapidement envoyés. Il fixe quelle quantité d'armes chaque cité doit lui être expédiée, et avant quelle date, donnant un soin spécial à la cavalerie. À la plus grande activité il joint une extrême sévérité dans l'exercice du commandement ; ceux qui hésitent, il les contraint par la rigueur des châtiments. Pour une faute majeure, c'est le bûcher et la mort avec toutes sortes de tortures. Pour des causes plus légères, il coupe les oreilles ou crève les yeux, renvoyant chez lui le coupable, afin qu'il serve d'exemple et que la sévérité du châtiment frappe les autres de terreur[8]. »

---

6. Traduction personnelle.
7. Je traduis *principatum* par « première place », ce qui est, je crois, le sens politique du mot à l'époque de César, et non pas comme L. A. Constans qui glose en s'appuyant sur les interprétations contestables de C. Jullian sur « l'Empire Arverne » en écrivant « et dont le père avait tenu l'Empire de la Gaule », une expression qui a, de mon point de vue, conduit nombre de commentateurs, même parmi les plus récents, à se fourvoyer.
8. Traduction personnelle.

De ces trois récits, qui racontent à peu près la même chose avec des détails et dans des styles différents, mais dont deux sont très postérieurs aux événements, que conclure ? On sait que Dion suivait une tradition anticésarienne très vigoureuse[9] et le fait que sa narration conforte globalement celle de César n'est en l'occurrence pas anodin. Mais il ressort de manière évidente que le soulèvement a commencé ailleurs que chez les Arvernes et que, si Vercingétorix a reçu le commandement général, c'est en raison de la haute noblesse de sa famille, ce qui éclaire son rôle historique de manière singulière. Il n'en a évidemment pas été le premier instigateur, même César le laisse entendre, bien qu'il se focalise sur lui. Mais alors, comment apprécier les détails beaucoup plus abondants que le narrateur donne de son action, malgré sa proverbiale brièveté de style et contrairement à son habitude ? Vercingétorix est en effet le seul des grands aristocrates gaulois à bénéficier d'une attention aussi soutenue, hormis peut-être Dumnorix dont l'action fut toutefois moins mise en valeur par le conquérant dans la suite de l'histoire (*BG* I, 18). Dans ce passage, le vocabulaire du proconsul est, à bien des égards, édifiant : quand un homme politique de ce temps évoque la révolte de miséreux et d'hommes sans foi ni loi (*delectum egentium ac perditorum*), il s'exprime comme l'eût fait Cicéron pour condamner les partisans de Catilina, des fauteurs de troubles, des gens qui sont contre l'ordre romain et qu'il faut châtier sans pitié. On peut donc légitimement se demander quelle est la fiabilité d'un récit « construit » de la sorte, dans lequel le vainqueur décrit celui qu'il a vaincu, forgeant dans le même temps sa propre image pour la postérité. Malheureusement, nous n'aurons jamais la réponse. Comme dans le cas de Jugurtha ou d'Arminius, notre perception des événements reste totalement dépendante d'une source unique, hostile de surcroît. Cela ne signifie nullement qu'elle soit fausse ou en permanence biaisée mais qu'il est difficile de la suivre sans examen critique.

Prenons un exemple célèbre, celui de la reddition du chef gaulois, sur lequel on a tant glosé et dont Jullian, à l'instar du fameux tableau de Lionel Royer, au musée Crozatier (Le Puy), avait fait l'acte suprême et glorieux du héros vaincu, s'appuyant en cela sur la mise en scène décrite par Plutarque en ces termes (fig. 119) :

> « Vercingétorix, qui avait été l'âme de toute cette guerre, se couvrit de ses plus belles armes, et sortit de la ville sur un cheval magnifiquement paré ; puis, après l'avoir fait caracoler autour de César, qui était assis sur son tribunal, il mit pied à terre, se dépouilla de toutes ses armes, et alla s'asseoir aux pieds de César, où il se tint en silence. »

Le récit du vainqueur est tout différent, bref à l'extrême, limpide, ciselé : il s'agit en effet de la dernière scène de ce livre VII qui clôt son récit personnel de la guerre et magnifie une victoire célébrée à Rome par vingt jours d'actions de grâce :

> « Il ordonne qu'on lui remette les armes, que les chefs lui soient amenés. Lui-même vient s'asseoir au milieu des retranchements, devant son camp. C'est là que les chefs lui sont amenés, Vercingétorix est livré, les armes sont jetées devant lui. »

---

9. Zecchini, 1978.

Fig. 119. – Vercingétorix jetant ses armes aux pieds de César, tableau de L. Royer. Musée Crozatier, Le Puy (1889).

Le français peine à rendre les sonorités et le balancement de la phrase latine : *eo duces producuntur, Vercingetorix deditur, arma proiciuntur*, trois verbes, trois passifs qui claquent et scandent la scène. On n'imagine pas César écrivant « *se tradit* », ce qui briserait complètement le style et le rythme du récit. Si l'on suit le texte, corroboré au demeurant par le récit tardif d'Orose (VI, 11, 404), le vaincu est donc livré par ses hommes ; Jullian, au contraire, préférant Plutarque, voulait y voir un acte volontaire d'ultime défi.

Quelle est la réalité ? On peut, à mon sens, rapprocher la narration volontairement brève et dramatique écrite par César des représentations de l'art triomphal romain, dans lesquelles est illustrée la soumission des barbares au pouvoir de Rome. On songe, par exemple, à la fameuse scène LXXIV-LXXV de la colonne trajane où l'on voit Trajan trônant sur un tribunal surélevé, devant ses enseignes, et recevant les Daces qui se prosternent à ses pieds, leurs armes jetées à terre (fig. 120). Scène classique de *deditio in fidem*[10], qui est bien celle que décrit César à propos de Vercingétorix. Certes l'auteur de la *Guerre des Gaules* ne mentionne pas les reproches qu'il aurait faits au vaincu, alors que Cassius Dion croit bon de les mentionner (40, 41) :

> « César lui reprocha précisément ce sur quoi il avait compté le plus pour son salut : en opposant à cette amitié (φιλία) son hostilité (ἀντίταξις), il montra que sa faute avait

10. Soumission totale du vaincu qui s'en remet à la bonne foi et à la loyauté du vainqueur.

été plus grave. Pour cette raison, dans l'immédiat, loin de le prendre en pitié, il le fit enchaîner sur-le-champ. »

Fig. 120. – Les Daces vaincus jettent leurs armes aux pieds de Trajan. Colonne Trajane, scène 000.

La scène, telle que la raconte Dion, est infiniment moins dramatique que la sèche *brevitas* césarienne, mais nullement en contradiction avec elle. Le chef gaulois a bien, en effet, trahi la *Fides*, garante de l'alliance avec Rome, que traduit le terme grec φιλία, une « amitié » publique avant d'être personnelle dans le vocabulaire de ce temps. Dès lors, d'un point de vue romain, César était parfaitement justifié à faire prisonnier le chef vaincu, à le faire figurer à son triomphe et à l'exécuter ensuite. Mais, derrière ces propos, on peut aussi deviner que Vercingétorix n'était pas sorti de nulle part. Aristocrate de grande naissance, sans doute fort riche lui-même, il avait peut-être fait partie du cercle des nobles gaulois qui avaient accueilli favorablement le proconsul à son arrivée dans le pays et l'avaient accompagné dans ses chevauchées guerrières, au début de la conquête. Son destin, de ce point de vue, n'est guère différent de celui de Jugurtha ou d'Arminius, eux aussi de nobles *adulescentes* qui avaient servi et commandé des contingents auxiliaires en appui des légions. Dans ce scénario classique d'un récit historique romancé, la personnification d'un adversaire redoutable permet au vainqueur de rehausser sa victoire et de l'inscrire comme un duel haletant avec des forces hostiles à la République, qu'il convenait naturellement d'écraser.

J'ai nommé Jugurtha, le prince Numide rebelle aux intérêts de Rome, qu'avait finalement terrassé Marius, l'oncle maternel de César, au terme de longues années de guerre. Sa capture, à la suite d'une embuscade menée par son ex-allié Bocchus, avait mis une fin définitive à un long et sanglant conflit déjà gagné sur le terrain. Salluste, qui décrit ces événements après la mort de César (*Jug.* 113-114) mais dont le récit repose sur des faits dont la mémoire était encore fraîche puisqu'ils avaient eu lieu en 105 av. J.-C., y ajoute un dernier paragraphe pour clore son livre. Rappelant la terrible déroute des Romains lors de la bataille d'Orange, cette même année, il rappelle que l'Italie entière en trembla :

> « Depuis cette époque jusqu'à nos jours, les Romains ont cru que si tout le reste du monde s'inclinait aisément devant leur courage, avec les Gaulois, c'était une lutte, non pour la gloire mais pour la vie ». Marius fut ainsi réélu consul et la province de Gaule lui fut assignée. Et dès lors, c'est sur lui que reposèrent toutes les ressources et tous les espoirs de la cité. »

Dans cet écho manifeste de la propagande césarienne répandue à profusion pendant les guerres civiles, Salluste, qui devait beaucoup au dictateur défunt, donne *a posteriori* tout son sens à l'épilogue d'Alésia et à la reddition de Vercingétorix. Enfin la Gaule était vaincue et c'était César, le neveu de Marius, qui avait mis fin à ce danger mortel pour Rome, renouant ainsi le fil de l'histoire avec le passé ! C'est à lui qu'il fallait désormais confier le sort de la République, non à la noblesse corrompue qui voulait faire obstacle à son dessein et à son destin en lui retirant prématurément son grand commandement. Ce n'est donc pas un hasard si la scène finale, racontée par le vainqueur lui-même a lieu dans le grand théâtre d'Alésia.

Il y avait eu d'autres chefs gaulois redoutables et insaisissables comme Ambiorix, il y en eut pendant l'année 52 et ce sont les mêmes qu'on retrouvera dans la suite du conflit, comme l'Atrébate Commios qui avait commandé l'armée de secours (*BG* VII, 79) mais celui-ci allait avoir un bel avenir une fois réfugié en Bretagne, où il fonda un royaume et une dynastie. Mais, comme le faisait déjà remarquer à juste titre M. Rambaud, ces personnages, quel qu'ait été leur rôle réel, apparaissent ou disparaissent au gré du narrateur, tel ce Critognatos qui, pendant le siège d'Alésia, prône dans un discours reconstitué la résistance ultime, jusqu'à l'anthropophagie, avant de disparaître du récit, aussi brutalement qu'il y était entré (*BG* VII, 77). Jamais ils n'ont droit à une description suivie de leur action ni, bien sûr, à un portrait individuel, même quand leur activité militaire paraît essentielle. Seul Vercingétorix fait exception parce que sa personnification comme chef suprême de l'opposition armée à Rome masque un fait fondamental : à la veille de cette divine surprise que fut Alésia, César était stratégiquement vaincu, contraint de faire retraite vers le Midi en laissant derrière lui une grande partie de la Gaule soulevée et à la veille de perdre son commandement. Même les Arvernes qui, jusque-là, n'avaient pas pris part au conflit, même les Éduens, alliés traditionnels, avaient changé de camp. La mise en scène du prince celte, nommé 42 fois dans le livre VII, change le récit de la guerre en lui conférant un souffle héroïque[11]. Ce n'est pas dire, évidemment, que les actions militaires du chef gaulois soient niables ou, pis encore, qu'il ait été un agent du

11. Rambaud, 1966, 30-304.

proconsul, comme le voulait absurdement J. Harmand[12]. Mais « recréer » la personnalité de cet adversaire de César oblige l'historien moderne à trop d'interprétations qui ne trouvent pas leur source dans le récit des *Commentaire*s proprement dits, d'autant plus que ceux-ci sont, en soi, un outil apologétique et de propagande politique au service du vainqueur. Je laisse donc à chacun la liberté de choisir le portrait du Vercingétorix qui lui convient le mieux, parmi les innombrables lectures qui en ont été proposées et qui, j'en suis sûr, vont continuer.

12. Harmand, 1984.

Épilogue
Les conséquences du conflit

Fig. 121. – Tête de barbare captive dite « La Gaule en pleurs » associée au carnyx.
Denier frappé en 48 av. J.-C. et célébrant la victoire de César sur la Gaule (M. Crawford, *RRC* 448/3).
Collection Danicourt, Péronne, photo F. Lontcho.

César était entré en Gaule couvert de dettes, il en ressortit cousu d'or.

> « Il pilla les sanctuaires et les temples des dieux, remplis d'offrandes, écrit Suétone (*Iul.* 54). Et, quand il détruisit les villes, ce fut plus souvent pour faire du butin que par représailles. Ce fut au point qu'il regorgea d'or et qu'il dut en faire vendre dans toute l'Italie et dans les provinces au prix de trois mille sesterces la livre. »

Même empreint de propagande anticésarienne, ce jugement sévère, écrit près de deux siècles après les faits, contient sans aucun doute une grande part de vérité car le nouveau maître de Rome ne fut plus jamais pauvre après cette conquête (fig. 121-122). Il n'en imposa pas moins à la nouvelle province un tribut (*stipendium*) annuel de quarante millions de sesterces (Suétone, *Iul.* 25), une somme qu'on a parfois jugé modérée mais qui représente malgré tout, selon les calculs que j'ai pu proposer, la solde de toute l'armée qui l'accompagna dans la guerre civile, en 49[1]. De telles pratiques de pillage n'étaient pas rares chez les généraux de la République, elles étaient la conséquence ordinaire d'une conquête du monde qui ne s'embarrassait pas de scrupules excessifs[2], mais le témoignage de Suétone montre à quel point le proconsul avait dépassé les bornes communément admises.

Pour autant, quel était l'état réel du pays à la fin de l'année 50, au moment où son vainqueur, retourné à Ravenne et accompagné de la seule XIIIe légion, s'apprêtait à franchir le Rubicon ? Tous les témoignages écrits postérieurs au conflit suggèrent que les pertes humaines avaient été considérables. Appien, vers le milieu du IIe siècle ap. J.-C. comptait environ quatre millions de combattants chez les Gaulois, dont un quart auraient été faits prisonniers, un autre quart massacrés (*Celt.* I, 2). Plutarque (*Caes.* 15, 5) se contente de trois millions d'ennemis, d'un million de tués et d'autant de prisonniers, après avoir pris d'assaut plus de 800 villes et soumis 300 nations différentes.

De tels chiffres sont-ils crédibles ? Pour s'en tenir à l'auteur des *Vies parallèles*, on pourrait objecter que la Gaule de ce temps ne comptait évidemment pas 800 villes et 300 nations différentes. L'amplification rhétorique est donc manifeste. Le montant astronomique des pertes humaines paraît à tout le moins en contradiction avec ce que nous croyons savoir de la démographie gauloise. Même en ne retenant que les chiffres de Plutarque, plus bas que ceux d'Appien, on devrait compter avec une population globale de 12 à 15 millions d'habitants pour arriver à un total de trois millions d'ennemis en armes, même cumulés sur plusieurs années. Or les estimations actuelles les plus crédibles ne dépassent guère, pour cette période, 6 à 7 millions d'habitants, on l'a vu, bien que cette évaluation repose sur des bases mal établies[3]. On doit donc considérer que le chiffre d'un million de morts représenterait un taux de pertes effroyable et absolument insupportable, qu'on peut comparer avec celui des chiffres de la Première Guerre mondiale, soit 1,4 million de tués pour une population française de 39,4 millions d'habitants en 1914 ! La démographie gauloise, qu'on voit florissante dans les siècles suivants, n'aurait jamais pu s'en remettre aussi vite[4]. Les chiffres fournis par les auteurs antiques, probablement un héritage de la propagande césarienne, paraissent dans ces conditions très peu fiables. Ils conduisent d'ailleurs bien souvent à relativiser, voire à oublier les pertes militaires romaines qui furent pourtant, en certaines circonstances, significatives : l'armée vit ainsi disparaître, en presque totalité, la légion et les cinq cohortes imprudemment envoyées hiberner chez les Éburons sous le commandement de Titurius et Sabinus, en 54 (*BG* V, 24 et 37). Quant à l'affaire de Gergovie, elle fut parfois sanglante, le proconsul avouant pour une seule journée la mort de 700 hommes dont 46 centurions, une proportion énorme qui montre l'ampleur de l'échec essuyé ce jour-là. Encore ne compte-t-on pas les blessés (*BG* VII, 51)[5].

---

1. Reddé, 2022, 267. César doubla cette solde, à une date que nous ignorons, mais sans doute postérieure à la guerre des Gaules.
2. Mattingly, 2011 ; Fernández-Götz et Roymans, 2024.
3. *Supra*, p. 47 et Reddé 2022, 34-37 ; 260.
4. Les chiffres actuellement admis sont de 9 à 12 millions d'habitants en Gaule vers 160 ap. J.-C., ce qui faisait de cette province l'une des plus peuplées du monde romain, estimé entre 59 et 72 millions d'habitants (Scheidel, 2007, tableau 3.1).
5. C'est plus de la moitié de l'effectif total des centurions d'une légion, qui en comptait une soixantaine.

D'autres sources, contemporaines des événements, laissent envisager que la démographie de la Gaule, à l'issue du conflit, était moins atteinte qu'on ne le croit généralement. Dès le début de la guerre civile, le proconsul appela nominalement 6 000 fantassins et 3 000 cavaliers qui l'avaient servi lors des campagnes précédentes et qui venaient probablement, pour la plupart de la province de Transalpine (*BC* I, 39). C'était l'équivalent de plus d'une légion accompagnée d'importantes forces montées. Il s'agit là de solidarités volontaires constituées durant les années de guerre, et qui montrent que la tradition du mercenariat n'était pas morte en Gaule. C'était toujours un bon moyen pour la noblesse celte de continuer une activité militaire traditionnelle et de s'enrichir en même temps à la tête de ses hommes. L'épisode des deux frères Allobroges, Roucillus et Écus, morts sur le champ de bataille de Dyrrachium après avoir trahi César, est à cet égard révélateur. Engagés du côté romain pendant la conquête de la *Comata*, ils avaient amené avec eux leurs dépendants avant de s'engager dans la guerre civile. Ils étaient ainsi entrés au Sénat, avaient reçu des terres, étaient devenus fort riches. Ils payaient leurs soldats avec l'argent de César, tout en prélevant leur dîme au passage. Le général, pourtant, fermait les yeux, car il avait besoin d'eux (*BC* III, 59-60). Cette richesse de la Gaule en combattants, même après le conflit, est encore bien illustrée par une lettre de Plancus écrite au lendemain de la mort du dictateur (Cicéron, *Corr.* DCCCL). Gouvernant le pays, il s'était tenu à l'écart des rivalités qui agitaient alors Rome ; mais, pressé par le Sénat, il étale alors avec impudence l'importance de ses forces militaires, se plaçant désormais au centre du jeu politique : « Maintenant que, par la grâce des dieux, je suis bien paré de tout côté, je veux qu'on n'ait pas seulement de moi bon espoir, mais une opinion fondée sur des certitudes, écrit-il. J'ai avec moi cinq légions sur le pied de guerre, étroitement attachées à la République par leur loyalisme et leur bravoure, et dont je me suis assuré l'obéissance par ma générosité ; une province on ne peut mieux disposée par l'accord unanime de toutes les cités, qui rivalisent de bons offices avec acharnement, des forces de cavalerie et de troupes auxiliaires aussi importantes que ces populations sont capables d'en mettre sur pied pour la défense de leur propre salut et de leur propre liberté ». Cicéron s'opposera d'ailleurs à ce que la Gaule soit donnée à Antoine, car il y aurait gagné des forces trop importantes, notamment en cavalerie, une arme décisive face à des adversaires fort démunis en la matière (Cicéron, *Philippiques* V, 2, 5-6). Il va de soi que la *Togata*, au moins autant que la *Comata*, a fourni une contribution essentielle à cet effort militaire exceptionnel causé par les guerres civiles[6].

Le pays, pour autant, était loin d'être pacifié et paisible au moment où César traversait le Rubicon à la tête de la XIIIe légion. Bien que les sources écrites deviennent rares après son départ, elles n'en témoignent pas moins d'une situation troublée par des soubresauts ou des révoltes dont certaines furent difficiles à réprimer. Pour ne citer que les plus caractérisées, rappelons que, dès 46, D. Iunius Brutus Albinus fut contraint de retourner guerroyer contre les Bellovaques, qui n'avaient, en réalité, jamais été pacifiés (Tite-Live, *Epit.* 114). Juste après la mort de César encore, les Germains semblent avoir provoqué à Rome quelques craintes, car le Rhin n'était pas gardé (Cicéron, *Corr.* DCCXXVIII).

6. Reddé, 2022, 261-262.

Mais c'est surtout Agrippa, l'ami d'Octavien, qui, lors de son premier séjour comme gouverneur de Gaule, en 39-37, eut à intervenir, d'une part contre les Aquitains, d'autre part contre les Germains puisqu'il fut le premier à repasser le Rhin après César (Appien, *BC* V, 92 ; Dion 48, 49). En 30 encore, C. Carrinas dut mener une expédition contre les Morins, puis une autre contre les Suèves qui avaient traversé le fleuve (*CIL* I², p. 76 ; Dion 51, 21, 6). La grande révolte trévire de 29 dut, elle aussi, mobiliser l'armée romaine car elle avait une nouvelle fois été soutenue par les Germains (Dion 51, 20). La Gaule de l'après-conquête fut en réalité loin d'être calme et soumise, au moins jusqu'au règne d'Auguste, si ce n'est au-delà[7].

On s'est souvent demandé où étaient installées les garnisons romaines après l'aventure césarienne et la question est longtemps restée sans réponse. L'archéologie commence seulement à percer cette question en mettant en évidence l'existence, non de camps militaires romains classiques mais de cantonnements installés sur les oppida. On observe un tel phénomène à Port-en-Bessin, dans le Calvados, à Boviolles, près de Naix, dans la Meuse[8], mais aussi à Windisch, en Suisse[9]. De même voit-on la présence militaire romaine sur le Titelberg, au Luxembourg, être réorganisée et prolongée[10]. Il est toutefois possible que de véritables *hiberna* aient existé mais le seul dont on connaisse aujourd'hui l'existence et la datation est celui du Petrisberg, près de Trèves, bien daté de la grande révolte trévire de 29[11].

L'archéologie peine, en revanche, à mettre au jour des traces matérielles tangibles et directes du conflit. Contrairement à ce que l'on pourrait croire, on n'observe pas de zones massivement détruites et transformées en champs de ruines bien caractérisées par une couche d'incendie. On remarque, en revanche, que certains secteurs ont connu une forte déprise agricole, avec une reprise des friches. C'est le cas, notamment, dans le pays Éburon, sévèrement touché, et où l'occupation du sol ne redeviendra dense que près d'un siècle après la guerre césarienne. On manque toutefois de bonnes synthèses sur le sujet pour évaluer l'impact réel du conflit à l'échelle régionale. Il est vrai aussi que le facies matériel des objets de la vie quotidienne n'a évolué qu'assez lentement, brouillant parfois notre compréhension fine de l'évolution chronologique. Les archéologues distinguent globalement celui qui précède la guerre des Gaules[12] de celui qui la suit[13], mais la transformation s'avère lente et n'est le plus souvent caractérisée que par la présence d'amphores ou de céramiques importées du monde romain dont la pénétration n'est ni massive, ni immédiate, ni générale. De même la monnaie est-elle toujours très largement dominée par les émissions indigènes jusque vers le tournant de l'ère[14]. On pourrait porter le même jugement sur l'évolution des campagnes qui ne connaissent aucune transformation

---

7. Reddé, 2022.
8. Reddé, 2018b.
9. Flück, 2022.
10. Metzler *et al.*, 2018.
11. Reddé, 2018b.
12. Appelé LTD2a, pour La Tène D2a (= la période qui s'étend de 80 à 60 av. J.-C.).
13. Appelé LTD2b (de 50 à 30 av. J.-C., environ).
14. Martin, 2015.

brutale[15], ou celle de l'habitat urbain[16]. La population continue, en effet, d'occuper les agglomérations existantes jusqu'à l'époque augustéenne, certaines se transformant progressivement, d'autres étant abandonnées, de nouvelles apparaissant au fil du temps. On n'est donc pas face à une brusque mutation matérielle du monde gaulois.

Reste à se demander comment le pays fut administré et surtout s'il le fut réellement. Dans les faits, on ne constate guère de changements dans la structure des *civitates* gauloises avant la réorganisation augustéenne de la *Comata*, que les historiens situent aujourd'hui lors du séjour impérial de 16-13 av. J.-C., soit une bonne génération après Alésia[17]. Cela ne signifie pas, naturellement, que César n'ait pas puni ou récompensé, ici et là, les peuples qui l'avaient soutenu ou au contraire combattu, mais nous n'en avons absolument aucune preuve dans les sources qui nous sont parvenues. La période tourmentée des guerres civiles ne s'y prêtait guère, de toute façon, au moins pour la Gaule du Nord ; il suffisait que le pays restât calme et fournît des soldats, notamment de la cavalerie. On verra d'ailleurs cette tradition continuer au début de l'Empire, avec le recrutement, sur une base ethnique, de nombreuses unités auxiliaires[18]. Les enquêtes archéologiques les plus récentes montrent en outre que la création des nouvelles capitales de cité, dotées des monuments indispensables à une nouvelle forme de vie civique, n'apparaissent pas avant la dernière décennie avant J.-C. ou le tournant de notre ère[19]. C'est donc assez lentement, en tout cas guère avant Auguste, que la nouvelle province a changé de visage, une fois achevée la conquête de César. Pour ce dernier, c'était d'abord la gloire et le pouvoir à Rome qui comptaient, la Gaule n'en fut que l'occasion (fig. 122).

Fig. 122. – Aureus frappé en 48-47 av. J.-C. Au droit, tête de Vénus portant la couronne de lauriers ; au revers, trophée d'armes gauloises. CAESAR (= *RRC* 452/1).

15. Reddé, 2018a.
16. Reddé, 2022.
17. Reddé, 2022.
18. Reddé, 2022.
19. Reddé et van Andringa, 2015.

Bibliographie

Abréviations

AE	*L'Année épigraphique.*
ANRW	*Aufstieg und Niedergang der römischen Welt.*
CIL	*Corpus Inscriptionum Latinarum.*
RIG IV	*Recueil des Inscriptions gauloises (RIG)*, vol. IV : *Les Légendes monétaires*, éd. J.-B. Colbert de Beaulieu et B. Fischer, XLVe suppl. à Gallia, Paris, 1998.
RRC	M. Crawford, *Roman Republican Coinage*, Cambridge, 1991.

*

Agache R., 1978, *La Somme préromaine et romaine*, Amiens, Mémoires de la société des Antiquaires de Picardie, XXIV.

Arbabe E., 2017, *La Politique des Gaulois*, Paris, Éditions de la Sorbonne.

Ardeleanu S., 2022, « Angehende und markierte Konfliktlandschaften der römischen Republik und frühen Kaiserzeit – Erkennungsmöglichkeiten und Grenzen der Archäologie », dans Rass et Adam, 2022, 49-76.

Armstrong J. et Trundle M., 2019, *Brill's Companion to Sieges in the Ancient Mediterranean*, Leiden.

Austin N. J. E. et Rankov B., 1998, Exploratio. *Military and Political Intelligence in the Roman World from the Second Punic War to the Battle of Adrianople*, Londres.

Baray L., 2022, *Compagnonnage guerrier et clientèle en Gaule au Ier s. av. J.-C. Grandeurs et servitudes de la dépendance personnelle volontaire*, Chamalières.

Barral Ph., 2001, « La vaisselle céramique et les amphores », dans Reddé et von Schurnbein, 2001-2, 105-119.

Barral Ph., 2019, « Dynamique chronologique et spatiale des agglomérations du centre-est de la Gaule (Bourgogne, Franche-Comté et Champagne méridionale) ; IIIe-Ier siècle av. J.-C. », dans Fichtl *et al.*, 2019, 269-279.

Barral Ph. *et al.*, 2020, « Un nouveau type d'architecture publique ? Le complexe monumental de PC 15 à Bibracte et les bâtiments sur cour de la fin de l'âge du Fer en Gaule interne », dans Villard-Le Tiec, 2020, 489-508.

Barrandon N. et Hurlet F., 2009, « Les gouverneurs et l'Occident romain (IIe siècle av. J.-C.-IIe siècle apr. J.-C.) », dans F. Hurlet (dir.), *Rome et l'Occident, IIe siècle av. J.-C.-IIe siècle apr. J.-C. Gouverner l'Empire*, Rennes, 35-75.

Bayard D., 2015, « Amiens/Samarobriva, capitale des Ambiens. Aux origines de la ville romaine », dans M. Reddé et W. van Andringa (dir.), *La naissance des capitales de cité en Gaule Chevelue, Dossier Gallia* 72-1, 145-160.

Bayard D., 2018, « L'occupation des oppida gaulois par l'armée romaine à la fin de la République. L'exemple du "camp César" » de la Chaussée-Tirancourt (80), dans Reddé, 2018b, 155-178.

Beloch J., 1886, *Die Bevölkerung der griechisch-römischen Welt*, Leipzig.

Beloch J., 1899, « Die Bevölkerung Galliens zur Zeit Caesars », *Rheinisches Museum*, 54, 414-445.

Benecke N., 2001, « Les restes fauniques d'Alésia », dans Reddé et von Schnurbein, 2001-2, 369-386.

Bennett C., 2004, « Two notes on the chronology of the Late Republic », *ZPE* 147, 169-174.

Bérard F., 2006, « Mars Mullo : un Mars des cités occidentales de la province de Lyonnaise », dans V. Brouquier-Reddé *et al.* (éd.), *Mars en Occident. Actes du colloque international « Autour d'Allones (Sarthe), les sanctuaires de Mars en Occident », Le Mans, Université du Maine, 4-5-6 juin 2003*, Rennes, 17-34.

Bérenger A., 2014, *Le Métier de gouverneur dans l'Empire romain. De César à Dioclétien*, Paris.

Blancquaert G. et Malrain F. (éd.), 2016, *Évolution des sociétés gauloises du Second âge du Fer, entre mutations internes et influences externes. Actes du 38e colloque international de l'AFEAF, Amiens, 29 mai-1er juin 2014*, Revue archéologique de Picardie, numéro spécial 30, Amiens.

Blondel L., 1945, « Le retranchement de César sur le Rhône », *Genava* 23, 44-65.

Brouquier-Reddé V. et Deyber A., 2001, « Fourniment, harnachement, quincaillerie, objets divers », dans Reddé et von Schnurbein, 2001-2, 293-362.

Brunaux J.-L., 2018, *Vercingétorix*, Paris.

Brunaux J.-L., Fichtl St. et Marchand Ch., 1990, « Das "Camp-César" bei La Chaussée-Tirancourt (Somme) », *Saalburg Jahrb.* 45, 5-45.

Brunt P. A., 1971, *Italian Manpower225 BC-AD 14*, Oxford.

Buchsenschutz O., 2017, « Gaul in Caesar's time », dans Raaflaub, 2017a, Web essays, 40-43.

Buchsenschutz O., 2024, *Dictionnaire des Celtes*, Quintin.

Buchsenschutz O. et Ralston I. B. M., 1986, « En relisant la guerre des Gaules », *Aquitania*, suppl. 1, 383-387.

Buchsenschutz O. et Schnapp A., 1992, « Alésia », dans P. Nora (dir.), *Les Lieux de mémoire*, 3, Paris, 4103-4140.

Büntgen U. *et al.*, 2011, « 2 500 Years of European Climate Variability and Human Susceptibility », *Science* 331, 578 ; DOI : 10.1126/science.1197175.

Burton P. J., 2011, *Friendship and Empire. Roman Diplomacy and Imperialism in the Middle Republic (353-146 BC)*, Cambridge.

Cadiou F., 2008, Hibera in terra miles. *Les armées romaines et la conquête de l'Hispanie sous la République*, Madrid.

Campbell D., 2006, *Siege Warfare in the Roman World*, Oxford.

Canfora L., 2012, *Jules César. Le dictateur démocrate*, Paris.

Carcopino J., 1935, *Jules César*, Paris.

Chaume M. 1925-1937, *Les Origines du duché de Bourgogne*, Dijon, Académie des sciences, arts et belles-lettres.

Colbert de Beaulieu J.-B., 1955, « Numismatique celtique d'Alésia », *Revue belge de numismatique*, 101, 55-83.

Colbert de Beaulieu J.-B., 1962, « Les monnaies gauloises au nom des chefs mentionnés dans les "Commentaires" de César », *Hommages à Albert Grenier*, coll. « Latomus », 58, 419-446, pl. XCVIII.

Colbert de Beaulieu J.-B. et Fischer B., 1998, *Recueil des Inscriptions gauloises (RIG). IV. Les Légende monétaires*, XLVe suppl. à Gallia, CNRS éditions.

Connolly P., 2001-2002, « The *pilum* from Marius to Nero-a reconsideration of its development and function », *JRMES*, 12-13, 1-8.

Crawford M., 1996, *Roman Statutes*, Londres.

Creighton J., 2000, *Coins and Power in Late Iron Age Britain*, Cambridge.

Creighton J., 2004, *Britannia. The Creation of a Roman Province*, Londres et New York.

Cuvigny H. (éd.), 2003, *La Route de Myos Hormos. L'armée romaine dans le désert oriental d'Égypte*, FIFAO 48-1, Le Caire.

Daubigney A., 1979, « Reconnaissance des formes de la dépendance gauloise », *DHA*, 5, 145-189.

Daubigney A., 1985, « Formes de l'asservissement et statut de la dépendance pré-romaine dans l'aire gallo-germanique », *DHA*, 11, 416-447.

Davies G., 2006, *Roman Siege works*, Stroud, Tempus.

Deberge Y. *et al.*, 2009, « L'oppidum arverne de Gondole (Le Cendre, Puy-de-Dôme), Topographie de l'occupation protohistorique (La Tène D2) et fouille du quartier artisanal : un premier bilan », *RACF* 48, 33-130.

Deberge Y. *et al.*, 2014, « Témoignages de la guerre des Gaules dans le bassin clermontois, nouveaux apports », *RACF* 53, consulté le 4 août 2024.

Deberge Y. *et al.*, 2018, « Présences militaires romaines dans le bassin clermontois », dans Reddé, 2018b, 73-112.

Deberge Y. et Pertlwieser Th., 2019, *Les Fortifications de l'oppidum de Gergovie. Bilan historiographique et nouvelles recherches*, Clermont-Ferrand, Presses universitaires Blaise-Pascal.

Deberge Y. *et al.*, 2023, « Peuplement et romanisation du IIIe au Ier siècle avant notre ère dans la moyenne vallée du Rhône au nord-est du Massif central », dans Guichard, 2023, 69-106.

De Giorgio J.-P. (éd.), *et al.*, 2021, *César, Guerres. Guerre des Gaules, guerre Civile*, Paris, Les Belles Lettres, coll. « Editio Minor ».

Delamarre X., 2003, *Dictionnaire de la langue gauloise*, Paris.

Delattre V. et Pecqueur L., 2017, « "Entrer dans l'immortalité". Les défunts en position assise du second âge du Fer », *Gallia* 74-2, 1-17.

Delestrée L.-P. et Hollard D., 2021, « Les légendes monétaires gauloises : inventaire des données nouvelles depuis la fin du siècle dernier », *Rencontres numismatiques de la société d'études numismatiques et archéologiques (SENA)*, 21, 67-83.

De Ligt L., 2012, *Peasants, Citizens and Soldiers. Studies in the Demographic History of Roman Italy 225 BC-AD 100*, Cambridge.

Delmaire R., 1994, *Carte archéologique de la Gaule 62-1*, Paris, 63.

Demierre M., 2019, *Caractérisation des assemblages métalliques d'une agglomération celtique : le centre-ville de l'oppidum de Corent, Puy-de-Dôme, France*, Drémil-Lafage.

DEVILLERS O. et BATTISTIN SEBASTIANI B., 2018, « Modalités et fonctions du recours aux historiens précédents. Remarques préliminaires », dans O. DEVILLERS et B. BATTISTIN SEBASTIANI (éd.), *Sources et modèles des historiens anciens I*, Ausonius, Scripta Antiqua 109, 13-21.

DEYBER A., 2008, « Le champ de bataille d'Alésia à la lumière d'exemples comparables », dans REDDÉ et VON SCHNURBEIN, 2008, 321-340.

DEYBER A., 2009, *Les Gaulois en guerre. Stratégies, tactiques et techniques*, Paris.

DEYBER A., 2018, *Vercingétorix, chef de guerre* (2e éd.), Chamalières.

DEYBER *et al.*, 2018, « Le Lampourdier. Un camp romain républicain témoin de la bataille d'Orange (6 octobre 105 av. n. è.) », dans REDDÉ, éd. 2018b, 19-43.

DEYBER A., 2023, *Vercingétorix. Un aristocrate gaulois*, Paris.

DEYBER A. et ROMEUF D., 2019, *Les Derniers Jours du siège d'Alésia. 22-27 septembre 52 av. J.-C.*, Chamalières.

DOBSON M., 2022, « Numantia. A Green and Pleasant Land. Not Once the Romans Arrived », dans T. ÑACO DEL HOYO, J. PRINCIPAL, M. DOBSON (éd.), *Rome and the North-Western Mediterranean. Integration and Connectivity c. 150-70 BC*, Oxford & Philadelphia, 67-79.

DUROST V. *et al.*, 2008, « Climat, guerre des Gaules et dendrochronologie du chêne *(Quercus sp.)* du Ier siècle av. J.-C. », *Archeosciences*, 32, 31-50.

EHMIG U., 2013, « Les traces des dernières Dressel 1 entre Rhin et Danube », dans F. OLMER (éd.), *Itinéraires des vins romains en Gaule. IIIe-Ier siècles avant J.-C. Confrontations de faciès. Actes du colloque européen organisé par l'UMR 5140 du CNRS Lattes, 30 janvier-2 février 2007*, Monographies d'archéologie méditerranéenne, hors-série 5, 371-375.

ERDKAMP P., 1998, *Hunger and the Sword. Warfare and Food Supply in Roman Republican Wars*, Amsterdam.

FERNÁNDEZ-GÖTZ M., 2014, « Identity and Power. The Transformation of Iron Age Societies in North-East Gaul », *Amsterdam Archaeological Studies* 21, Amsterdam.

FERNÁNDEZ-GÖTZ M. et ROYMANS N., 2024, *Archaeology of the Roman Conquest. Tracing the Legions, Reclaiming the Conquered. Elements in the Archaeology of Europe*, Cambridge, DOI: 10.1017/9781009182003.

FERREIRA ALMEIDA P. A., 2023, « Deviating from the Sources : the Dual Character of Gaul's Society in Gaesar (*Gal.* 6.11-19) », dans O. DEVILLERS et B. BATTISTIN SEBASTIANI (éd.), *Sources et modèles des historiens anciens* 2, Bordeaux, Scripta Antiqua 145, 213-225.

FERRIÈS M.-C., 2007, *Les partisans d'Antoine. Des orphelins de César aux complices de Cléopâtre* (Ausonius, Scripta Antiqua 20), Bordeaux.

FICHTL St., 1994, *Les Gaulois du nord de la Gaule (150-20 av. J.-C.)*, Paris.

FICHTL St., 2000a, *La Ville celtique (Les oppida de 150 av. J.-C. à 15 ap. J.-C.)*, Paris.

FICHTL St., 2000b, Le Rhin supérieur et moyen du IIe siècle av. J.-C. à la fin du Ier siècle av. J.-C. : quelques réflexions sur les questions de peuplement, *Germania*, 78-1, 21-38.

FICHTL St., 2004, *Les Peuples Gaulois. IIIe-Ier siècles av. J.-C.*, Paris, 2e éd. 2012.

FICHTL St., 2009, « Les peuples du Jura à l'époque de César », dans A. RICHARD, P. BARRAL, A. DAUBIGNEY, G. KAENEL, Cl. MORDANT et J.-F. PININGRE (dir.), *L'isthme européen Rhin-Saône-Rhône dans la Protohistoire. Approches nouvelles en hommage à Jacques-Pierre Millotte ; Besançon, 16-18 octobre 2006*, Besançon, Presses universitaires de Franche-Comté, 345-351.

FICHTL St., 2012, *Les Premières Villes de Gaule : le temps des oppida celtiques*, Lacapelle-Marival.

FICHTL St., 2018, « Les établissements ruraux de La Tène finale », dans REDDÉ, 2018, 85-131.

FICHTL St., 2021, *De la ferme à la ville : l'habitat à la fin de l'âge du fer en Europe celtique*, Arles.

FICHTL S., BARRAL Ph., PIERREVELCIN G. et SCHÖNFELDER M., 2019, *Les Agglomérations ouvertes de l'Europe celtique (IIIe-Ier s. av. J.-C.). Offene Großsiedlungenim keltischen Europa (3.-1. Jh. V. Chr.)*, MAGE 4, Strasbourg.

FISCHER B. et GRUEL K., 2001, « Catalogue des monnaies gauloises », dans REDDÉ et VON SCHNURBEIN, 2001-2, 21-67.

FITZPATRICK A., 2018, « L'enceinte d'Ebbsfleet sur l'île de Thanet (Kent). Un camp césarien en Angleterre », dans REDDÉ, 2018b, 273-284.

FITZPATRICK A., 2019, « Caesar's landing sites in Britain and Gaul in 55 and 54 BC », dans FITZPATRICK et HASELGROVE, 2019, 135-158.

FITZPATRICK A. et HASELGROVE C., 2019, *Julius Caesar's Battle for Gaul. New archaeological perspectives*, Oxford, Philadelphia.

FLÜCK M., 2022, *Zu Gast bei Offizieren in Vindonissa. Von der spätlatènezeitlichen Befestigung zur Grossküche eines Offiziersgebäudes. Auswertung der Ausgrabung Windisch-Römerblick 2002-2004 (V.002.11)*, GPV XXVI, Brugg.

FLUTSCH L., 1991a, « Traces archéologiques de la guerre des Gaules : sondages à Avully GE », *Jahresber. Schweizer. Landesmuseum Zürich*, 100, 73-77.

FLUTSCH L., 1991b, « La localisation de la bataille de Bibracte : historique et bilan des recherches récentes », *Zeitschrift für schweizerische Archäologie und Kunstgeschichte* 48, 38-48.

FOSTER J., 1986, *The Lexden Tumulus. A reappraisal of an Iron Age burial from Colchester, Essex*, Oxford, BAR British Series 156.

FRIER B. W., 2000, « Demography », dans A. K. BOWMAN, P. GARNSEY et D. RATHBONE (ed.), *The Cambridge Ancient History*, volume XI : *The High Empire, AD 70-192*, 2e éd. Cambridge, 787-816.

FRIER B. W., 2001, « More is worse. Some observations on the population of the Roman Empire », dans SCHEIDEL, 2001, 139-159.

FURGER A., 2014, *Die Schlacht bei Bibracte. Cäsar contra Helvetier : Vorgeschichte, Verlauf und Lokalisierung der Schlacht im Jahre 58 v. Chr.* (https://www.andresfurger.ch).

GARLAND Y., 1974, *Recherches de poliorcétique grecque*, BEFAR 223, Paris.

GAUTHIER F., 2021, « Did *velites* Really Disappear in the Late Roman Republic ? », *Historia* 70, 69-82.

GENECHESI J. *et al. éd.* (2025). *La guerre et son cortège. Réflexions sur les conflits et leur impact sur les cultures des âges du Fer. Actes du 47e colloque international de l'AFEAF (Lausanne, 18-20 mai 2023)*, AFEAF 7.

GIRAULT J.-P., 2013, *La Fontaine de Loulié au Puy d'Issolud (Saint-Denis-lès Martels et Vayrac, Lot). Le dossier archéologique du siège d'Uxellodunum*, Bibracte 23, Glux-en-Glenne.

GOLÁŇOVÁ P., MILO P. et HAJLANOVÁ M., 2023, *Oppidum as an urban Landscape. A multidisciplinary approach to the study of space organization at Bibracte*, Bibracte 33.

GOLDSWORTHY A., 1996, *The Roman Army at War 100 BC – AD 200*, Oxford.

GOUDINEAU Ch., 1990, *César et la Gaule*, Paris, Errance.

GOUDINEAU Chr., 1991, « La guerre des Gaules et l'archéologie », *CRAI*, 1991-4, 641-653.

GOUDINEAU Chr., 2001, *Le Dossier Vercingétorix*, Paris.

GOUDINEAU Chr., 2003, « Le *gutuater* gaulois : idéologie et histoire », *Gallia* 60, 383-387.

GOUDINEAU Chr. et PEYRE Chr., *Bibracte et les Éduens. À la découverte d'un peuple gaulois*, Paris.

GRANDAZZI A., 2009, « *Summa difficultas faciendi pontis* : César et le passage du Rhin en 55 av. J.-C. (*BG*, IV, 17). Une analyse sémiologique », *MEFRA* 121-2, 54-570.

GRIFFIN M., 2009, *A Companion to Julius Caesar*, Oxford.

GRILLO L. et KREBS Chr. (éd.), 2018, *The Cambridge Companion to the Writings of Julius Caesar*, Cambridge.

GUICHARD V. (éd.), 2023, *Continuités et discontinuités à la fin du IIe siècle avant notre ère dans l'espace celtique et à sa périphérie (Actes de la table-ronde de Glux-en-Glenne, 25-27 octobre 2021)*, Bibracte 32, Glux-en-Glenne.

HARDY T. et PARIDAENS N. 2024. Les statères à l'epsilon : répartition, chronologie et usage à la lumière des découvertes récentes sur l'oppidum de Thuin, *Lunula. Archaeologia Protohistorica*, XXXII, 197-207.

HARMAND J., 1959 (1961), « Une question césarienne non résolue : la campagne de 51 contre les Bellovaques et sa localisation », *BSNAF*, 263-281.

HARMAND J., 1967, *L'Armée et le soldat à Rome de 107 à 50 avant notre ère*, Paris.

HARMAND J., 1984, *Vercingétorix*, Paris.

HARNECKER J., 2008, « Kalkriese : Die Kleinfunde aus dem Untersuchungsgebiet. Prospektionen-Sondierungen Plangrabungen », dans M. REDDÉ ET S. VON SCHNURBEIN (éd.), *Alésia et la bataille du Teutoburg. Un parallèle critique des sources*, Beih. Der Francia 66, Ostfildern, 261-276.

HARPER K. et MCCORMICK M., 2018, « Reconstructing the Roman Climate », dans W. SCHEIDEL (éd.), *The Science of Roman History. Biology, Climate, and the Future of the Past*, Princeton, Oxford, p. 11-52.

HIERNARD J., 1999, « Les Santons, les Helvètes et la Celtique d'Europe centrale. Numismatique, archéologie et histoire », *Aquitania*, 16, 93-125.

HOLMES T. R., 1911, *Caesar's Conquest of Gaul*, Oxford.

HORNUNG S., 2016, *Siedlung und Bevölkerung in Ostgallien zwischen Gallischem Krieg und der Festung der römischen Herrschaft. Eine Studie auf Basis lanschaftarchäologischer Forschungen im Umfeld des Oppidums « Hunnenring » von Otzenhausen (Ldk. St Wendel)*, Römisch-Germanische Forschungen 73, Mainz.

HORNUNG S., 2018, « Le camp militaire de Hermeskeil. Une nouvelle perspective sur la conquête césarienne et ses conséquences à l'est de la Gaule Belgique », dans REDDÉ, 2018b, 113-134.

HORNUNG S., 2024a (éd.), *Das spätrepublikanische Militärlager von Hermeskeil (Lkr. Trier-Saarburg). Studien zur frühen römischen Präsenz im Treverer Gebiet*, Dossiers d'archéologie XXI, Institut national de recherches archéologiques, Saarbrücker Beiträge zur Altertumskunde 91, Luxemburg.

HORNUNG S., 2024b, « Centralization, marginalization and mobility-Late La Tène settlement and population dynamics in the Middle Rhine region », dans A. G. POLUSCHNY/F. VERSE, W. DAVID (éd.), *Keltische Räume – Kern und Kontaktzonen in Europa. Internationale Tagung im Rahmen des Keltenjahres „Kelten Land Hessen « im Archäologischen Museum Frankfurt, 29.06.2022 – 01.07.2022. Fundberichte aus Hessen, Beihefte 14*, 43-70. DOI : https://doi.org/10.11588/propylaeum.1446.c20619

HOSTEIN A., 2012, *La Cité et l'Empereur. Les Éduens dans l'Empire romain d'après les Panégyriques latins*, Paris.

JAMES S., 2011, « Stratagems, Combat and "Chemical Warfare" in the Sieges Mines of Dura Europos », *American Journal of Archaeology*, 115-1, 69-101.

JOLY M. et BARRAL Ph., 2001, « La plaine de Grésigny et le mont Réa », dans REDDÉ et VON SCHNURBEIN, 2001, 409-471.

Joly M., Barral Ph., Nouvel P., Thivet M., (2025) Les bâtiments publics dans les *oppida*. Le cas des aménagements de la terrasse PC 15 à Bibracte (Mont Beuvray, Saône-et-Loire et Nièvre), *BSNAF* 2021, p. 195-214.

Jullian C., 1901, *Vercingétorix*, Paris.

Jullian C., 1993, *Histoire de la Gaule*, 2e éd., Paris.

Kaenel G., 2012, *L'An -58. Les Helvètes. Archéologie d'un peuple celte*, Lausanne.

Keppie L., 1998, *The Making of the Roman Army*, 2e éd., Londres.

Keppie L. 2023. *Slingers and Sling Bullets in the Roman Civil Wars of the Late Republic, 90-31 BC*, Oxford.

Kielb-Zaaraoui M. *et al.*, 2022, « Le camp F de Lautagne à Valence (Drôme) : l'organisation interne et la vie quotidienne d'un camp militaire romain au milieu du Ier s. av. J.-C., *Gallia*, 79-2, 85-114.

König M., 2024, *Die Ergebnisse der archäobotanischen Untersuchungen. Ein Beitrag zur Frage der pflanzischen Nahrungsversorgung der Soldaten und zur Umwelt des Lagers*, in Hornung 2024, 586-605.

Kraus Chr. S., 2009, « Bellum Gallicum », dans Griffin, 2009, 159-174.

Krausz S., 2019a, « Le dernier rempart des Bituriges. La poliorcétique à la fin de l'âge du Fer à Chateaumeillant (Cher) », dans Delrieu *et al.* (éd.), *Les espaces fortifiés à l'âge du Fer en Europe. Actes du 43e colloque international de l'AFEAF (Le Puy-en-Velay, 30 mai-1er juin 2019)*, Collection Afeaf 3, Paris, 63-76.

Krausz S., 2019b, « Les remparts de l'âge du Fer ont-ils été construits pour la guerre ou pour la paix ? », dans F. Delrieu *et al.* (éd.), *Les espaces fortifiés à l'âge du Fer en Europe. Actes du 43e colloque international de l'AFEAF (Le Puy-en-Velay, 30 mai-1er juin 2019)*, Collection Afeaf 3, Paris, 123-136.

Krausz S., 2020, « L'art de la fortification celtique. Architecture et ingénierie des systèmes défensifs », dans A. Villard-Le Tiec (éd.), *Architectures de l'âge du Fer en Europe occidentale et centrale. Actes du 40e colloque international de l'AFEAF, Rennes, du 4 au 7 mai 2016*, 239-255.

Krausz S., 2023, « Les *oppida*, un programme de militarisation de la société celtique ? », dans V. Guichard (éd.), *Continuités et discontinuités à la fin du IIe siècle avant notre ère dans l'espace celtique et à sa périphérie*, Bibracte 32, Glux-en-Glenne.

Krausz S. et Ralston I., 2009, « Le siège d'Avaricum en 52 avant J.-C. ou comment les Gaulois se sont défendus contre les Romains », dans *L'Âge du Fer dans la boucle de la Loire. Les Gaulois sont dans la ville. Actes du XXXIIe Colloque de l'Association française pour l'étude de l'âge du fer, Bourges, 1er-4 mai 2008. Tours*, Suppl. *RACF* 35, 145-156.

Krausz S. et Augier L., 2012, « Du complexe princier à l'*oppidum* : les modèles du Berry », dans S. Sievers et M. Schönfelder (éd.), *Die Frage der Protourbanisation in der Eisenzeit. La question de la proto-urbanisation à l'âge du Fer. Akten des 34. Internationalen Kolloquiums der AFEAF vom 13-16 Mai 2010 in Aschaffenburg*, Bonn, Rudolf Habelt, 165-190.

Krebs Chr, 2006, « Imaginary Geography' in Caesar's Bellum Gallicum », *American Journal of Philology*, 127-1, 111-136.

Krebs Chr., 2016, « Thucydides in Gaul ; The Siege of Plataea as Caesar's Model for his Siege of Avaricum », *Histos* 10, 1-14.

Krebs Chr., 2017, « Caesar the Historian », dans Raaflaub, 2017a, Web essay DD, 210-213.

Krebs Chr., 2023, *Caesar. Bellum Gallicum. Book VII*, Cambridge University Press, Cambridge.

Labisch A., 1975, Frumentum commeatusque. *Die Nahrungsmittel der Heere Caesars*, Meisenheim am Glan.

Lacalmontie A., 2016, « L'occupation du second âge du fer à Brebières (Pas-de-Calais) : un habitat rural standardisé ? », dans Blancquaert et Malrain, 2016, 133-146.

Lambot B., 2005, « Le village d'Acy-Romance (Ardennes) et l'habitat de La Tène finale en Champagne », *Archaeologia Mosellana*, 6, 19-31.

Lambot B. et Casagrande P., 1997, « Une monnaie d'Ebusus sur l'oppidum du "Vieux Laon" à Saint-Thomas (Aisne). Nouvelles données archéologiques sur *Bibrax* et le camp de Mauchamp (César *BG* II) », *Bulletin de la Société archéologique champenoise*, 90-2, 15-29.

Lambot B. et Méniel P., 1993, *Le Site protohistorique d'Acy-Romance (Ardennes)*, I, *L'habitat gaulois (fouilles 1988-1990)*, Société archéologique champenoise.

Lamoine L., 2009, *Le Pouvoir local en Gaule romaine*, Clermont-Ferrand.

Le Bohec Y., 2001a, « *Gutuater* : nom propre ou nom commun ? », *Gallia* 58, 362-367.

Le Bohec Y., 2001b, *César, chef de guerre. César stratège et tacticien*, Monaco.

Le Bohec Y., 2009, *Peuples et fédérations en Gaule (58-51 avant J.-C.) : Lecture socio-juridique du* Bellum Gallicum, Paris.

Le Bohec Y., 2021, *César et la guerre. Études d'histoire militaire*, Paris, CNRS éditions.

Le Bohec Y., 2023, *Vercingétorix. Stratège et tacticien*, Paris.

Lefebvre B., 2024, *Combattre de loin chez les Romains. Réalités et représentations culturelles (Ier siècle a.c.-IIIe siècle p.c.)*, Ausonius, Scripta Antiqua 179, Bordeaux.

Le Gall J., 1989, *Fouilles d'Alise-Sainte-Reine. 1861-1865*, MAIBL IX, Paris.

Le Goff E., 2019, « Une agglomération artisanale et commerciale de l'ouest de la Gaule : le site de Kergolvez à Quimper (Finistère) », dans Fichtl *et al.*, 2019, 119-134.

Le Goff E., 2020, « Agglomérations gauloises du nord-ouest de la France : une réévaluation des données », dans Villard-Le Tiec, 2020, 123-153.

Le Goff E., 2022, « Villes disparues, oubliées, retrouvées. Dynamique de recherche sur les agglomérations laténiennes dans l'Ouest de la Gaule », *Archéopages*, hors-série, 6, 63-75.

Lepetz S. et Zech-Matterne V. (éd.), 2017, *Productions agro-pastorales, pratiques culturales et élevage dans le nord de la Gaule du deuxième siècle avant J.-C. à la fin de la période romaine*, APA 5, Quint-Fonsegrives.

Lepetz S. et Zech-Matterne V., 2018, « Systèmes agro-pastoraux à l'âge du Fer et la période romaine en Gaule du Nord », dans Reddé, 2018a, 327-400.

Leroux G. et Le Goff E., 2020, « Chemins, voies de circulation et rues à l'époque de La Tène dans l'ouest de la France », dans Villard-Le Tiec, 2020, 559-576.

Levithan J., *Roman Siege Warfare*, Ann Arbor, Universiy of Michigan Press, 2013.

Lewuillon S., 1975, « Histoire, société et lutte des classes en Gaule. Une féodalité à la fin de la République et au début de l'Empire », dans *ANRW* II, 4, 425-583.

Lewuillon S., 2002, « Le syndrome du vergobret : à propos de quelques magistratures gauloises », dans V. Guichard et Y. Perrin, *L'Aristocratie celte à la fin de l'âge du fer (IIe s. avant J.-C.-Ier s. après J.-C.). Actes de la table ronde des 10 et 11 juin 1999*, Bibracte 5, Glux-en-Glenne, 425-583.

Lo Cascio E., 1994, « The size of the Roman population : Beloch and the meaning of the Augustan Census figures », *JRS*, 84, 23-40.

Lo Cascio et Malanima P., 2005, « Cycles and stability : Italian population before the demographic transition (225 BC-AD 1900) », *Rivista di Storia Economica* 21, 5-40.

Longnon A., 1885, *Atlas historique de la France : depuis César jusqu'à nos jours*, Paris.

Longnon A., 1904, *Pouillés de la province de Lyon (Recueil des historiens de la France. Pouillés, 1)*, Paris, Académie des Inscriptions et Belles-Lettres, 7-319.

Luginbühl Th., 2014, « La migration des Cimbres et des Teutons, une histoire sans archéologie ? », *Archaeologia Mosellana*, 343-360.

Malrain F. *et al.* (éd.), 2013, *L'Habitat rural du second âge du Fer. Rythmes de création et d'abandon au nord de la Loire*, Recherches archéologiques 7, Paris.

Malrain F., 2023, *Les Domaines ruraux du nord de la Gaule. Une archéologie historique du second âge du Fer*, Recherches archéologiques 23, Paris.

Malrain F. et Lorho Th., 2018, « L'organisation économique des campagnes du nord de la Gaule à La Tène finale », dans Reddé, 2018, p. 455-484.

Martin St., 2015, *Du statère au sesterce. Monnaie et romanisation dans la Gaule du Nord et de l'Est (IIIe s. a.c./Ier s. p.c.)*, Ausonius Scripta Antiqua 78, Bordeaux.

Matherat G., 1933, *Les retranchements de Jules César au Bois des Côtes (2e campagne contre les Bellovaques)*, Paris.

Matherat J., 1943, « La technique des retranchements de César d'après l'enseignement des fouilles de Nointel », *Gallia* 1-1, 81-127.

Menez Y., 2021, *Une résidence de la noblesse gauloise. Le Camp de Saint-Symphorien à Paule (Côtes-d'Armor)*, DAF 112, Paris.

Merrow A, von Hassel A et Starace G., 2020, *Caesar's Great Success. Sustaining the Roman Army on Campaign*, Barnsley.

Metzler J. *et al.*, 1991, *Clemency et les tombes de l'aristocratie en Gaule belgique*, Luxembourg, MNHA.

Metzler J. *et al.*, 2018, « Comptoir commercial italique et occupation militaire romaine dans l'oppidum du Titelberg. Un état de la recherche (2017) », dans Reddé, 2018b, 179-205.

Metzler J., Gaeng C., Méniel P. *et al.*, 2016., *L'Espace public du Titelberg*, Dossiers d'archéologie du CNRA XVII, Luxembourg.

Moore T., 2011, « Detribalizing the later prehistoric past : Concepts of tribes in Iron Age and Roman studies », *Journal of social Archaeology*, 11 (3), 334-360.

Moore T., 2018, « Wealth, status, and occupation groups », dans C. Haselgrove, K. Rebay-Salisbury et P. S. Wells (éd.), *The Oxford Handbook of the European Iron Age*, Oxford, Oxford University Press (DOI : 10.1093/oxfordhb/9780199696826.013.34).

Moret P., 2017, « Le mur à éperons de Gergovie, échos hellénistiques sur un oppidum gaulois », *Pallas*, 105, 2017, 173-190.

Müller F. et Frei-Stolba R., 1999, « Éléments pour une histoire de l'âge du fer en Suisse », dans *La Suisse de la préhistoire au Haut Moyen Âge*, IV, Bâle, 229-309.

[Napoléon III] 1865-1866, *Histoire de Jules César*, Paris.

Napoléon III et l'archéologie, 2001 –, *Napoléon III et l'archéologie. Une politique archéologique nationale sous le Second Empire, colloque, 14-15 octobre 2000*, Château de Compiègne, numéro de Bulletin de la Société historique de Compiègne, 37.

Niblett R., 1999, *The Excavations of a Ceremonial Site at Folly Lane, Verulamium*, Londres, Britannia Monograph Series 14.

Nieto-Pelletier S., 2004, « Monnaies arvernes (Vercingétorix, Cas) en orichalque », *Revue numismatique*, 160, 5-25.

Nieto-Pelletier S., 2012, « Le portrait monétaire gaulois. Les monnayages du Centre de la Gaule (IIIe-Ier siècles a.c.) », *Cahiers des Études anciennes*, 49, 235-258.

Nieto-Pelletier S., 2013, *Catalogue des monnaies celtiques*, 1. *Les Arvernes (centre de la Gaule)*, Paris, BnF.

Nieto-Pelletier S., 2017, « L'oricalque monnayé "gaulois" : de la guerre des Gaules à la réforme monétaire augustéenne, genèse de nouvelles pratiques », dans L. Bricault, A. Burnett, V. Drost et A. Suspène (éd.), *Rome et les Provinces. Monnayage et Histoire. Mélanges offerts à Michel Amandry*, Ausonius, Numismatica Antiqua 7, Bordeaux, 89-103.

Nouvel P. *et al.*, 2019, « Les agglomérations celtiques pré-conquête en Gaule du Centre-est. Apport des travaux du PCR "Agglomérations antiques de Bourgogne, Franche-Comté et Champagne méridionale" », dans Fichtl *et al.*, 2019, 241-268.

Olivier L., 2019, *César contre Vercingétorix*, Paris.

Olmer F., 2008, « L'aristocratie romaine, le vin et le marché gaulois », dans Y. Roman (éd.), *L'Économie antique, une économie de marché ?* Actes des deux tables rondes tenues à Lyon les 4 février et 30 novembre 2004, Paris, 215-234.

Olmer F., 2010, « Amphores en Gaule aux IIe et Ier siècles avant notre ère. Aspects épigraphiques, quantitatifs et économiques », *Bolletino di archeologia on line*, edizione speciale, Congresso di Archeologia AIAC 2008 (2010), 67-81.

Olmer F. *et al.*, 2013, « Voies, acteurs et modalités du grand commerce en Europe occidentale », dans A. Colin et Fl. Verdin (éd.), *L'Âge du Fer en Aquitaine et sur ses marges. Mobilité des hommes, diffusion des idées, circulation des biens dans l'espace européen à l'âge du Fer. Actes du 35e colloque international de l'Association française pour l'étude de l'âge du Fer*, Bordeaux, 2011, 665-691.

Olmer F., 2018, « Le commerce et les importations en Gaule au second âge du Fer », dans J. Guilaine et D. Garcia (éd.), *La Protohistoire de la France*, Paris, 455-471.

Pailler J.-M., 2006, « Quand l'argent était d'or. Paroles de Gaulois », *Gallia* 63, 211-41 (http://www.persee.fr/doc/galia_0016-4119_2006_num_63_1_3296).

Paridaens N., 2019, « La fortification laténienne du *Bois du Grand Bon Dieu* à Thuin (Hainaut) », dans P. Cattelain, M. Horevoets et E. Warmembol (dir.), *Les Celtes entre la Sambre et la Meuse*, Guides archéologiques du Malgré-Tout, 101-106.

Paridaens N., 2020, « L'*oppidum* du "Bois du Grand Bon Dieu" à Thuin : résultat des recherches 2018-2019 », *Lunula. Archeologia protohistorica* XXVIII, 145-148.

Paridaens N., Salesse K., Müller R., Klein S., Snoeck Chr., Matelli N., 2020, « Les balles de fronde en plomb découvertes sur l'oppidum de Thuin : caractérisation, origine et interprétation », *Signa* 9, 111123.

Paridaens N. *et al.* 2023. Les derniers lustres des Gaulois. Synthèse des recherches 2018-2022 sur l'*oppidum* du *Bois du Grand bon Dieu* à Thuin (province de Hainaut, Belgique), dans P. Cattelain, I. Incoul et E. Warmembol (éd.), *Fortissimi sunt Belgae. Les Belges avant, pendant et après la Guerre des Gaules, à l'ombre de Jules César*, Editions du Cedarc, 127-156.

Peralta Labrador E., 2001, « Die augusteiche Belagerung von La Espina del Gallego (Kantabrien, Spanien) », *Germania*, 79, 21-42.

Pernet L., 2010, *Armement et auxiliaires gaulois (IIe et Ier siècles avant notre ère)*, Protohistoire européenne 12, Montagnac.

Petit Chr., 2001, « L'environnement du site d'Alésia », dans Reddé et von Schnurbein, 2001, 55-103.

Petit Chr. *et al.*, 2018, « Conditions environnementales de l'exploitation des espaces ruraux en Gaule du Nord », dans Reddé, 2018, 31-82.

Peyre Chr., 1979, « Le champ de bataille de l'Aisne (César, BG II, 8-9) », *REL* 56, 175-215.

Porte F., 2017, « *Frumentum commeatusque*. L'alimentation des légions romaines en campagne au Ier siècle avant J.-C. », *REA*, 119-2, 551-583.

Poux M., 2004, *L'Âge du vin. Rites de boisson, festins et libations en Gaule indépendante*, Montagnac.

Poux M. éd. 2008, *Sur les traces de César. Militaria tardo-républicains en contexte gaulois. Actes de la table ronde Glux-en-Glenne, 17 oct. 2002*, Bibracte 14, Glux-en-Glenne.

Poux M., 2011, *Corent. Voyage au cœur d'une ville gauloise*, Paris.

Poux M. et Cerisay Th., 2023, *L'Oppidum fortifié de Corent (Néolithique Moyen, Bronze final, La Tène finale)*, Drémil Lafage.

Poux M. et Demierre M. (éd.), 2015, *Le Sanctuaire de Corent (Puy-de-Dôme, Auvergne). Vestiges et rituels*, Suppl. à *Gallia* 62, Paris, CNRS.

Raaflaub K. A., 2017a, *The Landmark Julius Caesar : the Complete Works. Gallic War, Civil War, Alexandrian War, African War, and Spanish War*, New York.

Raaflaub K. A., 2017b, « The Roman *Commentarius* and Caesar's Commentaries », dans Raaflaub, 2017a, Web Essays CC, 203-209.

Raaflaub K. A. et Ramsay J. T., 2017, « Reconstructing the chronology of Caesar's Gallic wars », *Histos* 11, 1-74 et 162-217.

Raepsaet G., 2013, « L'ethnogenèse de la *civitas Tungrorum* et la formation de la Province de Germanie », *L'Antiquité classique*, 83, 111-148.

Raepsaet G. et Raepsaet-Charlier M.-Th., 2011, « Villes et agglomérations de Belgique sous le Principat : les statuts », *Rev. belge de philologie et d'histoire*, 89, 63-657.

Raepsaet-Charlier M.-Th., 2011, « Étudier le pouvoir local gaulois à travers les magistratures des colonies romaines. [Review of] Laurent Lamoine, *Le pouvoir local en Gaule romaine* (Presses universitaires Blaise-Pascal, Clermont-Ferrand 2009) », *Journal of Roman Archaeology* 24, 697-702.

Rambaud M., 1952 (2e éd. 1966), *L'Art de la déformation historique dans les Commentaires de César*, Paris.

RAMSAY J. T., 2009, « The Proconsular Years : Politics at a Distance », dans GRIFFIN, 2009, 37-56.

RASS Chr. et ADAM M. (éd.), 2022, *Konfliklandschaften interdisciplinär lesen*, 1, Leiden (https://doi.org/10.14220/9783737014618.13).

REDDÉ M., 2003, *Alésia. L'archéologie face à l'imaginaire*, Paris.

REDDÉ M., 2006, « Berry-au-Bac/Mauchamp, Aisne, France », dans M. REDDÉ, R. BRULET, R. FELLMANN, J. K. HAAELEBOS et S. VON SCHNURBEIN (éd.), *L'Architecture de la Gaule romaine. Les fortifications militaires*, DAF 100, Paris, Bordeaux, 225-227.

REDDÉ M., 2008, « La querelle d'Alésia, hier et aujourd'hui », dans REDDÉ et VON SCHNURBEIN, 2008, 153-163.

REDDÉ M., 2012, « Alésia et la guerre des Gaules », dans *Le MAN et les Gaulois du XIXe au XXIe siècle. Antiquités Nationales*, numéro spécial, 171-194.

REDDÉ M., 2017, « "Fermes" et "*villae*" romaines en Gaule Chevelue : la difficile confrontation des sources classiques et des données archéologiques », *Annales Histoire Sciences sociales* 72-1, 47-74.

REDDÉ M. (éd.), 2018a, *Gallia Rustica*, 2. *Les campagnes du nord-est de la Gaule, de la fin de l'âge du Fer à l'Antiquité tardive*, Ausonius, Mémoires 50, Bordeaux.

REDDÉ M. (éd.), 2018b, *Les Armées romaines en Gaule à l'époque républicaine. Nouveaux témoignages archéologiques*, Bibracte 28, Glux-en-Glenne.

REDDÉ M., 2022, Gallia Comata. *La Gaule du Nord, de l'indépendance à l'Empire romain*, Rennes, PUR.

REDDÉ M. 2023, *Aux marges de la Gaule. Conquête militaire et développement économique de l'Occident romain*, Longues-sur-Mer.

REDDÉ M., 2025a, « Dion Cassius (*Histoire romaine* 40, 39) et la "bataille de cavalerie" avant Alésia », dans *Mélanges offerts à Catherine Gaeng*, à paraître.

REDDÉ M., 2025b, « Caesar in Gaul and the Hellenistic tradition », dans M. DOBSON (éd.), à paraître.

REDDÉ M. et VAN ANDRINGA W. (éd.), 2015, *La Naissance des capitales de cité en Gaule chevelue. Dossier Gallia* 72-1, Paris, CNRS.

REDDÉ M. et VON SCHNURBEIN S. (éd.), 2001, *Alésia. Fouilles et recherches franco-allemandes sur les travaux militaires romains autour du Mont-Auxois (1991-1997)*, 1. *Les fouilles* ; 2. *Le matériel*, MAIBL XXII, Paris.

REDDÉ M. et VON SCHNURBEIN S. (éd.), 2008, *Alésia et la bataille du Teutoburg. Un parallèle critique des sources*, Beihefte der Francia 66, Paris, Institut historique allemand.

RÉMY J., 2021, « Territoires et réseaux en Bretagne et Pays-de-Loire à la fin de l'âge du Fer (IIIe-Ier siècles a.c.) », Ausonius, Scripta Antiqua 47, Bordeaux.

RIGGSBY A. M., 2006, *Caesar in Gaul and Rome. War in Words*, Austin.

ROSSIGNOL B. et DUROST S., 2007, « Volcanisme global et variations climatiques de courte durée dans l'histoire romaine (Ier s. av. J.-C.-IVe s. ap. J.-C.) : leçons d'une archive glaciaire (GISP2) », *JRGZM*, 54, 395-438.

ROSSIGNOL B. et DUROST S., 2009, « Mourir à *Cenabum* pendant la guerre des Gaules : *Fufius Cita* », dans F. CHAUSSON (éd.), *Occidents romains. Sénateurs, chevaliers, militaires, notables dans les provinces d'Occident. Espagnes, Gaules, Germanies, Bretagne*, Paris, 35-45.

ROST A., 2008, « Quellenkritische Überlegungen zur archäologischen Untersuchung von Schlachtfeldern am Beispiel von Kalkriese », dans REDDÉ et VON SCHNURBEIN, 2008, 303-313.

ROTH J., 1999, *The Logistics of the Roman Army at War (264 BC-AD 235)*, Leiden, Boston, Köln.

ROYMANS N., 2004, *Ethnic Identity and Imperial Power : The Batavian in the early Roman Empire*, Amsterdam Archaeological Studies 10, Amsterdam.

ROYMANS N., 2018, « A Roman massacre in the far north. Caesar's annihilation of the Tencteri and Usipetes in the Dutch river area », dans M. FERNÁNDEZ-GÖTZ et N. ROYMANS (éd.), *Conflict Archaeology. Materialities of Collective Violence from Prehistory to Late Antiquity*, Themes in Contemporary Archaeology 5, EAA, London, New York, 167-181.

ROYMANS N., 2019, « Caesar's conquest and the archaeology of mass violence in the Germanic frontier zone », dans A. FITZPATRICK et C. HASELGROVE (éd.), *Julius Caesar's Battle for Gaul. New Archaeological Perspectives*, Oxford et Philadelphia, 113-133.

ROYMANS N. et SCHEERS S., 2012, « Eight gold hoards from the Low Countries. A Synthesis », dans N. ROYMANS, G. CREEMERS et S. SCHEERS, *Lete Iron Age Gold Hoards from the Low Countries and the Caesarian Conquest of Northern Gaul*, Amsterdam Archaeological Studies 18, 1-46.

ROYMANS N. et FERNÁNDEZ-GÖTZ M., 2018, « Konfliktarchäologie : eine theoretisch-methodologische Einführung », *Mitteilungen der Anthropologischen Gesellschaft in Wien*, 148, 11-28.

— ROYMANS N. et MARTENS M. 2024. In search of Caesar's Aduatuca in the Territory of the Eburones, *Arch. Korr.*, 54-3, 335-348.

SCHADE-LINDIG S., 2020 (éd.), *Archäologie am Greifenberg bei Limburg a.d. Lahn. Spuren von der Jungsteinzeit bis zur römischen Republik*, Hessen Archäologie, Sonderband 4.

SCHADEE H., 2017, « Caesar The Ethnographer », dans RAAFLAUB, 2017a, Web Essay FF, 223-228.

SCHALLES H.-J., 2010 éd., *Die frühkaiserzeitliche Manuballista aus Xanten-Wardt*, Xantener Berichte 18, Mainz.

Scheid J., 1991, « Sanctuaires et territoires dans la Colonia Augusta Treverorum », dans J.-L. Brunaux (dir.) : *Les sanctuaires celtiques et leurs rapports avec le monde méditerranéen. Actes du colloque de Saint-Riquier (8 au 11 octobre 1990)*, Paris, 42-57.

Scheidel W. (éd.), 2001, *Debating Roman Demography*, Leiden, Boston, Köln.

Scheidel W., 2007, « Demography », dans W. Scheidel, I. Morris, R. Saller (éd.), Cambridge, The Cambridge economic history of the Greco-Roman world, 38-86.

Schönfelder M., 2000, « Le mobilier métallique de la tombe à char tardo-celtique de Boé (Lot-et-Garonne) », *Aquitania* 17, 2000, 59-81.

Schönfelder M., 2002, *Das spätkeltische Wagengrab von Boé (Dép. Lot-et-Garonne). Studien zu Wagen und Wagengräbern der jüngeren Latènezeit*, Monographien RGZM 54, Mayence.

Schulten A., 1927, *Numantia III. Die Lager des Scipio*, Munich.

Sievers S., 2001, « Les armes d'Alésia », dans Reddé et von Schnurbein, 2001, 121-241.

Sigl M. *et al.*, 2015, « Timing and climate forcing of volcanic eruptions for the past 2,500 years », *Nature* 523, 543-549 (doi :10.1038/nature14565).

Slavik J. F., 2017, « *Pilum* and *telum* : the Roman Infrantryman's Style of Combat the Middle Republic », *The Classical Journal*, 113-2, 151-171.

Speidel M. P., 2004, *Ancient Germanic Warriors. Warrior Styles from Trajan's Column to Icelandic Sagas*, New York, London.

Stefan A., 2015, *La Colonne trajane*, Paris.

Stoffel E., 1887, *Histoire de Jules César. Guerre civile*, Paris, Imprimerie nationale.

Talbert R., 2017, « War and Geographical Knowledge », dans Raaflaub, 2017a, Web Essays, 97-101.

Tarpin M., 2002a, Vici *et* pagi *dans l'Occident romain*, Rome, Coll. EFR 299.

Tarpin M., 2002b, « Les pagi gallo-romains : héritiers des communautés celtiques ? », dans D. Garcia et F. Verdin (éd.), *Territoires celtiques. Espaces ethniques et territoires des agglomérations protohistoriques d'Europe occidentale*, Paris, 199-204.

Testart A. et Baray L., 2007, « Ambactes et soldures, figures gauloises du compagnonnage guerrier », dans V. Lécrivain (éd.), *Clientèle guerrière, clientèle foncière et clientèle électorale. Histoire et anthropologie*, Dijon, 51-84.

Timpe D., 1995, « Geographische Faktoren und politische Entscheidungen in der Geschichte der Varuszeit », dans R. Wiegels et W. Woesler (éd.), *Arminius und die Varusschlacht. Geschichte-Mythos-Literatur*, Paderborn, 13-27.

Toulemonde F. *et al.*, 2017, « Reconstitution des pratiques agricoles du Ier millénaire a.c. en France orientale, d'après le croisement des données carpologiques et archéologiques », dans St. Marion *et al.* (éd.), *Production et protoindustrialisation aux âges du Fer. Perspectives sociales et envioronnementales. Actes du 39e colloque international de l'Association française pour l'étude de l'âge du Fer (Nancy-14-17 mai 2015)*, Ausonius Mémoires 47, Bordeaux, p. 29-50.

Tretola-Martinez D., 2024, « Die amphoren aus Hermeskeil », dans Hornung, 2024, 398-440.

Villard-Le Tiec A. (dir.), 2020, *Architectures de l'âge du fer en Europe occidentale et centrale. Actes du 40e colloque international de l'AFEAF, Rennes, du 4 au 7 mai 2016*, Rennes.

Van Driel-Murray C., 2001, « Les restes d'une tente césarienne en cuir », dans Reddé et von Schnurbein, 2001-2, 363-368.

Walser G., 1998, Bellum Helveticum. *Studien zum Beginn der caesarischen Eroberung von Gallien*, Historia Einzelschriften 118, Stuttgart.

Whitehead D., 2016, *Philo Mechanicus : On Sieges. Translated with Introduction and Commentary* (Historia – Einzelschriften 243), Stuttgart.

Wilbers-Rost S., 2008, « Ausgrabungen auf dem "Oberesch" in Kalkriese von 1989 bis 2005. Ergebnisse und neue Arbeitsansätze interdisziplinärer Forschungen », dans M. Reddé et S. von Schnurbein (éd.), *Alésia et la bataille du Teutoburg : un parallèle critique des sources*, Actes du colloque organisé à l'Institut allemand de Paris, Beiheft der Francia, 66, 209-226.

Wilkins A., 2024, *Roman imperial artillery. Outranging the enemies of the Empire*, Oxford, 3e éd.

Wiseman T. P., 1998, « The publication of *De Bello Gallico* », dans K. Welch et A. Powell (éd.), *Julius Caesar as Artful Reporter : The War Commentaries as Political Instruments*, Duckworth, 1-10.

Wolters R., 1990, *Römische Eroberung und Herrschaftsorganisation in Gallien und Germanien. Zur Entstehung und Bedeutung der sogenannten Klientelrandstaaten*, Bochum.

Woolf G., 2011, *Tales of the Barbarians. Ethnography and Empire in the Roman West*, Malden, Oxford, Chichester.

Zecchini G., 1978, *Cassio Dione e la guerre gallica di Cesare*, Milan.

Zech-Matterne V. *et al.*, 2013, « Essai d'approche des systèmes agricoles latèniens en France septentrionale. Données carpologiques, archéozoologiques et archéologiques », dans S. Krausz *et al.* (éd.), *L'Âge du Fer en Europe. Mélanges offerts à Olivier Buchsenschutz* (Ausonius, Mémoires 32) Bordeaux, 397-404.

Zhmodikov A., 2000, « Roman Republican Heavy Infantrymen in Battle (IV-II Centuries B.C.) », *Historia. Zeitschrift fürAlte Geschichte*, 49-1, 2000, 67-78.

Indices

Noms propres[1]

1. Il n'y a pas d'entrée « Caesar », le nom apparaissant presque à toutes les pages.

Noms de peuples

Noms de lieux

Sources antiques

Notabilia

Table des matières

Troisième partie
La guerre

Composition et mise en pages
Nord Compo, Villeneuve-d'Ascq

Ce volume,
publié aux Éditions Les Belles Lettres
a été achevé d'imprimer
en janvier 2026
sur les presses
de l'imprimerie SEPEC Numérique
01960 Péronnas, France

N° d'éditeur : 11465
N° d'imprimeur : N05425260106
Dépôt légal : octobre 2025